유아문제 행동의 이해 및 지도

이영훈 | 주연희 | 김성수

태영출판사

머리말

유아를 대상으로 하고 있는 모든 교육기관에서 가장 중요한 교육목표는 기본생활습관의 지도이다. 유아기에 형성된 생활습관은 성인이 된 후 개인생활 뿐 아니라 가정과 사회생활에까지 지대한 영향을 미치기 때문이다. 유아교사를 양성하는 직전교육기관이나 현장의 유아교육기관들은 유아의 바람직한 행동이 습관화되어 건강하고 행복한 삶을 영위하며 더 나아가 바르고 건강한 민주사회의 초석이 될 수 있도록 다양한 교육 프로그램과 교수방법 등을 개발하고 현장에 적용하고자 노력하고 있다.

이러한 기본생활습관이나 바람직한 행동의 지도와 관련된 영역은 대학에서 유아(아동) 생활지도나 유아(아동)상담 그리고 유아(아동)문제행동 지도와 같은 교과목에서 다루어지고 있다. 교과목이나 책의 제목에서 볼 수 있듯이 현재 유아교육분야에서는 유아와 아동이 혼용되고 있다. 유아와 아동은 같은 대상을 지칭할 때도 있지만 서로 다른 대상을 지칭할 때도 있다. 흔히, 유아(幼兒)라 함은 만 2세에서 학령전기(만6세)까지를 말한다. 이에 비해 아동(兒童)이라 함은 학령기에서 사춘기 이전까지의 아이를 말한다. 편의상 유아를 그냥 아동으로 지칭하는 것이 큰 문제가 아닐 수도 있다. 그러나 엄밀히 구분해야 할 때도 있다. 예를 들어, 유아상담을 아동상담이라고 한다든지, 아니면 반대로 아동상담을 유아상담이라 하는 것은 문제가 될 수 있다. 왜냐하면 그 대상이 다를 수 있기 때문이다.

오늘날 아직까지는 유아상담이라는 말은 잘 쓰이지 않는다. 그 이유는 유아들은 아직 언어능력이 미숙해서 자기의 행동, 인식, 감정을 말로 표현할 수 없어 상담이라는 말이 유아들에게 적합하지 않다고 보기 때문일 게다. 즉, 상담은 대부분 상담자와 내담자의 언어적 소통에 의해 이루어지는데 유아들은 이러한 언어적 의사소통 능력이 미숙하기 때문이다. 그러나 많은 아동상담 관련 서적들을 보면, 유아들을 대상으로 상담을 하는 경우도 아동상담 속에 포함하고 있다. 이 때의 상담은 우리가 알고 있는 상담과는 거리가 있다 하겠다. 상담이라기 보다는 주로 유아의 행동지도와 관련된 것이 대부분이다.

유아교육(학)과가 있는 대부분의 대학에서 유아상담과 관련된 과목을 교육과정에 포함하고 있다. 그런데 교과목의 명칭이 유아상담 및 생활지도, 유아문제 및 행동수정, 유아문제 행동지도 등도 있지만 아동상담으로 된 경우도 적지 않다. 그리고 강의를 위해 채택된 교재들의 제목들을 살펴보면 '유아의 문제행동지도'와 관련된 것도 있지만 '아동상담'이라고 된 것도 있다. 그런데 앞서 언급했듯이 아동상담과 유아상담은 엄연히 다르다. 그 대상이 다르다. 이 책의 첫 번째 집필 이유는 바로 유아들을 대상으로 하는 유아상담 내지는 유아의 문제행동지도에 이 책이 소중한 쓰임새가 되기를 바라는 마음 때문이다. 유아들을 다루는 예비유아교사에게 적합한 유아상담 내지는 유아의 문제행동지도 교재로서의 역할을 충실히 할 수 있기를 바라면서 이 책을 펴내게 되었다.

한편, 유아교육기관에서 근무하는 유아교사들은 대학에서 혹은 개인적으로 상담관련 서적을 통해 유아상담에 필요한 기본적인 이론과 기법들을 이미 알고 있는 경우가 많다. 그러면서도 유아들에게 어떤 문제행동이 나타났을 때 이를 적절히 다루지 못하는 경우가 있다. 이는 지식이 곧바로 기술로 이어지지 않기 때문이라 생각한다. 알고는 있으나 어떻게 해야 할지 그 다루는 기술을 구체적으로 알지 못하기 때문이 아닌가 생각된다. 이 책의 두 번째 집필 이유는 바로 지식이 기술로 곧바로 이어질 수 있도록 하기 위함이다. 유아의 구체적 문제행동 지도를 위해 필요한 기술은 어떤 것들이 있으며, 어떻게 그 기술을 사용할 수 있는지를 상세히 제시함으로써 지식과 기술을 연결해서 학습하도록 하였다.

이 책은 크게 두 부분으로 이루어졌다. Ⅰ부에서는 주로 유아의 문제행동을 지도하기 위해 필요한 이론이나 기법 등에 대한 지식(knowledge)을 터득하기 위한 내용으로 구성되었다. 여기서는 전형적인 문제해결의 순서에 따라 문제 확인(1장 어떤 행동이 문제행동인가?), 원인분석(2장 문제행동 지도의 이론적 기초, 3장 유아 문제행동의 유형 및 원인, 4장 문제행동의 관찰), 대안탐색(5장 부모상담, 6장 바람직한 환경의 조성, 7장 바람직한 교사-유아 상호작용), 최적안의 선정 및 실행(8장 행동수정 기법) 순으로 구성하였다. Ⅱ부에서는 실제로 유아들의 문제행동 사례별로 어떻게 지도하는 것이 좋은지에 대한 구체적인 기술(skill)을 제시하였다. 여기서는 유아의 문제행동을 유아교육기관에서 자주 발생하는 공격적인 행동의 지도(9장), 활동참여상에서의 문제행동의 지도(10장), 까다로운 식습관의 문제(11장), 정서적·의존적 행동(12장)을 중심으로 지도 절차 및 방법을 상세하게 제시하였다. 그리하여 I부에서 학습한 지식과 실제 장면에서 필요한 기술이 연결될 수 있도록 하였다. 지식만 있고 기술이 없다거나 기술만 있고 지식이 없다면 유아들을 올바로 지도할 수 없다.

아무쪼록 예비유아교사와 유아교육 현장의 교사들이 유아의 문제행동을 지도하는데 이 책이 많은 보탬이 되기를 희망한다.

끝으로 오랜 시간 이 책이 부화하기만을 학수고대하며 격려를 아끼지 않고, 기꺼이 출판해 주진 태영출판사 김현태 사장님께 감사드리는 바이다.

2007년 세배를 다녀와서

저자일동

차 례

제 1 부 유아 문제행동에 대한 이해

제 2 부 유아 문제행동 지도의 실제

제 1부

유아 문제행동에 대한 이해

제 1 장 어떤 행동이 문제행동인가?

현빈(남, 만 5세)이는 또래 친구들에 비해 말이 많고 다소 거칠어 보인다. 자유선택활동 시간이 되면 교실 곳곳에서 현빈이가 있는 장소에서는 다툼과 울음소리가 반복적으로 발생한다. 아이들도 "선생님, 현빈이가 밀었어요, 때렸어요, 자기 맘대로만 해요." 등 현빈이의 잘못을 선생님께 이르느라 분주하다. 만 3세부터 함께 생활한 담임선생님은 한숨을 쉬며 현빈이를 부른다.

교사 : "현빈아! 도대체 왜 그러니? 친구들이 너 때문에 힘들어 하잖아. 선생님이 몇 번 말했어. 네가 그러면 친구들이 널 좋아할 수가 없어. 친구들이 너와 놀아주지 않으면 좋겠어?"

현빈 : "아이 참! 선생님, 그게 아니란 말이예요. 얘들이 자꾸 틀리니까 그렇죠. 내가 하는게 맞단 말이예요."

교사 : "그래서 잘못하지 않았다구? 친구들한테 소리 지르고 밀고 때리고 그랬는데……. 잘한거야? 말해 봐."

현빈 : "아니요. 잘못했어요."

교사 : "친구들한테 가서 미안하다고 해. 어서."

현빈이가 친구들에게 돌아간 후 교사는 고민에 빠진다. 작년에 비해 현빈이는 부쩍 거칠고 수업시간에 정신이 없을 만큼 산만해 보인다. 갑자기 교사는 현빈이가 ADHD(주의력결핍 및 과잉행동장애)가 아닐까 의심이 든다.

유아의 행동이 옳은지, 그른지를 판단(문제행동의 확인)함에 있어 교사들은 자신의 주관적 판단기준에 따르는 경향이 있다. 교사에 따라 유아의 행동에 대한 기대나 요구수준이 다르고, 교사 자신의 성격과 경험 정도에 따라 문제행동에 대한 판단이 달라질 수 있다. 예를 들어, 호기심이 너무 많아서 다른 아이들에 비해 질문이 많은 유아의 경우, 교사에 따라 주의산만 혹은 과잉행동장애 또는 학습장애 등으로 판단을 달리하기도 한다. 이처럼 유아의 문제행동은 교사의 주관적 관점에 따라 달리 해석될 수도 있다. 교사의 객관적이지 못한 판단은 유아의 부적절한 행동을 지도하는 데 방해가 될 뿐만 아니라 적절한 시기에 필요한 전문적인 처치까지 방해할 수 있으므로 객관적인 자료에 근거하여 신중하게 이루어져야 한다.

유아 문제행동의 범주는 학자들에 따라 '일시적이고 경미한 증상'부터 '진단과 치료를 요하는 심각한 증상'에 이르기까지 다양하다. 교사들은 유아의 문제행동을 정상적인 발달의 범주에 근거해서 보다 객관적이고 체계적으로 판단할 수 있는 안목을 기르기 위해 유아의 발달과 행동에 대한 다양한 이론과 지식을 습득해야 한다.

1. 정상행동과 문제행동

교사들이 유아들의 문제행동을 지도하면서 겪는 어려움 중 하나는 어떤 행동이 문제행동이고 어떤 행동이 문제행동이 아닌지 구분하는 것이다. 유아들은 각자가 개성을 지니고 있어 모든 행동들이 동일할 수는 없다. 동일한 상황에서 어떤 아이는 이런 행동을 하는가 하면, 어떤 아이는 저런 행동을 보이는 것이 어쩌면 당연한 것일 수도 있다. 유아의 행동 속에서 문제행동을 정확히 읽어 내어 올바로 지도해 줄 수 있을 때 교사들은 보람을 느끼고 교직에 대해 더 많은 만족감을 느낄 수 있을 것이다. 흔히, 문제행동이라 하면 정상에서 벗어난 행동을 말한다. 정상이란 무엇을 말하는가? 그리고 문제행동이란 무엇을 말하는가?

1) 정상행동

유아의 행동 속에서 무엇을 '정상'으로 보느냐 하는 점은 판단하는 사람이 가지고 있는 관점에 따라 다르다. 따라서 어떤 유아의 행동이나 정서적 반응 또는 사고방식이 정상에서 벗어났다고 말하기 위해서는 어떠한 관점으로 보느냐가 중요하다.

인간의 행동이 정상이라고 하는 것은 다음의 네 가지 관점에서 살펴볼 수 있다(Offer와 Sabshin, 1984). '유아의 행동이 정상이다, 아니다'의 판단도 이러한 관점에 따라서 볼 수 있을 것이다. 그러나 아래 제시된 네 가지 관점 모두가 유아들을 판단할 때의 관점이 될 수는 없다. 이 중 두 번째 관점을 제외하고 나머지 세 가지 관점을 모두 고려해서 유아의 행동을 판단해야 할 것이다.

(1) 건강하면 정상(Normality as health)

전통적으로 건강(health)을 정상(normal)과 동일하게 간주해 왔다. 즉, 신체적으로나 정신적으로 병적인 증상이 없어야 정상이라는 것이다. 예를 들어, 유아가 고통이 없는, 불안해하지 않는, 우울해하지 않는 상태가 정상인 것이다. 이런 유아는 기관에서 적응을 잘할 뿐만 아니라 타인과의 원활한 관계를 유지할 것이다.

(2) 이상(理想)적인 상태가 정상(Normality as utopia)

성격상의 여러 요소들이 최상의 조화를 이루어, 큰 갈등 없이 욕구 충족을 맛보며 사는 상태, 그래서 최상의 기능발휘를 하는 것을 정상이라고 본다. 이는 정신분석적 관점에서 내린 정상의 개념이다. 하지만, 소위 "성인(聖人)"들을 제외하고는 이런 사람은 드물다. 유아들에게서 이상적인 상태를 기대하는 것은 있을 수 없는 일이다. 왜냐하면 유아들은 아직 미숙한 존재이기 때문이다. 언어능력이 미숙하고, 타인과 어떤 관계를 형성하며 생활해야 하는지를 판단하는 것도 미숙하다. 성장 · 발달의 과정에 있는 유아들은 완숙한 성인과는 엄연히 구분되어야 한다. 이 기준은 유아들을 판단할 때는 적용될 수 없을 것이다.

(3) 보통(평균)이 정상(Normality as average)

사회적으로 특별나지 않고 보통 사람 안에 들어가야, 즉 다수에 포함되어야 정상이라고 본다. 통계학적으로 바라본 것이다. 통계적 기준에 따르면, 어떤 유아가 보이는 행동이나 정서가 대부분의 유아들이 동일한 상황에서 보이는 행동에 비해 얼마나 일탈되었는가에 따라 정상과 이상을 구분한다. 이 경우에 사용되는 일탈이란 학급 유아 전체 혹은 해당 연령대의 유아들 전체의 평균으로부터 지나치게 높거나 지나치게 낮게 벗어난 행동을 말한다. 예를 들어, 해당 연령대에 속한 대다수의 아이들이 손가락을 빨지 않는데도 유독 그 아이만이 손가락을 빤다면 그 아이는 정상이 아닌 것으로 간주될 수 있다. 또한, 다른 아이들은 자리에 앉아서 차분히 자신의 활동을 하는데 유독 어떤 아이만이 교실을 여기 저기 돌아다닌다면 이 역시 정상적인 행동이 아닌 것이다. 그리고 다른 아이들은 모두가 활발하게 활동하는데 어떤 아이만이 활동을 하지 않고 구석에 쭈그리고 앉아 있다면 이 또한 정상적인 행동이 아닌 것이다. 이러한 관점은 일반적으로 가장 많이 쓰는 관점으로 행동주의에서 보는 관점과도 동일하다. 행동주의에서는 문제행동을 과잉 또는 결핍행동으로 보고 있다. 예를 들어, 말을 하는 행동 자체는 정상이지만 쉴새없이 말을 한다면 이는 과잉행동이며, 종일 한 마디도 하지 않는 것은 결핍행동이라 할 수 있다. 실제 유아들에게 나타나는 문제행동에서 보면, 분리불안장애는 어머니와 떨어져 있을 때 나타나는 불안행동이 지나친 것을 말하는 것으로 이는 과잉행동이라 할 수 있다. 반면, 사교적이지 못한 아이는 정상적인 아이들에 비해 사회적 상호작용이 지나치게 적은 것을 말하며 이러한 행동을 결핍행동이라 할 수 있다.

(4) 성장과 변화가 있어야 정상(Normality as process)

시간의 경과에 따라 성장하고 변화해야 정상이라는 것이다. 발달적 관점에서 바라본 정상의 정의다. 예를 들어, 대소변을 잘 가리던 아이가 동생이 태어난 후 자신의 어린 시절 행동으로 되돌아간다면 이는 정상이 아니다. 유아들은 끊임없이 성장하고 변화한다. 그 과정은 목표를 향해 가도록 되어 있다. 목표로 가지 않고 출발점으로 되돌아온다거나 궤도를 이탈한다면 이는 무언가 문제가 있는 것이다.

정상적인 유아는 일상생활(유아교육기관이나 가정의 생활)에서 다른 사람들과 원만한 관계를 유지하며, 특이한 행동을 하지 않을 뿐만 아니라, 올바른 방향으로 성장과 변화를 지속할 것이다.

■ 유아교사가 본 유아의 문제행동

송운석(2005)은 유아교육기관 21곳에 종사하는 교사 99명을 대상으로 지도 중인 유아의 문제행동이 무엇인지를 조사하였다. 그 결과 전체 응답 교사 중 61.9%(60명)가 '공격적 행동을 하는 유아'를 꼽았다. 그 다음으로 '말을 안 하는 유아', '언어장애가 있는 유아', '학습부적응 유아'의 순으로 나타났다.

(중복응답)

문제유형	빈 도	%	순 위
공격행동을 하는 유아	60	61.9	1
말을 안 하는 유아	37	38.1	2
언어장애가 있는 유아	34	35.1	3
학습부적응 유아	33	34.0	4
정서적으로 불안한 유아	32	33.0	5
위축 고립된 유아	32	33.0	5
표정이 없는 유아	15	15.5	5
대인 공포증인 유아	14	14.4	8
등원거부 유아	12	12.4	9
열등감에 젖은 유아	10	10.3	10
자기를 비하하고 과시하는 유아	8	8.2	10
도벽이 있는 유아	4	4.1	12
지도 중인 문제행동 유아 없음	11	8.1	-

출처 : 송운석(2005). 유아기 아동의 부적응 실태와 지도방안에 관한 연구 : 유아교육기관을 중심으로. 단국대학교 행정법무대학원 석사학위논문.

2) 문제행동

(1) 문제행동의 개념

무엇이 문제행동인가 하는 것은 학자들 수만큼이나 광범위하며, 각 학문분야에 따라서 사용하는 용어도 다양하다. 문제행동이라는 용어는 1950년대 초기까지는 일반적으로 사회적 부적응(socially maladjusted)이라는 용어로 쓰여 오다가, 1950년대 이후 프로이트(Freud)의 영향을 주로 받아 정서 장애(emotional handicapped)라는 용어로 쓰여 왔다. 그 후 1960년대 후반에 이르러 '문제행동'이라는 용어가 처음으로 사용되었다(신은혜, 1984).

문제행동의 포괄적 의미는 대다수의 사람들에 의해 기대되거나 인정되는 행동으로부터의 일탈을 지칭한다(임혜민, 2002). 구체적인 정의는 지배적인 사회집단에 의해서 인정되지 않는 행동, 특히 개인이나 집단에게 실질적 또는 잠정적으로, 신체적으로나 정신적, 또는 사회적으로 악영향을 주는 것으로 인정되는 행동이다(김명식, 1988). 성영혜(1992)는 문제행동이란 '사회 또는 문화적으로 받아들여지지 않는 일탈행동이나 부적응 행동'을 의미한다고 하였고, 권미영(1993)은 '규범적인 행동 양식에 동조하려는 경향을 상실하여 규범적인 기대에서 벗어나는 행동양식'이라고 하였다. 송의렬 등(2001)은 문제행동이란 '일상생활에서 아동이 보이는 인지적, 정서적, 심리 · 운동적 발달 측면의 행동이 정상적인 아동들이 보이는 범주의 행동과는 달리 발달적 또는 사회적 규범에서 벗어나는 행동상의 비정상을 의미하는 것으로 환경에서 유발된 부적응 상태의 행동양식'이라고 하였다.

한편, 문제행동이라는 용어는 각 학문분야의 특성에 따라 달리 사용하고 있다. 예를 들어, 심리학이나 정신의학에서는 부적응행동, 이상행동 등의 용어가 보다 많이 사용되고 있으며, 사회병리학에서는 반사회적 행동이나 비행으로, 그리고 교육학에서는 문제행동 또는 비행 등으로 불려지는 경우가 많다. 따라서 '문제'라고 이름 붙여진 행동의 종류는 다양하지만 문제행동의 구체적인 정의에 대해서는 완전히 일치된 견해를 갖고 있지 않은 것이 현실임을 알 수 있다.

(2) 문제행동의 판단 준거

유아의 행동에 문제가 있다는 것을 어떤 한 가지 행동만을 보고 단정지을 수는 없다. 실제 생활 안에서 그 행동이 발생하는 빈도나 강도가 어느 정도인가, 즉 정도의 차이에 따라 정상과 문제행동을 나눌 수 있다. 다음과 같은 상황에서는 문제행동으로 간주하는 것이 좋다(Schafer & Millman, 1994).

① 여러 가지 문제행동을 동시에 보이는 경우

유아가 한 가지 문제행동이 아닌 다른 여러 가지 문제행동을 동시에 보인다면 이는 문제가 있다고 볼 수 있다. 예를 들어, 늘 불안해하면서 안절부절 못하고, 산만하다면 이는 문제가 있다고 볼 수 있다.

2 나이에 적절하지 않은 행동을 보이는 경우

유아 자신의 나이에 적절하지 않은 행동을 보인다면 문제가 있다고 볼 수 있다. 예를 들어, 6세 아이가 손가락을 계속해서 빤다면 이는 문제가 있다고 볼 수 있다.

3 문제행동이 장기간에 걸쳐 나타나는 경우

어떤 한순간에 나타났다 사라지는 것은 문제가 아니다. 어느 정도 장기간에 걸쳐 같은 문제행동을 보였을 때 문제가 있다고 볼 수 있다. 예를 들어, 유아가 어쩌다 한번 장난감을 망가트렸다면 이는 문제행동으로 볼 수 없다. 아무 이유 없이 장난감을 자주 망가트렸을 때 이는 문제가 있다고 볼 수 있다.

4 문제행동을 교정하려는 부모나 교사의 노력에도 반응이 없는 경우

문제행동을 제거하기 위해 많은 노력을 기울였음에도 같은 문제행동을 계속해서 보인다면 이는 문제가 있다고 볼 수 있다. 예를 들어, 유아가 손가락을 빨지 못하도록 다양한 방법으로 지도했는 데도 계속해서 손가락을 빤다면 이는 문제가 있다고 볼 수 있다.

한편, 이순례 등(2001)은 문제행동의 의미를 기술하며 다음과 같은 네 가지 행동을 유아의 문제행동으로 간주하고 있다.

① **다른 유아의 권리를 부당하게 방해하는 행동** : 예를 들어, 다른 유아가 놀이를 못하도록 방해하거나 놀잇감을 부수는 등의 행동이 여기에 속한다고 볼 수 있다.

② **본인 또는 다른 유아가 다칠 정도의 뚜렷한 위험을 수반하는 행동** : 예를 들어, 이로 인해 다른 사람의 신체에 자국을 내거나 상처를 내는 행동이나, 다른 사람에게 고의적으로 신체적인 해를 입히는 행동 등이 여기에 속한다고 볼 수 있다.

③ **사물을 난폭하게 다루거나 생물을 학대하는 등의 결과를 초래하는 행동** : 예를 들어, 고의적으로 교실에 있는 놀잇감이나 물건 등을 던지거나 부수는 행동 등이 여기에 속한다고 볼 수 있다.

④ **또래 유아들에 비해 기본 자조기술이 부족한 행동** : 예를 들어, 또래 유아들은 다하는 대소변을 가리지를 못하거나, 옷을 입고 벗는데 어려움을 지닌 경우 등이 여기에

속한다고 볼 수 있다.

■ 유아교사가 문제행동 지도시 어려운 점

김지영(2002)의 조사에 따르면 아래와 같이 유치원이나 어린이집에서 유아의 문제행동 지도시 어려운 점으로 33.1%의 교사가 전문적 지식의 부족을 첫 번째로 꼽았다. 그 다음으로 부모의 협조 부족, 과다한 업무로 인한 시간 부족 등의 순이었다. 이러한 결과로 볼 때, 교사들은 유아의 문제행동을 지도하는 데 많은 어려움을 겪고 있는데 가장 큰 이유가 체계적인 지식의 부족 때문이라 볼 수 있다. 이는 부모들의 경우도 마찬 가지이다. 그렇기 때문에 부모의 협조를 구하는데 어려움을 느끼게 되는 것으로 보여진다. 그 밖에도 교사의 과다한 업무로 인해 문제행동을 지닌 유아들에 대한 지속적인 관찰과 지도에 어려움을 느끼고 있다고 볼 수 있다.

내 용	빈 도(%)
지도에 대한 전문적인 지식의 부족	56(33.1)
부모의 협조 부족	51(30.2)
과다한 업무에 따른 시간 부족	47(27.8)
교사연수 부족	11(6.5)
원과의 협조 부족	3(1.8)
기타	1(0.6)
계	169(100.0)

출처 : 김지영(2002). 교사가 인식한 유아의 문제행동과 문제 유형별 지도에 관한 조사 연구. 성균관대학교 교육대학원 석사학위논문

또한, 아동상담과 관련된 많은 서적들에서는 일반적으로 이상심리학(abnormal psychology)에서 제시하고 있는 정상과 이상의 판단기준을 사용하는 데 그 내용은 다음과 같다.

첫째는 통계적 기준이다. 이는 앞서 정상행동을 판단하는 기준으로 제시했던 관점(Offer와 Sabshin, 1984) 중 세 번째 기준과 동일하다. 그러나 이 기준은 통계적으로 정상범위를 벗어난 점수를 얻는 사람, 즉 지나치게 낮은 수준에 속하거나 지나치게 높은 수준에 속하는 점수를 얻은 사람을 모두 이상으로 분류한다는 점이 문제점으로 지적되고 있다. 예를 들어, 유아의 정서적 불안 점수 같은 것은 지나치게 높으면 이상에

속하는 것이 당연하지만, 지능의 경우에는 지나치게 높다고 해서 이상(문제행동)으로 보는 것은 타당하지 못하다.

둘째는 사회 문화적 기준이다. 규범이나 관습에 크게 벗어나 용인될 수 없는 행동을 이상이라고 간주한다. 이는 유아의 성장에 대해 가지고 있는 많은 기대나 이상(ideal), 바람직한 것으로부터 생긴 가치 기준에 비추어 정상과 이상을 판단하는 것이다. 이 기준은 개인의 사회적인 적응성과 관련이 있으며, 이 기준에 맞는 개인은 한 사회의 정상적인 구성원으로 받아들여질 수 있는 가능성이 많은 사람이다. 그러나 이 기준은 사회 문화적인 차이에 영향을 많이 받는다. 예를 들어, 미국의 경우 무슨 일이건 잘 나서서 행동하는 것을 좋게 보는 반면에 우리나라에서는 그리 탐탁하지 않은 행동으로 본다. 또한 시대적인 영향을 많이 받는다. 기대나 이상, 바람직한 것에 대한 가치가 다르거나 바뀌면 기준도 바뀌게 된다.

셋째는 의학적 기준이다. 심리측정학적 평가나 정신의학적 진단방법에 의해 판단하는 것을 말한다. 임상심리전문가가 각종 심리검사도구를 사용해서 검사한 결과를 토대로 이상과 정상을 판단하거나, 정신과의사가 정신과적 면담과 평가를 토대로 이상행동을 판단하므로 전문적이고 객관성이 높은 기준으로 볼 수 있다. 그러나 이러한 준거를 올바로 사용하기 위해서는 전문적인 교육과 훈련을 받아야 한다. 또한, 유아들의 많은 문제는 의학적 증상을 전혀 가지고 있지 않은 경우가 많기 때문에 이 기준을 적용하기가 어렵다.

넷째는 발달적 기준이다. 발달적 기준은 그 연령에 맞는 발달단계에 따라 발달이 이루어졌는가, 아닌가에 따라 정상과 이상을 판단하려는 것이다. 발달적 기준에 따르면 같은 행동이라도 어떤 연령의 유아에게는 정상이지만 다른 연령에서는 이상일 수 있다. 예를 들어, 한 살된 아이의 손가락 빠는 행동은 정상이지만 여섯 살된 유아의 손가락 빠는 행동은 이상이라 할 수 있다. 그러나 유아의 발달은 개인차가 커서 동일한 연령 내에서도 발달속도에 차이가 있다는 것을 충분히 고려해서 판단해야 한다.

다섯째는 개인적 기준이다. 개인이 경험하고 있는 심리적, 정신적 갈등의 정도가 얼마나 심각한가에 따라 정상과 이상을 구분한다. 본인 스스로가 느끼는 우울감과 불안감 또는 죄책감이 지나쳐서 고통을 경험하는 경우에 이상이라고 본다. 신체적인 검사에서 아무런 이상이 없는 경우인데도 신체적인 고통을 호소하는 경우에도 이상으로 본다. 그러나 개인의 상태를 정확하게 인식하고 표현할 수 없는 유아들을 대상으로는 적용하기는 어렵다.

이상에서 소개한 정상행동과 문제행동 혹은 이상행동을 판단하는 기준들을 바탕으로 유아의 문제행동을 판단할 때 참고할 만한 기준을 정리하면 다음과 같다.

〈표 1-1〉 유아의 정상행동과 문제행동 판단기준

정상행동 판단기준	문제행동 판단기준
1. 신체 및 정신적으로 건강한가? 2. 모든 면에서 보통(평균)의 아이들과 별 차이 없는가? 3. 올바로 성장하고 변화하는가?	1. 여러 가지 문제행동을 동시에 보이는가? 2. 나이에 적절하지 못한 행동을 보이는가? 3. 문제행동이 장기간에 걸쳐 나타나는가? 4. 다른 유아나 타인의 권리를 부당하게 방해하는가? 5. 본인 또는 다른 유아가 다칠 정도의 뚜렷한 위험을 수반하는 행동을 하는가? 6. 사물을 난폭하게 다루거나 생물을 학대하는 등의 결과를 초래하는 행동을 하는가?

교사는 이와 같은 기준을 스스로 질문해 보고 유아의 행동이 문제행동인지 아닌지를 판단할 수 있다. 이러한 판단을 하는 데는 유아의 발달적 특성을 이해하는 것이 많은 도움이 된다.

2. 유아기 문제행동의 중요성

유아기의 문제행동은 다른 사람으로부터 부정적인 반응을 이끌어 내며, 원만한 사회적 관계를 형성하는 것을 방해한다. 특히, 유아가 가정을 떠나 유아교육기관에 적응하기 시작할 때, 과잉행동, 불안행동, 미성숙한 행동을 보이는 유아는 또래와의 관계를 형성할 때 어려움을 겪는다. 또한 문제행동은 쉽게 어른의 눈에 띄게 되고 유아교육기관과 같은 집단생활을 해야 하는 상황에서는 유아가 적응하는 데 더 많은 어려움을 가지게 된다. 부모가 아닌 타인과 긴 시간을 함께 지내야 하는 유아교육기관에서 문제행동을 보이는 유아는 그렇지 않은 유아보다 신체적, 언어적, 물리적 제약을 더 많이 경험하며, 이러한 상황은 유아가 제대로 적응할 수 없게 되는 이유가 되는 것이다.

■ 사례 : 엄마! 나는 다른 사람이 무서워요.

엄마 뒤에 숨어서 어쩔 줄 몰라하며 유치원 문을 처음 들어섰던 세희는 만 5세가 되어서야 처음 교육기관에 발을 들여놓았다. 첫인상은 아주 똘똘하고 귀여운 모습이었지만 주변사람들을 경계하는 듯한 모습에 교사들은 그저 다른 아이들처럼 새로운 환경에 대한 두려움 때문일거라고 생각했다. 입학식 후 수업 첫날부터 세희는 엄마와 떨어지지 않으려고 심하게 울었고 다른 친구들이 모두 유치원 환경에 적응을 끝낸 2-3주 후까지도 울음은 계속되었다. 세희가 스스로 불안을 극복할 수 있을 때까지 엄마와 함께 교실에서 수업할 수 있도록 배려했지만 2달이 넘어도 달라지지 않았다.

유치원에서는 어머니와의 지속적인 상담을 통해 세희가 태어나기 전부터 가정에 큰 불화가 있었다는 사실을 알게 되었다. 유치원에서는 세희가 좀 더 전문적인 기관에서 검사받도록 어머니께 말씀드렸다.

전문가의 진단 결과, 세희는 '대인 공포'를 심하게 겪고 있는 것으로 진단받았고 6개월간 주 1회씩 놀이를 통한 심리치료를 받게 되었다. 치료를 받는 중에도 세희는 엄마와 함께 매일 유치원을 다니면서 선생님과 또래 친구들과의 관계를 통해 새로운 경험을 넓혀 나갔다. 6개월 후 세희는 여전히 소극적인 모습이긴 했지만 엄마는 더 이상 교실에 들어가지 않았다. 초등학교 입학을 일년 연기하고 유치원을 일년 더 다니는 등 그 뒤에도 세희를 위한 지원은 계속되었고, 현재 고등학생이 된 세희는 자신이 5살 때 놀이치료를 받았다는 사실도 전혀 모른 체 매우 적극적이고 모범적인 여학생으로 생활하고 있다.

유아기의 문제행동은 이후 아동기나 청소년기에 비행행동으로 발전할 수 있는 가능성을 가지고 있다. 즉, 문제행동은 유아에게 심리적인 어려움 뿐만 아니라 발달상에 심각한 문제를 초래하는 원인이 되기도 한다. 유아기의 부적응은 아동기의 학교생활 부적응과 관련이 있다. 아동기의 문제행동과 학교생활 적응에 관한 연구들에서도 주의집중을 하지 못하는 과잉행동이나 위축행동과 같은 행동들이 학교생활 적응에 부정적인 영향을 미치는 것으로 밝히고 있다. 즉, 문제행동으로 인해 아동은 학교생활에 대해 흥미를 상실하거나 불안감, 거부감을 느끼게 되며, 이는 곧 학교생활에 제대로 적응할 수 없는 결과를 낳게 되는 것이다(송진숙, 2003).

캐츠와 맥클랜(Katz & McClellan)은 지난 20년 동안의 연구 결과들을 종합하여 만약 유아가 6세경까지 최소한의 사회성 발달을 이루지 못한다면 전 생애를 통해 높은 위험 가능성을 가지게 될 것이라고 보고하였다. 또한, 하텁(Hartup)은 성인기의 사회적 적응을 가장 잘 예언해 주는 유아기 예언 요소는 지능도 아니고, 학교 성적도 아니고, 교실 행동도 아니라고 주장하였다. 그는 일반적으로 거부되는 아동, 공격적이고 혼란스런 아동, 다른 아동과 밀접한 관계를 유지하지 못하는 아동, 스스로 또래문화에서 자리를 찾지 못하는 아동들은 성인이 되어서도 사회적으로 적응하는데 큰 어려움을 겪는다고 하였다(민혜영, 1998에서 재인용).

따라서 유아교육기관에서 유아들의 문제행동을 지도하기 위한 교사들의 노력은 유아들의 건강한 미래를 좌우할 수 있는 중요한 역할이라고 할 수 있다.

3. 유아발달과 문제행동

유아기(幼兒期)는 일반적으로 만 2세부터 초등학교 입학 전인 만 6세까지를 지칭하며, 학령 전기(preschool period)라고도 한다(김나영 등, 2004). 유아기에는 신체 및 여러 가지 운동능력이 크게 증진되어 활동량이 많아진다. 또한, 인지 및 언어 능력이 급속도로 발달해서 표상능력이 생기고, 다른 사람과의 의사소통도 활발해진다. 그리고 주변 세계에 대한 호기심과 탐구심으로 늘 분주한 모습을 보인다. 유아기에는 또한 성역할에 대한 정체성이 뚜렷해지며, 부모의 가치관과 태도를 동일시(identification)하여 초자아(superego)의 기초가 형성되는 특징을 보이기도 한다. 이러한 유아의 신체 및 운동발달, 인지발달, 사회성 발달, 정서발달, 언어발달의 특징들이 연령에 따라 어떻게 발달하는지 살펴봄으로써 유아들의 세계를 보다 깊이 있게 이해하고, 나아가 유아들의 어떤 행동이 문제인지를 파악하는 데 좋은 지표가 될 수 있을 것이다(부록 1. 발달조견표 참조).

1) 신체 및 운동발달

유아기는 영아기만은 못하지만 신체적 발달이 꾸준히 이루어질 뿐만 아니라 여러 가지 운동 능력도 크게 향상되어 활동량이 많아지기 시작한다. 신체 · 운동발달은 인지발달 및 사회 · 정서적 발달에도 중요한 영향을 미친다.

(1) 신체발달

유아기는 영아기에 비해 신장에 대한 머리 크기의 비율이 급격히 감소하여, 초등학교 입학시기가 되면 가분수 같은 이미지를 벗게 된다. 두뇌의 발달은 영아기와 마찬가지로 이루어지며, 2세경에는 성인 두뇌 크기의 75%, 5세경에는 90%에 이르게 된다.

〈표 1-2〉 한국 소아 발육 표준치(2~6세)

남		연령군	여	
체중(kg)	신장(cm)		체중(kg)	신장(cm)
12.94	87.7	2(2-2.5)년	12.51	87.0
14.08	92.2	2.5(2.5-3)년	13.35	90.9
15.08	95.7	3(3-3.5)년	14.16	94.2
15.94	99.8	3.5(3.5-4)년	15.37	98.7
16.99	103.5	4(4-4.5)년	16.43	102.1
17.98	106.6	4.5(4.5-5)년	17.31	105.4
18.98	109.6	5(5-5.5)년	18.43	108.6
20.15	112.9	5.5(5.5-6)년	19.74	112.1
21.41	115.8	6(6-6.5)년	20.68	114.7
22.57	118.5	6.5(6.5-7)년	21.96	117.5

출처 : 대한소아과협회(1998).

신장과 체중을 보면 2세부터 6세까지는 매년 6-8cm, 체중은 2-3kg씩 증가한다. 대한소아과협회(1998)에 따르면 우리나라 2세 남아의 평균 신장은 87.7cm, 체중은 12.94kg이고, 여아는 신장이 87.0cm, 체중은 12.51kg이던 것이 6세가 되면 남아의 신장은 115.8cm, 체중은 21.41kg, 여아의 신장은 114.7cm, 체중은 20.68kg 정도 된다.

유아기에는 체지방도 꾸준히 감소해서 지금까지 보이던 통통한 모습, 소위 젖살이 사라지고 날씬해진다. 또한 소화기가 성인에 가깝게 발달하며, 대부분의 유아들은 2-3세까지 낮잠을 잔다. 낮잠은 1-2시간(2세 기준) 자는 것이 보통이나 잘 자지 않는 유아도 많다.

유아의 신체발달이 제대로 이루어지고 있는지를 평가하기 위해서는 무엇보다 주기적으로 유아의 신장과 체중을 측정하는 일이 중요하다.

(2) 운동발달

운동발달 측면에서는 근육과 골격이 강해지고 신경계의 성숙에 의존한다. 유아기는 대·소 근육을 발달시키고, 신체의 균형을 유지하는 한편, 각 부분의 협응 등 기초 운동능력이 발달하는 시기이다. 유아기의 운동발달의 특성으로 이기숙 등(1996, 김나영 등, 2004, 재인용)은 세 가지 관점을 제시한다. 첫째, 유아기는 신체적 안정성을 발달시키는 시기이다. 안정성이란 신체의 각 부분을 효율적으로 움직일 수 있고 바른 자세를 형성할 수 있고, 균형을 유지할 수 있는 능력을 의미한다. 둘째, 유아기는 이동능력을 발달시키는 시기이다. 걷기, 달리기, 도약, 미끄러지기 등의 운동기능이 급속도로 발달한다. 셋째, 유아기는 조작적 능력을 발달시키는 시기이다. 유아들은 그들 주변에 있는 여러 가지 사물을 접하면서 각각의 특성에 따라 다양한 조절방법을 배우게 된다. 즉, 굴려 보고, 던져 보고, 끼워 보고, 두드려 보는 등 다양한 조작능력을 발달시킨다.

1 대근육 운동발달

대근육 운동으로 유아는 2-3세 사이에 달리기를 시작한다. 3세 아이는 잘 달리기는 하지만 달리면서 방향을 바꾸지는 못한다. 일단 달리기를 멈춘 다음 방향을 바꿔 다시 달리기를 시작한다. 그러나 5세경에는 계속 달리면서 방향을 바꿀 수 있으며, 갑자기 멈추어도 앞으로 넘어지지 않는다(정옥분, 2004). 유아들은 나이가 들면서 더 빨리 달릴 수 있는데 보통 5세 유아가 2세 유아보다 배나 빠르게 달릴 수 있다. 2세경에 도약은 가능하지만 부자연스럽고, 완전히 두 발로 도약했다 두 발로 착지하는 것은 2세 중반 무렵에나 가능하다. 3세경에는 조금 높은 곳에서 뛰어 내리기 시작하여 4세가 되면 넓이뛰기, 높이뛰기 등의 뛰어넘기가 가능해진다. 5-6세가 되면 한 발로도 도약할 수 있게 되고, 팔을 앞으로 움직여서 뛰는 거리를 증가시킬 수 있는 것은 6세 무렵이다(김나영 등, 2004).

한편, 2세된 아이는 계단의 난간을 잡거나 다른 사람의 손을 잡고 계단을 오를 수 있으나 한 계단에 한 발을 먼저 놓고 이어서 다른 발을 같은 계단에 올려 두 발을 모았다가 다음 계단으로 오른다. 그러나 4세경에는 두 발을 교대로 사용해서 계단을 오를 수 있다. 그러나 계단에서 내려오기는 여전히 균형잡기가 더 요구되므로 4세 이전에는 발을 번갈아 내려오지 못한다.

공을 잡을 때 2세 유아들은 팔과 손을 뻣뻣하게 펼쳐서 잡는다. 공을 가슴에 잡을 수 있게 되는 것은 팔꿈치를 구부릴 수 있는 3세경이다. 5세 때는 공의 낙하지점을 미리 알고 움직이며, 손과 손가락만으로도 공을 잡을 수 있게 된다.

이 시기의 대표적인 운동발달인 균형잡기를 살펴보면, 3세 유아는 마루 등에 곧게 그어진 선을 따라 움직일 수는 있지만 구불구불한 선을 따라 움직이지 못한다. 구불구불한 선을 따라 움직일 수 있는 시기는 4세경이다. 5세가 되면 팔짱을 낀 채로 한 발로도 균형을 잡고 잘 서 있을 수 있다.

② 소근육 운동발달

대근육의 통제가 정교해지고 협응이 되어가면서 소근육도 발달하게 된다. 유아기에는 손과 눈의 협응 및 소근육의 통제가 급속히 발달하기 때문에 사물을 조작하는 능력 또한 급속히 발달한다. 블록쌓기는 손과 눈의 협응을 많이 필요로 할 뿐 아니라 블록을 잡고 놓는 손의 조절능력 또한 필요하다. 2세가 되면 5-7개의 블록을 쌓을 수 있다.

3세가 되면 옷을 벗을 수 있게 되지만 옷을 입는 것이 부분적으로 가능한 시기는 4세경이다. 3-4세가 되면 자기 옷의 단추를 끼고 뺄 수 있으며, 5-6세가 되면 신발을 혼자서도 신고 벗을 수 있으며, 끈도 맬 수 있다. 숟가락을 안정되게 사용하는 것은 3세가 되어서야 가능하며, 젓가락은 4세가 되어야 비로소 사용이 가능하다.

캘로그(Kellogg)는 유아들의 그림을 분석하여 그리기 발달 단계를 4단계로 구분하였는데 1단계(2-3세)는 긁적거리기 단계로, 일정한 형태를 갖추지 못하고 점이나 선을 그리는 수준이라 했다. 2단계(3-4세)는 단순한 도형단계로, 원, 삼각형 또는 사각형의 단순한 형태를 그리는 수준이다. 3단계(3-4)는 무늬를 그리는 단계로, 기본적인 형태를 조합한 무늬, 즉 원 속에 직선을 그리거나, 사각형 속에 원이나 삼각형 등을 그리는 수준이다. 4단계(5-7세)는 실제의 사물을 표상하는 단계로, 사람, 동물, 자동차, 나무, 집 등 실물을 그리는 수준이다(김나영 등, 2004에서 재인용).

2) 인지발달

인지발달하면 우리는 피아제(Piaget)를 먼저 떠올리게 된다. 피아제의 인지발달 단계에 따르면 유아기는 전조작기에 해당한다. 이 시기는 사고의 논리적인 조작이 아직 미숙한 시기이다. 조작이란 과거에 있었던 사건을 내면화시켜 서로 관련지을 수 있는 즉, 논리적인 관계를 지을 수 있는 것을 뜻한다. 피아제는 이 시기의 중요한 인지적 성취를 다음과 같이 제시한다.

첫째, 상징적 사고가 가능해진다. 상징은 어떤 다른 것을 나타내는 징표를 말한다.

언어가 가장 보편적인 상징이다. 상징의 사용은 문제해결의 속도를 증가시키고, 시행착오를 감소시킨다(김나영 등, 2004). 또한, 타인의 관점을 포함해서 다양한 정신적인 능력(주의집중, 기억, 논리적 추론, 언어, 상상력, 창조력 등)을 강화시킨다. 그리하여 유아들은 상징적 놀이를 하게 된다. 예를 들어, 2세 이후가 되면 유아들은 베개를 아기처럼 업고 다니며, 인형에게 우유를 먹이는 흉내를 내기도 하며, 엄마, 아빠가 되어 역할놀이를 하게 되는 가상놀이를 한다. 이러한 가상놀이는 점점 더 복잡해 져서 '마치 ~인 것처럼' 행동할 수 있는 정신적 표상능력을 나타낸다. 유아들은 상상의 친구를 만들어서 혼자서 가상놀이를 하는데 많은 시간을 보낸다. 최근의 연구에서는 상상의 친구를 가진 유아들이 보다 복잡한 가상놀이를 하는 경향이 있으며, 타인의 관점을 좀 더 잘 이해하고, 또래와의 관계에서도 보다 사회적이었다고 보고 있다(강문희 등, 2006).

둘째, 자기중심적인 사고를 한다. 이는 자기 자신의 입장에 집중하는 것으로 다른 사람들은 자신과 달리 본다고 보는 조망수용 능력을 갖추고 있지 못하다. 유아기의 이러한 자기중심성은 자기중심적 언어에서도 잘 들어난다. 자기중심적 언어는 자신이 하는 말을 상대방이 이해하든 못하든 상관없이 자기 생각만을 전달하는 의사소통 양식이다.

셋째, 비가역적 사고를 한다. 사고의 가역성이란 사고과정에서 원상태와 변화된 상태를 되돌려서 추론할 수 있는 능력, 다시 말해 출발한 곳으로 되돌아갈 수 있는 능력을 말한다. 가역성이 습득되어야만 보존개념(양의 보존과 수의 보존)이 형성된다. 그러나 유아기는 아직 가역성이 형성되지 못하였기 때문에 보존개념 역시 거의 형성하지 못한다. 수의 보존개념은 5-6세, 길이의 보존개념은 6-7세에 이르러 비로소 형성되며, 무게, 액체, 질량, 면적의 보존개념은 이보다 늦은 7-8세경이 되어서야 형성된다(강문희 등, 2006).

넷째, 꿈을 현실과 구분 못한다. 이는 마음 속으로 상상한 것과 현실의 상황을 구분하지 못하기 때문이다. 그리하여 유아들은 엉뚱한 말을 하거나 거짓말을 한다고 여겨질 경우에도 잘 살펴보면 의도적인 것보다는 상상한 것이나 꿈꾼 것과 현실의 것을 구분하지 못해서 나타나는 경우가 많다.

다섯째, 물활론적 사고를 한다. 물활론은 생명이 없는 대상에게 생명을 부여하는 것으로 모든 만물은 생명이 있다고 여기는 것을 말한다. 예를 들어, 유아들은 인형과 놀아주지 않으면 인형이 심심할 것이라 믿는다. 물환론적 사고는 유아기 초기의 특성으로 보통은 4-5세경이면 감소하게 된다.

인지발달하면 근래에는 러시아의 심리학자 비고츠키(Vygotsky)를 많이 거론한다. 피아제는 아이가 혼자서 세계에 대해 폭넓은 이해를 구성하는 주체로 본 반면, 비고츠키는 인지발달에서 타인들의 상호작용을 강조하였다(권준모, 2001). 비고츠키는 아이의 지식, 생각, 태도, 그리고 가치는 타인들과의 상호작용을 통해서 발달하며, 문화와 언어가 인지발달에 매우 중요한 역할을 한다고 믿었다. 비고츠키가 중요하게 여기는 몇 가지 개념들을 중심으로 인지발달에 대한 그의 견해를 살펴보면 다음과 같다.

첫째, 인지발단 단계에서 혼자말(private speech)의 중요성을 역설하였다. 혼자말은 아이가 놀면서 자신에게 말하는 것으로 자신의 행동과 사고를 안내하기 위한 것으로 믿었다. 이러한 혼자말하기는 5세에서 7세에 절정을 이루고 일반적으로 9세에 사라진다. 대신에 조용한 내적 언어, 즉 사고가 된다고 믿었다. 실제로 혼자말이 사고의 조절을 돕는다는 증거로서 인지적 자기교수가 일어남을 보고하였다. 인지적 자기교수는 과제를 풀어가면서 그 절차 등을 스스로 알려주는 것으로 "음, 내가 할 것은 무엇이지? 그래 이렇게 해 보자, 어디 선을 이렇게 그려보면……, 그래, 그렇지" 이렇게 하면서 문제를 풀어가는 것이다.

둘째, 아이의 인지발달이 자기 문화 속의 성인이나 더 유능한 또래들과의 대화와 상호작용을 통해 일어난다고 제안하였다. 여기서 그는 비계설정(scaffolding, 발판)이나 보조 학습을 구체화하였다. 비계설정이란 아이들에게 학습과 문제해결을 위한 지원을 제공하는 것을 말하며, 지원은 단서의 제공이나, 상기, 격려, 문제를 단계로 나누어줌, 혹은 적절한 예의 제공 등 아이가 독립적인 학습자로 성장할 수 있게 해 주는 것이다.

셋째, 비고츠키에 의하면 아이들은 현재 스스로 해결할 수 있는 인지적 과제가 있으며, 또한 약간의 도움으로 해결할 수 있는 과제가 있다. 아이에게는 주위에서 약간의 단서, 힌트, 기억에 대한 도움, 격려 등으로 근접할 수 있는 영역이 있다. 이를 근접발달영역(zone of proximal development)이라고 명명하였다. 아이가 혼자서는 해결할 수 없지만, 성인의 안내나 더 앞선 또래들과 협력하면 성공적일 수 있는 영역을 말한다. 그는 아이와의 교수적 대화가 이러한 기회를 제공하며, 이는 강의나 전통적인 토론이 아니라, 대화가 교육의 중심에 있어야 함을 제안한다.

3) 사회성 발달

유아는 어른들과 느끼고 해결하는 방법만 다를 뿐 어른들과 마찬가지로 그들 나름대로 다른 사람들과의 관계에서 갈등을 겪게 된다. 대인관계에서 보이는 사회성의 구성요소로는 독립심, 자아, 성역할, 도덕성, 친사회적 행동, 반사회적 행동(공격성) 등을 들 수 있다.

(1) 독립심의 발달

영아기 때 형성된 애착감정은 3-4세가 되면 차츰 의존심으로 발전하게 된다. 물리적으로 가까이 있고 싶고, 신체적 접촉을 하고 싶은 것을 애착심이라고 한다면, 의존심은 언어적 혹은 다른 간접적 표현을 통해 다른 사람으로부터의 승인이나, 인정, 도움, 애정에 대한 요구를 나타내는 다양한 행동을 포함한다. 이러한 유아의 의존성은 과잉보호와 지나친 통제, 그리고 지배적인 양육태도에 기인한다. 우리는 한동안 어려서부터 독립심을 길러 주어야 한다는 사고가 지배적이었던 적이 있었다. 그러나 어려서부터 지나치게 독립적이기를 강요당하면서 자란 아동은 커서 연약하고 불안해진다. 더군다나 독립적인 아동이 되라고 신체적인 처벌 등을 받으며 자란 아동은 더욱 연약한 어른이 되었다(김나영 등, 2004).

그러므로 아이가 독립적인 행동을 했을 때 칭찬과 격려를 해 주어 그들의 독립적인 욕구가 자발적으로 생기도록 유도하는 것이 바람직하다.

(2) 자아의 발달

자아발달은 자아개념의 확대와 자아존중감이라는 두 측면에서 살펴볼 수 있다. 흔히, 자아개념은 자기 자신의 특성(외모, 성, 행동, 경향, 흥미 등)에 대해 느끼고 있는 생각, 태도, 신념 등을 일컫는다. 자아존중감은 자신이 얼마나 가치 있는 사람인가에 대한 스스로의 평가이다. 3-4세 유아는 주위의 물건이나 사람들에 대해서 내 자동차, 내 모자 등 소유개념을 표현하여 자아에 대한 개념이 '나'에 속한 물건이나 사람에게까지 확대해 간다. 4-5세에 이르러서는 자신을 탐색하고 자신의 능력이나 한계를 확인하려는 의도가 생긴다. 그러면서 서서히 주변의 일을 자신이 주도하고 시도하게 된다. 에릭슨(Erikson)에 따르면 4세가 되면 유아들은 어떤 계획을 세울 수 있으며, 목표를 달성하기 위한 주도성을 가질 수 있다. 또한, 유아는 이러한 새로운 인지기술을 사용해 보고자 하고 자신을 둘러싼 주변세계를 정복하고자 한다. 유아는 혼자서 거리로 나가 볼 수도 있으며, 장난감을 분리한 후 다시 원상태로 만들 수 없다는 것을 알고는 내동댕이치기도 한다. 교사나 부모들에게는 공격적으로 보일 만큼 매우 활력적이 된다(박성연 등, 2001). 한편, 더 나이든 아동이나 성인들처럼 명확하지는 않지만 유아들도 자아존중감을 갖는다. 유아들은 다른 사람이 자기를 얼마나 좋아하는지(사회적 수용성), 그리고 자신이 어떤 일을 얼마나 잘하는지(유능성)를 분별할 줄 알게 됨으로써 자아존중감을 기르게 된다.

(3) 성역할 관념의 발달

성역할이란 한 사회에서 남자 혹은 여자에게 기대되는 역할을 말한다. 2세 반 정도 되면 대부분의 유아가 자신이 남자인지, 여자인지를 알게 된다. 4-5세가 되면 남자는 남자가 되고 여자는 여자가 된다는 것도 알게 된다.

(4) 도덕성의 발달

도덕성이란 옳고 그른 것을 구분할 수 있는 능력으로 사회집단의 규칙과 규약을 인식하고 이에 따라 판단하고 행동하는 사회적 습관과 습성을 말한다. 2세 이전에는 외부의 규칙을 인식하지 못하므로 자기중심적인 행동을 아무런 갈등 없이 한다. 예를 들어, 상점에 들어가 아무런 죄책감을 느끼지 않고 과자를 집어 먹기도 한다. 3-6세는 사회 규칙을 내면화하는 시기이다. 이 시기가 되면 유아들은 아무도 없는 상점진열대의 장난감을 갖고 싶은 유혹을 죄의식이라는 도덕적 감정으로 뿌리친다(김나영 등, 2004).

(5) 친사회적 행동의 발달

양심과 유사한 기제인 초자아는 대체로 5-6세에 이르러 죄의식이 생기면서 벌받는 행동을 피하려고 하는 데서 시작된다(김나영 등, 2004). 초자아가 발달하면서부터 부모의 태도, 가치, 행동 등을 내면화하려는 과정에서 사회적·도덕적 가치를 따르게 되며, 친사회적 행동을 하게 된다. 2-3세 유아도 다른 아픈 유아들을 도와 주거나, 장난감을 나눠 주기도 하고, 위안을 주려고 노력한다.

(6) 반사회적 행동(공격성)의 발달

공격성이란 일반적으로 분노, 적의, 불안, 원한 등에 의해서 타인이나 자신 또는 다른 대상에 대해 손상, 공포, 고통을 주는 행동 또는 공격에 대한 경향성을 말한다(김나영 등, 2004). 공격적 행동은 타인을 해치거나 해치기 위한 욕구나 의도에서 비롯된다. 유아들은 2-3세반 쯤 되면 분명한 공격성을 보인다. 2세 반-5세 사이의 유아는 생활의 중심이 놀이집단으로 옮겨가서 사회적인 놀이를 할 때 공격적인 행동이 드러난다. 보통 사교적이고 능력 있는 유아들이 싸움도 많이 한다.

4) 정서발달

정서란 어떤 자극에 직면하여 발생하거나 자극에 수반되는 생리적 변화나 공포와 불안, 분노, 질투, 기쁨과 애정, 호기심 같은 눈에 보이는 행동 등의 반응들을 말한다.

(1) 공포와 불안의 발달

공포는 생리적인 반응을 동원하여 위협적인 사람이나 상황을 회피하려는 경향을 말한다. 이는 방어적 정서에 속한다. 공포와 불안은 모두 유아에게 긴장을 유발한다. 2-6세에는 2세 이전과는 다른 새로운 공포들이 많이 생기기 시작한다. 이 때의 공포는 대부분 길을 잃거나 매를 맞았던 것과 같은 과거의 경험과 관련이 있다. 상상력 또한 다양해져서 걱정을 하고 불안을 느끼게 된다.

(2) 분노의 발달

분노는 하는 일을 방해받거나 원하는 것을 가질 수 없을 때 또는 요구를 거절당하거나 무엇을 강요당하고 빼앗겼을 때 저항하는 정서의 표현으로 나타난다. 일반적으로 유아들은 분노의 표현으로 떼쓰기, 반항, 말 안 듣기, 고집부리기, 침묵, 앙심품기, 보복 등의 행동을 한다. 화내는 행동은 2-3세에 절정을 이루고 그 후에는 반항으로 나타난다. "바보", "멍청이", "때려 줄거야"와 같은 욕이 섞인 위협적인 말을 쓰게 된다. 4세가 지나면 때리거나 발로 차는 행동이 조금 나타나지만 3세 이전처럼 무리하게 무조건 떼쓰는 행동은 줄어든다. 그러나 욕설이 많아진다. 5세가 지나면서 분노가 줄어들어 안정된다.

(3) 질투의 발달

질투는 공포나 분노와는 달리 신체, 생리적 상황이나 행동상의 어떤 관계로 인해 발생하는 것이 아니라 지적 및 사회성 발달, 즉 인간관계의 발달 가운데 생겨나는 행동이며 정서반응이다(김나영 등, 2004). 연령적으로 대개 3-4세경에 질투가 가장 심하다.

(4) 기쁨과 애정의 발달

기쁨이나 애정은 미소나 웃음으로 표현된다. 언어가 발달하면서 3세부터 말로 기쁨을 표현하게 되며, 건강한 유아일수록 기쁨을 명확히 표현하며, 그 빈도 또한 잦다. 3-4세 아이는 또래 친구들과 어울려 놀기를 좋아하고, 편을 나누어 승부를 겨뤄 이겼을 때 혹은 칭찬을 받았을 때 손뼉을 치고 웃으며 좋아한다.

(5) 호기심의 발달

호기심은 정보와 지식을 더 알고 싶은 경향이라고 할 수 있다. 이러한 호기심은 3-4세 때 눈에 띄게 두드러진다. 이 때 유아들은 "왜', "어떻게"'라는 질문을 끊임없이 해댄다.

5) 언어발달

유아기 동안 언어는 급속하게 발전한다. 한두 단어로만 의사소통을 하던 유아가 유아기 말 무렵에는 성인과 유사한 수준의 복잡한 문장을 구사할 수 있게 된다.

유아의 어휘력(단어 수)을 보면 유아기 말까지 보통 10,000개의 새로운 단어를 습득하게 되는 것으로 보고되고 있다(Anglin, 1993). 문장의 길이도 길어져 3-4세경에는 3-4개의 단어로 문장을 구성하며, 4-5세경에는 4-5개의 단어로, 5-6세경에는 6-7개의 단어로 구성된 문장을 사용한다. 3세경에는 부정문이나 복수형에 대한 개념을 갖게 되며, 특히, '싫어', '아니'와 같은 부정적 의미의 문장을 사용할 수 있다. 4-5세경부터 부사, 형용사를 사용하거나 어간에 붙이는 어미를 변화시킬 수 있다. 그리고 5-6세경에는 성인 문법과 유사할 정도로 대부분의 문법에 숙달하게 된다(강문희 등, 2006).

이상에서 유아기에 흔히 보이는 발달적 특징을 살펴보았다. 각 연령대의 발달과업을 토대로 해당 유아의 행동이 문제행동인지 아닌지를 판단할 수 있을 것이다. 다른 유아들에 비해 현저히 발달이 지체되었다고 판단된다면 그 아이는 문제가 있다고 볼 수 있다. 유아의 문제를 조기에 확인하는 일이야 말로 교사들이 해야 할 중요한 일 중의 하나이다.

4. 심리검사와 문제행동

유아의 문제행동이 정상인지 아닌지를 구분하기 위해 한 가지 더 해볼 수 있는 것이 있다면 심리검사의 실시이다. 심리검사는 한 아이의 능력이나 특성을 직접 알 수 있거나 동일 연령의 다른 아이들과 비교할 수 있는 잣대이다. 일반적으로 심리검사는 동일 연령에 속해 있는 다른 아이들에 비해 현재 어느 정도 수준의 능력과 어떤 다른 특성을 지니고 있는지에 대한 답을 제공해 준다.

유아용 심리검사는 크게 지적 능력을 측정하는 지능검사, 영유아의 발달 정도를 측정하는 발달(수준)검사, 유치원 혹은 초등학교 입학에 앞서 학습할 준비가 되어 있는지를 알아보기 위한 학습준비도 검사, 그리고 유아의 성격이나 자아개념, 사회성 등을 측정하는 정의적 특성 검사로 구분해 볼 수 있다. 유아의 문제행동이 정상인지 아닌지를 판단하기 위해서는 이러한 심리검사를 해 보는 것도 좋을 것이다.

그러나 유아의 행동으로부터 이상한 점이 반복적으로 발견된다거나 혹시라도 정상적으로 성장하고 있는지에 대해 걱정이 된다면 심리검사를 받기에 앞서 우선은 유아의 행동을 일정기간 유심히 관찰할 필요가 있다. 아동심리학자 캐츠(Katz, 1994)는 유아의 전반적인 발달 상태를 확인하기 위해 심리검사나 다른 전문적 처치에 앞서 다음 11가지 항목에 대해 관찰할 것을 제안하고 있다. 하루 이틀 정도 관찰한 결과를 가지고 섣불리 판단을 해서는 안 되며, 3세 아이의 경우는 3주, 4세 아이는 4주, 5세 아이는 5주 정도를 지속적으로 주의 깊게 지켜 볼 것을 제안하고 있다. 각 항목에서 주의 깊게 관찰할 내용은 다음과 같다. 교사들의 경우 직접 관찰할 수 없는 항목에 대해서는 부모와의 면담을 통해 확인해 볼 수 있을 것이다.

① **수면습관** : 아이가 쉽게 잠들고, 상쾌한 기분으로 깨어나는가?

② **식습관** : 아이가 자주 밥 먹기를 거부하거나 먹더라도 맛있게 먹지를 못하는가?

③ **용변습관** : 아이가 특히 낮 시간에 대소변을 스스로 통제하지 못하는가?

④ **정서표현** : 아이가 기쁨과 분노, 슬픔, 사랑, 좌절감, 동정심 등과 같은 다양한 정서를 나타내는가?

⑤ **우정** : 한 명 이상의 친구와의 관계에서 만족감을 나타내는가?

⑥ **놀이활동** : 아이가 다양한 놀이 활동을 즐기며, 한 가지 놀잇감을 가지고도 다양한 방법으로 노는가?

⑦ **어른들에 대한 태도** : 아이가 어른들의 말을 잘 따르는가? 어른들에 대한 자연스런 수용적 태도는 정상적인 사회화 과정이 진행 중인 것을 의미한다.

⑧ **호기심** : 아이가 호기심과 모험심 그리고 장난기 어린 행동을 보이는가?

⑨ **흥미** : 아이가 다른 사물이나 대상에 대해 몰두하거나 흥미를 보이는가? 여기서 흥미의 대상은 TV시청과 같은 수동적 행동이 아니라 적극적인 활동을 말한다.

⑩ **자발적인 애정 표현** : 자신을 돌보아 주는 부모나 다른 보호자에게 자발적인 애정을 표현하는가?

⑪ **일상생활에 대한 즐거움** : 아이가 다른 친구들과의 놀이활동이나 생일파티, 가족나들이, 유치원 행사 등에 대해 즐거워하는가?

캐츠(Katz)는 위 11가지 항목 중에서 수면습관, 식습관, 용변습관은 유아가 정상적으로 발달하고 있는지에 대해 특히 중요한 지표라고 주장한다. 반면, 다른 준거들은 문화나 상황에 따라 다소 다르게 판단될 수 있는 요소들이라고 한다. 그렇지만 만일 위 11개 항목 중에서 절반 이상에서 1개월 이상 지속적인 문제를 보인다면 전문가와의 상담을 통해 적절한 조치를 해야 한다고 제안하고 있다.

그래도 심리검사를 한번 실시하고 싶다면 전문가에 의해 개발되고, 표준화된 검사를 선택해서 실시하도록 해야 한다. 또한, 심리검사는 전문적인 지식이 많이 요구되므로 전문기관에 의뢰해서 실시하는 것이 좋다. 어떤 하나의 심리검사를 통해 아이가 문제가 있는 것으로 밝혀진다고 해도 교사는 신중한 판단을 해야 한다. 보통 문제행동을 진단하기 위해서는 다양한 심리검사를 실시해서 종합적으로 판단하여야 한다. 심리검사에만 의존하거나 한 심리검사의 결과만을 가지고 아이를 임의대로 판단해서는 안 된다. 유아의 발달적 특성, 다양한 심리검사의 결과, 관찰한 내용, 부모와의 상담 등을 종합적으로 고려해서 판단해야 한다. 그리하여 어떤 유아에게서 문제행동이 확인되었다면 그 문제행동이 전문가의 도움을 받아야 하는 것인지, 아니면 기관에서 지도가 가능한지를 판단해야 한다.

5. 정신의학적 관점과 문제행동

유아들의 문제행동이 정상적인 범주에서 나타나는 문제행동인지 아니면 정신의학적인 범주에서 나타는 증상인지, 즉 유아교육기관에서 지도를 통해 교정이 가능한 행동인지 아니면 전문가의 도움을 받아 치료를 해야 하는 것인지를 판단하는 것이 중요하다. 왜냐하면, 자칫 정신의학적 범주에 속하는 행동을 교사가 오랜 시간을 두고 지도하는 사이에 정신의학적으로도 치료가 어렵게 되는 경우가 있기 때문이다.

물론, 유아의 문제행동이 정상 범주에 속하는지 아니면 정신의학적 범주에 속하는지를 판단하는 것은 그리 쉬운 일은 아니다. 그러나 일반적으로 문제의 심각성이나 지속되는 정도, 또는 어른들의 계속된 노력에도 불구하고 좋아지지 않는다는 관점 외에도, 아이들에게 심각한 정신적 문제가 있다는 신호들은 다음과 같은 것들이 있다 (Kaplan & Sadock, 1998).

첫째, 장기간 지속적으로 나타나는 비현실적인 불안, 염려, 두려움을 나타낸다. 예를 들어, 있지도 않은 강아지가 있다고 불안해하거나 두려워할 때는 심각하게 간주하는 것이 좋다.

둘째, 표정이 없어지고 다른 사람과 어울리기를 싫어하는 등의 우울증세가 있다. 예를 들어, 평소에 다른 유아들과 어울리지 않고 교실 한구석 혹은 책상 밑과 같은 곳에 가서 쭈그리고 앉아 무표정하게 있을 경우는 심각하게 간주하는 것이 좋다.

셋째, 갑작스러운 기분이나 행동의 변화가 있다. 예를 들어, 신중하고 사려 깊으며 대인관계가 좋았던 아이가 무책임하게 행동하거나 자신만의 생각에 빠져 있고 다른 사람을 적대시할 때는 심각하게 간주하는 것이 좋다.

넷째, 지나치게 잠을 많이 자거나, 잠을 이루지 못할 때, 숙면을 취하지 못하는 경우, 밤에 안절부절하거나 악몽을 자주 꾼다고 할 때, 또는 아침에 너무 일찍 깨어날 때 등 잠에 문제가 있다.

다섯째, 입맛을 잃어버리는 것과 같은 식욕의 변화가 있거나, 지나치게 먹어서 체중의 급격한 증가가 있으며, 또는 더러운 이물질을 먹는 이상한 모습을 나타낸다.

여섯째, 지나친 자위행위를 하거나, 부적절한 상황에서 자신의 신체부위를 노출하는 경우, 또는 성(性)적으로 문란한 행동을 한다.

이러한 신호들이 나타날 때는 일차적으로 정신의학적인 측면에서 문제가 있다고 보아야 할 것이다. 그런 다음 DSM - IV(Diagnostic and Statistical Manual-IV)에서 제시하는 진단기준을 참고하기 바란다.

일반적으로 유아의 문제행동을 정신의학적 측면에서 진단하는 기준은 1994년 미국 정신의학회에서 펴낸 DSM - IV(American Psychiatric Association, 1994)에 따른다. DSM - IV에서 제시하는 유아기, 소아기, 청소년기에 처음으로 진단되는 장애로는 정신지체(Mental Retardation), 학습장애(Learning Disorder), 운동기술장애(Motor Skills Disorders), 의사소통장애(Communication Disorders), 전반적인 발달장애(Pervasive Developmental Disorder), 주의력결핍 및 파괴적 행동장애(Attention-Deficit and Disruptive Behavior Disorders), 급식 및 섭식장애(Feeding and Eating Disorders), 틱장애(Tic Disorders), 배설장애(Elimination Disorders), 유아기, 소아기 또는 청소년기의 기타 장애(Others of Infancy, Childhood or Adolescence)가 있다.

DSM - IV에서 정신지체 장애는 가벼운 정도에서 아주 심한 정도까지를 구분하고 있으며, 학습장애는 읽기장애, 산술장애, 쓰기장애로 나누고, 운동기술장애는 발달성 근육운동장애라 하여 진단기준을 제시하고 있다. 그리고 의사소통장애는 표현성 언어장애, 혼재 수용-표현성 언어장애, 음성학적 장애, 말더듬기로, 광범위성 발달장애는 자폐성 장애, 레트장애, 소아기 붕괴장애, 아스퍼거 장애로 나누고, 주의력결핍 및 파괴적 행동장애는 주의력결핍 과잉행동장애, 품행장애, 반항성 장애로 나누어 진단기준을 제시하고 있다.

또한, 급식 및 섭식장애로는 이식증, 반추장애, 급식장애로, 틱장애는 뚜렛장애, 만성 운동 또는 만성 음성 틱장애, 일과성 틱장애로, 배설장애는 유분증, 유뇨증으로 나누어 진단기준을 제시하고 있다. 이밖에 분리불안장애, 선택적 함묵증, 반응성 애착장애, 상동증적 운동장애에 대한 진단기준을 제시하고 있다(부록 2. DSM-IV에 나타난 유아기, 소아기, 청소년기에 처음으로 진단되는 장애들의 진단기준 참조).

■ 유아의 행동을 판단할 때 유의할 점

유아의 행동이 정상인지 아닌지, 정상범주에 속하는 문제행동인지 아니면 정신의학적 범주에 속하는 증상인지를 판단하는 일은 그리 쉬운 일이 아니다. 교사는 유아의 행동을 판단할 때 다음과 같은 점들을 유의해야 한다.

첫째, 유아의 문제행동을 판단할 때는 객관적인 판단이 이루어질 수 있도록 해야 한다. 그러기 위해서 교사 혼자서 판단하고 결정할 것이 아니라 동료교사나 원장의 도움을 받을 필요가 있다. 동료교사나 원장이 관찰한 결과와 함께 고려해서 판단을 해야만 보다 객관적인 판단이 될 수 있다.

둘째, 어떠한 선입견을 가지고 판단해서는 안 된다. 아이들은 교사가 원하는 대로 있다. 교사가 그렇다고 믿으면 그런 것이 유아의 행동이 될 수 있다. 그러므로 교사는 유아의 행동을 판단할 때 어떠한 선입견도 가져서는 안 될 것이다.

셋째, 유아를 명명하거나 낙인찍어서는 안 된다. '오줌싸개'라든가, 혹은 '말썽꾸러기' 등으로 명명하거나 낙인찍는 것은 피해야 한다. 유아들은 발달적으로 볼 때 얼마든지 가능성이 있다. 그 가능성을 인정해 주는 노력이 필요하다.

이렇게 하여 유아의 행동이 문제가 있고, 이 문제는 유아교육기관에서 지도를 통해 교정이 가능하다고 판단되면, 이제 어떻게 지도할지를 고민해야 한다. 그러기 위해서는 우선 무엇이 원인인지를 분석할 필요가 있다. 문제행동에 대한 정확한 원인파악이 이루어져야 그에 따라 적절한 예방과 지도계획을 수립할 수 있기 때문이다.

만약 해당 유아의 행동이 이러한 진단기준에 비추어 문제가 있다고 판단될 때, 교사가 이와 같은 문제를 지닌 아이를 지도하는 것은 어렵다. 이럴 경우에는 빨리 부모와 면담을 통해 아이를 치료할 수 있는 적절한 전문가를 찾도록 하는 것이 바람직하다.

따라서 본서는 유아의 문제행동이 정신의학적 범주에 속하지 않는, 즉 임상적으로 치료하기 보다는 교사의 적절한 지도로 얼마든지 문제행동이 해결 될 수 있는 영역에 대한 지식 및 기술들을 다루고자 하였다.

유아들과 오랜 시간 함께 생활하는 교사들은 부모 보다 객관적으로 정상행동과 문제행동을 비교할 수 있으며 특히, 유아의 학업성취, 또래관계, 주의집중력 등에 대해 보다 정확하게 판단할 수 있다. 그러므로 교사는 유아의 중요한 관찰자로서 부모가 간과하기 쉬운 유아의 행동을 진단하는 진단자로서의 역할뿐만 아니라 이에 적합한 대처를 통해 문제행동지도자로서의 역할도 해야 한다.

제2장 문제행동 지도의 이론적 기초

교사들은 현장에 입문하기 전에 대학에서 유아교사로서의 역할수행에 필요한 지식과 수업기술에 대해 교육받는다. 3－4년의 수업연한을 마치고 현장에 들어오면 교사들은 동시에 쏟아져 들어오는 문제들과 다양한 역할에 놀라게 된다. 학교에서 배웠던 지식과 수업기술들은 전혀 생각도 나지 않고 그저 하루하루를 전쟁 치르듯 지내다 보면 한 학기가 지나고 일년이 지난다. 교사들은 '역시 이론과 현실은 너무 틀리다'고 푸념하며 대학에서의 교육내용에 불만을 드러낸다.

그러나 2－3년 정도 경력의 교사들이 다시 학교를 넘성거린다. 현장에서 해결되지 않는 무수한 문제들의 답을 학교에 가서 찾아야 할 것 같고, 연수나 학회 등에 참가하며 부족한 지식을 더 넓히고 싶다는 욕구를 갖게 된다.

이론과 현실이 다른 것이 아니었다.

학교의 모습과 너무 다른 현장에 적응하느라 알고 있는 지식을 현장에서 일어나는 문제들에 적용하고 해결하는 방법을 찾지 못했던 것이다.

우리가 배우고 있는 이론들은 일상생활의 경험 속에서 축적된 것이다. 생활 속에서 발견된 새로운 사실들이 반복적으로 들어나고 사실들 속에서 원리를 찾아내고 원리의 진위를 밝혀 낸 후 이론으로 정립된 내용들을 학교에서 배웠다.

유아 문제행동에 접근할 때 교사들은 발달이론과 상담이론에 대한 자신들의 지식을 새로이 점검해 봄으로써 문제에 대한 통찰력과 다양한 대안 탐색을 위한 방향을 찾아낼 수 있다.

이론과 현실의 거리감을 탓하며 지식탐구에 노력을 기울이지 않는다면 실천할 수 있는 기회마저 잃게 된다. 알고 있으면 언제든 지식을 꺼내서 사용할 수 있지만 아무것도 모른다면 할 수 있는 일이 없다는 것을 기억해야 한다.

유아의 문제행동을 지도하기에 앞서 이와 관련된 다양한 이론들에 대해 알아둘 필요가 있다. 문제행동지도와 관련된 이론들을 통해 우리는 문제행동을 어떤 시각에서 다룰지에 대한 지침을 얻을 수 있다. 즉, 문제행동을 어떻게 접근해서 지도하는 것이 바람직할지에 대한 혜안을 가질 수 있다. 아동의 문제행동지도와 관련된 이론들은 아동을 대상으로 확립된 것들이 아니며, 주로 성인의 상담에 초점을 맞춘 것이어서 아동의 발달적 특성에 맞게 융통성을 갖고 적용하는 것이 필요하다. 이 장에서는 유아의 문제행동지도와 관련되는 상담에 대한 정신분석학적 접근, 행동주의 접근, 인본주의 접근, 인지주의적 접근, 인지·정서·행동치료적 접근에 대해 살펴본다.

1. 정신분석학적 접근

일반적으로 널리 알려진 심리학자인 지그문트 프로이트(Sigmund Freud, 1856-1939)는 1896년에 '정신분석(psychoanalysis)'이란 용어를 처음 사용하여 정신분석이론을 창시한 인물로 이야기된다. 그의 정신분석이론은 심리학 뿐만 아니라 사회과학 그리고 인문과학 등에 지대한 영향을 미쳤다. 그는 비엔나의 신경증 증상을 치료하는 의사로 활동하면서 이전의 학문이 제시했던 인간에 대한 기본적인 생각들을 뒤집게 했다.

1) 인간관

(1) 인간에 대한 기본 가정

프로이트의 인간에 대한 핵심적인 가정을 크게 세 가지로 구분해 볼 수 있다. 첫째, 무의식이 인간행동을 지배한다고 보았다. 그는 인간의 행동이 우리가 알고 있는 의식과 이성적 통제 하에 있다는 전통적인 믿음을 반박하고, 정신의 핵심이 오히려 우리가 알지 못하는 무의식의 세계에 있다는 것을 강조한다. 빙산이론(iceberg theory)이라고 불리는 그의 주장은 인간을 최고의 이성적인 존재가 아닌, 자신도 모르는 충동에 이끌리고, 깊은 성적·공격적 충동(Libido & Thanatos)을 만족시키려고 노력하는 존재로 만들었다.

둘째, 인간의 마음을 원초아(id), 자아(ego), 초자아(superego)가 역동적으로 상호작용하며 갈등하는 곳으로 보았다. **원초아는 본능적 욕구라고도 하며, 쾌락의 원리에 의해 지배를 받는다.** 이성이나 논리와는 상관없이 본능적인 충동에 의해 즉각적인 만족을 추구한다. 따라서 자신이나 타인에게 미치는 영향 등에 구애됨이 없이 충동적인 행위가 나타나기도 한다. 본능적 욕구들이 직접적으로 만족될 수 있을 때 쾌감은 온다. 반면에 만족이 지연되거나 간접적으로만 충족되었을 때, 혹은 더 나아가 욕구의 충족이 완전히 봉쇄되었을 때 심리적으로 아주 강한 긴장이나 불쾌감을 경험하게 된다. 원초아는 이러한 긴장이나 불쾌감을 참아내지 못하며, 끊임없이 이를 해소하려 든다. 따라서 사람들이 처한 현실상황과 어울릴 수 없는 행동을 하는 경우가 많다. 왜냐하면, 현실에서는 이러한 원초아의 본능적 욕구를 그대로 충족하기 곤란한 상황이 대부분이기 때문이다. 현실상황과 자아(ego)의 발달로 인해 원초아의 욕구들은 억압될 수밖에 없다. 이러한 억압된 욕구들은 무의식 속에 그대로 숨겨진 채로 사람들의 삶에 영향을 준다.

반면에 **자아는 외부세계를 현실적으로 판단하는 현실원리를 따른다.** 후천적으로 발달하며, 현실적 조건과 초자아의 제약에 맞추어 원초아의 본능적 욕구를 표현하고 만족시킨다. 자아는 원초아의 본능들이 현실에 잘 맞지 않으면 그것의 직접적인 충족을 허락하지 않는다. 이 때 자아는 현실에 맞는 보다 합리적인 방식으로 욕구를 충족할 수 있는 길을 택한다. 이것도 가능하지 않다면 자아는 원초아의 본능적 욕구들이 전혀 의식되지 못하도록 억눌러 버린다. 원초아와 자아는 사람들의 마음 속에서 끊임없이 갈등한다. 물론 이는 무의식적으로 진행되며, 여기에서 자아가 패배하기 시작할 때 바로 심리적인 증상이 형성되기 시작한다. 예를 들어, 원초아의 즉각적인 성적 만족에 대한 충동은 자아가 이를 지연시키고, 이것이 현실적으로 용납되고, 신체적으로도 피해를 주지 않는 상황에서 방출되도록 만드는 역할을 한다.

그리고 **초자아는 도덕 원리를 따른다.** 개인들의 사회화 과정을 통해서 발달하는 것으로 부모 및 사회적 규범, 행동규준이 내면화된 것이다. 무엇이 옳고 그른지, 어떤 일을 해야 하고 어떤 일은 하지 말아야 하는지 등을 판단하는 판단자이며 양심이다. 초자아는 도덕이나 가치에 위배되는 원초아의 충동들을 견제하며, 자아의 현실적 목표들을 도덕적이며, 이상적인 목표로 유도한다. 초자아가 발달된 사람은 누가 보지 않아도 도둑질을 하거나 부정행위를 하지 않도록 스스로 조절하게 된다. 이와 같은 마음의 세 가지 측면은 끊임없는 갈등 속에 있다. 그래서 프로이트는 이를 심리역동(psycho dynamics)이라고 표현하였다. 심리역동이란 긴장을 해소하려는 원초아의 충동과 이 충동을 억제시켜 저지시키려는 자아와 초자아들 간의 끊임없는 상호작용과 갈등을 말한다.

셋째, 인간의 발달단계는 아동이 발달하면서 성적으로 민감한 신체부위가 변화하는 것과 관련이 있다고 보았다. 그는 이를 심리성적 발달단계라고 하였으며, 성적 발달단계를 어떻게 넘기느냐가 개인의 성격과 심리적 특성을 결정하는 것으로 생각하였다.

(2) 심리성적 발달

성격의 발달과정에 관한 프로이트의 이론을 흔히 심리성적 발달이론이라고 부른다. 이 이론은 성적 충동(libido)이 우리 신체의 어느 부위에 집중하느냐에 초점을 맞추어 성격의 발달과정을 설명하고 있다. 흔히 성적 에너지라고도 하는데 이 에너지가 집중된 신체부분을 성감대(erogenous zone)라고 한다. 신체의 거의 모든 부분이 성감대가 될 수 있지만, 아동기에 있어서 가장 중요한 성감대 부위는 입, 항문, 성기이다. 프로이트의 심리성적 발달단계는 이러한 성감대의 위치가 아동이 발달하면서 변화해 가면서 진행된다.

① 구강기(oral stage, 출생$-1\frac{1}{2}$세)

이 시기는 성적 욕구가 주로 유아(乳兒)의 구강부위(예 : 입술, 혀, 후두 등)에 집중한다. 빨기, 먹기, 깨물기에서 주로 쾌감을 얻는다. 구강부위를 통한 성적 욕구의 충족이 심하게 좌절되거나 반대로 지나치게 충족되게 되면 구강기에 고착된 성격(구강적 성격)이 형성된다. 구강적 성격은 과도한 죄책감과 의존성, 빈정거림, 지나친 낙관주의 혹은 비관주의, 탐욕 등의 특징을 지닌다.

② 항문기(anal stage, $1\frac{1}{2}-3$세)

이 시기는 성적 욕구가 주로 항문부위에 집중된다. 항문 주의의 피부막(혹자는 괄약근이라고도 함)은 즐거운 자극의 원천이다. 유아들은 항문이나 대변을 만지거나, 냄새를 맡거나, 변을 참거나 배설하는 등의 행위를 통해 쾌감을 경험한다.

부모의 배변훈련은 유아로 하여금 처음으로 자신에게 부여되는 통제를 경험하게 한다. 그리하여 아이는 즉각적인 만족을 지연시키는 방법을 배운다. 배변훈련을 통해 유아들은 언제 어떤 상황에서 어떤 행동은 해도 되는지, 어떤 행동은 하면 안 되는지에 관해 부모가 제시하는 규칙을 학습한다. 옳고 그른 것, 바람직한 것과 바람직하지 않은 것을 하나씩 알게 된다. 이런 의미에서 이 시기는 도덕적 규범을 확립해 나가는 데 있어서 출발점이 된다(이장호 등, 2005). 배변훈련이 지나치게 엄격하면 유아는 규칙과 규범에 얽매이게 되어 독립심과 자율성에 큰 상처를 받게 된다. 그리하여 질서제일주의, 지나친 인색함, 옹고집, 순종 등은 배변을 참음으로써 주변을 어지럽히지 않으려는 유아의 노력을 반영하는 성격 특성들이다. 반면에 배변훈련이 지나치게 허술하게 진행되면 유아들은 규칙이나 규범에 개의치 않는 안하무인격이 되거나 방종하게 된다.

③ 남근기(phallic stage, 3－6세)

이 시기는 유아들의 성적 관심이 성기부위로 집중된다. 이 시기의 가장 큰 특징은 남자 아이가 부모와 형성하게 되는 외디푸스 콤플렉스(Oedipus complex)를 들 수 있다(여자 아이는 엘렉트라 콤플렉스(Electra complex)라고 부른다). 남자 아이는 그들의 어머니에게 성적인 욕망을 가지고 있어 그들의 아버지에 대해 공격적인 감정을 지니고 행동한다. 여자 아이는 어머니에 대해 적대감을 발달시키고 그들의 아버지에게 성적으로 관심을 갖고 행동한다. 이러한 감정과 행동이 도가 지나치게 되면 부모에게서 강력한 제재를 받는다. 이러한 제재는 남자 아이의 경우 어머니를 사랑하는 것에 대해 아버지가 거세할 것을 두려워하게 되며, 이러한 위협은 남아에게 인내할 수 없는 공포감(거세불안 혹은 거세공포)을 불러일으키는 것으로 알려져 있다. 여아의 경우는 남근선망(penis envy)의 형태를 띠며, 남근이 없는 것에 대한 보상으로 아이를 갖는 것으로 믿었다.

거세불안에 있는 남자 아이는 자기보다 우월한 위치에 있는 동성 부모의 특징을 본받음으로써 한편으로는 부모의 사랑과 승인을 계속 유지하고, 다른 한편으로는 열등한 자신을 보상하려 한다. 이러한 과정을 동일시(identification)이라고 하는데 이러한 과정을 통해 유아는 가치, 규범, 도덕 등을 내면화하게 된다. 이는 유아의 초자아 발달에 결정적으로 중요하다.

④ 잠복기(latency stage, 6－11세)

이 시기에는 말 그대로 성적 욕구가 집중되는 특정 신체부위가 존재하지 않는다. 유아기의 성적 욕구에 대한 기억을 억압하고, 성적 활동이 잠잠해진다. 그러면서 유아들은 동성과의 우정을 발달시키는데 집중한다.

⑤ 생식기(genital stage, 청년기)

이 시기는 심리성적 발달의 마지막 단계로서 남근기와 마찬가지로 성적 욕구는 성기에 집중된다. 그러나 그 의미는 크게 다르다. 사춘기를 겪으면서 청소년들은 성적으로 완숙하게 되고, 이제 성적 욕구의 추구는 더 이상 자기 내부에서만 이루어지지 않는다. 타인, 즉 이성을 통해 이루어진다. 이런 점에서 남근기와는 다르다. 이 시기는 이성으로부터의 거절에 대한 두려움이 크며, 이러한 두려움은 앞으로 이성과의 관계에 많은 영향을 준다. 프로이트는 이 단계의 주요 과제를 '부모로부터 자유로워지는 것'이라고 하였다(권준모, 2001에서 재인용).

2) 심리적 문제의 발생과정

정신분석학 이론은 부적절한 행동의 근원이 무엇인지를 찾아내는데 초점을 둔다. 프로이트의 이론에 기초해서 보면 아동들의 심리적 문제행동은 마음의 갈등과 이를 다루기 위한 자아방어기제를 잘못 사용해서 생기는 경우가 많다.

(1) 마음의 갈등

앞서 살펴본 바와 같이 인간의 마음을 구성하는 원초아, 자아, 초자아는 서로 추구하는 바와 작동원리가 다르다. 일단 우리 마음 속에서 어떤 충동이 발하게 되면, 원초아는 본능적 욕구를 직접적으로 충족시키려 하고, 자아는 현실에 비추어 이를 저지하려고 한다. 초자아는 원초아와 자아가 이상과 도덕에 위배되는 행위를 하는지 감시한다. 이러한 관계 속에 심리적 긴장과 불안이 유발되게 되는 데, 이러한 긴장이나 불안 등은 사람으로 하여금 어떤 정신적 혹은 외적 활동을 하게 한다. 그리하여 긴장이나 불안을 가라앉힌다. 그런데 만일 어떤 활동이 이러한 긴장이나 불안을 해소하는데 충분하지 않으면, 내적인 긴장은 더 높아져 훨씬 강한 긴장과 불안을 하게 되고 결국에 가서는 극단적인 활동을 통해서 이를 해소하고자 한다. 이 경우 대부분 일탈적인 것이 되기 쉽다. 이 때 중요한 것이 자아의 역할이다.

성격 구조들 간의 갈등을 중재하고 조정하는 역할을 수행할 수 있는 것은 자아뿐이다. 자아가 이런 역할을 제대로 할 수 있는 한 아무런 문제도 생기지 않으나 자아의 힘이 약해지면 심리적 문제를 경험하게 된다(이장호 등, 2005). 자아는 마음의 갈등에 대처하기 위해 방어기제를 사용한다(그림 2-1 참고)..

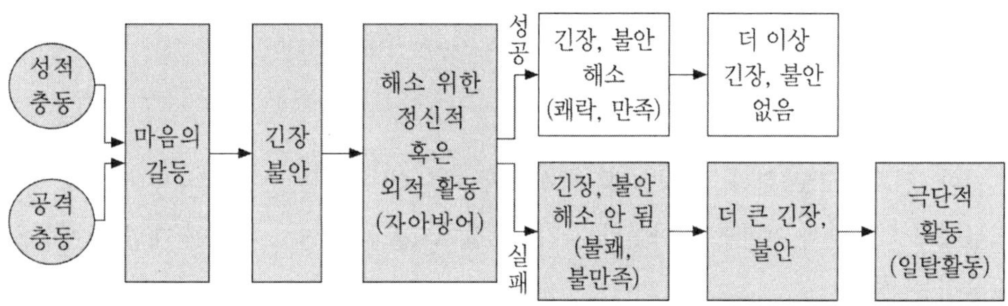

[그림 2-1] 정신분석학적 접근에 따른 문제행동의 발생과정

(2) 자아방어기제

자아방어기제란 원초아의 욕구와 초자아의 명령을 나름대로 다루기 위해 사용되는 것으로 무의식적 욕구나 충동들이 현실 속에서 분출되지 못하도록 제어하는 것이다. 자아가 이러한 역할을 제대로 못할 경우 인간은 현실에 적응할 수가 없다. 왜냐하면, 원초아의 본능적 충동들이 현실을 전혀 고려하지 않고 행동을 하게 하기 때문이다. 따라서 자아는 이 같은 상태를 방지하기 위해 원초아의 본능적 욕구들을 나름대로 현실에 맞게 수정하거나, 충족을 지연하거나, 다른 것으로 대치하는 방법 등을 사용한다. 자아가 사용하는 이러한 방어의 방법을 자아방어기제라 한다. 자아방어기제에는 다음과 같은 것들이 있다.

1 억압(repression)

무의식적 충동이 표출될 수 없도록 완전히 차단함으로써 의식할 수 없게 하는 것이다(예 : 마음의 상처를 준 사건을 기억 못하는 것).

2 투사(projection)

스스로 받아들일 수 없는 충동이나 태도, 행동을 다른 사람이나 환경의 탓으로 돌리는 것이다(예 : 거짓말을 잘 하는 아이가 친구들에게 거짓말쟁이라고 흉보고 다니는 것).

③ 반동형성(reaction formation)

사회적으로 용인될 수 없는 충동이 표출되는 것을 막기 위해 그 충동이 의식수준에서 정반대로 표현되는 것이다(예 : 친구를 좋아하면서도 표현하기가 힘든 아이가 긴장된 상황에서 '난 네가 싫어!'라고 말하는 것).

④ 전위(displacement)

치환, 전치라고도 한다. 전혀 다른 대상에게 자신의 욕구를 발산하는 것이다(예 : 부모님에게 억울하게 야단맞은 아이가 자기 집 강아지를 때리면서 부모에 대한 적개심을 표출하는 행동).

⑤ 고착(fixation)

성격 발달단계에서 다음 단계로 넘어갔는데도 불구하고 심리적으로 이전 단계의 문제점이나 쾌락에 계속 집착하는 것이다(예 : 부모에게서 독립하는 것이 고통스러워 불안한 아이가 의존적 행동을 계속하는 것).

⑥ 퇴행(regression)

어떤 발달단계에 도달하여 공포 또는 욕구좌절 등에 직면하면 현재 단계보다 이전의 단계로 후퇴하는 것이다(예 : 새로 동생을 본 아이가 어린 아기처럼 행동하는 것).

⑦ 격리(isolation)

과거와 관련된 기억과 감정을 느끼는 것이 심리적으로 힘들어서, 감정을 의식 또는 생각으로부터 분리시키는 것이다(예 : 자신에게 일어났던 두려웠던 혹은 충격적인 사건을 보고하면서 자신에게 일어났던 일이 아닌 듯 싶을 정도로 아무런 감정의 표현도 보이지 않는 행동을 하는 것).

⑧ 취소(undoing)

수용할 수 없는 생각이 떠오를 때 이를 되돌리기 위해 상징적 행동을 수반하는 마술적 생각을 하는 것이다(예 : 비도덕적인 생각이 떠오르거나 그러한 행동을 하려는 욕구가 생길 때 보도블록의 금을 밟으면 좋지 않은 일이 생길까봐 이를 피해 걷는 행동을 하는 것).

⑨ 자기적대(turning against the self)

본능적 충동이 타인이 아닌 자기 자신에게로 향하는 경우로 대표적인 것이 자신에 대한 공격성이다(예 : 부모에게 야단맞은 아이가 밥을 안 먹는 행위).

⑩ 신체화(somatization)

고통스런 감정을 신체적 고통으로 변형시키는 것으로 받아들일 수 없는 감정이나 걱정, 염려 등을 항상 신체적 고통으로 호소한다(예 : 건강에 대한 염려가 심한 사람).

⑪ 부인(denial)

고통을 주는 사실이나 경험을 있는 그대로 인정하지 않고 부정하는 것이다(예 : 사랑하는 사람의 죽음이나 배신을 인정하려 들지 않고 사실이 아닌 것으로 여기고 행동하는 것).

■ 고착(fixation)과 퇴행(regression)

성격발달 과정에서 이루어지는 성적 욕구(리비도)의 고착(fixation)과 퇴행(regression)은 문제행동을 설명하는 개념으로 볼 수 있다. 고착은 성적 충동이 초기단계에 머물러 있음을 의미하고, 퇴행은 어느 정도 발달이 진행되다가 다시 앞 단계로 돌아오는 현상을 말한다. 예를 들어, 어떤 아이가 구강기에 고착되었다는 것은 계속 음식물에 집착하거나, 필기구와 같은 사물들을 물어뜯거나 빠는 행위에서 편안함을 느끼는 것을 말한다. 정신분석학자들은 고착이란 일반적으로 특정단계에서 과다한 만족이나 과다한 좌절을 경험했을 때 생기는 것으로 보고 있다(권준모, 2001). 예컨대, 오랫동안 만족스런 수유를 받은 아기는 계속하여 구강기적 쾌락을 추구하고자 한다. 반면에 구강기에서 깊은 좌절을 받거나 결핍을 경험한 아이들은 성인이 되어서도 식사가 제때에 나오지 않으면 걱정하며, 식사가 곧 사라져 버릴 것처럼 게걸스럽게 먹는다(White & Watt, 1973). 한편, 여동생이 태어나자 자신에 대한 부모의 사랑이 갑자기 결핍되었음을 알게 된 6세 유아가 구강기의 행동으로 퇴행하여 손가락이나 물건을 빤다면 이는 퇴행인 것이다.

이러한 자아방어기제는 잘 사용하면 개인의 정신 건강에 긍정적인 효과를 가져다 준다. 그러나 잘못 사용한다면 문제행동과 같은 부정적인 결과를 가져다 줄 수 있다.

예를 들어, 부모에 대해 강한 적개심을 가지고 있는 아이가 부모에게 적개심을 그대로 나타낸다면 부모가 어떻게 나올지 알 수 없다. 너무 위험하다. 따라서 자아는 여러 가지 자아방어기제를 동원하여 적개심에 대한 적절한 방어를 시도한다. 하지만 그것도 실패하여 적개심을 여전히 그대로 드러내려한다면 자아는 최후의 수단으로 심리적 증상을 형성한다. 왜냐하면 심리적 증상이 그 자체로 커다란 고통을 주기는 하지만 자신의 적개심이 그대로 표출되었을 때 겪게 될 고통보다는 차라리 낫기 때문이다.

3) 상담방법

(1) 상담의 목표

정신분석적 상담의 목표는 무의식적 갈등을 의식화시켜서 개인의 성격구조를 재구성하는데 있다. 인간의 모든 문제는 무의식적 동기에 의해 생긴다고 본다. 무의식 속으로 억압됐던 갈등을 일단 의식적 수준으로 표출시켜 이를 합리적으로 다룰 수 있게 돕는 것이 정신분석적 상담의 목표이다.

(2) 상담의 과정

정신분석적 상담에서 상담자는 내담자에게 과거의 경험과 그때 그때의 감정을 거리낌 없이 자유롭게 털어놓도록 격려한다. 아무리 사소한 것이라도 떠오르는 것은 무엇이든지 말하도록 하는 것이 중요하다. 이 과정에서 상담자는 내담자의 증상과 관련된다고 여겨지는 무의식적 요소들을 하나씩 끌어내어 그 의미를 해석하게 된다. 이러한 해석을 통해 내담자는 이제까지 몰랐던 무의식의 내용들을 이해하게 되며, 이렇게 얻은 통찰은 자아가 증상을 극복하는 원동력이 된다.

(3) 상담의 기법

정신분석적 상담에서 활용하는 상담기법들은 무의식 속에 억압된 갈등을 찾아내서 그것을 내담자가 의식적으로 자각하도록 하는 것이다. 이러한 일련의 과정은 자아를 강화하는 것이라 할 수 있다. 주요 상담기법으로는 정화, 자유연상, 해석, 전이의 분석,

저항의 분석, 미완성 문장의 분석 등이 있다.

① 정화

내담자는 무의식 깊이 묻혀 있던 모든 억압된 생각과 경험을 이야기할 때 억압되었던 강렬한 정서적 감정이 발산된다. 억눌린 감정을 말로 표현할 때 기억 속에 부착되어 남아있던 고통스런 기억과 감정들이 효과적으로 발산될 수 있다. 프로이트는 이를 '정화'라 했으며, 이런 무의식적 요소를 찾기 위한 방법으로 자유연상법과 해석을 제안하였다(천성문 등, 2001).

② 자유연상

전통적인 정신분석에서 내담자는 소파에 눕고, 분석가(상담자)는 내담자의 시선이 미치지 않는 소파의 맨 앞쪽에 앉는다. 그런 다음 상담자는 내담자에게 마음 속에 떠오르는 것이면 그것이 어떤 것이든 상관없이 그대로 말하도록 한다. 이런 방법을 통해 무의식 속에 있는 생각과 갈등이 의식수준으로 표출되게 된다. 이 때 내담자에게는 자신의 가장 깊숙한 곳에 생각을 말하려 하지 않으려는 암투가 벌어지는데 이것을 저항이라 한다. 상담자는 이러한 저항을 잘 다룰 수 있어야 한다. 또한, 언뜻 보기에는 두서없어 보이는 내담자의 말 중에 어떤 논리가 있는지를 찾아보아야 한다. 내담자가 말하는 것을 정확히 해석하기 위해 상담자는 내담자의 언어 이면에 있는 감정, 느낌에 주의를 기울여야 하고, 몸짓이나 어투까지도 주목해야 한다.

③ 해석

자유연상 다음으로 중요한 기법이 해석이다. 해석에는 꿈, 실언, 유머 속에 포함된 무의식적 상징 및 내용을 해석하여 상담자를 돕는 것이다.

④ 전이(transference)의 분석

전이란 개인이 과거에 경험했던 감정, 갈등, 욕망 등을 현재 상황에서 반복하려는 경향에서 발전된다. 내담자가 상담 장면에서 과거에 자신과 관계를 맺었던 중요한 인물에게서 느꼈던 감정을 상담자에게 옮겨서 느끼는 것이다. 흔히, 아동상담 장면에서 내담아동은 자신의 부모와의 관계를 재연하면서 상담자에게서 이전에 부모에게 느꼈던 감정을 느끼게 된다. 상담자는 내담자가 전이감정을 크게 느끼게 하여 상담을 이끌어야 한다. 상담자는 내담자가 느끼는 감정이 무엇이며, 그의 감정이 상담자와의 관계에서 생긴 것이 아니라 전에 그에게 일어났던 어떤 것을 재현시키고 있음을 인식시킨다.

그러나 상담자는 역전이(counter-transference)에 대해서 조심해야 한다. 역전이란 상담자가 내담자와의 관계에서 자신의 억압된 무의식적 갈등이나 동기를 내담자에게 행동으로 표출하는 것이다. 다시 말하면, 내담자가 상담자에게 보였던 전이현상과 똑같은 전이현상을 상담자가 내담자에게 보일 수 있는 것을 일컫는다. 이것은 객관적 공감(천성문 등, 2001)이라는 상담자로서의 균형을 잃게 한다. 상담자가 자신의 성격역동에 대한 통찰이 부족할 경우 치료를 방해하는 요소가 된다. 이러한 이유로 정신분석 상담자에게는 상담자의 역할을 하기에 앞서 장기적이고 지속적인 자기분석과정을 경험하게 하는 것이 필요하다(김순혜, 2004). 또한, 상담과정에서 이러한 역전이가 자주 나타날 때는 다른 유능한 전문가의 도움을 받아야 한다.

5 저항의 분석

저항이란 상담과정에서 내담자가 치료적 노력과 관계없거나 치료를 방해하는 행동을 하는 것을 말한다. 저항은 고통스럽고 비합리적인 내용을 의식에 도달하지 못하도록 하기 때문에 내담자가 현실적이고 건강한 방식으로 이런 억압된 갈등들에 직면하도록 하기 위해서는 없애야 마땅한 것이다. 저항은 여러 가지 형태로 나타난다. 예를 들어, 상담시간에 늦거나 약속을 어기거나 또는 상담 도중에 어떤 화제를 일부러 피하거나 다른 주제로 바꾸며 문제를 더 파고들지 않으려고 계속 반복적으로 말하거나, 침묵을 지키거나 하는 것 등이다. 따라서 상담자는 내담자와 신뢰로운 관계를 쌓아 저항을 최소화시키는 한편, 이러한 저항의 분석은 상담자에게 정보를 주지 않으려는 내담자의 요구에 관한 귀중한 자료를 제공한다.

6 미완성 문장의 분석

정신분석적 상담자들은 종종 내담자의 사고, 행동 및 감정을 이해하기 위해 집/나무/사람, 또는 아동용 통각검사와 같은 투사적 기법들을 사용한다. 검사해석에 대해 훈련받지 않은 상담자의 경우는 좋아하는 것, 가족, 친구들, 목표들, 소원들, 그리고 아동을 행복하게 하거나 슬프게 하는 일에 관해 진술을 하게 함으로써 아동들을 이해하고 문제영역을 찾는데 도움을 받는다. 이 절차는 상담자들과 친숙해지도록 할 때, 그리고 불안하고 두려워하며, 이야기하기를 싫어하는 아동들과 더 나은 공감대를 형성하고자 할 때 특히 유용하다.

2. 행동주의적 접근

행동주의 상담은 바람직한 행동은 유지 · 강화시키고, 바람직하지 못한 행동은 제거 · 감소시킨다는 행동주의 학습이론의 기본 원리를 바탕으로 한다. 파블로프(Ivan Pavlov)의 고전적 조건형성과 스키너(B. F. Skinner)의 조작적 조건형성 이론의 원리가 대표적으로 적용된다.

1) 인간관

인간의 본성에 대한 행동주의 관점은 스키너의 신념인 '아이들에게 벌어지는 일들이 바로 그들에게 영향을 주고 그들을 변화시킨다'에 포괄적으로 나타나 있다. 스키너는 우리의 과거가 우리의 내부에 나타나 있다는 프로이트의 생각은 현재의 행동을 설명하는데 전혀 유용하지 않다고 본다. 행동주의자들은 인간을 선하지도 악하지도 않은 단지 그들이 처해 있는 환경의 산물로서 간주한다. 행동주의자들은 인간을 환경이라는 자극에 반응하는 존재로 간주한다. 자기 주도성이 없는 기계론적 존재로서 본다. 따라서 스스로 자신을 변화시키고 통제하지 못한다고 본다. 인간을 기계론적으로 본 대표적인 인물이 호스퍼드(Hosford)다. 호스퍼드는 인간의 모든 행동은 유전과 환경의 상호작용에 의해 형성되고 학습된 부정적 또는 긍정적 습관, 그리고 생활환경이 제공하는 강화의 형태와 그 빈도에 의해 결정된다고 본다. 그의 인간관을 통해 행동주의의 인간관을 살펴보면 다음과 같이 요약할 수 있다(김현수 등, 2006에서 재인용).

① 인간은 좋지도(good) 나쁘지도(bad) 않은 상태로 이 세상에 태어난다.
② 인간은 환경의 자극에 대해 반응하는 존재이다.
③ 인간의 행동은 환경과의 상호작용에 의해 형성된다.
④ 인간의 행동은 학습된 부정적 혹은 긍정적 습관으로 구성된다.
⑤ 인간의 행동은 생활환경이 제공하는 강화의 형태와 그 빈도에 의해 결정된다.

2) 문제행동을 보는 시각

행동주의 상담에서는 부적응 행동 혹은 문제행동은 그것이 어떻게 형성되었고, 어떻게 유지되었느냐?의 측면에서 정상행동과 동일하다고 본다. 행동주의의 대표 학자인 스키너에 따르면, 행동이란 적절하던 부적절하던 간에 아동들이 환경과 환경 속 다른 사람들에 대해 반응할 때 학습된다. 아이들은 친구들이나 어른들과 상호작용할 때, 그러한 사회적 환경 속에서 반응하고 행동하는 방법들을 배운다. 또한, 다른 사람들이 자신들의 행동에 대해 어떻게 반응하는지를 배운다. 결과적으로 아이들은 다른 사람들의 기대에 부응할 수 있는 행동을 선택하게 된다. 아이들의 행동은 주위 사람들에 의해 강화되거나 강화되지 않거나 한다. 만일 적절한 행동에 대해 강화를 받게 되면 그 행동을 계속하게 된다. 이와 마찬가지로 문제행동 역시 강화를 받게 되면 계속 유지된다. 이 두 유형의 행동은 모두 더 이상 강화가 주어지지 않게 되면 사라지게 될 것이다(강화에 대한 보다 자세한 내용은 제8장 행동수정 기법에서 제시되어 있다).

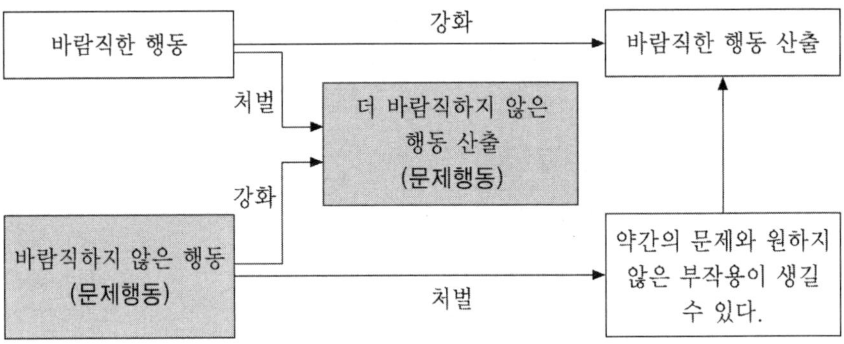

[그림 2-2] 행동주의적 접근에 따른 문제행동 발생과정(천성문 등, 2001)

많은 문제행동들은 아이들이 그런 행동을 할 때 관심을 받기 때문에 지속된다. 또한 대부분의 적절한 행동은 더 이상 강화를 받게 되지 못하므로 그 행동이 지속되지 않는다([그림 2-2] 참고).

이상을 정리하면 행동주의 관점에서 문제행동은 환경과의 상호작용 속에서 강화와 처벌에 의해 학습된 것이며, 따라서 강화나 벌과 같은 환경적 요소들을 조작함으로써 아동의 문제행동을 다시 원상태로 복귀시키거나 바람직한 행동으로 변화시키고자 한다.

3) 상담방법

(1) 상담의 목표

행동주의 상담은 흔히 행동수정으로 대표된다. 학습된 부적응 행동을 소거시키고, 보다 효율적이고 바람직한 행동을 새롭게 학습시키는 것이 행동수정의 주요목표이다. 즉, 사회적 활동을 저해하는 부적응 행동을 제거하고, 바람직한 행동을 형성시켜 주는 것이 상담의 목표이다.

(2) 상담의 기초 이론

[1] 고전적 조건형성의 원리

고전적 조건형성의 원리는 러시아의 생리학자인 파블로프(Ivan P. Pavlov, 1849-1936)에 의해 우연히 발견되었다. 그는 개에게 먹이를 주고 입 안의 침샘에 연결된 호스를 통해서 침 분비와 소화에 관한 연구를 진행하고 있었다. 그런데 개는 입에 먹이가 들어갔을 때 뿐만 아니라 먹이를 보기만 했을 때, 심지어는 먹이를 안가지고 있는데도 파블로프만 보면 침을 흘리는 것을 발견했다. 파블로프는 음식이 혀에 닿았을 때 침을 흘리는 것은 타고난 반사라는 것은 알지만, 먹이를 보기만 해도 침을 흘리는 것이나 음식을 들고 있지 않은 자신만 봐도 침을 흘리는 것을 이해할 수 없었다. 오랜 숙고 끝에 그가 내린 결정은 이러한 것이 학습된 것은 아닐까? 하는 것이었다. 즉, 자극에 대해 반응이 연합된 것은 아닐까? 생각하였다. 그는 만약 자신을 보기만 해도(자극) 개가 침을 흘리는 것(반응)이 학습된 것이라면, 종소리 등과 같은 특정 자극에 대해서도 침을 흘리는 특정 반응을 학습시킬 수 있으리라고 생각하고 실험에 착수하였다. 이것이 고전적 조건형성을 통한 학습의 기제를 밝히는 최초의 연구가 되었다.

여기서 조건(condition)이라는 용어의 의미는 '만약 ~이라면 ~이다'로 이해해야 한다. 만약 어떤 조건이 주어지면 어떤 결과가 일어난다는 뜻이다. 그러므로 조건형성이란 주어진 조건이 주어지면, 그에 따른 결과가 나타나도록 만들어 준다는 것을 의미한다. 파블로프가 개를 대상으로 한 구체적인 실험의 절차는 [그림 2-3]과 같다.

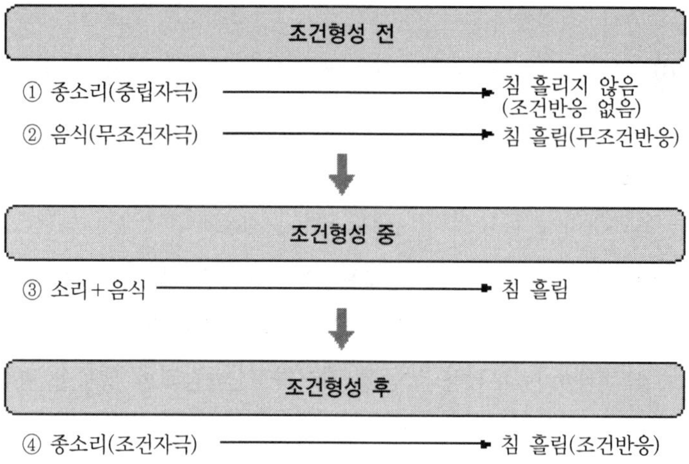

[그림 2-3] Pavlov의 고전적 조건형성의 예

조건형성 전에는 종소리(중립자극)는 개에게 아무런 영향을 미치지 않았다. 즉, 종소리에 대해 개는 침을 흘리지 않았다. 이 때 만약 종소리에 대해 침을 흘리는 개가 있다면 이는 아마도 이미 조건형성이 된 개이거나 아니면 '미친개'일 것이다. 종소리에 대해 아무런 반응을 보이지 않던 개에게 종소리(조건자극)와 함께 음식(무조건자극)을 주었다. 그랬더니 개는 침을 흘렸다. 이러한 과정을 반복한 후 이제는 음식물을 주지 않고 종소리(조건자극)만 제시하였다. 그랬더니 개는 여전히 침을 흘렸다(조건반응). 처음에는 종소리에 대해 아무런 반응을 보이지 않던 개가 침을 흘리는 반응을 보인 것이다. 종소리와 침을 흘리는 것이 연합된 것이다. 개가 학습된 것이다. 아마도 이런 개는 학습된 개로 '똑똑한 개'라고 볼 수 있지 않을까? 이러한 원리에 의해 학습이 이루어지는 것을 고전적 조건형성이라고 부른다.

일상생활에서 우리는 고전적 조건형성의 예를 쉽게 찾을 수 있다. 우리는 '사랑'이라는 말을 듣고 포근한 느낌을 갖는다. 태어날 때부터 그 말의 뜻을 안 것은 아니다. 어릴 때 아마도 엄마가 '사랑한다'는 말을 하면서 안아 주었을 때 포근한 느낌을 받았을 것이다. 이제는 어머니가 안아 주지 않지만 그 말만 들어도 포근한 느낌을 가질 것이다. 이 과정은 '사랑'이라는 말의 뜻이나 느낌을 조건화시킨다. '사랑'이라는 말은 조건자극, '안아줌'은 무조건자극, '포근한 느낌'은 조건반응이다. '사랑한다'는 말과 함께 '안아줌'으로써 '포근한 느낌'이 조건화된다. 더 이상 안아 주지 않고 사랑한다고 말만 한다면 포근한 느낌은 식어갈 것이다. 이것은 반응이 소거되는 것이다. 만약 반응이 소거되었다가 한참 후에 누가 '사랑한다'라고 말만하면 자신도 모르게 포근한 느낌에 빠져든다.

이것은 반응이 자발적으로 회복된 것이다.

이러한 고전적 조건형성 이론은 주로 인간의 공포나 불안과 같은 정서의 치료를 위한 상담과정에서 적용하는데, 치료뿐 아니라 유아의 정서와 관련된 행동을 이해하는 데 있어서도 유용하다. 예를 들면, 어린아이들이 유치원에 간 첫날 유치원 계단에서 넘어져 다쳤을 때, 아이는 상처로 인한 고통과 유치원이라는 환경을 짝짓게 됨으로써 유치원을 혐오스런 자극으로 인식하게 될 수 있다. 또는 유치원 버스에서 내리다 다친 아이가 노란색 버스만 보면 불안해하는 행동도 마찬가지일 것이다.

② 조작적 조건형성의 원리

조작적 조건형성이란 어떤 행동 다음에 뒤따르는 결과를 조작하여 그 행동을 습득하게 하는 과정을 말한다. 여기서 조작이란 유기체가 환경에 직접 작용(operate)하여 결과를 이끌어 낸다는 뜻이다.

스키너(Burrhus F. Skinner, 1904-1990)는 지렛대 장치가 되어 있는 조그만 상자(box) 안에 굶주린 쥐를 넣고, 쥐가 지렛대를 누르면 먹이가 한 알씩 떨어져 먹을 수 있도록 했다. 쥐는 배가 고프기 때문에 상자 안을 이리저리 돌아다니다가 우연히 지렛대를 밟아 떨어지는 먹이를 먹는다. 이러한 과정이 몇 번이고 되풀이되는 동안 이 쥐는 지렛대를 누르면(조작) 먹이가 나온다는 것을 알게 되고, 배가 고플 때마다 지렛대를 눌러 먹이를 먹는 방법을 습득하게 된다. 여기서 지렛대를 누르는 쥐의 행동은 처음에는 우연한 것이었으나 이것을 반복하면서 그 행동에 뒤따른 결과(먹이를 얻음)가 지렛대를 누르는 행동을 증가시키게 된다는 것이다.

이렇게 조건형성시킨 다음 두 번째 실험으로 스키너는 쥐가 아무리 지렛대를 눌러도 먹이가 나오지 않도록 했다. 그 결과 그 쥐가 지렛대를 누르는 행동은 차츰 감소되더니 결국 중단되었다. 일단 학습된 행동이 자극의 소멸과 함께 소멸된 것이다.

이 실험을 통해 스키너는 지렛대를 누르는 행동(조작적 행동)은 결과(먹이가 나오는 것)를 통제함으로써 조절될 수 있다는 결론을 얻었다. 두 번째 실험에서는 더 이상 먹이가 나오지 않게 함으로써 쥐가 지렛대를 누르는 행동을 소멸시킬 수 있었는데 보다 빨리 소멸시키려면 쥐가 지렛대를 누르고 난 후 전기충격과 같은 혐오적 자극을 주게 되면(벌) 그 동안 학습된 지렛대를 누르는 행동은 보다 빨리 사라지게 된다(소멸)는 것을 알았다.

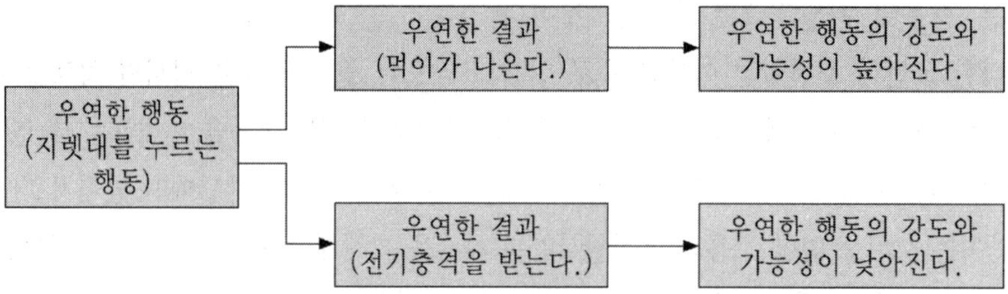

[그림 2-4] 학습에 대한 행동주의적 설명 모형

(3) 상담의 과정

행동주의 상담의 기본적인 과정은 다음과 같다.

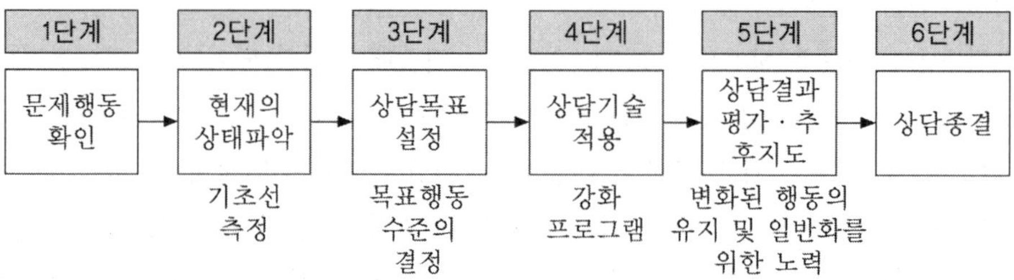

[그림 2-5] 행동주의 상담의 기본적 절차

① 문제행동 확인

행동주의 상담에서 행동수정을 위해서는 우선, 문제행동을 정확하게 파악하고, 이를 서술적 용어로 정의해야 한다. 흔히, '행동진술'이라고 한다. 행동진술은 구체적인 행동으로 기술하는 것으로 객관적인 진술(어느 누가 보더라도 그런 행동임을 판단 가능하도록)이 되어야 한다. 행동수정에 들어갈 때는 이렇게 확인되고 진술된 행동을 보다 관찰 가능하고, 측정이 가능한 행동으로 세분화해야 한다.

② 현재의 상태 파악

행동의 정의(행동진술)가 행동수정의 목표와 방향을 지시해 준다면, 문제행동의 현 상태의 파악은 기초선을 제공한다는 점에서 의의가 있다. 행동의 기초선 측정은 실제 행동수정에 들어가기 직전까지의 행동이 얼마나 빈번하게, 얼마나 지속적으로 일어나고 있느냐를 측정하는 것이다. 기초선의 측정은 행동수정 작업(프로그램)이 끝난 후 문제행동이 얼마나 변화했는지를 알기 위한 기준을 제공하기도 한다. 기초선은 크게 두 가지로 측정할 수 있다. 첫째는 행동의 빈도를 측정하는 것이다. '얼마나 자주 우는가?' 등이 여기에 속한다. 둘째는 그 행동의 지속성을 측정하는 것이다. '얼마나 오랫동안 지속하는가?' 하는 것이다. 이것은 시간으로 측정한다.

③ 상담목표의 설정

문제행동의 현 상태를 파악했으면, 그 행동을 어느 수준까지 수정할지를 결정해야 한다. 빈도나 지속시간으로 상담목표를 설정할 수 있다. 예를 들어, 하루에 다섯 번을 친구와 다투는 아이의 행동을 전혀 싸우지 않게 한다든지 아니면 한번 이내로 줄인다든지 하는 것이 목표의 설정이다. 이러한 목표설정은 상담기술을 적용해서 행동수정을 할 경우 문제행동을 평가해서 언제 상담을 종료할지의 시점을 알려 준다.

④ 상담기술 적용

기초선 측정(빈도 또는 지속시간)을 해서 상담목표가 설정되면 이제부터 정적 강화, 부적 강화, 벌, 소멸(소거) 등 행동수정을 위한 기술들을 적용한다. 이 때 상담자는 강화의 원리에 대해 숙지하고 있어야 한다.

⑤ 행동결과 평가 및 추후지도

행동의 변화를 목표로 하여 시작된 상담은 행동변화가 확인되면 행동수정은 끝나게 된다. 중간중간 행동변화에 대한 평가는 설정한 목표행동에 도달했는지도 알 수 있을 뿐만 아니라 행동수정의 효과가 강화의 조작에 의해서 일어난 것인지, 아니면 단순한 시간 경과로 나타난 것인지도 알 수 있게 해준다. 그리고 변화된 행동(원하는 행동)은 강화가 더 이상 주어지지 않으면 소멸되므로 바람직한 행동이 소멸되지 않고 일반화될 수 있도록 하는 것이 중요하다.

⑥ 상담의 종결

설정한 목표행동에 도달하고, 바람직한 행동이 일반화되면 이제 상담을 종결해도 좋다. 그렇지 않을 때는 상담과정에서 1단계부터 점검해 봐야 한다.

(4) 상담의 기술

행동주의 상담은 주로 고전적 조건형성의 원리를 이용해 불안, 공포 등의 정서학습에 초점을 맞춘 행동치료와 조작적 조건형성의 원리를 이용해 관찰 가능한 행동에 초점을 맞추어 강화를 통하여 행동을 변화시키는 행동수정이 있다.

1 행동치료를 위한 기법

① **체계적 둔감법**(systematic desensitization) : 제이콥슨(Jacobson, 1938)이 최초로 제안한 후 월프(Wolpe, 1958)에 의해 발달되었다. 공포나 불안을 제거하는 데 쓰이는 기술이다(이숙 등, 2004). 점진적 둔화법이라고도 한다. 먼저, 불안의 정도에 따른 불안위계목록을 작성하고, 처음에는 심상화, 그런 다음 근육이완 훈련을 받도록 한 후, 내담자가 이완 상태에 도달하면 불안위계목록 중 가장 적게 불안을 일으키는 실제 장면(자극)부터 상상시켜 최대의 불안을 일으키는 장면을 상상해도 이완 상태에 머무를 수 있을 때 치료는 끝나게 된다(머릿속으로 작은 자극부터 그려보는 심상화 → 이완 연습 혹은 실제 자극에 차츰 노출).

② **자극포화법**(stimulus saturation) : 최소한의 공포 혹은 약한 공포에서 시작하는 체계적 둔감법과는 정 반대로 자극의 위계에서 볼 때 가장 공포스런 자극에서 시작한다. 이러한 공포스런 자극에 지속적, 반복적으로 노출시켜 그 자극에 대해 덤덤하게 만드는 방법이다(공포반응이 없어질 때까지 혐오자극을 계속해서 제시).

③ **자기표현 훈련**(assertive training) : 대인관계에서 소외감, 피해의식, 대중공포 및 이에 따르는 불안과 고독문제가 있는 경우에 자기표현훈련이 필요하다. 대인관계에서 자기표현이 어려운 내담자가 상담자와 함께 대인관계 상황을 놓고, 서로 역할을 바꾸어 가며 자신을 표현하는 역할 행동(role playing)을 연습하고, 연습결과를 실제 상황에서 실행되어지도록 한다.

④ **역조건화** : 약한 혐오자극을 강하고 좋은 자극과 짝지어서 혐오자극에 의해서 일어난 불안을 극복하는 것이다. 예를 들어, 애완견에 대해 공포증을 가진 유아가 애완견이 옆에 붙어 불안을 느낄 때 유아가 좋아하는 아이스크림을 주는 방법이다(더 기쁜 자극이, 더 작은 혐오자극에 의해 일어나는 공포나 불안을 극복하게 함).

⑤ **혐오적 조건형성** : 전기 충격이나 구토제와 같은 해롭고 혐오적인 자극을 가하여

바람직하지 못한 행동을 소거시키는 기술로, 이는 처벌된 행동을 대체할 수 있는 바람직한 다른 행동을 강화해 줄 때 효과가 더 크다. 즉, 어떤 행동으로부터 얻는 작은 보상보다도 더 고통스런 자극을 주어 작은 보상을 극복하도록 한다(예. 어머니가 아기 젖을 뗄 때 젖꼭지에 레몬즙을 발라 놓는 것).

② 행동수정을 위한 기법

행동수정은 전문적인 지식이나 훈련 없이도 부모나 교사에 의해 적용될 수 있는 행동관리 절차이다. 행동수정은 특히 유아교육이나 특수교육분야에서 적용하는데 효과적인 기법이다. 아직 한번도 해본 적이 없는 새로운 행동을 만들거나, 현재 수준을 보다 향상시킨다거나, 문제행동을 감소 또는 제거하는데 적합한 기법이다. 현장에서 문제행동의 수정을 위해 주로 사용되고 있는 대표적인 기법들로 토큰강화, 반응대가, 타임아웃, 소멸, 과잉교정, 용암법, 행동연쇄, 행동형성 등을 들 수 있다. 이러한 기법들은 용어가 생소하지만 이미 가정과 유아교육기관에서 부모나 교사들에 의해 종종 사용되는 기법들이다.

행동수정에 대한 구체적인 기법들은 제8장에서 자세하게 다루어질 것이다.

3. 인본주의적 접근

인본주의적 접근은 로저스(Carl R. Rogers, 1902 - 1987)에 의해 주창된 이론으로 초기(1950년대)에는 비지시적 상담(non-directive counseling), 중반기(1960년대)에는 내담자중심 상담(client-centered counseling), 후반기(1970년대 이후)에는 인간중심 상담(person-centered counseling)으로 부르고 있다(안영신 등, 2005). 인간중심 상담이론은 구체적인 문제해결 기법 보다는 내담자에 대한 상담자의 태도를 더 중시한다(이장호 등, 2005). 이를 유아의 문제행동 지도에 적용한다면 유아에 대한 교사의 태도를 더 중시한다고 볼 수 있다. 아동이 문제를 가지고 있을 때 교사는 그 문제를 해결하기 위한 아동의 권리와 능력을 존중해야만 한다. 그래서 교사는 아동에게 충고, 설교를 하거나 주위를 환기시키지 않는다. 그 대신에 교사는 적극적 경청을 한다.

1) 인간관

인간중심 상담이론에서는 인간은 누구나 다 스스로 자신의 길을 발견하고 성장해 나갈 수 있는 잠재력을 지니고 있다고 본다. 따라서 로저스는 인간은 본래 부적응을 극복하고 정신적인 건강상태를 되찾을 수 있는 능력을 지니고 있다고 본다.

2) 문제행동을 보는 시각

유아들은 수많은 가능성과 잠재력을 타고 났으면서도 왜 그것을 실현하지 못하고 심리적 문제를 경험하게 되는가? 그 첫째 이유는 이러한 가능성과 잠재력을 주위에서 인정하지 않기 때문이다. 유아들은 성장하는 과정에서 '나는 어떤 사람인가'에 대해 물음을 갖게 되고 나름대로 그에 대한 답을 찾게 되는데 그 답이 그 유아의 자아개념이다. 이러한 자아개념은 어느 날 갑자기 생겨나는 것이 아니라 타인과의 경험을 통해 서서히 생겨난다. 그런데 인간에게는 '나는 괜찮은 사람'이라는 생각을 유지하려는 경향이 있다. 즉, 자기에 대해 긍정적인 생각을 하려는 욕구가 있다. 그러나 자신을 긍정적인 존재로서 여기기 위해서는 다른 사람들로부터 긍정적인 존중, 즉 인정을 받는 것이 필요하다. 다른 사람들은 자신을 형편없는 사람으로 여기는데, 유독 자기만 스스로 괜찮은 사람으로 여긴다면 그것은 억지이다. 결국, 타인과의 관계에서 다른 사람이 자신에 대해 긍정적으로 반응하면 자아개념은 긍정적이 될 수 있다. 그렇지만 다른 사람이 자신을 계속해서 부정한다면 자아개념은 부정적인 쪽으로 형성되게 된다. 이러한 부정적 자아개념이 결국 문제행동을 낳게 된다.

두 번째 이유는 아동과 성인 간의 입장 차이 때문이다. 유아들은 사리분별력이 부족하기 때문에 하고 싶은 것을 무조건하려고 한다. 그런데 유아가 하려는 행동이 바람직하지 못하고 위험하다면 어른들은 당연히 하지 못하게 할 것이다. 이 경우에 아이와 어른 간에 입장의 차이가 생겨나게 된다. 이 경우 대개는 어른의 입장이 관철된다. 그리하여 유아들은 자신도 알지 못하는 사이에 어른들의 가치나 조건에 의해 길들여진다. 다행히 어른들의 가치조건과 유아의 실현 가능성이 잘 조화를 이룬다면, 유아들은 성장을 촉진하는 분위기 속에서 마음껏 자신의 가능성과 잠재력을 발견하고 실현해 나갈 수 있게 된다. 어른들은 유아들이 스스로 선택한 길을 잘 갈 수 있도록 도와 주면 된다.

그러한 자유를 부여해 주는 것, 허용하고 존중하는 것, 그리고 이해하고 격려해 주는 것이 유아의 잠재력을 실현시켜 주는 밑거름이 된다. 그런데 문제는 유아가 진정으로 하고 싶어하는 것과 성인의 가치나 조건들이 일치하지 않는 경우이다. 예를 들어, 교사는 유아가 미술영역에 가서 활동하기를 원하는데, 유아는 블록을 가지고 놀고 싶어한다. 유아는 미술영역에 가서 활동을 하면 교사로 하여금 칭찬을 받는다는 것을 안다. 그 반대로 블록영역에 가서 놀면 교사로부터 야단을 맞는다는 것을 알고 있다. 그러면서도 유아는 미술영역에 가서 활동을 한다. 이 경우에 선생님의 말을 잘 듣는 아이가 되어 사랑과 칭찬을 받지만 왠지 그림 그리기가 싫다. 블록영역을 가서 기웃거려 보지만 그래서는 안 된다는 생각이 든다. 선생님의 무서운 얼굴이 떠오르기 때문이다. 이런 생활이 반복되면 그 유아는 모든 활동에 의욕을 상실하고 우울, 좌절감이 쌓인다. 결국, 유아교육기관에 적응하는 것조차 힘들게 된다. 이처럼 외적인 가치조건에 맞추어 생활을 하다 보면 자기개념과 경험 간에 불일치가 생긴다. '여기와 지금'에서 경험되는 것들(예 : 블록놀이에 대한 흥미)은 자기개념(교사의 말씀을 잘 따라 선생님을 기쁘게 해 주는데서 자신의 의미를 찾으려는 것)과 불일치되므로 결국 부정된다. 이러한 불일치가 많을수록 '여기와 지금(here & now)'에서 부정되는 경험이 많아지게 되어, 이 과정이 되풀이될수록 잠재력을 실현시킬 수 없음은 물론이고 심리적인 문제와 부적응이 커지게 된다([그림 2-6] 참조).

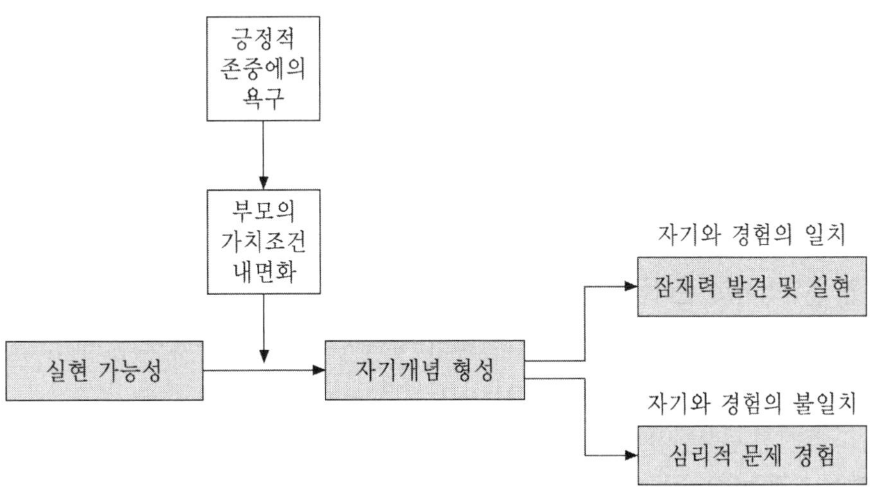

[그림 2-6] 인간중심적 이론에 따른 심리적 증상의 형성과정

(출처 : 이장호 등, 2005, p. 95)

결국, 아이들에게 나타나는 문제행동은 아동의 능력에 대한 주위 사람들의 무시와 아동들이 스스로 타고난 가능성과 잠재력을 발휘하지 못하고 외적으로 부여된 가치조건들에 맞춰 살려고 할 때 나타난다.

3) 상담방법

로저스의 인간중심 상담에서는 특별한 상담기법을 따로 열거하거나 강조하지는 않는다. 그러나 유아의 문제행동에 긍정적 변화를 가져오는 필요충분조건으로 상담자인 교사의 진솔성(또는 일치성, congruence), 무조건적 긍정적 존중(또는 수용, unconditional acceptance), 공감적 이해(empathic understanding)를 강조한다. 이 세 가지 태도들이 문제를 해결하고 성격을 변화시키는 데 핵심이라고 본다.

(1) 진솔성

진솔성은 상담자인 교사가 유아와의 관계에서 감지되는 바를 왜곡하거나 부정하지 않고 있는 그대로 경험하는 것이라 할 수 있다. 이는 진실하고 솔직하다는 의미로 첫째, 유아를 대함에 있어 교사가 무엇을 경험하는가의 측면이 있다. 유아를 대함에 있어 매력, 관심, 짜증, 귀찮음, 애처로움, 흥분, 지루함과 같은 느낌이나 생각에 충실해야 한다는 것이다. 있는 그대로를 느끼고 경험하는 것이 중요하다. 둘째, 유아에게 무엇을 표현하는가의 측면이다. 이는 유아와의 관계에서 느끼는 것을 표현하는 문제이다. 이 때 교사가 느낀 것을 진솔하게 표현하는 것을 포함한다. 유아에게 느끼는 것 중 긍정적인 것만 표현하고 부정적인 것은 숨기는 것은 진솔한 태도가 아니다. 부정적인 감정의 표현은 반드시 유아의 성장에 기여가 될 수 있도록 해야 의미가 있다. 부정적인 감정을 충동적으로 쏟아낸다면 교사-유아 관계의 단절을 가져올 뿐만 아니라 유아에게 아픔과 상처만을 안겨줄 뿐이다. 반드시 인격적 성숙을 바탕으로 교사가 유아의 성장을 위해 진솔해야 한다.

(2) 무조건적인 수용

무조건적인 수용이란 유아를 한 인간으로서 긍정적으로 존중하되 아무런 전제나 조건을 달지 않는 것을 말한다. 그렇다고 유아의 모든 행동을 승인하고 인정하라는 것은 아니다. 그런 행동은 승인하거나 옹호하지 않아도 된다. 문제는 그런 행동을 하고, 그런 감정을 느끼고, 그런 생각을 하는 유아의 인간적 가치이다. 이런 태도를 교사가 일관되게 유지할 때 유아 역시 기존의 가치조건에서 벗어나게 되며, 자신을 있는 그대로 느끼고 표현할 수 있는 자유로운 존재가 될 수 있다. 이렇게 되면 심리적 문제는 물론 이제까지 숨겨지고 왜곡되었던 유아의 가능성과 잠재력이 발현되어 참다운 발달을 할 수 있을 것이다.

(3) 공감적 이해

공감적 이해란 '여기와 지금(here & now)'에 나타나는 유아의 감정과 경험을 교사가 민감하고 정확하게 이해하는 것을 뜻한다. 교사가 솔직성과 무조건적인 긍정적 존중에만 머물지 않고 공감적 이해를 통해 유아와 소통을 한다는 것이다. 이런 의미에서 인간중심 상담에서 가장 중요한 것이라 해도 과언이 아니다. 공감적 이해는 유아가 자신에 대한 진정한 경험과 접촉을 확대시켜 나가도록 해준다. 이제까지 부정되고 왜곡되어 왔던 유아 자신의 모습을 있는 그대로 보고 느끼고 받아들일 수 있도록 하는데 도움이 되는 것이다.

공감적 이해를 잘 하기 위해서는 교사가 유아의 입장에서 보는 것이 중요하다. 눈높이를 같이 해서 보는 것이 중요하다. 유아의 입장에 서 보지 않고는 그 아이가 무엇을 느끼고 생각하는지를 이해할 수 없다. 여기서 유념해야 할 것은 교사의 생각이나 감정이 개입되면 진정한 공감이 아니다. 그렇다고 해서 유아의 세계에만 머물러서도 진정한 공감이 아니다. 교사가 자신을 모두 망각한 채 유아의 세계에만 머문다면 유아와 같은 감정을 느낄 수는 있을지 몰라도 유아의 행동변화를 바람직한 방향으로 촉진할 수는 없다. 교사는 자신의 처지와 입장을 그대로 유지한 채 유아의 입장이 되어 거기서 보고, 느낀 것의 의미를 유아에게 전달해 주어야 한다. 유아의 주관적 감정 세계를 경험하되 자신의 사사로운 의견이나 감정을 덧붙이지 않으며, 유아의 감정에 동참하되 거기에 함몰되지 말아야 한다. 이러한 공감적 이해를 통해 유아는 자유로운 자기탐색과 이해, 그리고 자기수용과 성장의 길로 나아갈 수 있게 된다(이장호 등, 2005).

4. 인지 · 정서 · 행동 치료적 접근

"생각을 바꾸면 세상이 달라진다."는 말이 있다. 우리는 흔히 자신에게 일어나는 사건들이 자신의 감정이나 행동에 영향을 미치고 있다고 여긴다. 그러나 사건보다는 우리가 그 사건을 어떻게 생각하는가라는 신념체계가 우리의 감정이나 행동에 영향을 미칠 수 있다. 이러한 가정 하에 엘리스(Albert Ellis, 1913~)는 인지 · 정서 · 행동치료(Rational-Emotive Behavior Therapy : REBT)를 발전시켰다. 엘리스는 스토아 철학자인 에픽테투스(Epictetus)의 말을 잘 인용한다. "사람의 마음을 혼란시키는 것은 사건 그 자체가 아니라, 사건에 대한 그들의 판단이다"라는 말이 바로 그것이다. 이는 우리의 생각 혹은 신념체계를 바탕으로 일어난 사건을 어떻게 해석하는가에 따라 삶이 달라진다는 것이다. 엘리스는 이러한 신념체계를 합리적인 것과 비합리적인 것으로 구분한다. 합리적 신념체계를 갖고 있는 사람은 일어난 사건에 대해 합리적으로 해석하여 대처하기 때문에 바람직한 정서적 · 행동적 결과를 초래하지만 비합리적 신념체계를 갖고 있는 사람은 일어난 사건에 대해 비합리적으로 해석하여 바람직하지 못한 정서적 · 행동적 결과를 경험한다고 본다.

1) 인간관

엘리스의 인지 · 정서 · 행동적 접근에서는 인간은 합리적인 사고와 비합리적 사고의 잠재성을 갖고 태어난다고 본다. 즉, 타고난 합리적 신념에 의해 자신을 성숙시키거나 실현시킬 수 있으며 동시에 타고난 비합리적 신념에 의해 자신의 성숙을 방해받거나 자신을 파괴할 수 있다. 엘리스는 이러한 비합리적 신념은 어렸을 때부터 부모나 사회의 영향을 받는다고 본다. 엘리스는 비합리적 신념이 자신을 파괴하는 일련의 과정을 순환적으로 제시한다([그림 2-7] 참조).

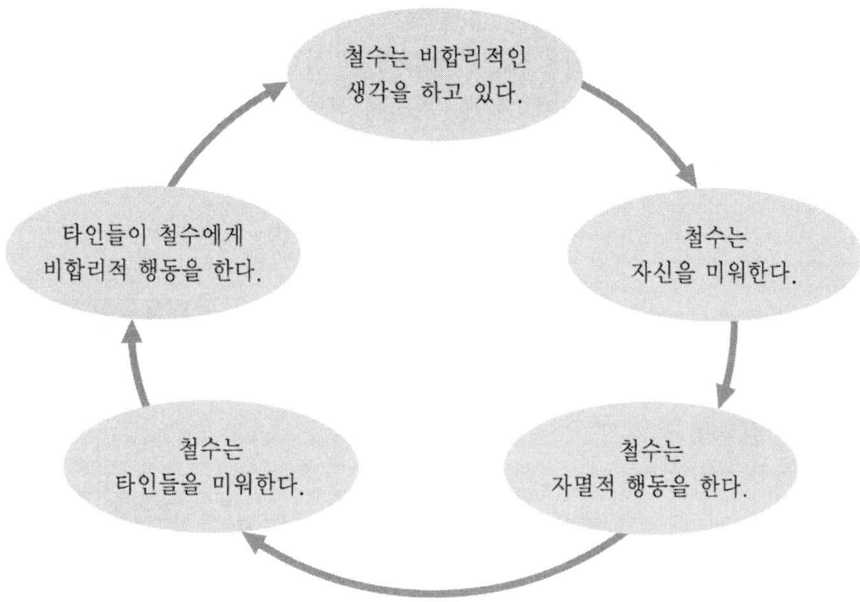

[그림 2-7] 비합리적 사고의 순환
(출처 : 천성문, 2003)

비합리적 사고는 자기혐오를 낳고, 자기혐오는 자멸적 행동을 초래한다. 자멸적 행동으로 타인들을 미워하게 되며 결국, 타인들로 하여금 자신에 대해 비합리적으로 행동하게 되고, 이러한 순환이 반복된다는 것이다. 그러나 사람들이 비합리적으로 사고를 하지 않을 경우에는 선천적으로 유익하고 사랑스런 존재이다. 엘리스의 인간관을 간략히 정리하면 다음과 같다.

첫째, 인간은 합리적일 수도 있고 비합리적이 될 가능성을 동시에 가지고 태어난다.

둘째, 인간은 비합리적인 사고의 대부분을 어렸을 때부터 교사, 부모 등 양육자에 의해 학습하게 된다.

셋째, 대부분의 인간은 어느 정도는 비합리적 신념을 지니고 있다.

넷째, 비합리적 사고를 하지 않는 한 인간은 사랑스런 존재이다.

2) 문제행동을 보는 시각

엘리스의 인지 · 정서 · 행동적 접근에서는 행동적 문제는 비합리적 신념체계(사고)

에 의해 생긴다고 본다. 앞서 언급한 바와 같이 사람들이 정서 · 행동적 문제를 겪는 이유는 구체적인 사건(선행사건)들 때문이 아니라 그 사건을 받아들이는 방식이 잘못되었기 때문이라는 것이다. 즉, 어떤 사건을 자신이 이미 가지고 있는 기존의 생각들에 의해 비합리적으로 해석하기 때문에 그 결과로서 정서적 · 행동적 문제를 경험한다는 것이다.

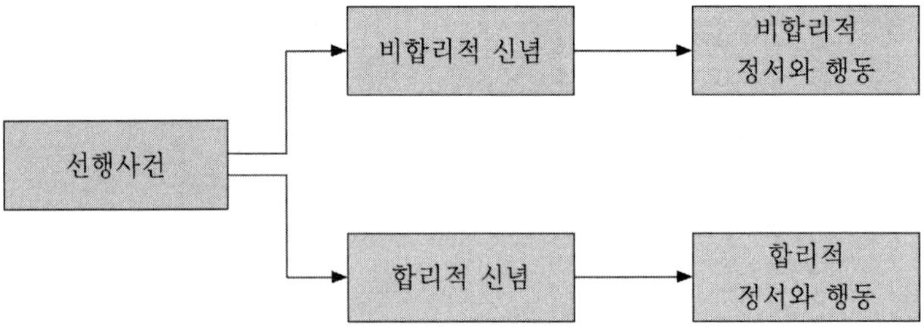

[그림 2-8] 인지·정서·행동적 접근에 따른 문제행동 발생과정

어떤 사건이 있을 때 우리는 합리적으로 생각할 수도 비합리적으로 생각할 수도 있다. 만약 합리적으로 생각한다면 이는 합리적 정서를 갖게 되고, 합리적 행동을 하게 한다. 그러나 비합리적으로 생각하게 되면, 비합리적 정서를 경험하게 되고, 비합리적 행동을 하게 된다([그림 2-8] 참조). 이 비합리적 행동이 문제행동이라고 볼 수 있다. 예를 들어, 한 아이가 어려서부터 피아노를 배워 시에서 실시하는 경연대회에 나갔다가 두세 차례 떨어져 기분이 몹시 나빠져 피아노를 더 이상 치지 않는 경우를 생각해 보자. 이 아이는 왜 기분이 상했다고 생각하는가? 아마도 대부분의 사람들은 '경연대회에서 낙선했기 때문'이라고 설명할 것이다. 즉, 경연대회에서 낙선했기 때문에 기분이 몹시 상해서 피아노를 더 이상 치지 않는다고 생각할 것이다. 하지만 엘리스는 이러한 설명은 옳지 않다고 본다.

엘리스의 인지 · 정서 · 행동적 접근에 따르면 이 아이가 기분이 상하고, 피아노를 더 이상 치지 않는 것은 경연대회에서 낙선한 사건을 왜곡해서 잘못 생각했기 때문이라는 것이다. 즉, '나는 경연대회에서 낙선하면 안 돼.'라는 생각에 있다는 것이다. 그렇기 때문에 기분이 상한 것이고 피아노를 치지 않겠다고 한다는 것이다. 즉, 사람들이 겪는 심리적 문제(행동적 문제도 포함될 수 있음)의 기저에는 비합리적인 생각이 깔려 있다는 것이다.

일반적으로 합리적 사고와 비합리적 사고를 구분하는 데에는 세 가지 기준이 있다(이장호 등, 2005).

(1) 융통성

'모든', '항상', '반드시', '꼭', '결코', '당연히', '……이어야만' 등과 같은 단어가 들어가는 생각들은 융통성이 없으므로 비합리적이다. 예를 들어, '나는 꼭 선생님의 인정을 받을 거야!'라는 생각은 비합리적이다. 이런 생각은 어떠한 예외도 인정하지 않는 융통성이 결여된 것이기 때문이다. 자신의 생각과 기대에 부합하지 않는 예외적 경험을 받아들이지 않는다면 정서적 혼란은 피할 수 없게 된다.

(2) 현실성

사람들은 종종 현실적으로 실현 불가능한 어떤 생각들은 하곤 한다. 예를 들어, '사람은 매사에 유능하고 완벽해야 한다'라는 생각을 한다면 이러한 생각을 실천하며 산다는 것은 현실적으로 불가능하다. 사람들은 이상을 추구할 수는 있어도 실현할 수는 없다. 따라서 현실적이지 못한 생각들은 심리적 좌절과 고통만 초래할 뿐 정신적 건강에는 별로 도움이 되지 않는다. 이런 의미에서 현실성이 없는 것은 비합리적이다.

(3) 기능적 유용성

이 기준은 사람들이 가진 생각이 현실을 행복하게 사는 데 얼마나 도움이 되는지와 관련된다. 아무리 그럴듯한 생각이라도 행복보다는 불행을, 기쁨보다는 슬픔을, 희망보다는 절망을, 성공보다는 실패를 불러일으킨다면 합리적이지 못하다.

워터스(Waters, 1982, 1998)가 아동과 청소년 그리고 부모들 사이에 존재하는 비합리적 신념을 천성문 등(2005)이 인용한 내용 중 아동에게서 공통적으로 나타나는 비합리적 신념만을 뽑아 제시하면 다음과 같다.

① 만일 남들이 나를 좋아하지 않는다면 그것은 무서운 일이다.
② 만일 내가 실수를 한다면 나는 나쁜 아이다.

③ 모든 일은 내가 원하는 대로 진행되어야 하며, 나는 항상 내가 원하는 것을 얻어야만 한다.
④ 나는 일들을 손쉽게 풀어갈 수 있어야 한다.
⑤ 세상은 공평해야 하고, 나쁜 사람은 처벌받아야만 한다.
⑥ 나는 감정을 드러내서는 안 된다.
⑦ 어른들은 완벽해야 한다.
⑧ 오직 한 가지 정답만이 존재한다.
⑨ 나는 이겨야만 하며, 패한다는 것은 무서운 일이다.
⑩ 나는 어떤 일도 기다려서는 안 된다.

아동들의 이러한 비합리적인 신념은 비합리적인 정서와 행동의 원천이 될 수 있을 것이다. 즉, 문제행동의 원천이 될 수 있다.

■ 부모에게 공통적인 비합리적 신념들

1. 만일 우리 아이들이 나를 좋아하지 않는다면 그것은 정말 끔찍한 일이다.
2. 만일 남들이 나의 자녀양육방식을 비난한다면 나는 그것을 참아낼 수가 없다.
3. 나는 우리 아이들이 저지른 모든 것에 대해 전적으로 책임이 있으며, 만일 그 애들이 비난받을 짓을 한다면 나는 끔직한 느낌을 저버릴 수 없다.
4. 나는 완벽한 부모가 되어야 하며, 항상 모든 상황에서 어떤 것이 올바른 행동인지를 알고 있어야만 한다.
5. 우리 아이들은 항상 내가 그들에게 바라는 대로 행동해야만 한다.
6. 만일 우리 아이에게 문제가 생긴다면, 나도 역시 무서운 느낌을 지워버릴 수 없다.
7. 자녀들은 자신의 부모와는 다른 생각이나 의견을 드러내서는 안 된다.
8. 우리 아이들은 나로 하여금 화를 내고 우울하게 하며 또 불안하게 만든다.
9. 만일 우리 아이들이 나의 생각대로 자라지 않는다면, 나는 실패자가 되는 것이다.
10. 자녀를 양육하는 과정에서는 항상 즐거움을 느낄 수 있어야 한다.

위 내용은 Waters가 아동과 부모 사이에 존재하는 비합리적 신념의 차이를 조사한 결과를 천성문 등(2001)에서 재인용한 것이다.

3) 상담방법

엘리스는 초기의 인지-정서치료를 학교 교육프로그램에 적용시켜 인지-정서치료가 다양한 정서문제를 가진 5-6세 정도의 아동들에게도 효과가 있다는 결과를 제시하였다. 하지만 언어적 상호작용이 성숙하지 못한 아동에게는 이러한 치료방법을 적용하는데 한계가 있다는 점에 주의하여야 한다. 어떤 학자들은 적어도 피아제가 제안한 구체적 조작기에 도달한 아이들에게나 인지-정서치료의 적용이 가능하다고 주장한다(김순혜, 2004). 따라서 상담자인 교사들은 인지·정서·행동 접근이 지니고 있는 이러한 제한점을 알고 상담에 임해야 한다.

(1) 상담의 목표

비합리적인 정서와 행동적 문제에서 벗어나기 위해서는 어떻게 해야 하는가? 이에 대한 엘리스의 답은 비합리적인 신념을 합리적인 신념으로 바꾸어 주는 것이다. 정서적 혹은 행동적 문제에 깔려 있는 비합리적 신념을 확인하고, 그것들을 합리적 신념으로 대체해 나가는 것이 인지·정서·행동적 접근의 핵심이다. 내담자가 보이는 문제행동에 초점을 두기보다는 문제행동의 배후에 있는 핵심적인 비합리적 신념을 극소화시켜 삶에 대하여 보다 현실적이고 합리적인 가치관을 갖게 하는 것이 상담의 목표이다.

(2) 상담의 과정

엘리스는 비합리적인 신념을 확인하고 반박하여 합리적인 신념으로 수정하여 나타나는 다섯 단계를 머리글자로 표현하여 ABCDE모델이라 하였다([그림 2-9] 참조).

첫째 단계인 A는 활성화된 사건(Activating events)을 확인하고 기술하는 것이다.

둘째 단계인 B는 활성화된 사건에 대한 개인의 신념(Belief)이다. 신념은 합리적이거나 비합리적일 수 있다.

셋째 단계인 C는 신념에서 비롯된 결과(Consequences)이다. 합리적 신념은 합리적 결과를 비합리적 신념은 비합리적 결과를 초래한다.

넷째 단계인 D는 비합리적인 결과를 야기한 비합리적인 신념을 논박하기(Disputing)

를 나타낸다.

다섯째 단계인 E는 논박하기의 결과로서 나타난 효과(Effect)를 나타낸다. 이러한 효과는 논박하기를 통해 비합리적 신념이 효과적인 신념으로 바뀐 것을 의미한다.

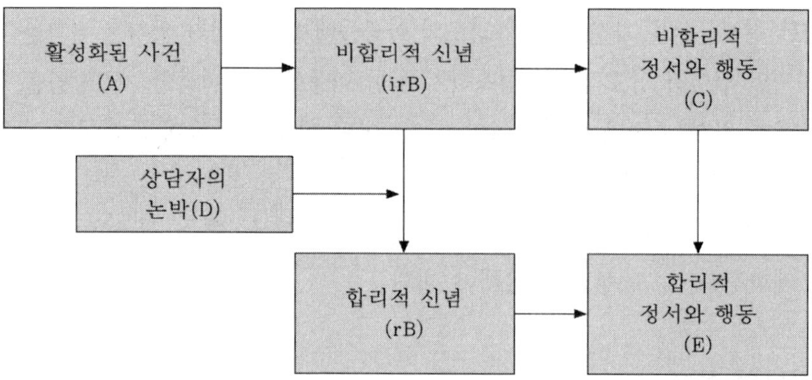

[그림 2-9] REBT의 상담과정 : ABC이론

(출처 : 이장호 등, 2005. p. 125)

〈표 2 - 1〉은 ABCDE모델의 단계를 예를 들어 설명한 것이다.

〈표 2-1〉 ABCDE모델의 단계와 예

ABCDE 모델	예
A(Activating Events) 앞서 일어난 사건 ⇩	교사의 질문에 대해 손을 들고 자신 있게 답을 말했는데 그 답을 들은 아이들이 모두 웃어버려 얼굴이 달아오르고 창피하여 고개를 못 들었다.
B(Beliefs) 그 사건에 대한 신념 ⇩	'쉬운 답을 틀리게 대답한 나에 대해 선생님이나 친구들이 바보라고 생각했을 거야'라고 생각한다.
C(Consequence) A와 B로 인해 생긴 결과 ⇩	그 후 다시는 수업 중에 확실히 아는 답이 있어도 결코 손을 들지 않는다.
D(Dispute) 신념에 대한 논박 ⇩	상담자는 한 번의 실수로 인해 선생님이나 친구들이 바보라고 생각할 것이라는 추측은 잘못된 것이며 세상 어느 누구도 실수를 하지 않는 사람은 없다고 논박한다.
E(Effect) D로 인해 나타난 효과	상담자의 논박에 대해 그간 자신의 잘못된 생각을 인정하고 혹 답이 틀릴지라도 자신의 생각을 적극적으로 표현하게 된다.

인지 · 정서 · 행동 · 치료적 접근의 상담과정에서는 비합리적 사고를 확인하는 일이 무엇보다 중요하다. 내담자의 사고가 비합리적 사고인지를 확인하기 위해서는 다음의 7가지 요소를 찾아보면 도움이 될 것이다(천성문 등, 2003의 내용을 일부 수정).

① **과잉 일반화**(over generalization) : 여기서 과잉일반화란 한 가지 혹은 한 번의 사건을 다른 혹은 이후의 동일한 사건이 같을 것이라고 반응하는 경향이다.

예 "나는 이번 피아노 경연대회에서 낙선했으며, 앞으로도 모든 경연대회에서 낙선할 것이다."

② **왜곡**(distortions) : 때로는 모든 것이 좋다거나 모든 것이 나쁘다는 식의 사고이다.

예 "나는 나의 행동이 선생님으로부터 인정받지 못했으며, 따라서 나는 결코 훌륭한 아이가 될 수 없을 것이다."

③ **삭제**(deletions) : 긍정적인 사건이나 성공한 것을 잊고 부정적인 사건이나 실패로 끝나버린 사건에 초점을 맞추는 경향이다.

예 "나는 게임에서 두 번 졌고, 한 번 이겼다. 따라서 다음 번 게임에서는 질 것이다라고 생각하여 이긴 것은 삭제해 버리는 경우이다."

④ **파국화 현상**(catastrophizing) : 실수를 과장하고 성취를 과소평가하는 경우이다.

예 "내가 지난번에 선생님께 칭찬받은 것은 단지 운이 좋아서였어."

⑤ **절대적인 명령** : '모든', '항상', '반드시', '꼭', '결코', '당연히', '……이어야만' 등의 생각을 하는 것이다.

예 "나는 실수하지 말아야 했어."

⑥ **누군가를 비난하는**(condemning) **진술** : 견딜 수 없을 정도로 어떤 일이 일어나 누군가를 비난하는 진술이다.

예 "그는 마땅히 선생님한테 야단을 맞아야 하며 그런 식으로 하도록 내버려 둬서는 안 돼."

⑦ **길흉 점치기**(fortune telling)**나 미래 예측** : 좋은 일과 나쁜 일을 미리 예견하거나 미래의 일을 추측하는 것이다.

예 "나는 내 친구인 영희가 내 생일파티에서 즐겁지 않았다는 것을 잘 알고 있어."

(3) 상담의 기술

인지・정서・행동적 접근은 내담자의 비합리적인 생각을 변화시키는데 초점을 둔다. 이러한 변화를 위한 기법으로는 크게 인지기법, 정서기법, 행동기법이 있다.

1 인지기법

REBT의 핵심은 비합리적인 신념을 합리적인 신념으로 바꾸는 것이다. 따라서 인지기법은 세 가지 기법 중에서도 가장 중요하다. 인지기법이란 내담자의 생각 중 비합리적인 신념과 비합리적인 언어를 찾아서 이를 합리적 생각과 언어로 바꾸는 것이다. 이를 위해 논박이 많이 사용된다. 논박의 첫 단계는 확인된 비합리적 생각이나 그에 근거한 언어를 정리하여 다시 진술하도록 하는 것이다. 둘째 단계는 정리된 신념이나 그에 근거한 언어가 합리적인가를 묻고 답하는 것이다. 이것은 그러한 생각과 언어가 타당하지 않음을 밝히기 위한 것이다. 셋째 단계는 비합리적 생각이나 그에 근거한 언어를 내담자가 하고자 하는 일에 도움이 되는 신념이나 언어로 바꾸도록 하는 것이다.

2 정서기법

정서기법은 내담자가 수치심, 적개심 등과 같은 부정적 감정을 수용할 수 있도록 하고, 이러한 부정적 감정을 의도적으로 만들어 낼 수도 있음을 알게 하여 자신의 감정 통제 능력을 길러 주는 기법이다. 이를 위해 비합리적 사고가 자신은 물론 타인에게 어떤 영향을 미치는지를 경험해 보게 하기 위해 역할연기(role play)를 활용하기도 한다(김순혜, 2004).

역할연기는 정서적 요소와 행동적 요소가 있다. 이 기법은 어떤 사건이나 장면과 관련된 불쾌감의 밑바탕이 되는 비합리적 생각을 역할연기를 통해 알도록 하는데 그 목적이 있다. 다른 예로는 수치공격 연습이 있다. 수치공격 연습은 주위 사람이 어떻게 생각할지에 대한 두려움 때문에 하고 싶은 행동을 하지 못하는 행동이 있을 때 실제로 행동을 해 보도록 하는 기술이다. 그 결과 주위 사람들이 내담자가 생각한 것 보다는 관심이 없음을 알게 된다.

③ 행동기법

REBT는 행동기법을 사용하여 내담자가 이전보다 효과적으로 행동하도록 할 뿐 아니라 인지에 변화를 갖도록 돕는다. 행동치료는 인지적 행동치료의 한 형태이기 때문에 대부분의 행동수정 기법을 그대로 활용한다. 행동치료는 행동의 변화가 목적이지만 행동변화 뿐만 아니라 인지와 정서에서의 변화에 강조점을 둔다. 행동의 변화를 통해 생각의 변화를 가져오고 변화된 생각에 따라 정서와 행동을 더 확실하게 변화시킬 수 있다고 본다.

제3장

유아 문제행동의 유형 및 원인

4세 유아반에 있을 때까지만 해도 선생님의 말을 가장 잘 듣고 친구들도 잘 도와주며 가장 모범적인 모습으로 생활했던 현빈이가 왜 이렇게 변해버린 것인지……

현빈이의 산만하고 공격적인 행동은 시간이 흐를수록 점점 더 심해졌고 담임교사는 반복적으로 현빈이를 야단치고 있는 자신의 모습을 발견하고 다른 대책이 필요하다고 판단하였다.

현빈이가 수업시간에 산만하고 친구들에게 소리지르고 밀치고 때리는 공격적인 행동을 하는 것에 대한 원인을 찾는 것이 가장 시급한 문제였다.

집 안에 무슨 일이 있는걸까?
현빈이 어머니가 일을 시작하셨다던데 그래서 그런걸까?
5세가 되면서 현빈이의 성격이 바뀌어서 그런걸까?
같은 유치원을 너무 오래 다닌 것도 원인이 될 수 있을까?
혹시 내가 교사로서 뭔가 잘못하고 있는건 아닐까?

교사는 자신이 생각할 수 있는 모든 가능성에 대해서 원인을 찾아보고 있었다.

유아의 문제행동을 확인하고, 유아교육기관에서 지도가 가능한 행동이라고 판단되면 이제 문제행동의 유형과 원인들에 대해 파악하는 것이 중요하다. 유아 문제행동의 원인을 분석하기 위해서는 문제행동의 유형에는 어떤 것이 있고, 유아의 문제행동의 원인이 되는 것들은 무엇인지를 알아둘 필요가 있다. 문제행동의 유형과 원인을 알아두면 유아의 문제행동을 수정하기 위한 전략을 세우는 데 많은 도움이 된다.

1. 유아 문제행동의 유형

문제행동의 유형을 분류하는 것은 교사, 학부모, 임상가가 상호 원만한 의사소통을 하고, 정확한 원인을 규명하고, 효과적인 지도를 위해 필요하다. 유아 전문가들은 일반적으로 연구를 통해, 또는 가정이나 유아교육 장면에서의 경험을 통해서 알아낸 유아의 문제행동들을 각자의 판단에 따라 몇 가지 범주로 분류하여 아동상담이나 행동지도에 활용하거나 연구 보고시 주제로 삼기도 한다. 이러한 분류는 학자마다 서로 다른 것이 특징이다.

에싸(Essa, 2003)는 유아의 문제행동 유형을 공격적 반사회적 행동, 방해하는 행동, 파괴적인 행동, 감정적·의존적 행동, 사회적 활동의 기피 등 5가지로 나눈다. 공격적 반사회적 행동에는 남을 잘 때림, 깨물음, 물건을 던짐, 욕을 함, 별명을 부름, 공격적인 행동으로 다른 유아를 다치게 함, 나누어 갖지 않음, 물건을 제공하여 필요한 것을 얻으려 함, 물건을 훔침과 같은 행동이 포함된다. 방해하는 행동에는 집단 활동을 방해함, 이유 없이 교실을 자주 나감, 공연히 교실에서 뛰고 다님, 교실에서 소리를 지름, 일부러 물건을 떨어뜨려 소리를 냄과 같은 행동이 포함된다. 파괴적인 행동에는 책을 찢음, 장난감을 부숴 버림, 물건을 변기에 버림, 종이를 낭비함, 다른 아이의 작업을 파괴함과 같은 행동이 포함된다. 감정적·의존적 행동에는 자주 욺, 떼를 씀, 자주 토라짐, 유아(乳兒) 언어를 사용함, 손가락을 빠는 행동, 옷에 오줌을 쌈, 교사에게 매달림, 관심을 끌려고 함, 징징거림과 같은 행동이 포함된다. 그리고 사회적 행동의 기피에는 활동에 참여하지 않음, 사회적 놀이에 참여하지 않음, 집단 활동 시간에 수줍어함, 한 가지 장난감만 가지고 놂, 대근육 활동을 하지 않음, 역할놀이를 잘 하지 않음, 말을 하지 않으려 함, 주의 집중 시간이 짧음과 같은 행동들이 포함된다.

한편, 장선철(1988)은 신체발달상의 문제, 생활습관상의 문제, 사회성 발달상의 문제, 정서발달상의 문제, 정신발달상의 문제로 분류하였으며, 미래유아교육학회(1994)에서는 유아의 문제행동을 성격적 문제행동, 정서적 문제행동, 잘못된 습관 형성, 또래관계에서의 문제행동, 도덕적 문제행동, 언어적 문제행동, 지적 문제행동, 건강 및 신체적 문제행동, 성과 관련된 문제행동 등 9가지 범주를 제시하였다.

강문희 등(1997)은 교사나 부모들이 이해하기 쉬운 방식으로 분류하였는 데, 유아들의 문제행동을 생활습관, 지적 능력, 사회성, 정서 및 정신장애, 그리고 기타 행동상의 문제로 나누었다. 이를 다시 구체적으로 나누어, 생활습관영역 문제에는 식사, 수면, 배설의 문제를, 지적 영역 문제에는 정신지체, 학습장애, 주의력 결핍을, 사회성 영역 문제에는 고집, 사회적 위축, 품행장애, 공격성을, 정서적 영역 문제에는 불안장애, 공포, 강박 신경증, 정신적 문제에는 반응성 애착장애와 정신분열증, 자폐증을, 마지막으로 기타 행동문제에는 틱행동, 거짓말, 말더듬을 포함하였다. 임명희(1997)는 활동참여상의 문제, 또래 관계에서의 문제, 공격적·파괴적 행동, 도덕적인 문제, 생활습관상의 문제, 규칙·질서·예의·절제의 문제, 지적 학습에 관련된 문제, 건강 및 섭식문제, 의사소통상의 문제, 가정 및 가족관계의 문제, 정서 및 심리적 문제, 성격 및 인성의 문제 등 12가지로 유아의 문제행동을 범주화하여 제시하였다.

또한, 유아의 문제행동의 유형이나 분류방법은 문제행동 수준을 측정하기 위한 검사에 포함되어 있는 하위검사를 통해서도 살펴볼 수 있다. 캠파우스 등(Kamphaus & Reynolds, 1992)이 개발한 BASC(Behavior Assessment System for Children)에서는 문제행동

■ 유아의 문제행동 유형별 발생 빈도

김선영과 김희진(2001)은 서울·경기 지역에 위치한 유치원 만 3세와 만 5세 각 5학급, 총 10학급에 재원 중인 유아 265명을 대상으로 유아들의 문제행동을 관찰하여 분석하였다. 그 결과 유아의 부적절한 행동을 관찰한 1055개 에피소드 중 집단생활에 방해가 되는 행동이 583회(55.3%)로 가장 많이 나타났고, 감정과 욕구조절에 관련된 부적절한 행동이 266회(25.2%), 기본생활습관을 지키지 않는 행동이 167회(15.8%), 안전을 위협하는 행동은 39회(3.7%)의 순으로 나타났다.

부적절한 행동유형	빈도(백분율)
기본생활습관	167(15.8)
감정과 욕구 조절	226(25.2)
집단 생활 방해	583(55.3)
안전 위협 행동	39(3.7)
계	1055(100)

출처 : 김선영·김희진(2001). 유아의 부적절한 행동에 대한 교사의 반응. 한국교사연구. 18(1).

을 외현화 행동문제, 내재화 행동문제. 기타 문제, 그리고 적응기술로 나누고 있다. 외현화 행동문제에는 공격성과 과잉행동, 내재화 행동문제에는 우울, 불안 신체증상, 기타 문제에는 위축, 주의집중문제, 비전형적 문제, 그리고 적응기술문제에는 적응력과 사회적 기술을 포함하고 있다. 그리고 벅스(Burks, 1977)는 유아용 행동 척도인 BBRS(Burks' Behavior Rating Scale : Preschool and Kindergarten Edition)에서 6세 이하의 유아가 보이는 문제행동을 심한 자책, 심한 불안, 심한 위축, 약한 의지력, 약한 자아력, 약한 체력, 협응력 부족, 지적 능력부족, 주의력 부족, 자제력 부족, 현실감 부족, 정체감 부족, 심한 자학, 울화 억제력 부족, 심한 피해의식, 심한 공격성, 심한 저항감, 사회적응력 부족으로 분류하고 있다.

국내의 황혜정(2005)은 교사 및 부모용 유아 문제행동 진단검사를 개발하기 위해 기존의 국내외 검사(예 : Achenbach & McConaughy의 Child Behavior Checklist 등)의 틀을 기초로 문제행동을 크게 외현적 문제행동, 내면적 문제행동 그리고 혼합형 문제행동의 3개영역으로 구분하였다. 이 중 외현적 문제행동에는 공격성(언어적 공격, 신체적 공격, 파괴적 행동), 과잉활동(주의산만, 과잉운동), 반사회성(비행, 반사회적 행동)을 내면적 문제행동에는 정서문제(불안, 강박, 기질적), 정신증, 사회적인 위축(고립, 자기중심적)을 그리고 혼합형 문제행동은 미성숙문제(언어문제, 용변문제), 습관문제, 성문제를 포함하였다.

이상의 다양한 분류들은 〈표 3-1〉에 정리되어 있다.

〈표 3-1〉 학자들에 따른 아동(유아)의 문제행동의 유형과 그 하위 영역

분류학자	문제행동의 유형	하위 영역
Essa(2003)	공격적 반사회적 행동	남을 잘 때림, 깨물음, 물건을 던짐, 욕을 함, 별명을 부름, 공격적인 행동으로 다른 유아를 다치게 함, 나누어 갖지 않음, 물건을 제공하여 필요한 것을 얻으려 함, 물건을 훔침
	방해하는 행동	집단 활동을 방해함, 이유 없이 교실을 자주 나감, 공연히 교실에서 뛰고 다님, 교실에서 소리를 지름, 일부러 물건을 떨어뜨려 소리를 냄
	파괴적인 행동	책을 찢음, 장난감을 부숴 버림, 물건을 변기에 버림, 종이를 낭비함, 다른 아이의 작업을 파괴함
	감정적 · 의존적 행동	자주 움, 떼를 씀, 자주 토라짐, 유아(乳兒) 언어를 사용함, 손가락을 빠는 행동, 옷에 오줌을 쌈, 교사에게 매달림, 관심을 끌려고 함, 징징거림

(계속)

<table>
<tr><td></td><td>사회적 활동의 기피</td><td colspan="2">활동에 참여하지 않음, 사회적 놀이에 참여하지 않음, 집단 활동 시간에 수줍어함, 한 가지 장난감만 가지고 놈, 대근육 활동을 하지 않음, 역할놀이를 잘 하지 않음, 말을 하지 않으려 함, 주의집중 시간이 짧음</td></tr>
<tr><td>미래유아교육학회(1994)</td><td colspan="3">성격적 문제행동, 정서적 문제행동, 잘못된 습관 형성, 또래 관계에서의 문제행동, 도덕적 문제행동, 언어적 문제행동, 지적 문제행동, 건강 및 신체적 문제행동, 성과 관련된 문제행동</td></tr>
<tr><td>장선철(1988)</td><td colspan="3">신체발달상의 문제, 생활습관상의 문제, 사회성 발달상의 문제, 정서발달상의 문제, 정신발달상의 문제</td></tr>
<tr><td rowspan="5">강문희 등 (1997)</td><td>생활습관</td><td colspan="2">식사, 수면, 배설의 문제</td></tr>
<tr><td>지적 능력</td><td colspan="2">정신지체, 학습장애, 주의력 결핍</td></tr>
<tr><td>사회성</td><td colspan="2">고집, 사회적 위축, 품행장애, 공격성</td></tr>
<tr><td>정서 및 정신장애</td><td>불안장애, 공포, 강박 신경증</td><td>반응성 애착 장애와 정신분열증, 자폐증</td></tr>
<tr><td>기타 행동상의 문제</td><td colspan="2">틱행동, 거짓말, 말더듬</td></tr>
<tr><td>임명희(1997)</td><td colspan="3">활동 참여상의 문제, 또래 관계에서의 문제, 공격적 · 파괴적 행동, 도덕적인 문제, 생활습관상의 문제, 규칙 · 질서 · 예의 · 절제의 문제, 지적 학습에 관련된 문제, 건강 및 섭식문제, 의사소통상의 문제, 가정 및 가족관계의 문제, 정서 및 심리적 문제, 성격 및 인성의 문제</td></tr>
<tr><td rowspan="4">Kamphaus & Reynolds (1992)</td><td>외현화 행동문제</td><td colspan="2">공격성과 과잉행동</td></tr>
<tr><td>내재화 행동문제</td><td colspan="2">우울, 불안 신체증상</td></tr>
<tr><td>기타 문제</td><td colspan="2">위축 주의집중문제, 비전형적 문제</td></tr>
<tr><td>적응기술</td><td colspan="2">적응력과 사회적 기술</td></tr>
<tr><td>Burks(1977)</td><td colspan="3">심한 자책, 심한 불안, 심한 위축, 약한 의지력, 약한 자아력, 약한 체력, 협응력 부족, 지적 능력부족, 주의력 부족, 자제력 부족, 현실감 부족, 정체감 부족, 심한 자학, 울화 억제력 부족, 심한 피해의식, 심한 공격성, 심한 저항감, 사회적 응력 부족</td></tr>
<tr><td rowspan="3">황혜정(2005)</td><td>외현적 문제행동</td><td colspan="2">공격성(언어적 공격, 신체적 공격, 파괴적 행동), 과잉활동(주의산만, 과잉운동), 반사회성(비행, 반사회적 행동)</td></tr>
<tr><td>내면적 문제행동</td><td colspan="2">정서문제(불안, 강박, 기질적), 정신증, 사회적인 위축(고립, 자기중심적)</td></tr>
<tr><td>혼합형 문제행동</td><td colspan="2">미성숙문제(언어문제, 용변문제), 습관문제, 성문제</td></tr>
</table>

2. 유아 문제행동의 일반적 원인

유아 문제행동의 일반적인 원인은 크게 생물학적 원인, 환경적 원인, 심리적인 원인으로 나누어 볼 수 있는데(지성애, 1999), 최근에는 유아의 인지적 측면 또한 문제행동의 원인이 될 수 있다는 연구들이 보고되고 있다.

유아 문제행동은 아래 제시된 여러 원인들 중 한 가지 이상에 의한 것이며, 여러 원인들이 복합적으로 문제행동에 영향을 미칠 수 있다. 원인에 대한 정확한 판단은 문제행동을 지도하는데 필수적인 요인이 되므로 유아교사는 유아의 문제행동의 원인들에 대해 충분히 숙지하고 있어야 할 것이다.

1) 생물학적 원인

유아 문제행동의 생물학적 원인에는 기질, 체질, 영양상태, 그리고 선천적 장애 등이 있다.

(1) 기 질

기질은 생후 초기에 나타나는 유전적 성격 특성의 하나로 유아들마다 달리 나타나는 행동 방식이며 성장 후까지 행동을 예측할 수 있는 주요한 변인이 된다. 기질에 대한 정의나 구성요소는 학자들에 따라 매우 다양하나 기질은 타고나는 것이며, 안정적인 속성을 갖는 것으로 유아기, 아동기, 성인기까지도 지속성을 갖고 있다는 공통된 의견을 갖고 있다. 문제행동의 원인으로 기질이 중요하게 언급되는 이유는 영아기에 까다로운 기질을 가지고 있는 것으로 분류된 영아들이 다른 기질의 영아들보다 아동기 혹은 청소년기에 더 많은 문제행동을 나타내는 것으로 보고되기 때문이다.

수줍음 또한 유아의 기질 중 문제행동과 관련이 높은 행동 특성 중 하나인데 이는 낯선 상황이나 사람을 대할 때 소심해지고 두려움을 나타내는 것으로 까다로운 영아와 마찬가지로 이후 발달에서 여러 가지 행동문제를 야기할 수 있다(Kagan, 1997; 정옥분,

2006).

(2) 체 질

특정한 물질에 대해 알레르기를 가지고 있거나 자극에 민감한 유아들은 그로 인해 일시적으로나 지속적으로 문제행동을 나타낼 수 있다. 음식물 이외에 담배연기, 꽃가루, 합성세제, 화학약품과 수백 가지의 다른 좋지 않은 물질들과 자극들은 유아의 건강에 영향을 주며, 그 결과로 행동에도 영향을 미친다. 그 밖에도 약물 치료를 받고 있는 유아의 경우 일시적이라 할지라도 약물로 인한 문제행동이 발생할 수 있다.

(3) 영양 상태

유아가 먹는 특정 음식이 직접적으로 문제행동에 영향을 미치는 것으로 알려졌다. 유아를 주의 깊게 관찰하여 만약 유아가 특정 음식 섭취 후 일관되게 바람직하지 않은 행동으로 반응한다면, 의사에게 의뢰하여 진단을 받도록 권장해야 한다. 또 다른 관점은 영양부족으로 유아가 문제행동을 보일 수도 있다는 것이다. 아침 식사를 먹지 않았거나 식사 습관이 까다로워서 잘 먹지 못하는 유아는 에너지 결핍으로 힘없는 몸짓 또는 유아교육기관에서 제공하는 활동에 참여하지 않는 행동 혹은 손가락 빠는 행동 등의 문제행동을 할 가능성이 있다.

(4) 선천적 장애

유아가 선천적으로 가지고 태어난 신체, 정서 및 행동적 측면의 장애 또한 문제행동의 원인이 된다. 중증 장애의 경우는 장애아로 쉽게 판별되어지나 그 정도가 약한 경우는 비장애아들과 구분하기 쉽지 않기 때문에 그 원인을 찾는데 어려움이 있다.

어떤 유아는 신체적 장애를 갖고 태어나거나 병에 걸려서 문제행동을 보일 수 있다. 이런 유아들은 생활하는데서 많은 좌절을 겪게 된다. 그리하여 좌절에 따른 낮은 자아존중감과 낮은 인내심을 갖게 된다. 주의력 결핍 및 과다행동 장애(ADHD)와 같은 정서 및 행동 장애는 문제행동과 직결되는 대표적인 장애이다. 과다행동이란 뇌에서 시작하여, 신경계에 영향을 주는 생물학적 상태와 관련하여 발생한다. 유아의 의학적 진단을 필요로 하는 상태로 실제 과다활동일 수도 있다. 에싸(Essa, 2003)에 의하면 과다행동장애 유아는 지나친 활동수준, 짧은 주의 집중력, 통제할 수 없는 충동, 운동 신경의 협응 문제, 오만한 행동, 정서적인 불안정의 증상이 나타난다고 하였다. 나아가 주의력 결핍 장애도 공격, 짧은 주의집중시간, 반사회적 행동, 파괴, 괴롭힘, 끊임없는 활동, 격한 흥분, 발광하는 것, 비협력, 부정적 사고 경향과 서투른 언어기술과 같은 문제행동이 나타난다.

그러나 최근 들어 많은 유아들이 과다행동이라고 교사들에 의해 판명되고 있는데 반해 이러한 결정은 문제 유아의 행동을 너무 단순하게 파악했다는 점과 쉽게 과다행동이라는 단어를 남용했다는 점 등에서 비판을 받고 있다. 유아교육기관 교사들은 과다행동에 대한 임상적 용어와 증상을 인지할 필요가 있으며, 어린 유아일수록 조심스럽게 평가되어야만 한다.

2) 환경적 원인

가정환경 및 교육기관환경을 포함하는 환경적 요인들은 유아의 문제행동에 직접적으로 영향을 미칠 뿐 아니라 유아의 생물학적 특성과 상호작용함으로써 유아의 행동을 보다 긍정적으로 혹은 부정적으로 이끌 수 있다는 점에서 매우 중요하다. 문제행동에 영향을 미칠 수 있는 대표적인 환경으로는 가정환경과 교육기관환경, TV 나 컴퓨터 등을 포함한 대중매체를 들 수 있다.

(1) 가정환경

1 부모의 양육태도

대부분의 부모들은 유아들에게 좋은 부모가 되기 위해 노력하지만 때로는 유아에게 혼란과 좌절을 경험시키기도 한다. 양육태도에 대한 부모의 관점은 서로 다를 수 있으나 잘못된 양육태도가 유아의 문제행동을 유발시킬 수 있는 요인이 된다.

② 가정의 기능 장애

이혼, 부모의 실직, 가난, 형제간의 차별, 부부 싸움으로 인한 갈등, 학대, 생활고로 인한 부모의 유아에 대한 비난, 부모-자녀의 불안전한 관계, 문맹과 교육의 결핍, 신체적 무력감 등 가정의 기능장애는 문제 유아를 만들 수 있는 원인이 된다.

③ 형제간의 경쟁

많은 유아들에게 새로운 동생의 출생은 생활의 전환점이 된다. 유아가 연장자라면, 그 유아는 가정에서 자신의 위치를 위협하는 대상으로 아기를 인식한다. 이로 인해 유아는 어머니에게 더욱 매달리는 행동을 하고 혼자 소유하고자 하며, 어머니의 임신 기간 동안에도 자주 울며 짜증을 부린다. 또한 유아가 손아래 동생의 위치에 있고 형제들과 경쟁 관계에 기초하지 않는다 할지라도 가정에서 유아는 연장자, 즉 자신보다 손위의 형제나 누이에 의해서 가려지며, 중간 어딘가에서 잊혀졌다고 느끼고 이를 불평하며 때때로 관심을 끌려는 문제행동을 보이기도 한다.

④ 가정의 물리적 환경

유아들이 뛰어놀 수 있는 물리적 환경이 과거에 비해 많이 제한되고 있다. 아파트와 같이 제약이 많은 환경에서 생활하고 있는 유아들에게 뛰고, 놀이하고, 일정한 제지 없이 자유롭게 사회화할 수 있는 안전한 실외 영역을 제공할 수 없다. 유아들은 활동적이기 때문에 적절한 공간이 제공되어 있지 않고, 유아의 자연적이며 정상적인 활동들이 제지당하거나, 움직일 수 있는 기회가 박탈되면 발달상의 문제를 초례할 수 도 있다. 심지어는 유아가 가정에서 지속적으로 활동적일 경우 부모로부터 벌을 받기도 한다. 이러한 유아들이 유아교육기관에 가게 되면 에너지를 방출하기 위해 극도로 활동적이 되어 받아들여질 수 없는 문제행동을 하기도 한다.

(2) 교육기관환경

유아교육기관의 질에 따라서, 혹은 교사에 따라 유아의 문제행동이 유발될 수 있다. 시설이 협소하거나 교재 및 교구가 유아들이 사용하기에 충분하지 않은 경우에 문제행동이 유발될 수 있으며, 유아교사로서의 자질이 부족한 교사는 유아의 요구에 다양한 방법으로 접근하지 못하며, 유아의 문제행동에 대해서 지시적이고 획일화된 성인중심적인 방법으로 접근함으로써 힘 행사하기나 앙갚음, 무능함 보이기 등의 문제를 발생시킬 수 있다.

(3) 매 체

TV와 비디오, 비디오 게임, 선전용 장난감 혹은 컴퓨터 오락물은 공격성을 모방하도록 하는 자극물이 될 수 있으며 문제행동을 유도할 수 있는 원인을 제공한다.

3) 심리적 원인

유아의 심리적인 원인이 유아의 문제행동을 유발할 수 있다. 유아 문제행동의 심리적 원인은 부모-유아 애착, 애정결핍, 자율 대 통제에 의한 갈등 등으로 나누어 볼 수 있다.

(1) 부모-유아의 애착

애착은 상호 호혜적 관계에서 발생되며 어머니와 유아(또는 아빠나 다른 주요한 양육자) 사이의 안정적 애착은 임신 기간부터 시작되며, 생후 첫해 동안 지속되어지는 것으로 생물학적 요인(엄마의 호르몬), 행동적 요인(모유 먹이기, 눈 맞추기, 껴안기 등), 심리적 요인(엄마와 유아 기질의 일치)에 의해 영향을 받는다. 애착은 유아의 삶에서 가장 중요한 사건으로 성장 후에까지 유아의 행동에 지속적으로 영향을 미치는 결정적인 요인이 된다. 불완전하고 회피적 애착을 형성한 유아는 정서적으로 불안하고, 두려워하며, 의존적이고, 격정적이며, 공격적인 유아로 성장하기도 한다.

(2) 애정결핍

맞벌이부부의 경우, 늘 바쁜 일상생활 때문에 유아와 상호작용할 시간이 부족하여 많은 유아들이 부모들과 아주 적은 시간만을 함께 한다. 부모와 함께할 수 없는 시간이 지속되어짐으로 유아들은 부모의 애정결핍으로 인해 정서적으로 피곤하게 되고, 짜증을 내게 된다. 때때로 유아들은 이러한 경우 관심을 끌기 위해 문제행동을 하기도 한다.

(3) 자율 대 통제에 의한 갈등

발달에 따른 갈등 상황은 특히 2~3세 영아에게 쉽게 나타난다. 이 시기 유아는 차차 하나의 분리된 개체로서 자율감과 정체감을 추구하게 됨과 동시에 유아의 신체를 통제하기 위한 양육자와의 갈등이 생기게 된다. 이 시기 유아는 독립심을 확고히 하려는 욕구로 고집이 세어지고 부정하는 행동을 자주 나타낸다. 그러나 부모들은 젖떼기, 용변훈련, 식사하기, 취침 등의 수행에 있어 유아에게 기대하는 목적을 성취하고자 유아를 통제한다. 유아의 신체적 기능에 대해 정해진 시간표에 따르도록 하는 것은 유아 발달에 대한 최선의 원리를 거스르는 일이며, 갈등을 악화시키는 결과가 초래하게 되어 문제행동을 유발할 수 있는 원인이 된다.

(4) 사회적 좌절

때때로 유아들은 다른 유아들에게 지지 않으려 하거나, 그들이 할 수 있는 일을 계획하여 성취하는 데서 좌절을 겪기도 한다. 또한, 부모 또는 성인이 유아가 할 수 없는 일을 할 수 있다고 기대하는 경우에도 좌절을 경험한다. 이러한 좌절은 무력감으로 이어져 유아의 문제행동을 유발하기도 한다.

(5) 즐거운 방종/집단 감염

유아는 단순히 재미있어 바람직하지 않은 행동을 집단적으로 하게 되는 경우도 있다.

4) 인지적 원인

문제행동의 또 다른 원인으로 인지적 능력을 꼽는 학자들(이강이 등, 2002; 황혜신 등, 2001; Cook, Greenberg, & Kusche, 1994)이 있다. 이에 관한 그간의 연구결과들이 아직 합의점을 찾지 못하고 있지만 몇몇 연구에 의해 밝혀진 바에 따르면 인지적 능력이 문제행동에 영향을 미친다는 결과가 비중 있게 다루어져 왔다. 인지능력이 떨어지면 불안과 위축과 같은 내면적인 행동 문제를 더 많이 보인다는 것이다(이강이 등, 2002; 황혜신 등, 2001). 그 이유는 지적 능력이 떨어지면 사회적 상황을 잘 이해 못함으로 문제해결 방안을 찾지 못하고, 사회적 판단력과 행동에 대한 보편적인 지식이 부족하여, 적절한 방법으로 자기의 과거 경험을 평가하고 종합하여 실제상황에 응용하는 능력이 부족하기 때문이라고 본다(윤여홍, 2000).

발달의 상호작용적 관점에서 볼 때, 이상에서 살펴본 여러 원인들이 독립적으로 문제행동에 직접적으로 영향을 미치기 보다는 유아의 생물학적 특성에 대해 가정 및 교육기관에서 어떻게 반응하고 대처하느냐에 따라 유아의 심리적 상태가 달라지며 부정적인 문제행동의 유형이 달라진다. 그러므로 현장의 교사들은 문제행동 지도시에 직접적인 원인을 찾는 것도 중요하지만 다양한 원인들 간의 상호작용 과정을 관찰하고 분석하는 것도 중요하다. 예를 들어, 유아가 생물학적으로 까다로운 기질을 가지고 있는 것이 공격적이고 산만한 행동의 직접적 요인이 될 수도 있지만 가족 내에서 자녀의 까다로움에 대해 적대감을 가지고 거부와 압력을 행사하게 되면 유아는 더욱 부정적이고 공격적인 행동이 강화될 것이다. 반면, 까다로운 기질을 가지고 있지만 주변 성인들이 인내심을 가지고 유아의 욕구와 정서표현을 수용적인 자세로 조절하고 지원한다면 유아는 까다롭기는 하지만 공격적인 행동은 보이지 않을 수 있을 것이다.

3. 유아 문제행동별 원인

다음은 유아교육기관에서 흔히 나타나는 유아 문제행동들에 대한 원인을 그간 출간된 서적이나 논문 등을 통해 취합한 것이다. 유아의 문제행동이 다음에 제시된 것 중의 하나라면 그 원인을 밝히는 데 많은 도움이 될 수 있을 것이다.

1) 유아 자신과 관련된 문제행동의 원인

(1) 우는 행동의 원인

문제가 되는 유아의 우는 행동은 유아가 울음을 목적 달성의 수단으로 사용하는 경우이다.

유아들의 우는 행동은 다른 사람의 관심을 끌기 위해서 혹은 책임을 회피하기 위해서 등이 원인인 경우가 많다.

〈표 3-2〉 우는 행동의 원인

	원 인
이순례 등(2001)	• 처음으로 경험하는 유치원 생활이 힘들어서 • 다른 사람의 관심을 끌기 위해 • 사고를 당한 경우 • 대인관계 때문에 • 의사전달 기술이 미숙해서 • 주변에 갑작스런 변화가 있기 때문에
김광웅(1999)	• 관심을 끌기 위해 • 외롭고, 상처입고, 당황해서
김재은(1993)	• 언어발달이 미숙해서 의사전달 수단으로 • 습관화 : 가정에서 우는 것을 잘 받아 주어서 • 책임회피 : 비난받을 때 울면 상황을 피할 수 있기 때문에 • 자기 방어 수단으로
Essa(2003)	• 관심 끌기, 외로움, 아픔, 화, 무서움 • 원에서의 정신적 쇼크, 생활의 변화, 의도적(관심 끌기), 사회적 배제

(2) 손가락 빠는 행동의 원인

손가락 빠는 행동은 오랜 습관 때문일 수도 있지만, 일상에서 만족감을 못 느끼거나, 일종의 쾌감이나 만족감 등을 얻기 위해 하는 행동일 수도 있다.

〈표 3-3〉 손가락 빠는 행동의 원인

	원 인
이순례 등(2001)	• 활동수준이 너무 높거나 낮아 좌절감이 생길 때 • 감각적 욕구를 만족시키고자 할 때 • 교사와의 상호작용에 문제가 있을 때 : 교사가 유아들에게 권위적, 위압적으로 대할 때 • 시간의 여유가 많아 지루해 할 때
김광웅(1999)	• 일상에서 만족감을 못 느낄 때 • 감각적 자극을 받고자 하는 욕구에 의해서 • 교사가 지나치게 지시적이거나 지배적이라고 느낄 때 • 손이 한가할 때
김재은(1993)	• 일종의 쾌감이나 만족감, 마음의 안정감과 위안을 얻기 위해 • 부모의 애정부족에 대한 대리 보상적인 만족 • 퇴행행동
김나영 · 이승희(2004)	• 부모와의 관계에서 욕구불만이 있을 때 • 부모가 지나치게 권위적 이거나 익애적일 때 • 어려운 장면이나 낯선 장면에 접했을 때
기타	• 어려서부터 학습된 습관 • 유아기 성적 욕구의 표현 • 자기 스스로 위안하는 행동

(3) 자위하는 행동(성적인 놀이)의 원인

자위하는 행동은 유아가 자신의 성기를 만지거나 문지르는 행동을 말한다. 이러한 유아의 자위행동은 매우 흔하게 나타난다. 유아들의 자위행위는 우연한 기회에 성기의 자극으로 쾌감을 느꼈다거나, 심적으로 부담되는 걱정거리가 있을 때, 혹은 불만이나 주목을 끌기 위해서 등 다양한 원인에 의해 나타난다. 남자 아이는 생후 6-7개월, 여자 아이는 생 후 10-11개월에 성적인 관심을 보이기 시작한다. 자위행위는 만 3-6세 사이에 시작되어 7-12세가 되면 감소하기 시작하는 자연적인 현상임을 알아야 한다.

〈표 3-4〉 자위하는 행동의 원인

	원 인
이순례 등(2001)	• 우연한 기회에 성기의 자극으로 쾌감을 느껴 자연스럽게 행하게 됨 • 적절한 행위를 구별 못할 경우 • 심적으로 부담되는 걱정거리가 있을 때 • 불건전한 가정환경(음란비디오, 성인잡지 등) 때문 • 성인에게 성폭행을 당했을 때
김재은(1993)	• 자신의 몸이 이성의 것과 다르다는 것에 대한 자연스런 인식의 과정임 • 불만이 있거나 주목을 끌기 위해
교육부(1997)	• 호기심과 탐색을 좋아하는 유아의 습성 때문에 • 우연한 기회에 얻은 쾌감 때문에 • 청결하지 못한 환경으로 인해 습진 등의 질환이 있을 때 • 몸에 꼭 끼는 옷을 입고 있을 때

(4) 까다로운 섭식행동의 원인

까다로운 섭식행동은 음식을 잘 안 먹거나 더디게 먹는 것을 말한다. 이 경우는 오랜 시간 유동식을 먹었거나, 다양한 음식을 먹지 않고 자랐거나, 불편한 식사 환경 등 다양한 원인에 의해 나타난다. 이는 식욕부진과도 관련이 있다. 유아의 식욕부진은 운동부족, 피로, 수면부족, 간식을 많이 먹어, 정서적인 충격, 어른의 간섭(먹지 못하게), 유치원에서 긴장감이 높아서 나타날 수 있다.

〈표 3-5〉 까다로운 섭식행동의 원인

	원 인
이순례 등(2001)	• 오랜 시간 유동식을 먹었기 때문에 • 특정 음식에 알레르기 증상을 보이는 경우 • 숟가락 등 음식을 먹는 도구가 부적절할 때 • 다양한 음식을 먹지 않고 자란 경우 • 치아나 구강구조의 문제 • 소화기나 장의 결함

김광웅(1999)	• 불편한 식사환경 • 아이에게 적절하지 않은 음식 • 너무 많은 양
김재은(1993)	• 과도한 양 • 생활 전체의 침체나 운동부족으로 인한 식욕부진 때문에

2) 친구들과 관련된 문제행동의 원인

(1) 남을 때리는(상처 입히는) 행동의 원인

남을 때리는 행동은 다른 사람에게 고의적으로 신체적인 상처를 입히는 행동을 말한다. 남에게 해를 가하는 이러한 행동의 원인은 관심을 끌기 위해서, 혹은 욕구좌절 등 다양한 원인이 있을 수 있다.

〈표 3-6〉 남을 때리는 행동의 원인

	원 인
이순례 등(2001)	• 왕성한 원기를 충분히 발산하지 못하거나 활동에 제한을 받을 경우 • 관심 끌기 위해 • 다른 유아가 자신이 원하는 것을 가지고 있거나 자신의 것을 빼앗을 때 • 거부당했을 때 • 다투었을 때 • 피곤할 때 • 부모가 자주 싸울 때 • 여러 명의 유아들이 좁은 공간에 밀집해 있을 때
김광웅(1999)	• 관심 끌기 위해 • 맞는 아이가 때리는 행동 유발(약을 올린다거나 자신의 물건을 가져간다거나 하는 경우) • 욕구 좌절 • 혼잡한 상황에서 • 놀이기구나 자료가 불충분할 때
김나영 · 이승희(2004)	• 사회적 관계에서 좌절이나 실패를 자주 경험하였을 때 자기 방어의 수단으로 • 자기 욕구를 만족시키기 위한 수단으로 • 자신이 우월하다는 것을 맛보기 위해

기타	• 공격적 행동에 대해 의도하지 않은 보상이 주어지는 경우 (예 : 맞은 아이가 울면서 달아나자 그 아이의 장난감을 차지하게 됨으로써 강화된 행동) • 화를 다스리는 데 문제가 있을 때 • 가정, 놀이방, 어린이집이나 유치원에서 학대받았을 때 • 부모나 교사가 자기보다 자기 친구나 동생, 또는 형을 더 사랑한다고 느낄 때

(2) 무는 행동의 원인

무는 행동은 자신의 이로 다른 사람의 신체에 자국이나 상처를 내는 행동을 말한다. 무는 행동은 좌절을 표현하거나 다른 사람의 관심을 끌기 등 다양한 원인에 의해 나타난다.

〈표 3-7〉 무는 행동의 원인

	원 인
이순례 등(2001)	• 한창 이가 날 때 잇몸이 근질거리고 아파서 무엇이든 물고 싶어서 • 주변의 관심을 끌기 위해 • 좌절을 표현하는 수단으로(요구나 능력에 맞지 않는 환경이나 과제가 주어졌을 때)
김광웅(1999)	• 교사 대비 아이 수가 너무 많을 때 • 감각적 욕구 때문에 • 교실에 자료 부족 등으로 인한 좌절

(3) 공유하지 않는 행동의 원인

공유하지 않는 행동은 무엇이든 나누지 않고 독점하려는 행동을 말한다. 이순례 등(2001)은 공유하지 않는 행동의 원인으로 공유하고 나누어 쓰기가 가능한 발달단계에 아직 도달하지 못했거나, 아끼던 물건을 다른 아이가 망가뜨렸던 과거의 나쁜 경험 때문이거나, 특별한 물건이 그 유아에게 안정감을 주는 아주 특별한 애착을 주는 물건이기 때문 등을 들었다.

〈표 3-8〉 공유하지 않는 행동의 원인

	원 인
이순례 등(2001)	• 공유하고 나누어 쓰기가 가능한 발달단계에 아직 도달하지 못했기 때문 • 과거의 나쁜 경험 때문(예 : 아끼던 것을 다른 아이가 망가트려서) • 때때로 자신에게 안정감을 주는 아주 특별한 애착을 느끼는 물건(인형, 담요 등)인 경우
교육부(1997)	• 부모의 양육태도가 과잉보호적이거나 방임적인 경우

(4) 욕하는 행동의 원인

욕하는 행동은 바람직하지 못한 언어를 사용하는 행동을 말한다. 유아의 욕하는 행동은 다른 사람의 행동을 모방했거나 다른 사람의 관심을 끌기 위한 수단 등 다양한 원인에 의해 나타난다.

〈표 3-9〉 욕하는 행동의 원인

	원 인
이순례 등(2001)	• 모방하는 경우 • 관심 끌기 • 어른들을 놀라게 하여 우월감을 느끼게 하고 싶을 때 • 화가 나거나 좌절을 느낄 때 • 긴장을 풀기 위해서 충동적으로 하는 경우 • 자기 주장의 한 방편으로 • 다른 아이들이 다 사용함으로 또래들과 어울리기 위해 • 난폭한 말을 사용함으로써 자신이 강해진다고 착각하기 때문
Essa(2003)	• 관심 끌기 • 화장실 언어 • 모방하는 경우 (욕하는 아이가 집단의 리더일 때 다른 아이들이 욕을 따라 할 수 있음)
교육부(1997)	• 성인 행동의 모방 • 욕을 사용했을 때 어른들이 보이는 민감한 반응에 흥미를 느껴서

(5) 물건을 훔치는 행동의 원인

물건을 훔치는 행동은 자신의 물건이 아닌 것을 가져가는 행동을 말한다. 훔치는 행동은 충동적으로 나타나거나, 관심을 끌기 위한 수단으로 나타나거나, 혹은 어수선한 환경 등으로 인해 쉽게 훔칠 수 있는 등 다양한 원인에 의해 나타난다.

〈표 3-10〉 물건을 훔치는 행동의 원인

주장자	원 인
이순례 등(2001)	• 충동적인 경우 • 관심을 얻기 위한 수단으로 • 소유개념이 아직 발달하지 못했기 때문에 • 습관인 경우
김광웅(1999)	• 놀지 못하고 좌절되었을 때 • 어수선한 환경(보관, 정리정돈이 제대로 안 된 환경) 때문에
김나영 · 이승희(2004)	• 발달단계상 아직 소유개념이 형성되지 않아서 • 다른 목적을 달성하기 위한 수단으로 • 대리만족을 위해서(예 : 애정결핍의 아동이 훔치는 것으로 대리만족하려는 행동)
김재은(1993)	• 자신의 것과 남의 것을 구분하지 못하는 경우 • 다른 사람의 것인 줄은 알지만 그런 행동을 나쁘다고 생각하지 않는 경우(3-4세경에 잘 나타남) • 친구와 놀지만 대등하게 노는 친구가 아닌 경우, 그와 놀기 위해 강한 아이나 연상의 아이에게 집에서 금품을 가져다 주기도 함 • 정서적으로 불안정한 경우(충분히 사랑받거나 인정받는다는 만족감을 맛보지 못해 그 불만족스런 기분을 만족시키기 위해 갖고 싶은 것이 아닌 고가품을 훔침)

3) 집단행동과 관련된 문제행동의 원인

(1) 목적 없이 배회하는 행동의 원인

목적 없이 배회하는 행동은 교실에서 이유 없이 서성이며 돌아다니는 행동을 말한다.

목적 없이 배회하는 행동은 김광웅(1999)에 따르면 주의나 관심을 끌기 위해서, 혹은 집중력이 부족해서, 혹은 환경이 유아가 서성이며 돌아다닐 수 있도록 지나치게 개방적이거나 활동에 싫증을 느껴서 등 다양한 원인에 의해 나타난다.

〈표 3-11〉 목적없이 배회하는 행동의 원인

주장자	원 인
김광웅(1999)	• 주의나 관심을 끌기 위해 • 집중력 부족해서 • 지나치게 넓거나 개방적인 공간 때문에 • 교실활동이 수준에 맞지 않거나 싫증이 나서

(2) 사회적 놀이에 참여하지 않는 행동의 원인

사회적 놀이에 참여하지 않는 행동은 또래 친구들과 어울려 놀지 않는 행동을 말한다. 사회적 놀이에 참여하지 않는 행동은 환경이 낯설어서, 혹은 다른 아이로부터 소외를 당해서 등 다양한 원인에 의해 나타날 수 있다.

〈표 3-12〉 사회적 놀이에 참여하지 않는 행동의 원인

주장자	원 인
이순례 등(2001)	• 교사의 기대수준이 너무 높아(특히 3세 미만인 경우는 놀이 참여가 아직 미숙함) • 체구가 작아 겁먹고 위축되어 • 낯선 환경으로 인해(학기 초이거나 전학을 온 경우 등)
김재은(1993)	• 사물에 대한 관심은 강하나 사람에 대한 관심은 적은 경우(동화책만 읽기) • 소외당해서 (자폐증과는 다름)
김나영 · 이승희(2004)	• 낯선 상황이 안전하다고 느끼지 못하기 때문에 • 다른 또래들로부터 위협을 당한다고 생각하는 경우 • 부모의 지나친 과보호 때문에 다양한 경험을 갖지 못해서
교육부(1997)	• 내성적인 성격 때문에 • 사회적 기술을 아직 습득하지 못하였기 때문에

(3) 말을 잘 하지 않는 행동의 원인

말을 잘 하지 않는 행동은 말을 걸어도 대답하지 않는 행동을 말한다. 말을 하지 않는 경우는 목의 통증 등 생리적인 원인 때문에 나타나거나 혹은 생활에서의 갑작스런 충격을 받아서 등 다양한 원인에 의해 나타날 수 있다. 이는 실어증과 구분해야 하며, 말이 늦은 경우와 말더듬 등과도 구분해야 한다.

〈표 3-13〉 말을 잘 하지 않는 행동의 원인

주장자	원 인
김광웅(1999)	• 생리적인 원인 • 강압적 교사 • 언어장애 • 말할 필요가 없어서 • 언어발달 미숙
김재은(1993)	• 마음이 약하고 수치심 많아서 • 갑작스런 심리적 충격으로 인해

(4) 주의집중을 잘 못하는 행동의 원인

주의집중을 잘 못하는 행동은 또래 유아들에 비해 집중력이 부족해서 과제수행을 잘 못하는 행동을 말한다. 이 행동은 주의력결핍 및 과잉행동장애(ADHD)와 잘 구분해야 할 행동이다. 주의집중을 잘 못하는 행동은 발달에 부적합한 활동(예 : 유아에게 너무 쉽거나 어려운 활동)인 경우, 혹은 환경이 어수선하거나, 영양부족 등 다양한 원인에 의해 나타날 수 있다. 일반적으로 2세 유아는 한 과제에 평균 7분 정도, 3세는 9분, 4-5세는 12분 정도 주의를 집중할 수 있다.

〈표 3-14〉 주의집중을 잘 못하는 행동의 원인

주장자	원 인
이순례 등(2001)	• 집중시간이 짧기 때문 • 발달에 부적합한 활동 때문에(활동내용이 너무 쉽거나 어렵거나) • 부모의 양육태도가 너무 엄격하기 때문에 • 외부 자극에 너무 민감한 기질적 특성 때문에
김광웅(1999)	• 주어진 환경이 나이에 적합하지 않기 때문에 • 과잉활동 - 지나친 활동수준 - 짧은 주의집중 시간 - 관심을 끌기 위해 - 충동성 - 조정 능력 부족 - 훈육문제(고집 세고, 부정적, 복종 않음) - 지배적 행동(우두머리 역할) - 예측 불가능한 정서 • 영양부족 • 집중하기 어려운 환경
교육부(1997)	• 성인이 지나치게 오랜 시간 활동을 요구하는 경우 • 너무 쉽거나 어려운 활동을 제공하는 경우 • 기질적인 특성 때문에 • 부모의 양육태도가 너무 엄격하거나 지배적일 때 가정 밖에서 산만한 행동을 보일 수도 있음.
김나영 · 이승희(2004)	• 발달지체로 인해 주어진 과제에 대한 수행능력이 없을 때 • 부모가 늘 바쁘거나 급한 성격 때문에 • 아이에게 늘 재촉하기 때문에 • 가정 분위기 자체가 침착하지 못해서(가족의 수가 많고, 가족이 너무 바빠서 잠시도 마음 놓을 수 없고, 손님이 많이 드나들고, 이사를 자주 하고, 부모간에 자주 타투고, 엄마가 자주 신경질적 반응을 보이거나, 부모의 과보호 또는 익애를 하거나, 형제간에 경쟁이 지나치거나, 부모가 꾸중을 자주 하는 등)

유아교사는 이상에서 제시한 문제 유형과 그 원인에 대해 반드시 숙지하여야만 한다. 그 이유는 유아의 문제행동의 원인을 정확히 판단할 수 있을 때 문제행동을 지도할 수 있는 정확한 전략을 짤 수 있기 때문이다.

4. 문제행동의 원인과 교사의 통제 가능성

때때로, 유아들의 부적절한 행동은 관심을 받음으로써 촉진된다. 어떤 아이는 어른들의 관심을 받기 위한 가장 좋은 방법은 어른들이 원치 않는 행동을 하는 것이라는 사실을 터득하게 된다. 이러한 형태의 문제행동, 즉 문제행동의 원인이 어른들로부터 관심을 끌기 위해 생겨난 것이라면 바람직하지 못한 행동에 대해서는 더 이상 관심을 주지 않고 바람직한 행동에 대해서만 강화를 제공하는 기법을 통해 어렵지 않게 수정될 수 있다.

그러나 종종 유치원에서 발생하는 아이들의 부적절한 행동은 교사의 통제 범위를 넘어선 환경적 요소들 때문이기도 하다. 그러므로 교사는 유아의 부적절한 행동에 영향을 줄 수 있는 가능한 외적 요인들을 살펴보는 것이 중요한다. 사실상, 부적절한 행동에 대한 외적 원인을 주의 깊게 살펴보는 것은 유아의 행동을 변화시키기로 결정하기 전에 먼저 행해져야 한다. 만일 유아의 문제행동의 원인이 아이 스스로 통제할 수 있는 범위를 넘어선 것이라면, 교사가 환경적 조건을 바꾸는 것을 시도할 필요가 있다. 물론 환경적 조건을 변화시키는 것도 항상 가능하지는 않다.

다음에 제시되는 내용들은 에싸(Essa, 2003)가 제안한 내용을 정리한 것으로 유아교육기관에서 유아의 문제행동을 수정하기에 앞서 그 문제행동이 교사의 노력에 의해 수정될 수 있는지를 판단하는 데 있어서 유용한 정보를 제공할 것이다.

1) 교사가 바꿀 수 있는 환경적 요인들

때때로 유아들은 유아교육기관의 환경적 요소들로 인해 부적절한 행동을 표출하기도 한다. 이러한 것들은 교사가 관심을 갖고 환경을 바꾸어 줌으로써 유아의 문제행동이 수정될 수 있는 것들이다.

(1) 물리적 환경

유아들이 속해 있는 물리적 환경은 매우 중요한다. 환경 그 자체만으로도 유아의 어떤 행동들을 격려하거나 그 반대로 좌절을 경험하게 할 수 있다. 예를 들어, 공간이 필요 이상으로 너무 넓은 교실은 아이들로 하여금 달리고 싶은 욕구를 표출하게 만들며, 아이들의 키에 비해 높은 선반 위에 놓여진 물건들은 유아로 하여금 교사들에게 의존하도록 만든다. 이러한 장면에서 나타나는 유아들의 행동은 극히 자연스런 것이라 할 수 있다.

공간도 중요한 요소이다. 이야기 시간에 둘러앉는 원, 화장실을 이용하기 위해 늘어선 줄, 또는 유아들이 한꺼번에 좁은 장소에 몰려 있게 되는 상황들은 서로 밀치거나 다른 공격적 행동을 만들기도 한다. 즉, 유아 개인의 공간이 부족하게 되면 문제행동을 야기시킬 수 있다.

또한, 교실에 있는 여러 교재 · 교구들에 대해서도 살펴볼 필요가 있다. 아이들이 서로 갖겠다고 다투지 않을 만큼 충분한 양이 마련되어 있어야 한다. 활동내용이나 재료들은 발달적으로 적합해야 하며 충분히 다양해야 한다. 따라서 종종, 어떤 유아의 문제행동은 그 아이의 행동을 변화시켜야 하는 것이 아니라 환경을 변화시켜야 할 때가 있다.

(2) 유아의 발달 수준에 비추어 적절치 못한 기대

유아 교사들은 유아의 연령별 발달 수준에 대해 잘 알고 있어야 한다. 발달단계마다 독특한 특성과 요구, 행동이 있다. 유아들은 그들에 대한 기대가 너무 높거나 낮기 때문에 좌절하기도 하고 싫증을 내기도 한다. 성인의 기대는 각 아이들의 능력 수준에 따라야 한다. 교실 배치, 교구, 활동 그리고 활동 시간들은 집단의 특성에 알맞게 마련되어야 한다. 부적절한 행동은 성인의 기대나 환경이 아이의 연령에 비해 적절치 않을 때 발생하게 된다. 교사의 유아발달에 대한 지식은 장난감을 친구들과 서로 나누며 놀기보다는 혼자만 놀려고 하는 2살된 아이나, 때때로 돌아가며 이야기 발표하는 시간에 1분 이상 연속적으로 조용히 앉아 있지 못하는 3살된 아이, 그리고 때때로 부적절한 단어를 사용하는 4살된 아이에게 어떻게 반응해야 할지에 대해 도움을 줄 수 있다.

(3) 일관적이지 못한 기대나 훈육방식

성인들은 유아의 어떤 행동을 어떤 장면에서는 허락하고 또 어떤 장면에서는 허락하지 않는 경우가 있다. 이렇게 때에 따라 다른 반응을 보일 때 유아는 어떤 행동이 옳고, 어떤 행동이 그른지에 대해 혼돈스러워 한다. 하지만 교사는 종종 자신의 그러한 비일관성을 깨닫지 못한다. 이와 유사하게 유아의 가정에서 기대하는 것과 기관에서 기대하는 것이 서로 다를 때가 있다. 이 경우에는 차이점에 대해 부모와 상의하는 것도 중요하다. 만일 이런 차이가 계속된다면 아이들은 '우리 집에서는 형하고 레슬링해도 되는데 유치원에서는 왜 안 된다는 거지……'라고 말할 수 있다. 일관성 있는 생활지도 방식은 유아의 부적절한 행동을 수정하기 위해 매우 중요한 전략 중 하나이다.

(4) 자극에 대한 과민반응

활동적이며 능동적이고 다양한 프로그램이 좋은 유아교육 프로그램이다. 대부분의 유아들은 색깔, 소음, 활동, 움직임 면에서 적절히 자극적인 환경 속에서 잘 자란다. 하지만 이러한 것들이 너무 지나치게 되면 유아들은 집중을 하거나 자기 조절 훈련을 하는데 어려움을 갖게 된다. 이런 경우 유아들에게는 종종 짜증을 부리는 등 이상 징후가 발견될 수 있다.

교사들은 그런 아이들에게 몇 가지 방법을 통해 도움을 줄 수가 있다. 한 가지는 만일 환경적 자극이 지나치다고 판단되면 유아가 잠시 쉴 수 있는 공간을 마련해 주는 것이다. 그런 공간은 디자인이나 장식에 있어서 작고 단순해야 한다. 또 다른 전략은 교실 전체를 조사하여 모든 아이들에게 좋은 환경으로 바꾸는 것이 가능할지 결정하는 것이다. 예를 들면, 교실의 가구나 교구들을 질서 정연하게 정돈할 필요가 있다. 소음 수준은 교실 배치를 바꾼다거나 바닥에 카펫 등 부드러운 소재를 사용하여 낮출 수 있다. 교실의 시각적 자극 수준을 낮추기 위해서는 약하고 덜 화려한 색깔로 바꿀 수도 있다.

2) 교사가 바꿀 수 없는 환경적 요인들

유아의 문제행동에 영향을 주는 또 다른 외적 요인들이 있다. 이런 요인들은 교사의 능력을 넘어선 것들이다. 유아의 건강 상태, 가정환경, 그리고 우리 사회가 안고 있는 문제들이 여기에 속한다.

(1) 건강 문제

교사들은 아이들의 건강상태가 좋지 않을 때, 코가 막혀 있을 때, 두통이 있을 때, 배가 아플 때 어떤 행동이 나타나는지를 생각해 봐야 한다. 유아들은 성인들에 비해 몸이 안 좋을 때 자신의 행동을 통제하는데 어려움이 있다. 심지어 아이들은 몸이 아픈 상태에 대해 언어적으로 정확히 표현하는 것도 아직 서툴다. 예를 들어, 배가 아픈 것과 고픈 것을 구분하여 말하지 못하는 경우를 종종 보게 된다. 아픈 아이는 유치원에 있어서는 안 된다. 교사는 항상 유아들의 건강상태에 민감해야 한다.

(2) 알레르기

어떤 유아들의 행동은 음식이나 환경적 알레르기의 영향을 받기도 한다. 이러한 이유로 유아들은 지나치게 소란스럽다거나 까다롭다거나, 주의가 산만할 수 있다. 교사는 어떤 아이가 알레르기를 앓고 있는지에 대해 파악하고 있어야 한다. 어떤 아이들은 복용 중인 약에 의해 행동에 영향을 받을 수도 있다.

(3) 영양결핍

유아들의 행동은 섭취한 음식물에 의해 영향을 받을 수도 있다. 아침을 거르고 유아교육기관에 오는 아이는 참을성이 없고 지쳐 있거나 까다로운 행동을 보이게 된다. 어떤 영양소가 결핍되어 있는 아이는 그로 인해 부적절한 행동을 할 수도 있다. 가정에서의 음식섭취와 식사 시간에 관한 정보는 교사들에게 유아를 이해하는데 도움이 된다. 만일 유아가 집이 멀어 등원시간이 오래 걸린다거나, 가정에서의 아침 식사시간이 너무 빠르다면 도착하자마자 간식을 제공하는 것도 현명한 방법일 것이다.

(4) 애착 문제

유아기 동안 아이들에게 중요한 것 중의 하나는 '의미 있는 성인'에 대해 애착을 형성하는 일이다. 대부분의 아이들은 엄마에게 그러한 애착을 형성하게 된다. 불행히도

요즈음 라이프스타일의 변화 특히, 맞벌이부부의 증가 추세는 아이에게 애착을 위한 충분한 시간을 허락하지 않는다. 어떤 아이는 유아기에 애착을 형성하지 못해서 후에 문제행동으로 나타나는 경우가 있다.

(5) 가정 내 스트레스와 변화

유아들은 일상의 변화로 인해 부적절한 행동을 하게 된다. 아이들은 종종 자신의 주위에 무슨 일이 일어나고 있는지 이해하지 못한다. 부모간의 별거와 이혼, 빈번한 다툼, 돈 문제 등이 그것이다. 또는 동생의 출생, 이사 등도 유아에게는 색다른 환경이 된다. 그러므로 교사는 집에서 무슨 일이 일어났는지에 대해 이해하고 유아의 행동을 해석하고 예측하기 위해 부모들과 빈번한 의사소통을 유지하는 것이 중요하다.

(6) 스트레스와 현대 생활

오늘날 많은 아이들은 바쁜 삶을 살아가고 있다. 부모들이 직장일로 바쁘게 되자 아이들은 여러 종류의 학원에 보내지고 있다. 이러한 경험은 아이들에게 풍요로운 경험을 제공하기도 하고 아이들도 그런 경험들을 즐기기도 한다. 그러나 너무 지나치게 되면 아이들의 휴식과 놀이의 시간을 빼앗게 된다. 특히, 이 사람 저 사람, 여기저기로 아이를 맡기게 됨으로써 유아는 일관되지 않은 규칙과 기대를 경험하게 되고, 그로 인해 생겨나는 부작용 또한 다양한 형태로 나타나게 된다.

유아들의 부적절한 행동은 독특한 것이 아니다. 그 원인에는 여러 가지가 있다. 유아의 문제행동이 유아의 문제라고 판단하기에 앞서 유아의 행동에 영향을 미치는 또 다른 외적 요인은 없는지 주의 깊게 살펴야 한다. 만일 부적절한 행동이 유아 자신의 통제를 넘어선 것이지만 기관의 환경을 변화시켜 줌으로써 도움을 줄 수 있는 문제라면 이는 교사의 몫이다. 만일 만성적인 건강문제나 부모의 이혼 등의 이유와 같이 문제가 변화될 수 없는 경우라면, 유아가 그러한 상황 속에서 헤쳐나 갈 수 있도록 교사가 도움을 주어야 할 것이다.

〈표 3-15〉 문제행동의 원인과 교사의 통제 가능성

교사가 바꿀 수 있는 환경적 요인	(1) 물리적 환경 : 교실 공간의 크기, 공간의 형태, 교재 · 교구의 양 등 (2) 유아의 발달 수준에 비추어 적절치 못한 기대 (3) 일관적이지 못한 기대나 훈육 방식 (4) 자극에 대한 과민반응 : 교실 환경의 디자인, 장식, 색깔, 소음, 활동 내용, 움직임 등
교사가 바꿀 수 없는 환경적 요인들	(1) 건강 문제 (2) 알레르기 (3) 영양결핍 (4) 애착 문제 (5) 가정 내 스트레스와 변화 : 부모의 불화, 별거나 이혼, 경제적 곤란, 동생의 출생, 이사 등 (6) 스트레스와 현대 생활 : 지나친 조기교육, 빈번한 양육자 교체

제4장 문제행동의 관찰

현빈이의 산만하고 공격적인 행동을 걱정하던 담임교사는 기관의 동료들과 원장님께 현빈이에 대한 문제를 의논하고 도움을 청하기로 하였다.

현빈이는 3년째 같은 유치원에 다니고 있기 때문에 모든 교사들이 현빈이와 부모님에 대해 잘 알고 있다는 것이 도움이 되었다. 먼저 원장님과 교사들은 교실에서의 현빈이 생활모습을 관찰한 후 원인을 찾아보기로 하였다.

교사들은 현빈이의 행동을 공격적인 행동으로 분류했지만 몇 가지 특징이 있다고 했다.

- 때리는 행동은 주로 친구들과의 의견충돌에서 자신의 뜻대로 되지 않을 때 나타났다.
- 화가 많이 나면 큰 소리를 내면서 혼자 답답해 한다.
- 키가 크고 목소리도 커서 친구들이 겁을 내기도 한다.
- 교실활동에 적극적으로 참여하며, 하고 싶어하는 것이 많아서 늘 분주하고 왔다 갔다 한다.

공격적 행동 외에 현빈이에게 나타나는 다른 모습들에는

- 현빈이는 다른 친구들에 비해 아는 것(일반상식)이 많고 창의적이다. 친구들은 현빈이가 '잘난 척쟁이'라고 한다.
- 현빈이는 주변에 도움이 필요한 친구들이 있으면 기꺼이 잘 도와 준다.
- 눈치가 빠른 아이라 선생님이 화가 나신 것 같으면 바로 잘못했다고 하고 친구들에게 사과한다.

교사들은 관찰목록을 토대로 현빈이의 가정에서의 생활은 어떠한지 알아보기 위해 부모면담을 청하기로 하였다.

유아의 문제행동의 원인들이 어떤 것들이 있는지를 숙지하였으면, 이제 유아의 문제행동의 원인을 분석하는 일이 중요하다. 문제행동의 원인을 분석해야만 그에 따른 적절한 지도방법을 찾아 실행에 옮길 수 있기 때문이다. 문제행동의 원인을 분석하기 위해서는 우선, 유아의 문제행동에 대한 세심한 관찰을 해야 한다. 유아교육 환경과 유아의 행동을 자세히 관찰하면 문제행동의 원인을 발견할 수 있을 것이다. 이 장에서는 유아의 문제행동을 관찰하는 방법들에 대해 알아본다.

1. 관찰의 필요성

유아교육기관에서 교사들이 문제행동을 하는 말썽꾸러기 아이를 보면 흔히 부모가 어떤 사람이기에 아이가 그런지? 혹은 "쟤는 왜 저 모양이야?"라고 하여 문제행동의 원인을 부모나 유아의 기질적 특성에서 찾으려 한다. 아마도 초임교사라면 "내게 무슨 문제가 있는 건 아닐까?"라는 고민에 빠지며 자신의 교수-학습방법에서 문제행동의 원인을 찾으려 할지도 모른다. 반면, 경력교사들은 교실환경에 대한 점검을 포함하여 유아를 둘러싼 환경 속에서 문제행동의 원인을 찾으려 한다. 이와 같이 유아의 문제행동의 원인을 분석하기 위해 우리는 기관의 환경, 유아, 교사 자신, 부모 등 다양한 것들을 검토해야 한다. 그 중에서도 유아의 행동을 관찰하면 문제의 원인을 파악하는 데 무엇보다 많은 도움을 받을 수 있을 것이다.

아동심리학자 캐츠(Katz, 1994)는 유아의 전반적인 발달 상태를 확인하기 위해 심리검사나 다른 전문적 처치에 앞서 유아에 대해 관찰할 것을 제안하고 있다. 유아의 문제행동을 확인하고 원인을 파악할 때 무엇보다도 관찰법이 권장되는 이유는 다음과 같은 특징에서 찾아볼 수 있다.

첫째, 관찰은 관찰자인 교사가 관찰대상 유아의 문제행동이 일어나는 현장에서 이루어지므로 어떤 행동이나 사실을 즉시 포착할 수 있다.

둘째, 대부분의 유아들은 관찰자인 교사의 존재에 대해 크게 개의치 않고 행동하므로 관찰대상 유아의 자연스런 행동을 관찰할 수 있다.

셋째, 유아평가에서 관찰대상자인 유아들은 언어를 통한 의사소통이 원활하지 못하기 때문에 다른 자료 수집 방법(면접이나, 질문지, 검사법)보다는 관찰법이 더 적합한 경우가 많다.

넷째, 다른 자료수집 방법에 비해 관찰대상 유아들의 협조가 덜 요구된다.

이상과 같이 유아의 문제행동의 원인을 분석하는데 있어서 무엇보다도 유아의 행동에 대한 직접적 관찰 방법이 가장 적합하다고 할 수 있겠다.

2. 관찰의 일반적 절차

관찰은 교사가 유아의 행동특성을 평가할 수 있는 가장 직접적이고 기본적인 방법이다. 그렇지만 교사가 실시하는 관찰이 모두 신뢰롭고 타당한 측정결과를 가져다 주지는 않는다. 왜냐하면 관찰자의 편견, 기대, 선호 등으로 인해 관찰된 자료로부터 판단이 왜곡될 가능성이 있기 때문이다. 이러한 문제를 극복하기 위해서는 우발적으로 관찰할 것이 아니라 사전에 철저한 계획을 세워서 관찰을 해야 하며, 관찰결과를 체계적으로 기록하여 의미 있는 분석이 가능하도록 해야 할 것이다. 교사의 관찰 및 기록 능력이 우수할수록 교사는 유아의 문제행동에 대해 보다 객관적이고 정확한 판단에 이르게 되고, 궁극에 가서는 효과적으로 유아의 문제행동을 조력할 수 있게 된다. 이러한 관찰은 [그림 4-1]에 제시된 바와 같이 일반적으로 크게 네 단계로 이루어진다.

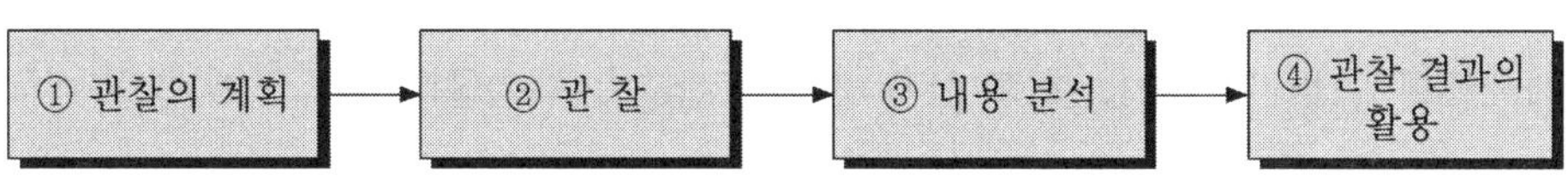

[그림 4-1] 관찰의 단계

1) 관찰을 위한 계획 단계

관찰에 앞서 구체적으로 어떤 목적으로, 어떤 행동을, 언제, 얼마 동안, 어디에서, 어떤 방법을 가지고 할지를 계획하는 단계이다. 계획단계에서는 다음과 같은 것을 고려해야 한다.

(1) 왜 관찰하려는가?

유아를 관찰하는데 있어 관찰 목적이 어느 정도 분명해져야만 유아의 어떤 행동을 관찰해야 하는지, 어떤 방법으로 관찰해야 하는지 등의 계획이 구체적으로 설정될 수 있다. 따라서 관찰자는 관찰 목적을 분명히 할 필요가 있다.

(2) 어떤 행동을 관찰할 것인가?

가령 유아 개개인의 발달을 평가하고자 할 때, 어떤 영역의 발달에 관한 것이며, 구체적으로 어떤 행동 특성을 관찰할 것인지를 결정해야 한다.

(3) 언제 하는가, 그리고 얼마나 오랫동안 하는가?

교사는 반복되는 하루 일과 중에서 어느 시간이 가장 관찰하기에 적합한지, 그리고 어떤 시간에 대체로 어떤 행동이 나타나는지를 알고 이에 따라 계획을 세워야 한다. 문제행동의 관찰은 유아가 등원해서 하원할 때까지의 모든 활동시간에 해야 한다. 캐츠(Katz, 1994)에 의하면, 유아를 하루 이틀 정도 관찰한 결과를 가지고 섣불리 판단을 해서는 안 되며, 3세 아이의 경우는 3주 정도, 4세 아이는 4주, 5세 아이는 5주 정도를 지속적으로 주의 깊게 지켜 보아야 한다. 물론 이를 꼭 지킬 필요는 없다. 문제행동의 원인이 명확히 확인만 된다면 언제든지 관찰을 멈출 수도 있다.

(4) 관찰을 어느 곳에서 하는가?

유아를 관찰하고자 할 때 어느 곳에서 관찰할 것인지를 미리 정해야 한다. 교실에서 관찰을 할 것인지, 아니면 놀이터에서 관찰을 할 것인지 등을 미리 정해야 한다. 교사는 가능한 한 다양한 장면에서 유아의 행동이 고르게 관찰될 수 있도록 적합한 시간과 장소를 택해야 한다.

(5) 어떻게 기록할 것인가?

관찰한 내용을 기록하는 방식은 다양하다. 일정한 형식 없이 그때 그때 나타나는 행동과 사건을 있는 그대로 서술식으로 기록(예 : 일화기록)하는 것에서부터 관찰 전에 일정한 기록양식을 준비하여 이에 따라 관찰 항목별로 표기하는 것(예 : 사건기록 등) 등이 있을 수 있다. 교사는 관찰 전에 어느 것으로 할지를 미리 정해야 할 것이다(자세한 관찰기록 방법은 다음 절을 참고하기 바란다).

2) 관찰 단계

관찰 단계는 관찰 계획에서 결정한 목적에 따라 관찰 장면과 상황을 선정하여 관찰을 실제로 실시하고 기록하는 단계이다(황해익 등, 2003). 기록은 관찰자 앞에서 일어나고 있는 장면을 가능한 한 자세하고 객관적으로 적는 것이다. 다음은 관찰 단계에서 고려해야 할 사항들이다.

(1) 관찰 장면을 주의 깊게 살펴본다. 주로 시각에 많이 의존하지만 청각, 후각, 촉각, 미각 등 모든 감각기관을 이용하여 살펴볼 수 있다. 아이들이 노는 모습을 보고(시각), 그들의 말소리를 듣고(청각), 그들 주변에서 나는 냄새를 맡고(후각), 유아들의 몸의 열기를 느끼고(촉각), 그들이 만든 음식물의 맛을 보는 것(미각) 모두가 관찰의 방법이다.

(2) 직접관찰 또는 녹화나 녹음을 한다. 모든 관찰에서 녹화나 녹음을 할 수는 없지만 녹화나 녹음은 수기(손으로 기록하는 것)에 비해 있는 현상을 그대로 담고 있어 보다 더 객관적인 자료가 될 수 있다. 또한 직접 참여하지 않고 간접적으로 관찰할 수 있다는 장점도 있다.

(3) 행동발생 당시에 기록한다. 인간의 기억은 한계가 있다. 행동발생 당시에 있던 모든 것들을 기억하는 것은 불가능하다. 기억이란 특징적인 것에만 선택적으로 주의를 집중하기 때문에 다른 장면이나 현상을 많이 관찰했다고 하더라도 인상적이었던 장면

만을 기억하게 된다. 또, 기억한 것을 기록할 때까지의 경험이 기억을 희석시키기도 한다.

〈표 4-1〉 관찰자인 교사가 범하기 쉬운 오류의 유형

교사의 기대	미리 어떤 원인일 거라고 추측하여 판단하는 것이다. 예를 들어, "저 아이는 욕구불만 때문에 저런 행동을 할거야"라고 미리 기대를 가지는 것을 말한다. 이런 기대는 결국 실제의 원인은 따로 있는 데도 불구하고 욕구불만이 문제행동의 원인이라고 결론을 내리게 된다.
과잉 일반화	교사가 유아의 한 가지 행동만을 보고 다른 행동에까지 일반화시키는 것이다. 예를 들어, 아이가 장난감을 친구를 향해 팽개치는 행동을 보고는 "저 아이는 공격적인 아이야"라고 판단한다. 실제로 그 아이는 공격적인 행동이 아닐 수 있음에도 불구하고 그렇게 여기는 것이다.
후광효과	한 유아에 대한 일반적인 견해가 그 유아의 구체적인 행동을 평가하는 데 영향을 주는 것을 말한다. 예를 들어, 얼굴이 예쁜 아이는 성실하고, 착하고, 말도 잘 듣는다고 판단하는 것 등이 여기에 속한다. 얼굴이 예쁘다고 하여 성실하고, 착하고, 말을 잘 듣는 것은 아닌데도 말이다. 반대로 부정적인 평가를 할 때는 '편견'이라고 한다.
주관적 해석	교사가 임의로 해석하는 것을 말한다. 예를 들어, 지각하는 아이를 판단할 때 "저 아이는 게으른 아이야"라고 주관적으로 해석하는 것을 말한다. 객관적인 사실이나 상황 등은 무시된다. 그 아이는 오늘 몸이 몹시 아파서 부모님과 함께 병원에 다녀오느라 지각했을지도 모른다. 그런데도 주관적인 해석에 의해 게으른 아이로 만들어 버린 것이다.
관찰자의 지각적 특성	① 돌출된 자극에 집중 관찰자가 관찰대상의 발성, 언어, 얼굴표정, 신체 움직임 및 심리, 생리적 반응 중 눈에 띄는 자극에 집중하는 경향이 있다. ② 초두효과와 최신효과 관찰자는 정보의 첫 부분(초두효과)과 마지막 부분(최신효과)에만 주목하여 중간의 정보를 상실하는 오류를 범할 수 있다. ③ 중심화, 관대화, 엄격화 경향 관찰자는 지나치게 긍정적 혹은 부정적 판단을 피하고 중간수준의 평가를 선호하는 경향을 말한다. 한편 관대화 경향은 지나치게 긍정적으로 평가하려는 경향이다. 그 반대로 지나치게 엄격한 평가를 내리는 엄격화 경향도 있다. ④ 비교경향 관찰대상이 이전에 보인 행동이나 자극 속성과 비교하여 상대적으로 기록하는 경향이 있다.

(4) 만일 부득이 하게 사후에 기록할 경우에는 핵심적 어휘를 기록해 두었다가 가능한 한 빨리 완전한 문장으로 재구성하는 것이 좋다.

(5) 관찰자의 개인적 의견이나 느낌, 추론 등은 기록에 포함시키지 말아야 한다. 그러기 위해서는 관찰자의 오류를 최소화해야 한다. 관찰자의 오류란 교사의 기대, 과잉 일반화, 후광효과, 주관적 해석, 관찰자의 지각적 특성으로 인해 관찰내용이 객관적이지 못한 것을 말한다(〈표 4-1〉 참조). 관찰자인 교사는 자신이 범할 수 있는 이러한 오류나 편견의 원천을 인식하고, 이에 영향받지 않도록 노력하고, 관찰 훈련을 통해 보다 객관성 있는 관찰을 할 수 있도록 해야 한다. 그러기 위해서 교사는 첫째, 관찰자로서 가능한 한 객관성을 유지한다. 둘째, 유아의 입장에서 관찰하고 기록한다. 셋째, 관찰기록은 가능한 한 관찰과 거의 동시에 또는 직후에 한다. 넷째, 기록하기 전에는 관찰한 것에 대해 가능한 한 아무하고도 이야기하지 않는다. 다섯째, 실제 보고 들은 것과 관찰자의 추론을 구분하도록 하는 것이 중요하다.

3) 관찰결과를 분석하는 단계

이 단계는 교사의 편견 등이 가장 많이 나타날 수 있는 단계로서 무엇보다도 전문적인 지식이 요구된다. 관찰기록의 결과가 유아를 평가할 수 있는 의미 있는 자료가 되기 위해서는 반드시 체계적으로 분석되어야 한다. 교사가 해석과 추론을 얼마나 정확하게 하느냐에 따라 관찰의 성패가 좌우되고, 궁극에 가서는 유아의 문제행동을 정확히 평가했는지가 결정된다. 따라서 교사는 다음과 같이 해야 한다.

(1) 자료 분석시 교사가 두려움을 가질 수 있으나 계속적인 훈련을 통해 이를 극복하려고 노력해야 한다.

(2) 정확한 추론을 위해서는 유아발달 및 유아교육에 대한 전문적인 지식을 갖고 있어야 한다.

(3) 이러한 지식을 자신의 관찰결과에 적용시켜 계속적으로 비교·분석하려는 자세가 필요하다.

(4) 유아의 행동에 미치는 기관의 환경적인 영향을 함께 고려하여야 한다. 때로는 기관의 환경적인 측면이 유아의 문제행동의 원인이 될 수 있으므로 함께 고려해서

분석한다.

4) 활용 단계

이 단계는 유아의 문제행동에 대한 관찰내용의 분석을 행동지도에 적절히 활용하는 단계이다. 관찰 자료는 관찰목표에 따라 체계적으로 기록되고 분석되어 효과적으로 활용될 때 실용적 자료로서의 가치를 지니게 된다. 분석자료는 부모면담시에 상담자료로 활용될 수 있으며 교실환경 및 교수전략 등을 변화시키기 위한 대안탐색의 자료로 사용될 수 있다. 그러기 위해서는 다음과 같이 해야 한다.

(1) 유아에 대한 관찰기록은 누적된 관찰결과에 기초한 종합적인 분석 자료이어야 한다.
(2) 유아의 문제행동을 평가할 경우에는 관찰 자료 외에 부모상담 결과 등을 종합적으로 검토하여 보다 정확한 평가를 할 수 있도록 해야 한다.
(3) 유아의 문제행동에 대한 관찰기록 내용은 철저히 비밀이 유지되어야 한다.

3. 관찰기록 방법

유아를 관찰을 하는 것 자체만으로도 중요한 정보를 습득할 수 있지만 기록되지 않으면 쉽게 잊혀지게 된다. 눈으로 보고 스쳐 지나가 버리는 정보를 기록을 통해 남겨둠으로써 차후 필요한 시점에서 다시 꺼내어 볼 수 있다. 문제행동을 보이는 유아에 대해 동료교사나, 부모, 전문가와 이야기를 나눌 때에도 관찰기록 결과는 중요한 근거 자료가 될 것이다. 하지만 관찰자가 주관적 관점에서 생각나는 대로 기록해 둔 자료는 그 신뢰성이나 타당성 측면에서 체계적이고 객관적 관점에서 기록된 자료에 비해 부족할 수밖에 없다. 어렵게 기록한 결과가 객관성 있는 유용한 자료가 되기 위해서는 올바른 관찰기록 방법을 알아야 한다.

관찰기록 방법은 그 종류가 다양하나 문제행동과 관련된 정보를 수집하는데 유용하게 사용될 수 있는 몇 가지 방법만을 간략하게 살펴보기로 한다.

1) 일화기록법

일화기록법은 어떤 짧은 내용의 사건에 대하여 서술적으로 기록하는 것을 말한다(이은해, 1985). 흔히, 글자로 묘사된 동영상이라고 할 수 있을 정도로 자세히 기록하는 것이다. 그렇기 때문에 유아의 문제행동의 원인에 보다 심층적으로 접근할 수 있다.

일화기록은 다양한 상황에서 아동의 자연적 행동에 관한 정보를 제공해 주므로 개인의 기본적이고 중요한 성격특성을 이해할 수 있도록 해준다. 교사들은 유아에 관한 일화를 기록함으로써 개별적인 아동에 대해 관심을 갖는 것이 용이해지고 아동의 문제점을 파악할 수 있으며 행동수정과 같은 프로그램을 실시하기 위한 기초 자료로 사용할 수 있다(장휘숙 · 한건환, 2006).

일화기록지 양식은 관찰자가 직접 편리에 따라 만들어 사용할 수 있는데, 한 예를 제시하면 다음 양식과 같다. 관찰대상 유아의 이름과 생년월일, 연령, 그리고 관찰교사의 성명, 관찰시간, 그리고 관찰 장면을 기록하고, 관찰하고자 하는 특정 행동 또는 문제행동이 있다면 그에 대해 간략하게 기술한다.

그 아래 실제 관찰한 결과를 기록하고, 관찰된 문제행동의 원인에 대해 관찰자의 주관적 관점을 서술한다. 이와 같이 일화기록 내용은 관찰한 객관적 사실과 관찰자의 주관적 추론과는 분명히 구분해서 작성되어야 한다.

일화기록이 유아에게 유용한 자료로 수집되기 위해서는 관찰 양식의 작성시 다음과 같은 점들에 유의해야 한다(전남련, 1999).

① 우선, 일화기록은 어떤 일화나 사건이 발생한 후 될 수 있는 대로 즉시 기록해야 한다. 관찰자는 항상 필기도구와 메모지를 준비하여 주머니 속이나 교실 내의 선반 또는 적당한 위치에 놓아 두었다가 관찰자가 관심을 갖고 있던 유아들의 행동이 발생하면 즉시 내용을 기록해야 한다.

② 관찰 대상 유아의 행동과 말을 구별해서 기록한다. 관찰 대상 유아가 어떤 말을 했고, 어떤 행동을 했는지를 구별하여 간단명료하면서도 구체적으로 적는다.

③ 일화기록지에 관찰 날짜, 관찰 시간, 관찰 장소, 관찰 장면, 관찰 아동의 이름, 생년월일, 관찰자, 진행 중인 활동 등을 꼭 기록한다. 이들 자료는 그 때의 상황이나 사건의 배경 등을 알 수 있는 지침이 되기 때문이다.

<table>
<tr><td colspan="2">

일화기록 관찰 양식

관찰유아 : 김오철　　관찰일시 : 2006년 10월 18일　　성별 : 남
관 찰 자 : 박은애　　관찰시간 : 10 : 35 - 10 : 40(5분)
유아의 생년월일 : 2001년 1월 5일(만 5 세)　　관찰학급 : 바다반
관찰장면 : 자유선택활동 시간 쌓기놀이영역　　문제행동 : 무는 행동

</td></tr>
<tr><td colspan="2">기록 :
오철이가 블록으로 성을 쌓고 있고 있는데 블록이 모자라자 비행기를 만들고 있는 도형이에게 가서 도형이 옆에 있는 블록을 하나 집어 든다. 도형이는 "내꺼야" 라고 말한다. 오철이도 "내꺼야"라고 말한다. 도형이가 "이씨~"하며, 오철이가 들고 있는 블록을 빼앗으려 한다. 오철이는 "아냐"라고 말한다. 둘은 블록을 서로 잡고는 놓지 않는다. 잠시 후, 블록을 잡고 있는 도형이의 손을 오철이가 문다. 오철이는 블록을 잡은 손을 놓고 운다.
오철이는 도형의 우는 모습을 물끄러미 바라보다가 블록을 바닥에 던지고 자기자리로 돌아간다. 선생님이 다가가 "누가 도형이를 울렸니 ?"라고 묻자 도형이는 우는 것을 멈추고 아무 말 없이 손가락으로 오철이를 가리킨다.</td></tr>
<tr><td>관찰의 초점</td><td>평소에 오철이가 반 친구들을 자주 물어 계속 주의 깊게 지켜 보고 있는 중이다.</td></tr>
<tr><td>문제행동의 원인 추론</td><td>쌓기놀이영역의 블록 부족
오철이의 기질</td></tr>
</table>

④ 관찰 대상 유아의 행동과 언어를 기록할 뿐만 아니라 그 상황에 있는 다른 사람들의 반응도 같이 기록한다. 예를 들면, 옆에 있는 친구들의 행동이나 반응이 어땠는지, 그 상황에 같이 있었던 다른 유아들의 행동이나 언어적 반응도 있는 그대로 기술한다.

⑤ 일화나 사건의 진행 순서대로 기록해야 한다. 즉, 일화나 사건의 시작과 중간, 그리고 끝의 내용이 있어야 한다.

⑥ 대상의 정확한 의미를 파악하기 위해 관찰 대상 유아가 사용한 말을 그대로 인용한다. 관찰 대상 유아가 한 말을 인용부호(" ") 속에 삽입하여 있었던 그대로를 기록한다.

⑦ 관찰 대상 유아가 한 행동을 기술할 때 동일한 용어로 일관되게 기록한다. 예를 들어, 관찰 대상 유아가 놀이 활동에 참여하지 않고 가만히 있을 때 "아무 말 없이 가만히 서 있었다." 또는 "친구가 노는 것을 쳐다보고 얌전하게 서 있었다." 또는 "무표정하게 서 있었다."라고 기록할 때 이와 같은 언어가 갖는 각기 다른 의미 때문에 주관적인 해석을 할 수 있으므로 동일한 용어로 일관성 있게 기록한다.

⑧ 객관적이고 사실적이며 완전한 기록이어야 한다. 관찰자의 주관적인 관점이 배제되어야 하며 관찰 대상 유아의 행동을 있는 그대로 사실적으로 기록하여야 한다.

일화기록법의 장점과 단점은 〈표 4-2〉에 정리되어 있다.

〈표 4-2〉 일화기록법의 장·단점

장 점	단 점
- 유아들의 언어나 행동을 집중적으로 관찰함으로써 좀더 명확하고 분명하게 그 때의 상황을 기록으로 남길 수 있다. - 사전 준비나 별도의 계획 없이도 진행될 수 있기 때문에 다른 관찰 기록방법에 비해 간편하다. 준비물은 메모지와 필기도구이고 사건 직후에 일어난 일에 대해 아무 때나 적을 수 있어 편리하다. - 아주 간결한 형태로 기록되므로 시간을 많이 필요로 하지 않는다. - 여러 번에 걸쳐 관찰된 일화기록은 다른 관찰 기록들과 비교될 수 있으므로 교사가 유아의 독특한 발달 패턴, 행동 변화, 흥미, 유아의 능력, 필요로 하는 것 등을 정확하게 이해할 수 있다.	- 정확하고 객관적인 관찰기록이 아닐 경우 오히려 유아에 대한 잘못된 인상을 심어 줄 우려가 있다. - 시간이 지난 후에 기록되는 경우에 관찰자의 편견이 들어가거나 그 때의 상황을 잊어버리는 경우가 생길 수 있다. - 체크리스트나 평정법보다는 많은 시간을 요하기 때문에 교사들이 평가에 대한 심적인 부담을 가질 수 있다. - 유아들의 행동 중 일부만(또는 한 가지 사건만) 기록하기 때문에 해석할 때 오류를 범할 가능성이 있다. 바람직하지 못한 행동이나 관찰자의 눈에 띄는 행동일 경우에 그 같은 행동이 관찰 대상 유아의 모든 것을 대표하는 것처럼 판단될 가능성이 있다.

2) 표본기록법

표본기록은 관찰 대상, 장소, 관찰시간 등을 미리 정한 후 그 상황에서 일어나는 유아의 행동과 주변상황을 상세히 기술하는 방법이다. 정해진 시간 동안 일어나는 관찰대상의 모든 행동을 충실히 기록한다. 시간과 행동이 정해져 있다는 것이 일화기록과 차이가 있다. 표본기록은 그 상황을 보지 않은 사람도 그대로 재현할 수 있을 정도로 기록된다. 표본기록에 유아의 행동이나 맥락에 대한 관찰자의 추론을 포함(추론은 다른 내용과 구분되게 기록해 두면 좋다)하는 것도 좋다. 또한, 축적되는 정보의 양이 많아질수록 표본기록의 가치는 증가된다. 만일 비디오 녹화가 가능하다면 보다 신뢰로운 관찰결과를 얻을 수 있을 것이다.

표본기록법의 작성 요령은 다음과 같다.

첫째, 관찰 상황을 자세하게 기록하고 관찰대상이 수행한 모든 행동을 전체적으로 기록한다.

둘째, 관찰시간을 제한할 필요가 있으며, 1회의 관찰은 10분 내외가 적당하며, 길어도 30분을 넘기지 않는다.

셋째, 관찰 대상의 행동이 관찰된 장소 및 상황을 기록한다.

넷째, 관찰 대상의 말과 행동을 가능한 일상적 용어를 사용하여 그대로 기록한다. 관찰자의 해석이나 주관적 판단 그리고 추론은 별도의 기록란에 기록하도록 하여 구분한다.

다섯째, 사건이 일어난 순서대로 기록하고 지속시간 역시 기록한다.

표본식 기술 관찰 양식

관찰유아 : 김소영　　관찰일자 : 2006 년 9월 8일(금)　　성 별 : 여
관 찰 자 : 김민정　　관찰시간 : 12 : 10~12 : 17
유아의 생년월일 : 2003년 2월 2일(만 3세)
관찰장면 : 점심시간　　문제행동 : 우는 행동

시 간	기 록	행동 추론 및 해석
12 : 10~12 : 12 12 : 13~12 : 15 12 : 16~12 : 17	아이들이 "소영이가 울어요"라고 소리친다. 돌아보니 "소영이가 문 옆에서 울고 있다. 선생님이 다가가자 소영이는 더 큰소리로 운다. "소영아 왜 우니 ?"하니 소영이는 "나 밥 안 먹어요"라고 말한다. 선생님이 "왜 안 먹어", "반찬이 마음에 안 들어 ?"한다. 소영이는 "동수랑은 밥 안 먹어요"라고 한다. 교사는 소영이의 식판을 들고, 소영이를 다른 테이블에 앉힌다. 그러자 소영이는 눈물을 닦고는 밥을 먹기 시작한다.	소영이가 동수를 싫어하는가 보다. 소영이는 선생님의 주의를 끌려고 할 때 울곤 한다.
문제행동의 원인 추론	소영과 동수의 관계 선생님의 관심 끌기	

표본기록법의 장점과 단점은 〈표 4-3〉에 정리되어 있다.

〈표 4-3〉 표본기록법의 장·단점

장 점	단 점
- 특별한 관찰기술이 필요 없다. - 관찰된 행동이 그대로 복원 가능하다. - 관찰된 결과를 통해 사건의 전후관계를 파악할 수 있다. - 유아의 문제행동 이해에 도움이 된다. - 체계적 연구를 위한 기초 자료로 사용 가능하다.	- 관찰 결과의 기록과 평가에 소요되는 시간이 너무 길다. - 수집된 자료를 분류하고 분석하는 것이 힘들다. - 한 번에 적은 수의 유아 밖에 관찰하지 못한다. - 주관적인 해석이나 추론으로 흐를 가능성이 있다.

3) 서술식(ABC) 사건표집법

서술식(ABC) 사건표집법은 어떤 행동의 원인을 알려고 할 때 가장 적합하게 사용할 수 있는 방식이다. 예를 들어, 아주 심하게 우는 유아가 있다고 할 때 관찰의 목적이 왜 우는지 그 원인을 알아내야 하는 것이므로 일화기록이나 체크리스트 혹은 평정척도법은 적당하지 않다. 이 때 우는 행동을 ABC 서술식 사건표집법을 사용하여 관찰할 경우 유아가 울음을 터트리기 전에 어떤 일이 일어났고(사건 전, A), 울게 되었을 때(사건, B), 울고 난 다음 유아의 반응이 어떠했는가(사건 후, C)를 순서대로 기록하면 된다.

서술식 사건표집법은 단순히 행동의 출현 여부만 알려주는 것이 아니라 어떤 상황에서 그런 행동이 출현되었는가를 관찰 가능하게 해 준다는 것이 가장 큰 이점이다. 사건표집법에 따른 관찰기록지 양식의 예는 다음 양식과 같다.

서술식(ABC) 사건표집 관찰 양식

관찰유아 : 유민영　　관찰일자 : 2006년 12월 4일(월)　　성 별 : 여
관 찰 자 : 김큰별　　관 찰 반 : 하늘반
유아의 생년월일 : 2002년 3월 12일생(만 4 살)
관찰장면 : 자유선택활동 시간　　관찰행동 : 활동에 참여하지 않는 행동

요일	사건 전	사건(문제행동)	사건 후
12월 4일	선생님이 반 아이들에게 자기가 원하는 영역에 가서 놀이를 하라고 한다.	미영이는 아무 활동에도 참여하지 않고 구석에 쭈그리고 있다.	선생님이 민영이에게 가서 민영이의 손을 잡고 미술영역으로 간다. 그리고는 그리기 시범을 보이며, 같이 하자고 하자 민영이는 좋아하며 그림을 그린다.
문제행동의 원인 추론	선생님의 관심을 끌려는 행동인 것 같다.		

서술식 사건표집법의 장점과 단점은 〈표 4-4〉의 내용과 같다.

〈표 4-4〉 서술식(ABC) 사건표집법의 장점과 단점

장 점	단 점
- 사건이 포함된 전후 관계가 그대로 기록되고 그 행동의 원인과 결과를 알 수 있게 해 준다. - 자주 일어나지 않는 행동을 연구할 수 있다. 관찰할 수 있는 종류가 다양하고 행동의 범위는 제한이 없다. - 관찰대상 유아를 개별적으로 관찰할 수 있으므로 개개인의 교수 전략을 짜는데 도움이 된다.	- 다른 서술식 관찰 방법과 마찬가지로 시간과 노력이 많이 든다. - 서술식 사건표집법은 뚜렷한 관찰의 초점을 가지고 유아의 행동을 보게 되므로 교사가 마음 속으로 어떤 결론을 내리고 관찰하게 되면 교사의 주관적인 관점이 내포될 수 있다. - 수집된 관찰 기록 자료를 수량화할 수 없다.

4. 유아 문제행동 관찰의 적용

1) 문제행동 관찰의 계획

유아의 문제행동을 관찰하기에 앞서 어떤 행동을, 언제, 얼마동안, 어디서, 어떤 방법으로 관찰할지를 계획한다.

(1) 관찰의 목표

유아의 문제행동의 관찰의 목표는 문제행동의 원인을 파악하는 것이다.

(2) 관찰의 시기, 기간

관찰은 유아가 등원해서 하원할 때까지 주의 깊게 한다. 관찰은 보통 며칠 동안만 진행한다. 정해진 기간은 없다.

(3) 관찰 내용

유아에게 문제행동이 발견되었을 때 그 행동 속에서 원인을 규명하기 위해서는 필요한 몇 가지 항목에 대해 관찰을 실시해야 한다. 유아의 문제행동 유형에 따라 다소 차이가 있겠으나 다음과 같은 것을 관찰하는 것이 도움이 된다.

① 언제 주로 문제행동이 나타나는가?
② 문제행동에 앞서 주로 무엇을 하였나?
③ 유아가 문제행동을 할 때 어떤 일이 일어나는가?
④ 얼마나 지속되는가?
⑤ 어디에서 주로 문제행동을 보이는가?와 같은 사항 등을 관찰한다.

예를 들어, 목적 없이 교실을 배회하는 유아가 있다면, 아래와 같이 언제 주로 배회하는지, 배회하기 전에 주로 무엇을 하는지? 배회할 때 무슨 일이 일어나는지? 등을 관찰하도록 한다.

▣ 언제 주로 배회하는 행동이 나타나는가?		
1.	계획된 활동시간 동안	
2.	자유선택활동 시간에	
3.	이야기, 토론, 음악활동 같은 그룹 시간에	
4.	정리 시간에	
5.	전이 시간에	

▣ 배회하기 전에 주로 무엇을 하나?		
1.	활동을 끝낸다.	
2.	특별한 아동 또는 몇몇 아동과 논다	
3.	다른 아이가 놀이에서 그 아이를 제외시킨다.	
4.	주어진 작업을 완수하지 못한다.	
5.	교사가 어떤 것을 하도록 시킨다.	
6.	계획된 활동이 싫다고 표현한다.	
7.	도움 또는 주위를 요청할 때 교사가 봐주지 않는다.	

▣ 배회할 때 무슨 일이 일어나나?		
1.	누가 보고 있는지 주변을 살핀다.	
2.	선생님의 지시로 배회하지 않는다.	
3.	자신과 함께 놀자고 다른 친구를 데려온다.	
4.	교실영역을 여기저기 돌아다닌다.	
5.	돌아다니며 시끄러운 소리를 낸다.	
6.	교실 주변을 뛰어다닌다.	
7.	자신에게 관심을 보이는 선생님께 반응한다.	

출처 : Essa, E.(2003). *A Practical Guide to Solving Preschool Behavior Problems*. 5th eds. NY : Thomson & Delmar Learning.

(4) 관찰 장소

유아들의 문제행동은 보통 장소와 무관하게 나타난다. 교실에서 나타나기도 하고 실외에서 나타나기도 한다. 따라서 교사는 모든 장소에서 유아를 주의 깊게 살펴봐야 한다.

(5) 기록방법

유아의 문제행동의 관찰은 일화기록, 표본기록, 서술식(ABC) 사건표집 등을 이용해서 관찰을 하면 된다.

2) 문제행동의 관찰 및 기록

유아의 문제행동을 관찰하고 관찰 양식지에 기록한다. 좀 더 객관적인 방법을 사용하고자 한다면 녹화나 녹음을 하면 좋을 것이다. 이 때 교사가 범하기 쉬운 오류들이 있다는 것을 인식하고 이러한 오류들을 범하지 않도록 유념한다.

3) 관찰기록 내용의 분석

관찰한 내용을 토대로 원인을 분석한다. 이 경우에도 교사의 편견이 많이 작용하므로 혼자 분석하기 보다는 관찰한 내용을 토대로 동료교사와 원장과 함께 고민하여 분석하는 것이 더 효율적일 것이다. 유아의 문제행동에 대한 관찰기록은 누적되어 있을 것이다. 이러한 누적된 결과를 종합해서 원인을 분석해야 한다. 이 과정에 교사의 해석이나 추론은 말하지 않도록 해야 한다. 또한 기관의 환경적인 측면도 함께 고려해서 원인을 분석하는 것이 좋다. 기관의 물리적 환경(공간의 크기, 교사 대 유아의 비율, 교재·교구의 양 등)과 함께 교사 자신이 유아와 상호작용하는 방식도 주의 깊게 성찰해 보도록 한다. 또한 추후에 부모상담 결과와도 비교해서 판단하도록 한다.

4) 문제행동 관찰 결과의 활용

이상의 관찰법에 의해 유아를 관찰하면 유아의 문제행동의 원인을 파악할 수 있을 것이다. 만약 유아를 관찰해 보았는데도 문제행동의 원인을 파악하지 못했다면, 이 때는 문제행동의 원인이 기관의 환경이나 가정에 있을지 모른다. 유아교육기관의 환경을 주의 깊게 점검해야 한다. 교재·교구가 모자라지는 않는지, 개인 사물들이 너저분하게 흩어져 있지는 않은지 등을 점검해 보도록 한다. 그래도 별 이상이 없을시 부모를 면담하면 문제행동의 원인을 파악하는 데 도움이 될 수 있을 것이다.

유아의 문제행동의 관찰 결과는 크게 세 가지 측면에서 활용될 수 있다. 첫째는 문제행동의 예방이다. 특히, 공격적인 행동과 같이 다른 아이에게 상해를 줄 수 있는 행동에 대해서는 무엇보다도 예방이 최선책이다. 문제행동을 미리 예방할 수 있는 전략을 세우는데 관찰결과를 활용하면 좋을 것이다. 둘째는 문제행동의 지도이다. 예방은 말 그대로 일시적인 방편으로 문제행동을 하지 못하도록 한 것이다. 그러므로 아이들의 문제행동은 항상 내재되어 있다. 근본적인 지도를 위한 전략을 강구할 때 관찰 결과는 유용하게 사용될 수 있을 것이다. 셋째, 유아의 문제행동의 원인을 분석하기 위해서는 부모와의 면담(부모상담)이 필수적이다. 부모상담을 할 때 관찰기록 결과는 유아 문제행동에 대한 객관적인 자료로서 활용될 수 있을 것이다. 대부분의 부모들은 유아가 문제행동을 보인다고 하면 잘 믿으려 들지 않는 경향이 있다. 이 때 객관적인 자료를 제시한다면, 부모들은 쉽게 자녀에 대해 납득하고 많은 도움을 주려고 할 것이다. 유아교사들은 이러한 관찰법에 대해 숙지하고 유아의 문제행동을 다루기를 바란다.

제5장 부모상담

현빈이의 아버지는 회사원이시고 전업 주부였던 어머니는 최근 학습지 관련 회사에서 일을 시작하셨다. 초등학교 2학년인 누나가 있으며, 부모님 모두 자상하시고 유치원에 대한 신뢰도 높았다. 부모 면담 요청을 하기 전 전화상담에서 어머니는 "선생님. 요즘 현빈이가 극성맞아졌죠? 유치원에서는 어떤지 모르겠어요. 집에서는 아빠한테 매일 야단맞고 있어요."라고 말씀하셨다. 담임교사는 현빈이의 어머니가 너무 걱정하지 않도록 그 밖에 다른 부분에 있어서는 활동에 적극적이고 여전히 선생님을 잘 도와 주고 있다고 말씀드린 후 이틀 후 오후 4시로 면담 약속시간을 정했다.

교사는 현빈이의 어머니와 긍정적이고 원만한 관계를 유지하고 있기 때문에 개인면담에 큰 불편함을 가지고 있지는 않지만 그래도 이번 경우는 좀 다르다. 기관에 대한 신뢰가 높다 해도 자녀의 문제행동에 대한 이야기를 구체적으로 전해 듣는다는 것은 엄마로서 마음이 상할 수 있는 부분이기 때문이다. 담임교사는 구체적으로 준비해야 할 내용들을 점검하고 대화의 진행순서에 대해서도 고민했다.

- 교실환경을 깨끗이 하고 차와 다과는 원장선생님이 준비해서 5분 정도 함께 자리를 해 주기로 하셨다.
- 현빈이의 누나도 같은 유치원을 졸업했으므로 학교생활은 잘 하고 있는지 관심을 갖고 분위기를 편안하게 만들기로 했다.
- 교사는 최근 유치원에서의 생활을 관찰한 내용과 함께 현빈이의 활동, 결과물들을 보여드리기로 했다. 특히, 이야기나누기 시간에 발표를 매우 잘하고, 다른 친구들에 비해 어려운 단어나 내용을 많이 알고 있다는 것을 기록해 두었다.
- 발표할 때마다 자기가 가장 먼저 하고 싶어 해서 다소 시끄럽고, 시켜 주지 않으면 화를 내고 산만해진다는 말은 적당한 시간에 전달해야 할 것 같다.
- 가정에서는 산만함과 공격적인 행동이 어떤 상황에서 나타나는지, 그리고 가족들은 어떻게 대처하고 계신지에 대해 질문목록을 만들어 두었다.

(계속)

상담시간에 어머니는 현빈이가 4세 때와 비교해서 달라진 모습들을 말씀하셨다.
- 4살 때 한글을 깨치더니 책을 아주 많이 읽는다. 신문도 읽고 아빠와 뉴스도 함께 본다.
- 어른들 말씀 중에 잘 끼어들고 누나에게도 뭐든지 이겨 먹으려 든다.
- 아빠가 퇴근하시면 누나는 현빈이가 하루 종일 자기를 못살게 굴고 잘난 척만 한다고 이르는 일이 많아지고 아빠는 현빈이를 불러 겸손함에 대해 말하지만 현빈이는 "그게 아니라요."만 연발하다 결국 더 크게 혼이 난다.
- 동네에 친한 친구들이 있어서 자주 놀이터에 가는데 예전에 비해 싸우는 일이 많아지고 "현빈이는 자기 하고 싶은 대로만 해요"라는 말을 듣는다.
- 집에서는 현빈이가 이러다가 친구들 사이에서 '왕따'가 되는 건 아닌지 걱정이 많이 된다.
- 누나가 아침마다 영어선생님과 전화통화를 하고 일주일에 한 번씩 방문교사가 오는데 현빈이는 어깨너머로 누나보다 더 먼저 외우고 누나가 전화할 때마다 끼어들어서 누나를 울리곤 한다.
- 부모님은 현빈이가 다른 아이에 비해 좀 똑똑한 것 같기는 하지만 그것보다 친구들과 사이좋게 노는 것이 더 중요하다고 생각하신다. 일부러 공부도 안 시키고 있는데 책도 읽지 못하게 해야 할지 고민이라고 하셨다.

상담종료

담임교사는 현빈이 어머니께 자세한 말씀을 해 주신 것에 대해 감사드리고 성급히 해결책을 찾기보다는 유치원에서 지도계획을 세워 다시 연락드리기로 한 후 상담을 종료했다.

유아의 문제행동에 대한 관찰이 끝나면 교사는 유아의 부모를 만나 상담을 해야 한다. 부모와의 상담을 통해 관찰한 내용을 확인할 수 있을 뿐만 아니라 가정이나 그 외의 장소에서도 유아의 문제행동이 나타나는지, 나타난다면 가족들의 반응은 어떠한지, 부모의 반응에 대한 유아의 후속행동은 어떻게 달라지는지 등을 파악할 수 있다. 부모상담을 통해 문제행동에 대한 정확한 원인 분석을 할 수 있으며 부모와 함께 유아의 행동지도를 위한 동반자적 협력관계를 만들어 갈 수 있다. 유아에 대해 가장 잘 알고 있는 사람은 부모이며, 부모와 함께 지도전략을 수립하고 실천할 때 바람직한 행동 변화가 더 빠르게 일어나며 오랫동안 유지될 수 있다.

1. 부모상담의 필요성

가정에서만 생활하던 유아들이 처음으로 유아교육기관에 입학하여 친구들, 선생님과 생활하게 되면 부모들은 자녀의 생활 모습에 대해 하나에서 열까지 모두 궁금해진다. 아침에 어린이집(유치원) 현관 앞에까지 와서 손을 흔들어 주고 교실로 들어가는 모습을 확인한 후에도 창문 너머로 아이의 모습을 좀 더 볼 수 없을지 멈칫거리는 부모들을 발견하는 것은 그리 어려운 일이 아니다. 그나마 시간이 자유로운 부모들은 하루에도 몇 번씩 창문을 기웃거려 볼 수 있지만 직장문제로 바쁜 부모들은 불안한 마음을 뒤로 하고 기관에서 부디 아무 문제없이 친구들과 사이좋게 생활해 주길 바랄 뿐이다. 또한, 가정에 따라 한 부모 밑에서 자라고 있는 유아들과 조부모님이나 친척의 손에 의해 자라고 있는 경우, 그들의 걱정과 불안한 마음은 더욱 커지게 된다.

모든 부모들은 자신의 자녀가 유아교육기관에서 어떻게 생활하고 있는지 궁금하지 않을 수 없다. 특히, 자신의 자녀가 기관에서 부적절한 문제행동으로 어려움을 겪고 있다면 부모로서 매우 실망스럽고 문제 이상으로 걱정이 앞서며 불안감을 갖게 된다.

교사는 유아에게서 문제행동이 반복적으로 발견되면 초기 관찰을 통해 문제행동을 확인하고 지도계획을 수립하기 전에 부모상담을 요청하게 된다. 부모와 기관은 바람직한 유아의 발달이라는 공동의 목표를 달성하기 위해 함께 노력하고 협력하는 동반자적 관계에 있어야 하며 서로 상호 의존적으로 유대관계를 맺어 나갈 때 각자의 역할을 좀 더 원활히 수행할 수 있게 된다. 이러한 관계는 부모와 교사가 상호 긍정적이고 신뢰로운 관계에 놓여져 있을 때는 큰 어려움 없이 맺어질 수 있으나 서로 대립하고 갈등하는 관계에 놓여져 있다면 상담이나 면담을 요청하고 실시하는 것이 쉽지 않은 일이다. 특히, 유아의 문제행동에 대해 교사는 부모에게, 부모는 교사나 기관에게 문제의 원인과 책임을 찾고자 한다면 상담은 더 어려워질 수 있다. 그러므로 교사는 유아의 문제행동 지도라는 목적 뿐 아니라 유아의 정상적이고 바람직한 방향으로의 발달이라는 교육적 목표 달성을 위해 부모와의 긍정적인 관계 형성을 위한 기본적인 상담 기술이나 방법을 익히는 것이 필요하다.

문제행동지도를 위해 부모면담이 필요한 이유는 다음과 같다.

첫째, 가정이나 기타 다른 장소(놀이터, 이웃이나 친척 집 등)에서도 유아의 문제행동이 나타나는지를 파악할 수 있다. 즉, 기관에서 친구들을 때리거나 수줍음을 많이 타는 등의 행동들이 기관에서만 나타나는 경우와 가정에서도 동일하게 나타나는 경우 그 원인이나 대책이 달라질 수 있기 때문이다.

둘째, 유아의 문제행동이 지금 어느 수준에 달하고 있고, 그대로 방치할 경우에 어떤 문제가 발생할 수 있는지 부모에게 알려 주어야 한다. 사실 유아기에 나타나는 문제행동이라는 것이 전문적인 치료나 의료적인 처방이 필요한 경우가 아니라면 유아의 기질이나 성향, 또는 성별에 따른 차이 때문이라고 간단하고 쉽게 생각하고 넘어가는 부모들도 많이 있다. 그러나 유아기의 작은 문제행동들이 생활습관이 되어 학교 입학 후 학업부진이나 부적응 문제, 청소년기의 비행 등으로 발전될 수 있다는 사실은 이미 많은 연구를 통해 입증되고 있다. 그러므로 현재 유아교육기관에서 바람직한 행동을 습득하고 바른 사회적 관계를 형성하는 것은 유아의 전 생애 발달단계에서 매우 중요한 사안임을 알려야 한다.

셋째, 가정이나 다른 장소에서도 동일한 문제행동을 보이고 있다면 부모나 다른 성인들은 어떻게 대처하고 있는지 알아야 한다. 이 때 지금까지 부모가 대처해 왔던 방법에 대해 비난하는 느낌이 전달되지 않도록 주의해야 한다. 부모가 교사보다 더 좋은 방법이나 대안을 가지고 있을 수도 있고, 그것을 서로 찾고 공유하기 위해 만남을 갖고 있다는 것을 전달해야 한다.

넷째, 교사와 부모가 함께 전략을 세워야 한다. 행동지도를 위한 구체적인 전략을 세우는 것은 첫 번째 상담에서 이루어지기는 사실상 불가능하다. 첫 번째 상담에서는 문제행동을 확인하고 지금까지의 대응방법이나 유아의 후속행동 그리고 유아의 문제행동 외에 긍정적이고 사회적으로 바람직한 행동들을 발견함으로써 함께 정보를 공유하는 것까지 할 수 있다. 전략을 세우는 것은 서로의 정보를 토대로 2-3일간 구체적인 관찰시간을 더 가진 후에 2차 면담에서 실행하는 것이 바람직하다.

다섯째, 자녀의 문제행동지도를 위해 기관에서 어떤 노력을 할 것인지 전달하고 가정에서도 함께 협력해 줄 것을 요청한다. 부모와의 공동 협력을 통해 세워진 구체적인 지도전략을 함께 나누고 실행과정에 대해서도 서로 확인해 줄 것을 약속할 수 있다. 진행과정에서 발생하는 문제점이나 어려움을 토대로 언제든 전략을 수정할 수 있으며 기관과 가정이 지속적이고 일관된 방법으로 협력할 때 유아의 발달에 긍정적인 영향을 미치게 되기 때문이다.

■ NAEYC(1988)에서 제시한 부모-교사 의사소통과 관련된 지침

1. 부모-교사 의사소통의 목적 및 효과 : 가족과의 동반자적 관계 속에서 협력적으로 일하는 교사는 부모와 정기적이며 양방향적인 의사소통을 지속적으로 실시하여, 서로의 신뢰를 형성하며, 상호이해를 도모할 수 있고 이를 바탕으로 유아의 학습과 발달에 대한 욕구를 돕는 효과를 얻을 수 있다. 교사는 부모와의 의사소통을 통해 자녀에 대한 그들의 기대를 이해하고, 유아와 가족의 문화적 차이를 존중할 수 있다.
2. 부모-교사 사이에서 이루어져야 하는 의사소통 내용(방법) : 매일의 기관 생활에서 발생하는 유아의 신체·정서적 변화와 같은 내용을 부모에게 알리기 위한 의사소통 시스템을 구축한다. 이러한 시스템을 통해 유아에 대한 중요한 정보를 부모에게 알리고, 부모가 자녀에 대한 의사소통을 교사와 함께 나눌 수 있도록 격려한다. 이러한 시스템에는 구두적 방법, 문자화된 방법 모두가 사용될 수 있으며, 기관에 부모가 오지 못하는 경우를 대비한 방법도 고려되어야 한다. 방법을 고려할 때 가장 중요한 요인은 부모와 교사의 양방향적 의사소통이 가능하여 기관과 가정의 의견이 끊임없이 교류될 수 있어야 한다는 점이다.
3. 교사와 부모는 유아의 발달과 학습 지원, 유아 문제행동 조절, 부모-교사 사이의 견해 차이 조정에 관한 가장 최선의 결정을 하기 위해 공조한다. 교사는 자녀에 대한 부모의 지식을 계획과 평가에 지속적으로 반영하기 위해 부모의 의견을 요청한다. 적어도 1년에 1회, 혹은 필요한 경우, 가정과 기관에서의 유아들의 발전과 성취나 문제들을 논의하기 위한 협의회가 실시되어야 한다.
4. 교사의 태도 : 민감하고 반응적이며 개인적 비밀을 보장할 수 있어야 한다. 의사소통이 빈번하게 이루어지는 과정에서 교사와 부모의 관계는 신뢰와 존중으로 더욱 공고해 질 수 있다.

2. 부모상담에 대한 이해

상담은 사람들 간의 만남을 통해 친밀한 관계를 형성하고, 서로에 대한 신뢰를 바탕으로 수용과 공감 그리고 이해를 통해 문제를 해결해 나가는 과정이다. 교사는 전문적인 상담가는 아니지만 유아교육을 실천하는데 있어서 발생하는 여러 가지 문제를 해결하기 위해 상담자로서의 역할을 수행할 수 있어야 한다. 사실 상담과 교육은 개인의 잠재적 능력을 개발하고 자아실현을 통해 행복한 삶을 위한 방향을 제시한다는 점에서 동일한 목표를 가지고 있다. 그러므로 부모와의 상담에 임하는 교사는 상담에 필요한 대화기술, 부모 유형별 상담전략, 부모와 상담시 유의할 점 등을 이해함으로써 상담에

대한 기본적인 지식을 가지고 있어야 한다.

1) 대화 기술

(1) 관심 기울이기

부모상담에서 교사는 무엇보다 부모의 말에 귀를 기울여 관심을 보여주어야 한다. 관심을 보이지 않는 사람 앞에서는 더 이상 이야기하기가 싫어진다. 따라서 관심을 갖고 있다는 것을 보여주기 위해서라도 교사는 적극적으로 경청하는 자세로 임해야 한다. 좋은 경청자세란 자기 말을 최소화하는 것을 요구한다. 특히 부모들의 생각을 알고 싶다는 것이 목적일 때는 자기 말은 많이 하지 않아야 한다. 그러나 부모들은 유아들이 기관에서 어떻게 생활하는지 궁금하기 때문에 오히려 교사에게 많은 질문을 던지고 교사들은 상담시간 내내 부모의 질문에 대답하느라 진땀을 흘리는 경우도 종종 생긴다. 이러한 실수를 범하지 않기 위해 교사는 부모의 말에 경청하면서 질문에 대해서는 짧게 대답하고 다시 되돌려 질문하는 등의 방법으로 부모의 말을 이끌어 내야 한다. 경청의 시작은 부모의 표정과 몸짓을 놓치지 말고 부모의 말의 뒷부분을 따라가는 것으로 시작할 수 있다. 유아들과 달리 어른들은 자신의 의도나 사실 등을 숨기기 위해 표현을 정확하게 하지 않음으로써 교사가 정확한 정보를 구하는데 어려움을 겪기도 한다. 부모의 숨은 의도를 파악하기 위해 혼자만의 생각으로 추측하거나 짐작해서 대화를 전개해서는 안 된다. 부모에게 "그게 아니구요, 그건 아닌데." 등의 말을 자주 듣게 된다면 교사는 자신의 경청이 잘못되고 있다는 것을 알아야 한다. 교사는 부모의 표정이나 말투, 행동 등 비언어적인 특성도 감지할 수 있어야 한다.

(2) 확인하기

교사는 부모가 하는 말을 교사 자신이 잘 듣고 올바로 이해했는지 알아보는 것도 중요하다. 교사가 부모의 말을 잘 알아듣고 있는지 확인하는 방법에는 세 가지가 있다.

① 반복하기

반복하기는 상대방이 한 말을 그대로 따라 반복하면서 마음을 읽어 내는 것이다.

부모 : "아이가 요즈음 행동이 많이 거칠어졌어요." 교사 A : "요즈음 철수가 많이 거칠어서 걱정이시군요." 부모 : "네, 집에서는 야단도 치고 아빠한테는 가끔 매도 맞고 그러는데 고쳐지질 않네요." 교사 B : "그러게 말이예요. 유치원에서도 친구를 잘 때려서 걱정이예요." 부모 : "그래요 ? 우리 아이가 아이들을 그렇게 잘 때리나요 ?"

위의 예에서 볼 수 있듯이 A 교사는 부모의 말을 단순히 반복하기만 하는 것이 아니라 엄마의 걱정스러운 마음을 읽어 줌으로써 가정에서의 생활모습에 대한 대화가 지속되고 있음을 알 수 있다. 반면, B 교사는 부모의 말에 대해 적극적인 경청이 이루어지지 못함으로써 부모의 걱정이 가중되고 질문의 주도권도 부모에게로 넘어가게 되는 것을 볼 수 있다.

② 바꾸어 말하기

바꾸어 말하기는 상대방이 한 말과 같은 뜻을 가진 다른 말로 바꾸어 말하는 것이다.

부모 : "지혜가 싫증을 잘 느끼는 거 같아요. 요즘은 미술학원에도 가기 싫어해요." 교사 A : "지혜가 하는 일마다 싫증을 느낄까봐 걱정이시군요. 싫증을 느끼지 않는 일은 어떤 것이 있는지 말씀해 주시겠어요 ?" 부모 : "네, 맞아요 선생님. 학교에 가서도 공부하다가 싫증난다고 안하면 어쩜 좋아요 ? 퍼즐맞추기는 얼마나 좋아하는지 몰라요. 요즘은 100조각도 넘는 퍼즐맞추기를 사줬더니 밥도 안 먹구 그것만 한다니까요." 교사 B : "미술학원에 계속 보내야 할지 고민 중이시군요." 부모 : "그러게 말이예요. 좀 쉬는게 좋겠죠 ?"

위의 예에서는 A 교사는 부모가 무엇을 걱정하는지 정확하게 이해하고 마음을 읽어 줄 뿐 아니라 부모의 걱정이 지나친 것일 수도 있다는 것을 적절한 질문을 통해 알려주고 있다. 반면, B 교사는 부모의 말에 집중하지 못했기 때문에 미술학원 문제로 대화가 전개되었고 부모의 곤란한 질문에 답해야 하는 상황에 놓이게 된다.

③ 요약하기

요약하기는 상대방이 말한 내용의 초점을 압축해서 주제를 명확히 하는 것이다.

> 부모 : "요즈음 왜 이렇게 말을 안 듣는지 모르겠어요. 동생도 잘 때리고, 장난감도 잘 치우지도 않고 밥 투정도 심해지고……7살이 되면 좀 거칠어진다던데 다른 아이들도 다 그런가요 ?"
>
> 교사 A : "희철이가 7살(만 5세)이 되어서 좀 변한 것 같죠 ? 희철이만 그런 것 같아서 걱정이신가봐요."
> 부모 : "그럼요. 집에서처럼 그러면 친구들이 얼마나 싫어하겠어요. 선생님께도 맨날 혼만 나는건 아닌지 정말 걱정이예요. 동생 때문에 그러는거 같기도 해요.."
>
> 교사 B : "희철이가 그렇게 말을 안 듣나요 ? 그럼 어떻게 하시는대요 ?"
> 부모 : "맨날 혼나죠. 근데 유치원에서도 그런가요 ? 친구들이랑은 어떤가요 ?"

위의 예에서 A 교사는 부모가 걱정하고 있는 부분을 정확하게 정리해 줌으로써 부모가 이해받고 있다는 느낌을 갖게 해 주었다. 또한 희철이의 문제행동의 원인에 대해 부모의 생각(동생문제)을 제시하고 있다. 반면, B 교사는 부모의 대화에 끌려감으로써 다시 부모의 질문에 맞닥뜨리게 되었다.

(3) 공감하기

부모와 대화를 잘 하기 위해서는 부모의 입장에 서야 한다. 즉 부모를 이해할 수 있는 가장 좋은 방법은 그 부모의 입장에 서서 그 부모가 보는 대로 세상을 보는 것이다. 자신의 입장에서 벗어나 그 부모의 입장에서 보면 왜 그런 말을 하며 그런 식으로 행동하는지를 쉽게 알 수 있다. 공감은 단순히 겉으로 들어나는 언어를 이해하는 것과는 다르다. 공감적 이해는 상대방이 겉으로 표현하고 있지는 않지만 심층적으로 느끼고 고민하고 있는 감정의 핵심을 읽어 냄으로써 가능한 것이다. 공감의 기본 형식은 "어머님은 ~라고 느끼시는군요."와 같은 것이다. 그리고 "~하다니"와 같이 부모가 특정한 기분과 감정을 갖게 되는 이유와 배경을 함께 알아주면 훨씬 도움이 된다.

부모 : "아이 아빠가 몸이 안 좋아서 병원에 계시거든요."

교사 A : "많이 편찮으신 건 아니겠죠 ?"
교사 B : "곧 괜찮아지실거예요. 걱정하지 마세요"
교사 C : "그래요 ? 걱정이 많으시겠어요"
교사 D : "얼마나 힘드세요."
교사 E : "어머님 혼자 많은 일을 책임지셔야 하니 어려움이 많으시겠어요. 차도는 좀 있으신가요 ?"

위의 예에서 A와 B 교사는 엄마에게 오히려 상처를 입힐 수도 있다. 상대방의 감정을 추측하거나 짐작해서 상대방과의 공감이 전혀 이루어지지 못하고 있다. C와 D 교사는 겉으로 들어나는 이해와 공감으로 어느 정도의 위로는 가능하나 대화 속의 감정을 충분히 이해하고 반영하고 있지는 못하다. E 교사는 감정의 반영 뿐 아니라 상황으로 인해 엄마에게 주어질 수 있는 어려움까지 통찰함으로써 공감적 이해를 하고 있다.

(4) 나-전달법 (I-Message)

"너는~"(너-전달법)이란 표현보다는 "나는~"(나-전달법)이라는 표현을 사용하는 것이 부모와의 상담에서도 많은 도움이 될 수 있다. 너로 시작하는 너-전달법은 비난을 받으면 감정이 상해서 잘못을 인정하기보다는 같이 비난하기가 쉽다. 그러면 서로의 관계는 악화된다. 반면에 나-전달법은 ① 문제가 되는 상대방의 행동과 상황을 구체적으로 말하고, ② 상대방의 행동이 나에게 미친 영향을 구체적으로 말한다. ③ 그런 다음 그런 영향 때문에 생긴 자신의 감정을 솔직히 말하는 것이다. 나-전달법은 상대의 감정을 해치지 않고 자신의 감정을 전달하는 것으로 서로의 관계가 악화되는 일은 드물다.

상황 : 아이의 부모가 약속시간을 훨씬(1시간) 지나서야 기관에 도착했다.

부모 : "어쩌죠! 죄송해요. 갑자기 급한 볼일이 있어서 늦었어요."

교사 A : "영철이 어머님, 이렇게 늦게 오시면 어떻게요. 늦으면 늦으신다고 전화라도 주셨어야죠."

교사 B : "영철이 어머님이 약속시간에 늦어서 기다리는 동안 무슨 일이 있나 해서 걱정을 많이 했어요. 저는 그 동안 아무 것도 할 수 없어서 그냥 초조하게 기다렸어요."

위의 예에서 A 교사는 부모의 잘못을 직접적으로 지적하고 훈계하는 식의 걸림돌을 사용하면서 부모와 교사 모두 기분이 상하게 되고 대화의 단절을 가져오게 된다. 반면, B 교사는 부모의 늦은 행동에 대한 결과 자신의 감정을 전달하고 있지만 부모를 비난하지 않고 부모 스스로 문제에 대한 해결책을 제시("제가 미리 전화라도 드렸어야 했는데 죄송해요")할 수 있도록 해준다.

교사들은 이상에서 제시한 대화 기술을 익히는 것도 중요하지만 유아와 부모에 대한 애정과 진실한 마음을 갖는 것이 더 중요하다. 이런 기본적인 애정과 진실성에 기초한다면 부모와의 상담을 좋은 방향으로 이끌어 나갈 수 있을 것이다.

■ 부모상담에서 교사의 부적절한 대화법

대화의 종류	부적절한 대화의 예
명령하기	이렇게 하셔야 되요. 이렇게 하세요. 부모는 이렇게 해야 할 책임이 있어요.
강의하기	제 설명을 이해하시겠어요? 제가 그 때 설명했듯이……
판단하기	잘못 하셨어요. 그렇게 하시면 안 되요. 어머니의 문제는 말이죠…… 그건 나쁜 방법이예요. 이해를 잘 못하시나 보네요.
캐묻기	언제, 누가, 어디서, 어떻게, 왜 그랬나요?
위협하기	만일 제 제안을 받아들이시지 않는다면…… 그렇게 하시지 않는다면…… 계속 그렇게 하시겠다면 저는……
피상적으로 위로하기	잘 될 거예요. 잘 해 내실 거예요.
진단하기	아직 어머니는 ~단계에 계신 거 같네요. 그렇게 행동을 하신 것은 ~이 요인인거 같네요.
빈정대기	너무 모르시고 하셨네요. 잘 하시는 줄 아셨나 봐요. 여태 그것도 모르셨어요? 너무 심하시네요.

출처 : Howard, W. L.(1996). *Exceptional Child : An introduction to special education*. OH : Merril-Prentice Hall.

2) 부모 유형별 상담 전략

부모와 교사관계가 긍정적이고 부모가 기관에 대해 적극적으로 참여하고 협력할 때 기관에 대한 유아의 적응력이 좋아지고 긍정적인 발달을 돕게 된다. 그러나 모든 부모들이 기관에 대해 협력하고 상호 밀접한 유대관계를 맺어나가는 것은 아니다.

특히, 부모들의 지나친 교육열로 인한 조기교육의 병폐와 교육에 대한 간섭과 요구, 교사의 권위를 무시하는 태도 등이 교사와의 갈등을 일으키는 원인이 되기도 하며 입학 후 유아의 부적절한 문제행동에 대해서는 기관이나 교사에게 그 책임을 떠넘기는 경우도 허다하다.

기관이나 교사에 대해 비협조적인 부모, 지나치리만큼 조급하게 유아의 문제행동에 변화가 있기를 바라는 부모, 자기 자녀에게만 신경을 써 줄 것을 요구하는 부모, 무리한 요구를 하는 부모, 자녀를 객관적으로 보지 못하는 부모, 책임을 전가하는 부모, 무관심한 부모 등 부모의 모습은 매우 다양하다. 교사는 이러한 부모의 유형적 특성을 이해하고 상담에 임해야 한다.

(1) 비협조적인 부모

유아의 생활지도에 있어서 비협조적인 부모의 경우, 교사들은 부모들을 대하는 것이 부담스럽고 불편해진다. 그러나 유아의 문제행동이 누가 보아도 심각한 정도라면 부모의 비협조적인 태도는 자녀의 그런 모습에 대해 이미 너무 잘 알고 있기 때문일 수도 있다. 즉, 자기 자신의 자녀가 어떤 문제를 가지고 있는지 알고 있다면 교사들이 상담을 청할 경우 자녀 행동에 대한 추궁을 당하게 될지도 모른다는 생각을 가지고 있을 수 있다. 이 때문에 부모의 기관에 대한 태도가 방어적이거나 비협조적인 모습으로 비추어 질 수도 있다. 교사는 짧은 시간이라도 부모와 만나는 횟수를 늘리면서 유아의 문제행동 외에 전반적인 발달 모습에 관심을 갖고 친밀한 관계 맺기에 힘써야 한다. 비협조적이라고 거리를 두면 둘수록 문제는 더 악화된다.

☞ 상담 전략

첫째, 짧은 시간으로 자주 만나는 기회를 만든다. 예를 들어, 등하원 지도시간에

15초 정도의 시간도 매우 요긴하게 사용될 수 있다. 이 시간을 이용하여 아이의 건강상태라든지 하루의 일과 중 중요했던 내용을 가볍게 다룰 수 있다. 교사는 부모가 기관에 왔을 때 어떤 이야기를 나눌지에 대해 의식적으로 준비해 두는 것이 필요하다. 짧은 시간 동안 부모에게 유아가 기관에 잘 나오고 있고, 선생님과 친구들을 좋아한다는 메시지를 전달할 수도 있고, 유아의 생활을 부모와 교사가 함께 공유하는 것은 매우 의미 있고 중요하다는 것을 전달할 수도 있다.

다음은 등하원 시간에 교사가 부모와 유아에게 전달할 수 있는 메시지의 예이다.

- 경수 아버님, 새로 태어난 아기는 어떤가요? 어머님은 건강하시죠? 경수는 아주 즐거워하고, 동생에 대해 우리에게 자주 말해 준답니다.
- 미라야, 오늘 작업시간에 선생님을 잘 도와 줬지? 정말 고마워. 엄마에게 말씀드렸니?
- 장재 어머님, 장재가 종이를 잘라서 조각을 만들었네요. 가위를 잘 다룬답니다.
- 종건아! 아빠가 오셨네. 오늘 만든 로켓사진을 아빠께 보여드리렴. 종건이 아버님, 정말 멋지죠? 잘 볼 수 있도록 사진을 찍어 놨답니다.

이와 같은 메시지들은 부모와 유아 그리고 교사간의 관계를 친근하게 만들어 주고 교사가 전달해 주는 정보를 통해 아동의 활동과 수행에 대해 평가할 수 있다.

둘째, 부모의 생각에 대해 충분히 이해하고 공감하는 태도를 보임으로써 부모가 존중받고 있다는 느낌을 전달해야 한다. 부모가 자기 존중감이 있을 때 교사와의 상담도 가능해 질 수 있다. 셋째, 교사의 어려움을 나-전달법을 통해 부모에게 전달하고 부모의 도움과 협조가 필요하다는 것을 요청한다. 유아의 긍정적인 발달에 부모의 도움이 얼마나 절대적인지 알게 해야 한다.

(2) 빠른 변화를 원하는 부모

아이의 문제행동에 지나치게 빠른 변화가 있기를 바라는 부모가 있다. 부모의 조급한 마음에 기인한다고 볼 수 있다. 그러나 부모가 바란다고 해서 아이의 행동이 금방 달라지는 것은 아니다. 꾸준한 지도를 해야만 변화하게 되는 것이다. 교사는 부모가 조급해 한다고 해서 같이 조급해 해서는 안 된다. 교사는 부모의 성급함 속에 깔려 있는 기대와 소망을 받아들이면서 변화에는 때가 있고, 지속적인 관심과 지도로 가능하면 빨리 좋은 결과가 있도록 하겠다고 말해 주도록 한다.

☞ 상담 전략

첫째, 문제행동은 오랜 습관에 의해 형성된 것이므로 금방 달라지지 않을 수 있음을 설명한다. 둘째, 아이의 변화는 기관뿐만 아니라 부모의 협조와 노력에 의해 빠른 변화가 가능하다는 것을 강조한다. 셋째, 부모의 조급함이 오히려 유아로 하여금 부정적인 행동을 하게 할 수도 있음을 설명하고 이해시켜 준다. 예를 들어, 감기에 걸린 아이에게 감기가 빨리 낫도록 하기 위해 3일치 감기약을 하루에 먹이면 아이는 어떻게 되겠는가?

(3) 자신의 자녀만 신경 써 줄 것을 요구하는 부모

교사의 입장에서 자기 자녀만 신경 써 달라고 하는 부모만큼 얄미운 부모는 없을 것이다. 하지만 교사가 그런 부모에게 화를 내서는 안 된다. 각자의 부모에게 자기 자식은 그 무엇보다 사랑스럽고 소중한 존재이다. 그런 만큼 교사는 그렇게 사랑스럽고 소중한 모든 아이들에게 골고루 관심을 가진다는 것을 확고한 자세로 밝힐 수 있어야 한다.

☞ 상담 전략

최선을 다해 지도하겠노라고 부모의 입장을 수용한 후, 모든 아이들이 부모에게는 모두 소중하기 때문에 모든 아이에게 골고루 관심을 가질 수밖에 없다는 것을 부드럽게 이야기한다.

(4) 무리한 것을 요구하는 부모

유아의 문제행동과 관련해서 기관에 무리한 요구를 하는 경우가 있다. 예를 들어, 교실에 들어가서 아이와 함께 지내도록 해달라는 등의 요구를 하는 경우가 있다.

☞ 상담 전략

교사는 교육적으로 판단하여 비교육적이거나, 기관의 방침에 어긋날 경우에는 기본적으로 단호한 태도를 가지고 대해야 한다. 교육권은 기관에 있는 것이다. 이를 침해하는 것에 대해서는 단호하게 할 필요가 있다. 현실적으로 무리하거나 불가능한 요구에 대해서는 가능하지 않은 이유를 알려 주고 단호하게 거절한다.

(5) 자녀를 객관적으로 파악하지 못하는 부모

어떤 부모들은 정상적인 아이임에도 불구하고 문제가 있다고 생각하거나, 작은 문제를 지나치게 과대평가하기도 한다. 또한, 실제로 문제행동을 하거나 발달 지체를 보이는데도 불구하고 자기 자식에게는 아무런 문제가 없다고 생각하는 경우도 많다. 어떤 경우이든 부모가 자녀를 객관적으로 보지 못하는 것이다. 이럴 경우에 아무런 객관적인 자료 없이 교사의 말만으로는 부모를 이해시키기란 매우 어렵다. 오히려 교사-부모 관계가 깨질 위험성이 있다.

☞ 상담 전략

이럴 때에는 반드시 심리검사나 관찰기록과 같은 객관적인 자료를 활용해서 증거를 갖고 이야기하는 것이 좋다. 특히, 부모들은 자기 자녀에게 문제가 있다는 것을 받아들이기 힘들어 한다. 그것을 인정하는 것은 마치 자신이 잘못했다고 인정하는 것으로 받아들이는 것 같다. 그래서 그런 부모를 만나서 교사 나름대로 도움을 주려고 이야기를 꺼냈다가 얼굴을 붉히게 되는 경우가 많이 발생한다. 이럴 때는 우선, 아이의 장점에 대해 충분히 인정해 주고 난 후 심리검사 결과와 같은 객관적인 자료를 제시하면서 조심스럽게 몇몇 가지 부족한 점을 제시하고, 조금만 노력한다면 더 좋아질 것 같다고 이야기하는 것이 좋다. 또한, 아이의 문제와 관련된 소책자나 책을 읽어 보라고 알려 주거나 직접 건네주는 것도 좋은 방법이다.

(6) 책임을 전가하는 부모

어떤 부모는 아이의 문제행동의 원인이 가정에는 없고 오로지 기관에만 있다고 하면서 자신은 모르니 기관에서 책임지고 알아서 해결해 달라고 청한다. 이런 부모들은 협조를 구하기가 까다롭다.

☞ 상담 전략

이런 유형의 부모와 잘잘못이 누구에 있는가를 가지고 싸워서는 안 된다. 기관에도 일단 문제가 있을 수 있으니 조용히 수긍하고 받아들인다. 그렇지만 부모의 협조가 아이의 변화에 반드시 필요하다는 것을 알려 주고 정중히 협조를 구하도록 한다.

(7) 무관심한 부모

자녀의 교육에 대해 무관심한 부모가 있다. "기관에서 당연히 모든 걸 해 주겠지" 하고 믿는 경우도 무관심해 보일 수 있다. 그러나 오히려 무관심한 것 같은 부모가 나중에 한꺼번에 불만을 토로 할 수 있다. 그러므로 부모가 무관심하다고 해서 교사나 기관도 무관심해선 절대 안 된다. 또한, 가정에 교사가 모르는 경제적 어려움이나 환자가 있는지 등의 자세한 상황에 대해 미리 알아봐야 한다. 경제적 어려움이나 아픈 사람이 가족 중에 있다는 건 자녀의 문제행동보다 시급한 현실적인 문제일 수 있기 때문이다.

☞ 상담 전략

무관심한 부모는 성격 자체가 무던하고 말이 없어 그럴 수도 있으나, 유아를 위해서는 바람직하지 못하다. 그러므로 아이를 매개로 하여 자주 대화를 시도하고, 부모의 의사를 억지로라도 확인해야 한다. 이런 부모들은 물어 보면 간단하게나마 대답을 할 것이다. 자주 전화 통화를 해서 물어 보거나 메모를 보내 부모로 하여금 답 메모를 하도록 한다.

가정에 기관에서 지원하기 어려운 현실적인 문제를 가지고 있는 경우, 교사는 부모에게 유아에게 관심을 갖고 상담에 응해 줄 것을 요청하기보다 부족하지만 유아에게 필요한 관심과 애정을 교사가 충분히 지원해 주는 편이 더 바람직할 수 있다. 교사의 지나친 애정이 유아의 의존성만 키울 것이라는 걱정은 하지 않아도 된다. 충분하고 진정한 사람은 유아에게 자존감을 향상시킴으로써 독립적이고 주도적인 성장을 도와주기 때문이다.

3) 부모상담시 유의할 점

유아의 문제행동 때문에 아이의 부모와 상담을 할 때는 다음과 같은 점에 유의하여야 한다.

(1) 친근감 있게 대하도록 한다. 진지하면서도 유쾌하고 긴장을 푼 자세로 임해야 한다. 무표정한 교사의 태도는 부모의 반응에 악영향을 끼친다. 무표정한 교사를 보는 순간 부모는 자녀에게 큰 문제가 생긴줄 알고 걱정한다.

(2) 알아듣기 쉬운 말을 사용하고 어휘선택을 조심해야 한다. 일반적인 어휘를 사용해야 대화가 된다. 잘 알아듣지 못하는 전문적인 말은 지양해야 한다. 교사와 부모가 같은 수준에서 대화하는 것이 의사소통을 돕는다.

(3) 교사는 부모의 말을 듣고 그 문제에 대한 해결책을 찾기 위해 부모와 동반자적인 협력 관계를 맺는 것이 중요하다. 교사가 일방적으로 설명하거나 해결책 등을 제시하는 것은 바람직하지 않다. 어디까지나 상의를 하기 위한 자리임을 명심하도록 한다. 부모에게 설교하거나 교화시키려 해서도 안 된다. 한 아이의 모든 것에 대해 가장 잘 알고 있는 사람은 부모이지 교사가 아니다. 교사는 이미 유아들의 문제행동의 원인을 파악하고, 이를 다루기 위한 몇 가지 아이디어를 가지고 있을 수 있다. 그러한 전략을 부모에게 알려 주는 것처럼 접근해서는 안 된다. 여러 가지 대안 들 중 꼭 맞는 원인과 최선의 해결책을 함께 찾는다는 것을 전달하는 것이 중요하다. 무엇보다 부모와의 상담시간이 좋은 관계를 위한 연결고리로, 함께 일할 기회로 삼아야 한다.

(4) 부모를 비난하지 말아야 한다. 부모의 면전에서 부모를 비난하는 교사는 없을 것이다. 그러나 교사가 부모에 대해 부정적인 생각을 갖고 있으면 은연중에 그러한 생각이 언어나 표정 또는 행동으로 나타나는 수가 있다. 그러니 부모상담 전에 부모에 대해 어떠한 선입견도 갖지 않도록 해야 한다.

(5) 유아의 행동을 확대 해석하는 것은 피한다. 교사는 유아의 행동을 관찰한 사실적인 정보에 근거하여 상담에 임해야 한다. 지나치게 확대 해석하여 전달하는 일이 없도록 해야 한다.

(6) 교사는 부모의 다양한 욕구도 읽을 줄 알아야 한다. 문제행동과 관련된 상담이라고 해서 꼭 그 문제만을 상담하는 것은 바람직하지 않다. 부모는 교사에 대해 물어보고 싶은 다른 질문도 많고, 자기 자녀에 대한 다른 걱정도 있다는 것을 잊어서는

안 된다. 교사는 부모의 이러한 걱정을 자유롭게 표현하도록 하여야 한다.

■ 부모와의 효과적 의사소통을 위한 체크리스트(교사용)	
1. 부모와의 상담시 부모의 입장에서 생각하는가?	□예 □아니오
2. 유아에 대해 부모도 교사만큼의 전문성을 갖고 있다고 생각하는가?	□예 □아니오
3. 부모의 의견이 진정으로 가치있고 유용하다고 생각하고 경청하는가?	□예 □아니오
4. 부모와의 상담시 부모의 의견을 중요시 여기는 표시로 적절한 제스처, 눈맞춤, 단어, 표정 등을 사용하는가?	□예 □아니오
5. 부모를 편안하게 맞을 수 있는 환경을 미리 마련하는가?	□예 □아니오
6. 부모와 상담 날짜를 정할 때 부모의 가능한 시간을 고려하는가?	□예 □아니오
7. 어려운 전문 용어를 피하고 쉬운 말로 설명하는가?	□예 □아니오

출처 : Shelton, T. L., Jeppson, E. S., & Johnson, B. H. (1987). *Family-centered care for children with special health care needs*. Washington, D.C : The Association for the Care of Children's Health(ACCH).

3. 부모상담을 위한 준비

1) 상담 전 준비사항

부모와의 상담이 긍정적이고 친밀한 관계에서 이루어질 때 상담의 효과도 커지게 된다. 효율적인 상담이 되기 위해 교사는 상담 약속을 2-3일 정도 여유 있게 잡고 다음과 같은 사전 준비를 하는 것이 필요하다.

(1) 상담 목적 및 내용, 날짜, 시간, 장소를 미리 알린다.

부모를 만나기 전에 교사는 부모에게 왜 만나려 하는지, 무슨 이야기를 나눌지를 통보할 필요가 있다. 그래야 부모도 미리 준비를 하고 올 수 있다. 미리 가정통신문 또는 편지 등을 통해 상담목적, 상담내용, 그리고 날짜, 시간, 장소 등을 부모에게 알리도록 한다. 이 때, 교사는 따뜻한 색의 편지지와 부드러운 단어를 선택하는 등의 노력을 기울임으로써 부모가 지나치게 긴장하거나 불안해하지 않도록 배려해야 한다.

(2) 유아관찰 기록 내용을 준비한다.

약속한 상담 일이 다가오면 교사는 부모와의 상담을 위해 그 동안 해당 유아의 행동을 관찰·기록한 자료를 꼼꼼히 챙겨야 한다. 관찰한 내용에는 문제행동 뿐만 아니라 유아의 기관에서의 적응도, 친구관계, 놀이특성, 특별한 습관이나 행동 등도 포함될 수 있다. 그래야만 부모에게 유아가 어떤 문제가 있으며, 어떤 수준이고, 이를 지도하기 위해 어떤 방법을 쓰게 된다는 것 등에 대해 객관적인 자료를 가지고 부모를 납득시킬 수 있으며, 협조를 이끌어낼 수 있다.

(3) 가정환경 및 개인환경에 대해 정확하게 파악한다.

교사는 학부모와 상담시간을 갖기 전에 유아의 입학원서를 보고 미리 숙독해 두는 것이 좋다. 입학원서에 기재된 가족관계나 유아의 가정환경 등을 파악하고 있을 때 학부모와 공감대를 형성하고 친밀감을 형성할 수 있다. 특히, 유아의 가정환경 등에 대해 잘 알지 못할 경우에는 자칫 부모에게 상처를 입히는 말을 할 수도 있다.

■ 부모상담을 위한 교사의 기본적 자질

- **교사의 철학** : 교사는 유아의 기본 권리와 이해를 바탕으로 유아의 미래를 위한 사명감과 교육에 대한 책무성을 가지고 있어야 한다.
- **자기 인식** : 교사는 유아를 돕고자 하는 긍정적인 감정을 지니고 있어야 하며 자신의 장·단점에 대해서도 잘 알고 있어야 한다.
- **전문성** : 아동발달, 행동지도, 상담 및 부모교육 분야에 관한 전문직 지식과 기술을 지니고 있어야 하며, 이러한 지식과 기술은 계속적인 자기개발을 통해 발전되어야 한다.
- **정서 조절 능력** : 교사는 자신의 감정 흐름을 잘 알고 조절할 수 있어야 한다. 특히 대인관계에서 종종 발생할 수 있는 부정적 감정을 어떻게 잘 다루느냐는 상담에서 매우 중요한 기술 중 하나이다.
- **공감** : 부모의 심정을 공감하고 이해할 수 있어야 한다. 상대의 능력을 인정하고 존중해야 한다.
- **인내와 수용** : 교사 자신에 대해, 부모에 대해, 아이에 대해 인내심을 가져야 한다. 짧은 시간의 상담을 통해 부모의 마음을 설득하거나 내가 원하는 방향으로 이끌어 가려는 생각은 바람직하지 않다.
- **성실성** : 부모를 성실하게 대했을 때 부모 역시 마음을 열고 진심으로 협조하려는 자세를 보일 것이다.

출처 : 강혜경(2004). 장애학생 및 부모상담. 국립특수교육원 직무연수자료. pp. 105-121.

(4) 깨끗하고 편안한 환경을 준비한다.

교사가 부모에게 상담을 요청했을 때는 집 안에 손님을 초대하는 것과 같은 경우이다. 집 안에 손님을 초대했을 경우 대청소를 비롯해 집 안 구석구석을 정리하고 단장한다. 현장의 교사들은 청소와 급식 등의 문제에 대한 자신의 역할에 대해 많은 회의와 실망감을 가지고 있다. 기관의 특성에 따라 교사의 역할 분담에 차이가 있기는 하겠으나 기본적으로 부모와 상담하게 될 장소를 깨끗이 정리하고 예쁜 화분을 놓고 조용한 음악을 틀어놓고 간단한 차와 다과를 준비하는 것은 맡고 있는 유아의 부모에 대한 기본적인 예의일 것이다.

2) 상담을 위한 환경조성

부모와의 상담 환경은 상담의 효과를 높이는데 매우 중요하다. 다음은 바람직한 상담환경 조성을 위한 몇 가지 제안점이다.

(1) 보통은 기관의 수업이 끝난 오후에 교실에서 부모상담이 이루어지는데, 유아가 활동하고 있는 공간이라는 점에서 친근감을 줄 수 있어서 좋다. 그러나 소란스럽거나 사람들이 빈번히 오고가는 공간이라면 피하는 것이 좋다. 특히 유아의 문제행동과 관련된 상담은 철저한 비밀보장이 잘 될 수 있는 조용하고 밀폐된 공간을 상담실로 사용하면 좋을 것이다. 상담실이 있는 기관이라면 별 문제가 없지만 대부분의 유아교육기관에서는 특별히 상담실을 따로 두고 있지 않다. 따라서 원장님의 협조를 얻어 원장실이나 회의실 같은 별도의 적합한 공간을 상담실로 활용하는 것이 좋다.

(2) 좌석배치 등 물리적 환경은 중요하다. 예를 들어, 책상을 부모와 교사 사이에 가로놓아서는 안 된다. 그것은 교사를 무척 권위적으로 보이게 하기 때문이다. 물리적인 간격이 생길수록 그만큼 심리적인 간격도 생기는 것이다. 좌석은 부모와 교사가 서로 잘 볼 수 있도록 배치하는 것이 좋다.

(3) 상담 내용을 기록할 수 있는 상담일지 등을 비치하는 것도 잊어서는 안 된다. 상담한 내용을 기록으로 남겨 필요할 때마다 참고할 수 있도록 해야 한다.

(4) 상담을 위한 환경의 조성이 끝났다면, 마지막으로 부모와의 만남을 위해 마음의 준비를 하고 있어야 한다. 바쁘게 다른 일을 하다가 부모를 만나는 것은 바람직하지 않다. 부모로 하여금 무시되고 있다는 생각을 갖게 할 수도 있다.

4. 부모상담의 과정

1) 상담의 시작

상담의 시작에서 중요한 것은 친밀감을 형성하는 것이다. 유아의 문제행동으로 인해 부모와 상담을 청하게 되면 부모는 어느 정도 긴장한 상태에서 기관을 찾아올 수 있다. 반대로 유아의 문제에 대해 부모가 교사에게 상담을 요청한 경우에도 부모는 적대적인 마음으로, 교사는 불안한 마음으로 상담의 시간을 맞이할 수 있다. 교사는 교육 전문가이며 상담 전문가로서 부모를 대해야 한다. 서로 따지거나 책임을 추궁하기 위해 만나는 관계가 아닌 전문가로서 부모에게 기관에서의 생활모습을 알리고 가정에서의 생활에 대한 정보를 구해야 한다. 지나치게 권위적인 태도는 지양해야 하지만 그렇다고 지나치게 부모에게 끌려가는 자세로 상담에 임할 필요는 없다.

교사는 편안하고 밝은 모습으로 반갑게 부모를 맞이하고 일상적인 대화로 부모와 자신의 긴장을 풀어 주어야 한다. 가족에 대한 안부나 유아에 대한 진실한 관심이 있는 발언, 또는 부모들을 편안하게 할 수 있는 발언 등으로 시작하면 분위기는 부드러워질 수 있다.

2) 상담의 진행

유아가 문제행동을 보인다는 사실을 알리고, 이러한 유아의 문제행동이 기관에서만 그런지, 아니면 가정에서도 그런지를 확인한다. 만약, 기관에서만 나타나는 문제라면 부모에게 기관에서 유아의 문제행동을 지도할 수 있음을 명확히 해 주고, 부모로부터 유아에 대한 다양한 정보를 얻도록 한다. 그러나 기관과 가정 모두에서 나타나는 문제행동이라면 아이의 지도를 위해 기관과 가정이 일치된 전략을 사용해야 한다는 것을 부모에게 전달해야 한다. 상담을 통하여 교사는 유아가 집에서 보이는 행동을 알 수 있으며, 유아교육기관에서 보이는 행동과의 차이점을 감지할 수 있다. 많은 부모들이 자녀가 집에서와 같은 행동을 기관에서도 보일 거라고 생각하고 있다. 그래서 가끔은 집에서와는 전혀 다른 행동을 한다는 것에 대해 놀라기도 한다.

유아의 문제행동이 가정에서도 나타날 경우 교실에서 행동 관찰시 사용했던 체크리스트를 참고하여 부모로부터 가정에서 나타나는 유아의 문제행동의 특징 등에 대해 알아보는 것이 필요하다. 또한, 유아들은 배가 고프거나 피곤할 때 친구들에게 공격적 행동이 자주 일어날 수 있으므로 가정에서의 섭식 및 수면습관도 잊지 않고 확인한다.

■ 유아의 문제행동과 관련해서 부모에게 확인할 사항(예시)

① 가정에서도 이와 같은 문제행동이 나타나는가?
② 나타난다면 주로 언제 문제행동이 나타나는가?
③ 문제행동에 앞서 무슨 일이 일어나는가?
④ 문제행동 발생 직후 부모의 반응은 어떠한가?
⑤ 주로 어디에서 문제행동을 보이는가?
⑥ 얼마나 지속되는가? 그 강도는?
⑦ 유아가 문제행동을 할 때 부모의 대처법은?
⑧ 부모의 대처행동에 대한 유아의 반응은?
⑨ 유아의 바람직한 행동에 대한 부모의 반응은?
⑩ 그 밖에 식습관, 수면습관 등은?

◆ 참고 : 상담을 마친 후에 [부록 4, 5, 6]에 제시한 '부모의 양육태도 유형 검사'나 '유아 생활적응검사', '유아의 내외향성 검사' 등을 실시하거나 집에 가서 실시한 후 자녀가 등원할 때 보내 달라고 요청하여, 그 검사내용을 분석하는 것도 유아의 문제행동을 이해하는데 도움이 될 수 있다.

3) 상담의 마무리

상담을 통해 도달한 결론을 가지고 앞으로 어떻게 대처해 나갈 것인지에 대해 부모와 의논한 후 상담을 끝내는 단계이다. 상담을 마치기에 앞서 지금까지 나눈 이야기를 정리하고 동의한 내용을 다시 한번 재확인한다. 더 나누고 싶은 이야기가 있는지 또는 궁금한 사항이 아직 남아있는지 물어 본다. 부모가 떠나고 난 후에는 잊어버리기 전에 가능한 상담 직후 상담내용을 자세히 기록해 둔다.

4) 추후 활동

상담 후 필요한 경우 전화를 한다든지 유아 편에 편지 혹은, 가정통신문을 보낸다든가, 아니면 등원 및 귀가 시간에 일상적인 대화를 통해 상담 때 했던 이야기들을 자연스럽게 확장시켜 나간다. 이렇게 함으로써 부모는 기관을 신뢰하고 안심할 수 있을 것이다.

■ 학부모와 생각이 다를 경우는 이렇게 해 본다.

모든 부모-교사 관계가 긍정적이고 신뢰할 수 있는 관계인 것만은 아니다. 부모와 교사가 서로 이견을 갖거나 부모가 막무가내로 교사의 말을 귀담아 들으려 하지 않는 태도를 보이는 경우도 있다. 이러한 경우에는 다음과 같이 해야 한다.

☞ 부모는 자녀가 기관에서 어떤 문제를 보인다는 것을 듣게 되면 방어적이고 폐쇄적이 될 수 있다. 자신의 자녀에게 문제가 있다는 것을 부인할지도 모른다. 그리고 교사에게 자녀의 문제는 기관, 교사 또는 문제를 야기한 다른 유아에게 책임이 있다고 말할지도 모른다. 그것이 사실일지도 모르므로 조심스럽게 부모의 관점을 들어 본다. 또한, 문제행동을 다루기 위한 부모의 제안도 경청하도록 한다.

☞ 부모가 그들의 자녀에 대한 교사의 생각에 동의하지 않는다면, 부모의 관점을 이해하려고 노력한다. 그들이 말하는 것을 주의 깊게, 정확하게 들어 보도록 한다. 교사는 반영적 경청을 하여 부모가 전달하는 메시지를 정확히 듣고 있다는 것을 보여주도록 한다.

☞ 아동의 부적절한 행동에 대해 무관심한 부모가 있다. 이는 실제로 자녀문제에 대해 무관심한 경우도 있지만 골치 아픈 다른 문제가 있어 우선순위에서 밀려났을 수도 있다. 부모가 원래 아이의 문제에 무관심하다고 미리 결론짓지 말아야 한다. 그 부모는 너무 많은 문제로 압도되어 심사숙고하고 있을지 모른다. 드러난 무관심을 결코 보살핌의 부족으로 잘못 판단하지 말아야 한다.

위에 제시한 점들은 부모가 교사와 의견이 다르거나 부모와 의사소통을 하기가 어려울 경우에 명심해야 하는 것들이다. 이와 같은 어려운 상황에서는 교사의 의사소통 기술이 무엇보다 필요하다.

출처 : Essa, E.(2003). *A Practical Guide to Solving Preschool Behavior Problems*. 5th eds. NY : Thomson & Delmar Learning

유아의 진척 사항에 대해서는 부모에게 수시로 알려 주도록 한다. 부모들은 자녀의 진척 사항에 대해 매우 궁금해 한다. 교사는 유아의 진척사항을 부모에게 수시로 알려 주어 부모의 궁금증을 해결해 주어야 한다.

상담을 통해 얻어진 자료들은 다음 단계의 활동을 계획하는 데 사용한다. 부모와의 상담을 통해 얻은 자료는 상담기록일지에 자세히 기록해 두었다가 다음 단계의 활동을 계획하는데 사용한다. 이미 부모에 의해 전달된 사항에 대해 교사가 재차 확인하고자 상담을 청하는 일은 없도록 해야 한다.

제6장 바람직한 환경의 조성

현빈이 어머니와의 상담을 마친 후 담임교사는 원장님과 동료교사들과 함께 초기관찰과 부모면담 자료를 토대로 구체적인 지도 프로그램을 계획하기 시작했다. 가장 먼저 시작한 일은 환경을 점검하는 일이었다.

현빈이가 생활하는 만 5세반은 취학전 반으로 30명 전원이 재원생이다. 교실은 2층에 있고 25평 정도의 가장 큰 교실을 사용하고 있다. 정남향으로 햇빛이 잘 들어오고 쾌적한 환경이기는 하나 옆반 교실과 방음이 잘 되어 있지 않아서 소음이 좀 크다는 것이 문제이다. 교실은 영역별로 깔끔하게 배치되어 있고 교재 · 교구도 부족함없이 제공되고 있지만 유아들이 모두 재원생이기 때문에 익숙한 내용들이 많다는 것이 문제가 될 것 같다.

현빈이의 산만하고 공격적으로 보이는 행동을 예방하기 위한 바람직한 환경구성에는 어떤 것들이 있을까 ?

- 큰 교실이 산만함을 일으킬 수 있으므로 교구장과 커튼 등을 이용해서 교실을 영역별로 좀 더 분할해서 안정감을 주기로 했다.
- 옆 교실과의 소음의 문제는 수업시간 일정을 함께 맞추어서 각 반이 이야기나누기나 동화 등 조용한 활동을 진행할 때는 서로 시끄럽지 않은 활동을 안배하고 실외놀이나 체육실 등을 이용하여 서로 방해가 되지 않도록 했다.
- 유아들에게 익숙한 교구가 많으므로 새로운 교구를 좀 더 구입한다.
- 현빈이와 같이 일반 상식이나 정보에 관심이 많은 친구들을 위해 백과사전이나 과학도감의 일부를 책보기 영역에 비치한다.
- 컴퓨터가 한 대 뿐이라 유아들의 불만이 많으므로 2학기에 한 대 더 비치하기로 한다.

환경에 대한 점검은 교사들이 수시로 눈으로 확인하고 있는 부분이기 때문에 조금만 노력을 기울이면 구체적인 대안을 발견할 수 있었다. 문제가 무엇인지 알고 있었지만 바쁘고 힘들다는 이유로 개선하려는 노력을 기울이지 않았던 점에 대해 담임교사는 반성했다.

(계속)

교실환경이 조금씩 바뀌어가자 친구들의 반응이 재미있었다.

"선생님, 하늘반 되니까 너무 좋아요. 교실도 크고 재미있는 것도 많고요. 근데 커튼은 왜 달아요. 지난번엔 바람불면 자꾸 날아가서 불편하다고 하셨잖아요."

"그래서 이번엔 창문에 안 달고 벽에다 다는 거야. 벽에다 달면 이렇게 고정시켜 놓으니까 바람불어도 창문 밖으로 날아가지 않겠지? 그리고 교실도 더 예뻐지고 말이야. 어때?"

"와! 정말 예뻐요. 우리 집 같아요." 커튼 하나로 역할 놀이 영역이 좀 더 안정적인 분위기로 바뀌었다…….

유아들에게 적절한 행동을 격려하는 가장 기본적인 방법은 무엇일까? 바로 바람직한 환경을 마련해 주는 것이다. 유아의 많은 문제행동은 부적절한 환경 때문에 발생하고 유지된다. 예를 들면, 학급의 크기, 교사 대 유아의 비율, 물리적 공간(교실)의 크기, 흥미영역의 구성, 교재·교구의 양 등이 유아의 문제행동과 직, 간접적으로 관련될 수 있다. 따라서 교사들이 유아 문제행동을 예방하고 이해하고 수정하기 위해서는 반드시 유아의 주변 환경을 면밀히 관찰해야 한다. 여기서는 유아의 문제행동에 영향을 미칠 수 있는 교실의 환경 요소들에 대해 살펴보기로 한다.

1. 교실 공간의 배치

유아의 긍정적 행동을 기르기 위해 교사에게 도움이 될 만한 여러 가지 지침들이 있다. 교실의 크기와 모양 그리고 출입문과 창문의 위치는 교실을 어떻게 배치시켜야 하는지와 관련된다. 교실을 구성하는 데 있어서 중요한 점은 유아와 교사 모두에게 편안함을 줄 수 있는 조화가 기본이 되어야 한다는 것이다. 색깔은 기분을 좋게 하고 어울려야 하며, 창문으로부터 들어오는 빛 또는 조명 설비는 활동을 증진시킬 수 있도록 꾸며져야 하며, 벽 공간은 교실을 통합하고 보완할 수 있는 역할을 해야 하며, 가구들은 조직적이고 논리적인 방법으로 배치되어야 한다. 카펫과 벽은 교실에서의 소음발생을 줄여줄 수 있도록 주의 깊게 마련되어야 한다.

교실활동영역은 명확하게 구분되도록 마련되어야 한다. 내부 공간은 보통 몇 개의 분리된 흥미영역으로 조직된다. 그러한 공간은 미술, 조작, 블록놀이, 극놀이, 음악, 과학, 수학, 언어, 물놀이 등과 같은 공동 활동을 할 수 있도록 주위에 교재와 교구들을 마련한다.

흥미영역은 아이들로 하여금 교재·교구를 선택할 수 있게 해야 하는데, 교재와 교구들은 낮은 책장 위에 잘 정리되어 있어야 한다. 아이들이 쉽게 교재·교구들을 볼 수 있고 편리하게 사용할 수 있을 때 놀고 싶은 것을 스스로 선택할 수 있으며, 사용 후에 놓았던 자리에 바르게 가져다 놓을 수 있을 것이다. 더불어, 교실과 문의 통로는 막혀 있어서는 안 된다. 교실의 흥미영역은 유아가 개별활동을 할 수 있도록 구성되는가, 그렇지 않은가도 중요하다. 개별활동을 할 수 있도록 구성되었을 때 유아들의 상호작용이 보다 활발하다(Field, Masi, Goldstein, Perry, 그리고 Parl, 1988).

활동영역은 논리적인 방법으로 배치되어야 한다. 조용하고 소음이 발생하는 활동은 서로 떨어져 있어야 한다. 조작, 미술, 언어, 과학은 대개 조용한 편이기 때문에 블록놀이나, 소꿉놀이, 음악과 같은 보다 시끄러운 활동영역과는 떨어져 있어야 한다. 또한 공통요소를 지닌 활동들은 함께 묶여져야 한다. 예를 들면, 블록놀이, 극놀이는 확장놀이로 이어질 수 있다. 그러므로 함께 묶여져야 한다.

좋은 교실환경은 개별활동, 소집단활동 그리고 대집단활동 등 활동 마다 별도의 공간을 갖추어야 한다. 모든 아이들이 하루 일과 중 한번 이상 동화책 읽기, 율동, 또는 음악에 참여한다. 이러한 활동은 집단활동으로 생각하고 공간을 지정해야 한다. 자유선택 놀이시간에 소집단으로 활동할 수 있는 방도 마련되어야 한다. 더불어 혼자 머물 수 있는 방도 필요하다. 특히 아이가 종일반에 속해 있는 경우, 아이가 편안하게 쉴 수 있는 곳을 마련해 주는 것이 중요하다. 이런 공간은 도서관처럼 조용하거나 빈 박스를 사용하여 만들 수도 있는데 그 곳에 부드러운 베개와 장난감, 책을 마련해 두면 좋다. 또한 공기 의자나 베개, 또는 담요나 덮개 등과 같이 포근함을 느낄 수 있는 것을 준비해 두면 좋다.

유아 환경에서 가장 중요한 사항 중 하나는 안정성이다. 벽에 붙여서 설치하지 않는 가구들은 반드시 넘어지지 않게 단단히 고정해야 한다. 전기 콘센트는 반드시 덮개로 덮여 있어야 하며, 모든 가구에서 뾰족한 가장자리는 반드시 제거해야 한다. 경계와 통로가 명확하게 구분되어 있는 잘 만들어진 교실은 안전에 대한 우려를 최소화할 것이다.

물리적 환경에 관한 모든 것은 아이들의 행동과 직결된다. 환경이 친화적이고, 포근하고, 아이들의 마음을 끌 때 이 곳이 자신들을 위해 마련된 곳이라는 메시지를 유아들에게 전달할 수 있다. 환경이 아이들을 고려하여 구성되었을 때, 아이들은 규칙을 따르는 것이 어렵지 않다는 것을 느끼게 된다. 환경이 아이들에게 존중감을 보여줬을 때 아이들도 보답으로 환경에 대해 존중감을 표시할 것이다.

2. 교재 · 교구의 양과 질

교재 · 교구의 양은 학습에 필요한 교재 · 교구가 충분히 확보되었는가, 아닌가와 관련된다. 여기에는 놀잇감의 제공도 포함될 수 있다. 연구들(Holloway & Reichhart-Erickson, 1988; Johnson, Ershler, 그리고 Bell, 1980)에 따르면 유아에게 적합하고 풍부한 놀잇감이 제공될 때 유아는 보다 협동적이고, 구성적이며 적절히 놀이에 참여하고, 갈등을 적게 겪으며, 친사회적 행동을 더 많이 하는 것으로 나타났다. 또한 공간밀도가 높은 교실에서 놀잇감의 밀도가 감소할 때, 즉 유아들의 수에 비해 놀잇감이 부족할수록 유아의 부정적인 사회적 상호작용이 증가하였음이 보고된 바 있다(Phelps, 1986).

교재 · 교구는 양적인 측면에서 뿐 아니라 질적인 측면에서도 유아의 문제행동에 영향을 미칠 수 있다. 좋은 유아교육기관의 환경에서 교구와 활동들은 절대적으로 필요한 것들이다. 이러한 것들은 유아들이 적절한 난이도 수준에서 도전할 수 있도록 유아의 연령과 발달수준에 맞추어 준비되어야 한다. 만일 교구와 활동들이 너무 쉽다면 아이들은 쉽게 싫증을 느끼게 된다. 반면, 너무 어려우면 아이들은 동기를 상실하게 된다. 욕구좌절과 싫증 모두는 결국 유아의 문제행동으로 나타난다.

교구들은 직접 제작한 것과 상업용으로 구분된다. 기관의 프로그램에 맞는 교구를 선택하기 위해서는 유아들의 발달적 적합성을 고려해야 하며 다양한 활동을 포함하고 있어야 한다.

매우 어린 유아들을 위해서는 어휘력 신장을 기를 수 있고 균형감각을 촉진시키며 손가락 훈련도 할 수 있고 또 독립심을 키울 수 있는 교구들이 포함되어야 한다. 어린 유아를 위한 교실은 일반적으로 복잡하지 않으며 유아의 제한된 사회적 능력에 맞는 것이어야 한다. 좀 더 큰 유아들은 보다 복잡하고 도전적인 환경을 즐기기 때문에 모든 발달 영역에서 보다 세련된 기술을 사용할 수 있도록 교구들을 폭넓게 마련해야 한다. 또한 사회적 놀이를 돕는 많은 교구들을 제공해야 한다.

모든 유아용 교구들은 적극적 참여와 탐색을 촉진할 수 있어야 한다. 일부 유아들에게 있어서 활동을 이끌어 내지 못하는 교구들 또는 아이들의 상상력을 신장시키지 못하는 것들은 유아들을 쉽게 싫증나게 한다. 아이들의 적극적 참여를 확신할 수 있는 방법은 무궁무진한 활동을 할 수 있게 만들어진 교구들을 마련하는 것이다. 예를 들면, 블록과 극놀이 소품은 융통성 있게 사용되어 질 수 있으며 유아들에게 어떻게 사용해야 하는지를 일일이 지시하지 않아도 된다.

3. 학급의 크기

학급의 크기는 학급의 구성인원에 따라 대집단, 소집단으로 구분된다. 소집단일 경우에는 유아들 간의 상호작용이 대집단에 비해 활발하게 일어날 가능성을 높여 준다. 한 연구(Howes & Rubinstein, 1981; 이경희, 1995에서 재인용)에 따르면, 소집단으로 편성된 유아교육기관에 다니는 유아가 대집단으로 편성된 기관에 다니는 유아 보다 더 긍정적인 사회적 행동을 한다는 것을 밝히고 있다. 또한, 소집단 유아들(8 - 12명)은 대집단 유아들(20 - 25명)에 비해 긍정적인 정서를 가졌고, 유아교육기관에 들어올 때 기피반응을 덜 보이는 것으로 나타났다(Howes & Hamiltion, 1993).

그러나 대집단 유아들이 소집단 유아들에 비해 또래와 낯선 성인에게 덜 사회적이지만 사회적 지식 테스트에서 더 높은 평가를 받았으며, 실험실 평가에서는 친숙하지 않은 또래와 덜 부정적인 행동을 보인다는 연구결과도 있다(Clark-Stewart, 1987). 이것은 유아들이 대집단에서 부정적인 행동이 허용되지 않는다는 것을 배우기 때문이라는 것이다.

어떻든 간에 유아들을 대집단으로 편성할 경우가 소집단으로 편성할 경우 보다 유아들의 사회성 발달에 부정적인 영향을 줌을 알 수 있다.

4. 교사 대 유아 비율

교사 대 유아의 비율은 교사 한 명이 몇 명의 유아를 맡아 교육시키는가 하는 것이다. 교사 한 명이 맡아서 지도해야 할 유아 수가 적을 때는 교사와 유아의 상호작용은 활발할 수 있다. 그리고 한눈에 유아들을 모두 살필 수 있어 그때 그때 마다 개별적으로 적절한 도움을 줄 수 있다. 반면에 한 명의 교사가 많은 유아를 맡아 지도해야 할 경우에는 교사-유아 상호작용의 빈도는 줄어들 수밖에 없다. 뿐만 아니라 교사의 시야에 유아들 모두가 들어오지 않아 돌보지 못하고 방치되는 유아들도 생겨날 수가 있다. 김향자(1993)에 따르면 학급크기가 크고 교사 대 유아의 비율이 높은 유아들이 학급의 크기가 작고 교사 유아의 비율이 낮은 학급의 유아들보다 공격적 행동을 더 나타낸다고 한다.

5. 물리적 공간(교실)의 크기

교실의 물리적 공간은 교실의 크기이다. 같은 수의 유아들이라면 교실의 크기가 클 때 그 밀도는 낮게 되고, 교실의 크기가 작을 때 그 밀도가 높게 된다. 교실의 밀도가 높을 경우에 유아들은 심리적으로 좁게 느낄 수 있다. 일반적으로 교실공간의 밀도가 높을수록 유아들은 부정적인 행동을 하는 것으로 나타났다(Shapiro, 1971; Phelps, 1986).

유아교육기관의 물리적 환경은 유아에게 어떤 형태로든 영향을 주고 있으며, 따라서 바람직한 환경을 조성만 해 준다면 유아들의 문제행동을 훨씬 줄일 수 있을 것이다. 유아 교실은 유아들의 신체적, 인지적, 사회적 그리고 정서적 발달을 돕기 위해 마련된 다양한 장비와 교구들을 포함하고 있다. 그러한 환경은 아이들의 바람직한 행동을 극대화할 수 있도록 마련되어야 한다. 또한, 환경구성은 유아들의 요구와 발달수준에 따라야 한다.

좋은 유아교육 환경은 장비와 교구들을 적절하게 활용함으로써 유아들이 소근육과 대근육 기술을 강화할 수 있어야 한다. 주의 깊은 교구의 선정 뿐 아니라 교실 배치도 아이들에게 분류하고, 관계짓고, 측정하고, 비교하고, 짝짓고, 사물의 이름을 붙이는 등의 학습 기회를 제공함으로써 인지발달을 촉진시킬 수 있다. 긍정적 또래관계는 유아들의 활동 공간이 여유로울 때, 충분한 수의 교재·교구들이 있을 때, 그리고 많은 교구들이 사회 놀이에 사용될 때 촉진될 수 있다. 유아들의 독립심은 그들의 능력과 몸 크기에 맞는 도구들을 자유자재로 사용할 수 있을 때 그리고 유아들이 필요한 공간과 교구들이 잘 보이는 곳에 정리되어 있고 자유로이 선택할 수 있을 때 길러진다. 또한 유아들의 요구와 발달에 맞게 구성된 환경은 유아의 자아존중감을 높일 수 있다.

■ 물리적 환경이 주는 메시지

교실에 가구 등이 배치된 상태는 아이들에게 다양한 메시지를 전달해 준다. 예를 들면, 모든 블록들이 교실 둘레의 잘 정돈된 책장 위에 놓여 있다면 이는 유아들에게 '네가 블록을 가지고 노는 곳이며 블록을 망가트려서는 안 되며, 다른 아이들에게 피해를 줘서도 안 돼!'라는 메시지가 담겨 있다고 할 수 있다. 가구들이 너무 크지 않고 공간이 개방되어 있다면 이는 '교실 안에서는 뛰지 말고 걸어 다녀야 해!'라는 메시지가 담겨 있는 것이다. 아이들마다 자기 물건을 넣어둘 수 있는 사물함이 마련되어 있다면, 이는 '너희들의 물건은 소중하고 너 또한 소중한 존재야!'라는 메시지가 담겨져 있다. 한쪽 끝에 있는 방에서는 조용한 활동을 하고 반대편 끝 방에서는 시끄러운 활동을 한다면, 이는 '유치원에는 조용히 해야 하는 교실이 있고 떠들어도 되는 공간이 있어'라는 메시지가 담겨 있다. 소꿉놀이 영역이 4-5명 유아들이 들어갈 수 있도록 막혀져 있다면, 이는 '여기는 우리가 몇 명 친구들끼리 놀 수 있는 장소야'라는 메시지가 포함되어 있다. 환경이 이렇게 무언의 메시지를 전달할 때, 적절한 행동이 키워지게 된다.

출처 : Essa, E.(2003). *A Practical Guide to Solving Preschool Behavior Problems*. 5th eds. NY : Thomson & Delmar Learning.

제 7 장 바람직한 교사-유아 상호작용

현빈이의 산만함과 공격적인 행동에 대해 구체적으로 고민하기 시작했을 때부터 담임교사를 힘들게 하는 것이 있었다. 교사 자신이 사용하고 있는 언어의 문제였다.

3년차에 접어들면서 이젠 현장에 어느 정도 적응을 했고 신임교사의 티를 좀 벗어난다고 생각하고 있었는데 오히려 1년차 후배교사들보다 언어습관이 더 나빠져 있는 것 같았다.

특히, 만 3세 영아반 담임을 했을 때는 말이 잘 통하지 않는 아이들과 힘이 들긴 했지만 그래도 유아들의 이야기에 귀 기울이고 늘 눈높이를 맞춰서 수용적인 대화를 하려고 노력했었는 데 5세반 담임이 된지 이제 두 달 정도인데 자신도 깜짝깜짝 놀랄 만큼 지시적이고 권위적인 언어를 사용하고 있었다. 주임선생님이 5세반 담임이 되면 교사도 변하게 된다는 말씀이 이런 것이었구나.

"너희들 그러지 말라고 했지. 선생님이 몇 번 얘기했니? 어떻게 동생들보다 더 못해. 다들 노랑반에 다시 갈까?" 생각해도 우습다. 이런 말을 하루에도 10번 아니 20번 이상 사용하는 것 같다. 이야기나누기 시간에 말이 많아진 아이들을 보며 "선생님도 말 좀 하자. 그럼 너희들이 선생님 할래? 어디 나와서 해봐" 라고 하며 아이들을 면박주고…… 물론 농담처럼 한 얘기이지만 아이들은 선생님 맘도 모른 채 상처받았을지도 모르겠다.

「유아와의 언어적 상호작용」

학교 다닐 때 모든 과목의 교수님들께서 얼마나 강조를 하시던지, 그 때는 지겹기만 했는데 바로 이렇게 나의 언어가 아이들에게 직접적으로 영향을 미치게 되리라고 생각도 못했었다.

아이들의 눈높이에서 관심 기울이고 열심히 들어주고 바르게 말하는 연습을 다시 시작해야겠다.

유아기는 발달특성상 성인에 대한 의존도가 매우 높은 시기이다. 특히, 유아교육기관에서 이루어지는 효율적인 교사-유아 상호작용은 유아의 인지발달 뿐 아니라 자존감과 효능감 그리고 자기통제력 등에 많은 영향을 미친다.

상호작용은 교사-유아 사이에서 이루어지는 '대화'를 의미하며 대화에는 언어적이고 비언어적인 부분을 모두 포함한다. 즉, 교사가 사용하는 언어 뿐 아니라 교사의 표정, 몸짓, 눈빛 등이 유아와의 상호작용에서 중요한 내용이 된다. 유아의 문제행동 지도에서 교사의 분명하고 애정어린 훈육은 친밀한 관계를 바탕으로 한 효율적인 의사소통 기술에서 시작된다.

1. 교사-유아 상호작용이 영유아 발달에 미치는 영향

교사의 따뜻하고 애정적인 상호작용은 유아들에게 정서적 안정감을 주고 사회적 관계 맺기를 원활하게 하며 더 나아가 유아의 통합적 성장과 발달에 영향을 미친다.

교사가 유아와 민감하고 반응적인 상호작용을 할 때 유아들은 안정된 애착형성을 하게 되며, 교사와 안정된 관계를 많이 가질수록 유아들은 주위환경에 보다 탐색적으로 되어 학습의 기회를 더 많이 갖게 되는 것이다.

또한, 유아들이 유치원이나 어린이집에 입학하여 또래 친구들과의 단체 생활 속에서 겪게 되는 크고 작은 문제들을 효율적으로 해결하고 자신의 세계를 바람직한 방향으로 넓혀가는 데 있어 교사의 상호작용 능력은 절대적이라 할 수 있다.

특히, 자신의 신체와 환경에 대한 조절 및 통제 그리고 주도성은 유아기의 중요한 발달과업이며 초등학교에서의 학교 적응력에까지 영향을 미칠 수 있다. 유아기는 영아기에 습득된 자조기술을 통해 기본생활습관이 형성되어지는 시기이며 이 시기에 형성된 습관은 초등 뿐 아니라 성인이 되어서까지 삶에 영향을 미치게 되기 때문이다.

자기 신체와 환경에 대한 조절과 통제는 성인에게도 그러하듯이 유아에게는 더욱 어려운 일이다. 유아들은 화장실에 가서 용변을 봐야 하는데 옷이 빨리 벗어지지 않거나 신발이 잘 신어지지 않을 때, 먹고 싶은 음식이 잘 집어지지 않을 때, 자신의 등이 간지러울 때 등 자신의 신체를 자기 마음대로 할 수 없는 여러 상황에서 짜증을 내기 쉽다. 또한, 원하는 장난감을 친구들이 가지고 있을 때, 블록이나 퍼즐이 마음대로 맞춰지지 않을 때, 햇빛이 너무 강해서 땀이 나고 눈이 부실 때에도 아이들은 문제 상황을 어떻게 해결해야 하는지 당황할 수 있다.

유아들은 자신의 신체나 환경에 대한 조절과 통제 능력은 부족하면서도 자신의 능력에 대해서는 과도하게 믿는 경향이 있다. 즉, 유아기의 주도적인 성향은 '내가 할거야, 할 수 있어'를 반복하게 한다. 유아들은 아직 많은 연습과 훈련이 자신에게 필요하다는 것을 인식하지는 못한다. '잘 못하지만 내가 해 볼거야, 계속 연습해 봐야지, 아! 이렇게 하면 되겠구나' 등의 사고를 기대할 수 없다는 것을 교사는 알아야 한다. 짜증을 내지 않고 주변 친구들이나 선생님께 도움을 청할 수 있고, 도움을 청하기 위해 적절한 언어를 사용해야 한다는 것을 유아들은 배워야 하고 그 배움의 과정에 교사의 상호작용 능력은 절대적으로 영향을 미치게 된다. 유아의 조절 능력의 한계를 알고 이해하고 있는 교사와 그렇지 못한 교사의 상호작용 내용이 서로 다를 것이라는 것을 예측할 수 있을 것이다.

"속상한 일이 있었니? 선생님이 무엇을 도와 주면 될까?"와 "왜 이렇게 짜증을 내니? 선생님이 짜증내면 안 된다고 했지?"는 극단적인 예이기는 하지만 현장에서 쉽게 발견되는 모습이기도 하다.

유아교육 현장에서 교사의 상호작용 능력은 글로 강조할 수 있는 것보다 훨씬 더 중요하다. 유아에게 환경을 조절하고 통제할 수 있는 방법을 제시해 준다는 것은 그들이 가지고 있는 생물학적인 위기나 환경적 결핍까지도 긍정적인 방법으로 극복하고 해결할 수 있는 심리적 힘을 키워 주고 정신적으로나 인지적으로 건강하고 유능한 개인으로 성장할 수 있는 발판을 만들어 주는 것이다.

바람직한 교사-유아 상호작용이 영유아의 발달에 미치는 영향을 정리해 보면 다음과 같다.

첫째, 유아의 사회적, 정서적, 언어적, 인지적 발달을 촉진시킨다.
둘째, 교사 및 주변 성인들과 안정된 애착관계를 형성한다.
셋째, 주변환경을 적극적으로 탐색하고 학습할 기회가 증진된다.
다섯째, 또래와의 긍정적인 사회적 관계를 맺는다.
여섯째, 위기상황을 극복할 수 있는 심리적 건강성을 증진시킨다.
일곱째, 상위 교육기관의 적응과 학문적 성공을 위한 기초를 수립한다.

2. 유아의 문제행동에 대한 교사의 반응

기관에서 일어나는 유아의 부적절한 문제행동에 대해 교사가 어떤 반응을 보이는가는 문제행동을 보이는 유아의 후속행동에 영향을 줄 뿐 아니라 다른 유아들의 행동에까지 영향을 미침으로써 교사의 교실관리 능력을 나타내 준다.

다음은 교실에서 유아들이 부적절한 문제행동을 보일 때 교사들의 잘못된 반응의 전형적인 예가 될 수 있다.

> 친구들이 싸울 때 : 녀희들, 누가 싸우라고 했어.
> 싸우면 어떻게 한다고 했지 ? 잘했어, 잘못했어 ?
> 앞으로 또 싸울거야 ? 빨리 화해해.
> 한번만 더 싸우면 혼난다.

유아의 부적절한 행동에 대한 교사 반응에 대한 연구는 커닌(1970)에 의해 처음 시도되었다. 그는 교사의 반응을 분명함, 엄격함, 거침, 과잉지도로 나누고 각각의 경우에 대해 유아의 후속 반응을 살펴보았다(Kounin, 1970).

교사의 반응이 분명할 때는 잘못한 유아는 물론 다른 유아의 순응까지 증가시키는 반면, 엄격한 반응을 보일 때는 문제행동을 한 유아의 순응만을 증가시키며, 거칠게 반응할 때는 어떤 행동도 개선시키지 못하고 유아에게 불안감과 혼란스러움만 초래하였다. 과잉지도는 유아의 의존성을 키우고 반복적으로 동일한 문제행동을 증가시켰다.

커닌의 연구를 바탕으로 여러 학자들이 교사의 반응전략에 따른 유아의 부적절한 행동의 수정과 지속여부를 연구하였다. 교사의 반응전략의 구분은 언어적 전략과 비언어적 전략, 강도가 높은 전략 등으로 나누어 볼 수 있다.

1) 언어적 전략

앳워터와 모리스는 교사가 요구하는 명령, 선언, 의문, 제안 등의 언어적 요구 형태가 유아들의 행동 수행과 관련이 있음을 발견하였다(Atwater & Morris, 1988). 에버스톤과 엠머(Everston & Emmer, 1989) 그리고 딩크메이어와 맥케이(Dinkmeyer & Mckay, 1988)는 교사의 요구가 분명히 드러나도록 제재의 사유와 함께 바람직한 행동을 언어적으로 제시하는 것이 효과적이라고 하였다. 대부분의 유아들은 교사의 부정적인 언어 전략에는 반항하였지만 긍정적인 언어전략에는 순종하였다.

2) 비언어적 전략

비언어적인 반응전략으로는 에버스톤과 엠머(Everston & Emmer, 1989)가 제안한 눈맞추기, 브로티와 맥캐슬린(Brothy & McCaslin, 1992)이 제안한 목소리 조절하기와 손짓하기, 레슬리 등(Lasley et. al., 1989)이 언급한 부적절한 행동을 하는 유아 곁으로 살짝 지나가기 등이 있다.

3) 강도가 높은 전략

교사들은 훈육과 같은 반응전략을 사용하기도 하는데 이를 레슬리 등(Lasley et al., 1989)은 격리시키기, 벌을 준다고 위협하기, 이름을 부르고 적절한 행동 명령하기, 지시하기 등이 포함된다고 하였다.

한편, 김선영과 김희진(2001)은 교사의 반응을 간접·직접적 반응으로 나누어 다음 〈표 7-1〉과 같이 제시하였다.

〈표 7-1〉 교사의 반응 전략의 범주와 정의 및 하위범주(김선영, 김희진, 2001)

범 주		정 의	하위범주
간접적 반응		운영상의 맥을 깨뜨리지 않는 범위 내에서 집단이나 개별 유아에게 간접적으로 반응함	주의환기, 신호주기, 칭찬하기
직접적 반응	분명함	수용 가능한 행동과 함께 제재의 사유를 명확하게 밝힘	제안하기, 이유대기, 행동 돕기
	단호함	단호한 태도로 유아의 행동을 멈추게 함	명령/지시, 힘 행사, 논리적 결과 적용
	거침	불필요한 감정을 표현함	화내기, 위협하기, 비난/비웃기
무 시		유아의 부적절한 행동에 관심을 가지지 않음으로써 자연스럽게 소멸되기를 기대함	

교사의 반응에도 불구하고 유아의 부적절한 행동이 중단되지 않고 지속될 경우 교사는 동일한 전략을 반복할 수도 있고, 다른 전략을 더해 확장할 수도 있고, 전혀 다른 전략을 시도할 수도 있다(노정화, 1997). 교사의 전략은 학급의 크기, 활동내용, 문제행동의 유형 및 강도에 따라 달라질 수 있다. 교사가 어떤 전략을 사용하든지간에 중요한 것은 상황에 따라 서로 다른 원인을 가지고 있는 유아의 부적절한 문제행동에 대해 동일한 전략을 사용할 수는 없다는 것이다. 아무리 효율적인 언어적 상호작용의 내용을 숙지하고 있다고 하더라도 유아의 특성과 상황에 따라 지도전략과 여러 가지 기법을 절충해서 프로그램을 계획하지 않으면 실패할 확률이 높다는 것을 기억해야 한다.

3. 부정적인 교사-유아 상호작용

유아교육 장면에서 교사들은 흔히 다음과 같은 상황에서 어떤 반응을 할까?

우선, 한 가지 예를 들어 보자.

상황 1	유아들의 집단놀이를 돌보고 있던 중 울음소리가 들렸다. 소리가 나는 쪽을 바라보니 영희가 현관문을 잡고 서서 울고 있었다. 이를 발견한 여러 아이들이 "선생님, 영희가 울어요."라고 소리쳤다. 이러한 상황에서 교사가 영희에게 어떤 행동과 말 그리고 반응을 하는 것이 도움이 될 수 있을 것인가?

위의 상황 1에서 교사가 사용할 수 있는 여러 반응들을 살펴보자.

교사 1 : "영희야 그만 울어." 또는 "이리 와서 규호와 함께 종이 오려 붙이기 하자."
교사 2 : "영희야, 너 자꾸 울면 네가 좋아하는 인형 못 갖고 놀게 할 거야."
교사 3 : "어휴, 또 우니? 넌 툭하면 우는구나."
교사 4 : "영희는 몇 살이지? 여섯 살이잖아. 여섯 살이나 된 사람은 아무데서나 울면 안 되는 거야."
교사 5 : "다 큰 애가 울고 있네, 영희 보다 어린 애들도 안 우는데."
교사 6 : "영희야, 지금 무슨 시간이지? 놀이 시간이지? 그렇지, 그러면 놀이 시간에는 즐겁게 놀이를 해야 되잖아, 지금은 우는 시간이 아니야."
교사 7 : "영희야, 속상한 일이 있었구나. 영희가 많이 슬픈가 보네. 하지만, 친구들과 놀다보면 금방 나아질 거야."
교사 8 : "영희야, 왜 우니? 왜 우는지 말을 해야 알거 아니니?"
교사 9 : "영희야, 우리가 방금 전에 무엇을 했지? 코끼리 흉내 말이야, 그것 참 재미있었지?"

한 가지 예를 더 들어 보자.

상황 2	유아들이 자유선택활동을 하고 있던 중 갑자기 쌓기영역에서 왁자지껄 시끄러운 소리가 났다. 그 쪽을 보니 명석이와 현명이가 싸우고 있었다. 다가가서 물어 보니 현명이가 "내가요 성을 쌓고 있는데, 쟤가 와서 블록을 하나 가져 갔어요." 했다. 명석이는 "선생님, 저는 아닌데~" 하면서 우두커니 서 있다. 이 상황에서 교사가 명석이에게 어떤 행동과 말 그리고 반응을 하는 것이 도움이 될 수 있을 것인가?

위의 상황 2에서 교사들이 사용할 수 있는 여러 반응들 중 몇 가지만 살펴보자.

교사 10 : "네가 잘못했지? 친구에게 미안하다고 사과해, 그리고 다음부터는 그러지마."
교사 11 : "너는 왜 그렇게 생각이 없니? 넌 왜 그렇게 욕심쟁이니?"
교사 12 : "거짓말 하지마, 네가 그랬지? 네가 아니면 누가 그랬겠니?"

위의 두 가지 상황의 예시를 근거로 교사가 교실에서 주의하거나 피해야 할 상호작용을 살펴보면 다음과 같다.

① **명령과 지시** : 교사 1은 유아에게 명령과 지시를 하는 것이다. 이는 유아로 하여금 분노하게 하며 적대감을 나타내게 한다. 이렇게 해서 유아에게 도움이 되는 경우는 드물다. 영희가 지시를 따르더라도 슬픈 감정은 남아 있을 것이며, 교사는 여전히 유아가 왜 울었는지를 이해하지 못한다.

② **경고와 위협** : 교사 2는 유아에게 경고, 위협을 하는 것이다. 유아의 욕구나 희망을 거의 존중하지 않음으로 유아는 반항심과 적대감이 생길 수 있다. 이것은 마치 교사로서 하는 최후의 수단처럼 들린다. 십중팔구 영희의 울음은 더 심해질 것이다.

③ **비난** : 교사 3은 유아의 행동을 비난하는 것이다. 이것은 유아의 자존심을 상하게 할 가능성이 크다.

④ **설교** : 교사 4는 유아에게 설교하여 의무를 부여하는 것이다. 교사의 판단을 무조건 받아들이도록 할 때 유아들은 일단 겉으로는 복종하는 것 같지만 마음 속으로는 불복종한다. 설교는 '~해야 한다', 또는 '~해서는 안 된다'는 의무를 부가시켜서 유아의 행동에 영향을 줄 수는 있다. 그러나 이러한 설교는 가능한 한 자주 하지 말고, 하더라도 짧게 하는 것이 좋다.

⑤ **창피주기** : 교사 5는 유아에게 창피를 주는 것이다. 유아가 창피해서 울음을 그치

게 하려는 것이다. 많은 교사들이 이 방법을 자주 쓴다. 그러나 유아가 울음을 그쳤다 하더라도 자존심은 많이 손상될 것이다.

⑥ **설득** : 교사 6은 유아의 울음에는 감정적인 요인이 깔려 있을 것이지만 감정을 논리적 사고로써 통제하도록 하려는 것이다. 때로는 이러한 방법을 사용하는 것이 가능한 일이지만, 유아 자신이 아닌 교사에 의해서 주도되었다는 데 문제가 있다.

⑦ **동정과 위로** : 교사 7은 유아를 위로하고 달래는 것이다. 이런 경우, 유아들은 심리적인 위안을 받을 수 있다. 혹은 말을 하지는 않더라도 유아를 꼭 껴안아 줌으로써 위안을 줄 수도 있다. 그러나 만약 유아가 자주 우는 아이라면 위로로 그치지 않고 그가 자주 우는 이유에 대해서 이해할 수 있는 노력을 하는 것이 좋다.

⑧ **추궁** : 교사 8은 유아에게 우는 이유를 말하도록 추궁하는 것이다. 그러나 이렇게 다그치는 태도로 질문을 하는 것은 유아에게 별 도움이 안 된다.

⑨ **전환** : 교사 9는 유아의 울음과 관계가 없는 다른 자극을 줌으로써 유아의 관심을 다른 데로 돌리는 것이다. 이것은 유아의 관심을 분산시켜서 울음을 멎게 하는 일시적 효과는 있어도 유아를 이해시키기는 어렵다.

⑩ **독단적 판단** : 교사 10은 독단적으로 잘잘못을 판단해 해결책을 제시하는 것이다. 이는 유아들 간의 갈등을 유아들이 서로 생각하여 해결할 수 없게 만든다. 또한 유아들로 하여금 자꾸 교사에게 의존하도록 만든다.

⑪ **부정과 비난** : 교사 11은 부정적인 평가를 하는 것이다. 이는 유아로 하여금 "나는 생각이 없는 사람이야", "나는 욕심쟁이야"와 같이 부정적인 자아상을 가질 수 있게 할 수 있다. 또한 이 경우에 유아는 자아방어와 분노로 대응하기도 한다.

⑫ **해석과 진단** : 교사 12는 마치 다 알고 있다는 식으로 상황을 해석, 진단해서 하는 말이다. 유아들은 위협을 느껴 자신의 잘못을 인정할 수 있다. 그러나 정말 그 유아가 한 행동이 아닐 경우에는 유아는 오히려 교사에 대해 부정적인 감정을 가질지도 모른다. "나는 아닌데 , 선생님이 나에게 덮어 씌우는 걸 보면 선생님은 나를 미워하나 봐" 등과 같이 생각할 수 있다.

교사-유아 상호작용을 충분히 익히고 현장에 입문한다고 해도 유아들과 현장에서 생활하다 보면 자신도 모르게 피해야 할 상호작용을 사용하게 되는 경우가 종종 있다. 교사의 반응에 따라 유아의 감정과 행동이 영향을 받고 표현 또한 억제되거나 촉진될 수 있다는 사실을 기억하고 상호작용에 대한 자기분석을 꾸준히 계속한다면 순간적인 실수에 대해서는 언제든지 개선되고 발전될 수 있다.

4. 효율적인 교사-유아 상호작용

교사가 유아의 부적응행동을 변화시키기 위해 기관의 환경도 정비하고 유아발달과 상담에 대한 다양한 이론에서 유용한 기법들을 충분히 숙지하고 있다고 해도 유아와 효율적으로 대화하기는 그리 쉬운 일이 아니다.

초임교사의 경우에는 유아 발달과 문제행동에 대한 통합적인 이해가 부족하고 지식을 기술로 전환하는 데 시간이 충분하지 않았기 때문일 수도 있고 경력교사의 경우에는 교사 개인의 성향이나 재교육의 부족으로 몇 가지의 상호작용 유형에 익숙해져 있기 때문일 수도 있다.

교사-유아 상호작용에서 교사는 '민감하고 반응적인', '따뜻하고 애정적인'이라는 부분에 대해 주의해야 할 필요가 있다. 교사나 부모들이 유아의 문제행동을 다룰 때 호소하는 어려움 중에 하나가 '잘해 주면 더 버릇이 없어진다'는 것이다. 교사나 부모들은 잘못된 행동에 대해 절대 수용할 수 없다면서 단호하고 엄격한 방법으로 유아를 훈육해야 한다고 주장한다.

유아가 부적절한 문제행동을 유발할 때 어떻게 하면 교사가 사용하는 언어 및 비언어적 상호작용이 수용적이고 반응적이 될 수 있을까?

'마음은 수용하고, 행동은 통제하라.'

교사는 '수용'의 의미와 한계를 가지고 있어야 한다. 교사들은 유아들에게 "네가 친구를 때리지 않으면 선생님도 네게 화내지 않을 거야. 선생님이 널 얼마나 예뻐하는데, 앞으로는 그러지 않아야 선생님이 사랑해 줄거야."라고 하면서 유아의 행동을 먼저 통제하려고 한다. 부적절한 행동을 한다는 것은 현재 충족되지 않은 욕구로 인해 자신의 감정이 방해받고 있다는 것을 의미한다. 우리는 그러한 행동을 문제행동이라고 부르지만 유아의 입장에서는 가장 정상적인 행동일지도 모르겠다. 왜냐하면 인간의 욕구충족에 대한 동기는 거의 본능적이라고 할 수 있으며 만족되지 않은 상태에서 유아는 자신의 욕구충족을 지연시키거나 다른 것으로 대체하는 데 있어 한계를 가지고 있기 때문이다. 그러므로 행동에 대한 통제보다 마음의 수용이 더 먼저 일어나야 한다.

'마음은 수용하고, 행동은 통제해야 한다'는 전제하에 바람직한 교사-유아 상호작용의 단계를 제시하면 다음과 같다.

1) 효율적인 교사-유아 상호작용의 단계

교사-유아 상호작용에 있어 그 순서가 정해져 있는 것은 아니다. 현장에서 일어나는 문제나 상황들은 시간을 두고 순서를 생각할 수 없는 경우가 대부분이기 때문에 여기에서 제시하는 단계는 동시에 일어나거나 경우에 따라 순서가 달라질 수도 있다. 예를 들어, 유아의 안전을 위협하는 상황에서는 가장 먼저 교사의 지시적인 제한이 먼저 일어나고 상황이 안정된 후에 유아의 감정을 수용하는 순서로 상호작용이 일어나야 할 것이다.

아래 [그림 7-1]의 순서는 교사 훈련과정이나 상호작용에 대한 자기 분석 과정에서 일반적인 지침을 제공해 주는 것일 뿐 절대적인 것은 아님을 밝혀 둔다.

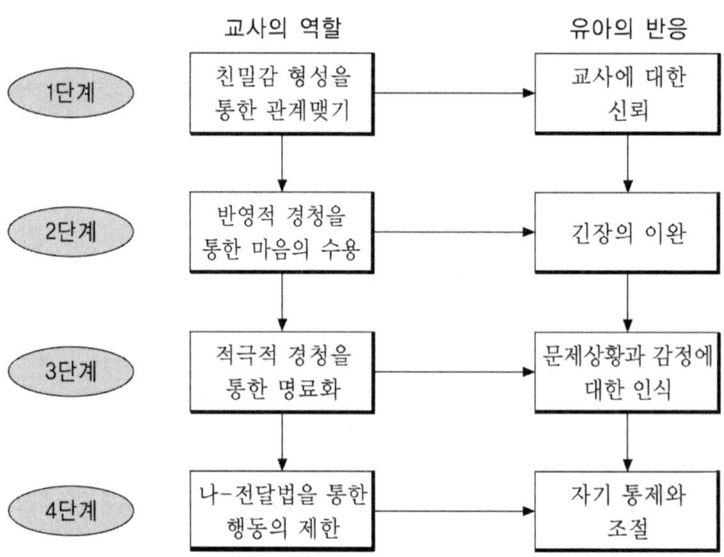

[그림 7-1] 교사-유아 상호작용의 단계

1단계에서 먼저 교사는 따뜻하고 친절한 태도로 유아와 관계맺기에 성공해야 한다. 유아는 때론 엄격하고 단호하지만 언제나 따뜻하고 친절한 교사에게 신뢰감을 갖게 되고 안정적인 애착을 형성하게 된다.

2단계에서는 문제나 갈등상황이 생겼을 때 교사의 반영적 경청을 통해 유아의 마음을 수용하는 단계이다. "그래, 선생님은 네 맘 알아, 그랬구나" 등의 단지 유아의 속상하고 힘든 부분에 대해 고개를 끄덕이거나 눈을 맞추고 등을 두드리는 정도의 반응이지만 이 단계에서 유아는 누군가에게 자신이 수용되고 있다는 믿음에 분노나 공격으로 긴장되어 있던 몸과 마음이 이완될 수 있다.

3단계는 교사의 적극적인 경청을 통해 문제를 명료화시켜 주고 유아의 숨어 있는 의도나 감정을 읽어 줌으로써 심층적인 이해와 공감이 이루어지는 단계이다. 유아는 3단계의 교사의 적극적 경청을 통해 자신의 문제와 감정에 대한 인식이 이루어질 수 있다. 유아들은 화나고 슬플 때 왜 그런 감정이 드는지 정확히 표현하지 못할 때가 많다. 만일, 시간이 좀 흐른 후라면 유아의 비가역적 사고의 특성 때문에 사건의 흐름을 다시 처음부터 생각해서 상황을 이해한다는 것은 더욱 어렵게 된다. "네가 뭘 잘못했는지 알겠어? 뭘 잘못했는지 말해 봐. 아까 무슨 일이야. 정확히 말을 해야 알지" 등의 대화는 유아에게 혼란만 줄 뿐 문제와 갈등을 해결할 수 있는 대안을 제시해 주지 못한다.

3단계까지가 유아의 마음을 수용하는 단계라면 4단계는 유아의 행동을 제한하는 단계라고 할 수 있다. "네 마음은 알지만 그렇게 행동하는 건 곤란해. 친구를 때리는 건 친구에게 상처가 날 수 있고 너도 다칠 수 있기 때문에 선생님은 걱정이 된단다. 선생님은 친구를 때리는 건 허락할 수가 없단다"와 같이 단호하지만 부드럽고, 강하지만 낮은 목소리로 교사의 권위로서 유아를 훈육할 수 있어야 한다.

이상의 4단계에서 가장 핵심이 되는 내용은 경청과 나-전달법으로 이는 유아 및 부모상담에서 뿐 아니라 교사의 전문적 역할 수행에 있어 유용하게 사용되는 기법이므로 반드시 익혀 두어야 한다.

2) 경청과 나-전달법

(1) 기본 원칙

유아들은 교사가 자신을 이해하고 있다는 것을 알게 되면 정서적으로 안정되고 근본

문제를 치유할 수 있다. 따라서 교사는 자신의 감정을 왜곡하지 말고 있는 그대로 반영시켜 주어야 한다.

기노트(Ginott, 1972)가 제시하는 부모-자녀 간 감정교류를 위한 몇 가지 원칙(김명희, 1996, 재인용)을 토대로 교사-유아 간 감정교류를 위한 원칙을 제시하면 다음과 같다.

첫째, 대화를 할 때는 유아의 인격을 최대한 존중해 주며 교사-유아 간의 관계도 상호 신뢰와 자기 신뢰에 바탕을 두어야 한다.

둘째, 교사-유아 간의 대화는 이해를 바탕으로 이루어져야 한다.

셋째, 교사는 유아를 격려하고 긍정적인 면을 장려해 줌으로써 긍정적인 자아개념을 형성하도록 해야 한다.

넷째, 교사는 상과 벌보다는 유아 스스로 느끼고 통찰하여 경험하게 하는 자발적 경험을 중시하여야 한다.

다섯째, 유아가 어떤 잘못을 했을 경우에도 행동을 중심으로 이야기해야지 유아의 인성이나 성격을 비난하거나 감정적으로 상처를 주는 언어표현은 바람직하지 않다.

(2) 교사–유아 간 효율적인 대화전략

자아는 타인과의 관계 속에서 형성되는 사회적인 산물이다. 사회심리학의 선구자인 Cooly는 자아개념을 거울자아(looking-glass self)라고 불렀다. 인간은 타인의 반응 속에 반영되어 있는 자신의 행위를 봄으로써 자신에 대해 알게 된다는 것이다.

다음은 유치원에서 일어날 수 있는 한 장면이다. 유아들의 자아에 대해 생각해 보자.

"선생님. 있자나요. 오늘 아침에요. 선생님."
아침부터 유아들은 선생님의 뒤를 졸졸 따라 다니며 할 말이 많다.
선생님은 손으로는 오늘 유아들과 작업할 활동준비물을 챙기면서 "그래, 말해 봐. 그랬구나. 이제 친구들과 가서 놀자." 짧은 시간 동안 교사는 한차례도 유아를 쳐다보지 못했다. 자신의 말에 귀 기울여 주지 않는 선생님에게서 유아는 어떤 거울을 볼 수 있었을까?

1 반영적 경청

유아가 어떤 말을 할 때 가만히 귀를 기울여 듣는 것은 대화의 기본적 태도이며 기술이다. 경청하지 않고는 유아에 대해서 정확하게 이해하기 어렵기 때문이다. 유아가 말하는 동안 교사가 관심 있게 들어주는 것은 유아의 말을 중요하게 여긴다는 뜻으로 유아에게 전달하게 되며, 긍정적인 자아개념 형성에 영향을 미치게 된다.

유아들은 자신의 말을 듣고 함께 기뻐해 주고, 함께 슬퍼해 주며, 함께 아파하는 선생님의 얼굴표정과 몸짓과 눈빛 속에서 자신의 모습을 발견한다. 자신의 생각과 느낌을 그대로 받아 주는 선생님을 통해서 유아들은 자신이 꽤나 괜찮은 사람으로 인식되는 것이다.

교사가 아이들을 보고 자주 찡그리게 된다면 유아들은 선생님의 거울을 통해 찡그리고 있는 자신의 모습을 발견하게 될 것이며, 밝고 환한 모습으로 마주 대하고 이야기를 들어준다면 유아들은 자신의 밝고 환한 모습을 선생님을 통해 발견하게 된다.

기관에서 적응력이 낮고 문제행동을 많이 유발하는 유아들의 경우, 낮은 자존감과 자신에 대한 믿음이 부족한 경우가 많다. 교사를 포함한 주변의 성인들이 유아를 어떤 모습으로 바라보고 있는지 확인해 본다면 그 이유를 어렵지 않게 발견할 수 있을 것이다.

유아가 기관에서 부적절한 문제행동으로 친구들을 괴롭히고 선생님을 힘들게 할 때에도 상호작용의 시작은 반영적 경청으로 출발해야 한다. 문제행동을 보인다는 것은 현재 유아에게 해결되지 않은 욕구가 남아 있다는 것이고 그것을 충족시키기 위해 사회적으로 승인된 바람직한 방법을 찾지 못해서 생기는 경우이므로 문제로 인한 고통은 유아 자신이 가장 많이 받고 있기 때문이다. 교사는 유아가 무슨 말을 하든지 관심을 가지고 주의 깊게 들어주어야 한다. 유아들은 교사가 자신의 말을 주의 깊게 듣고 있는지를 항상 살핀다. 그러므로 교사는 경청을 하면서 때때로 유아의 말에 관심을 갖고 '듣고 있다'는 것을 표시해 줄 필요가 있다. 예를 들어, "으응", "그랬었구나", "그런데?" 등의 언어적인 표현과 '고개를 끄덕이거나', '미소를 짓거나', '유아를 주시하거나' 등의 행동을 해줄 필요가 있다. 이렇게 함으로써 유아의 말에 교사가 주목하고 있고, 관심이 있다는 뜻이 전달될 수 있다.

② 적극적 경청

때로는 단순한 경청이나 듣고 있다는 표시만으로는 유아는 아직 자기가 이해되었다는 것을 확인받지 못할 때가 있다. 이럴 경우 교사가 이해한 바를 되받아 주거나 명료화시켜 주는 적극적 경청으로 유아의 자기 이해와 표현을 촉진시킬 수 있다. 적극적 경청은 유아가 표현한 감정과 태도를 다른 말로 표현해 주는 것을 말한다. 유아는 자신이 말했던 것 혹은 말하고 싶은 것을 교사를 통해 정확히 듣게 되고 자신의 문제가 무엇인지 그리고 무엇 때문에 화나고 속상한지 스스로 이해할 수 있게 된다.

적극적 경청은 몇 가지 방법으로 조금씩 다르게 이루어질 수 있다.

첫째, 유아의 말을 거의 그대로 반복하는 것이 있다. 예컨대, "성호가 때렸어요."라는 유아의 말에 대해 "성호가 널 때려서 화가 났구나."라고 반응하는 것이다. 이러한 반복은 경청의 가장 기본적인 방법이다. 이렇게 함으로 말하는 유아는 성호가 자신을 때린 사실에 대해 교사가 알고 있다고 느끼게 되고, 심리적으로도 안정감을 찾을 수 있을 것이다. 그러나 이 방법을 너무 자주 사용하면 유아에게 오히려 거부감을 줄 수도 있다. 왜냐하면 성의 없이 받아들여질 수 있기 때문이다.

둘째, 유아의 말에서 직접 표현되지는 않았지만 행동, 표정, 또는 말의 밑바닥에 깔려 있는 감정을 되받아 표현해 주는 것이 있다. 앞의 예에 대해서 "성호가 때려서 화가 났겠구나." 혹은 "속상했어~"라고 반응했다면 이것은 그 유아의 감정을 되받아 준 것이다.

셋째, 유아의 '동기', '희망', '욕구'를 받아 주는 것이 있다. 앞의 예에 대해서 "선생님이 너를 도와 주길 원하는 구나."라고 반응했다면 여기에 속한다. 그런데 둘째와 셋째의 경우에서는 유아가 직접 표현되지 않은 부분에 대해 교사가 이해한 것을 명료화시키는 과정이므로 부정확할 수 있다. 따라서 교사는 유아에 대해 충분히 이해한 후에 이 방법을 사용하는 것이 좋다.

이러한 적극적 경청은 유아가 자신의 감정, 동기, 희망, 욕구 등을 스스로 확인할 수 있게 해 준다. 뿐만 아니라 교사에게는 유아에 대한 잘못된 생각을 바로잡는 데 도움을 줄 수도 있다. 다음과 같은 상황을 예로 들어 보자.

■ 상황

지희가 하루 종일 아무런 활동도 하지 않은 채 역할놀이 영역의 소파에 앉아 있는다.

교사 : "지희야, 오늘은 아무런 놀이도 하고 싶지 않은가 보구나."
지희 : "싫어요! 저 안할 거예요."
교사 : "그래 지희는 오늘 아무것도 안하고 싶단 말이구나? 지희가 많이 속상한 일이 있었던 것 같구나!"
지희 : "아니에요, 명선이랑은 같이 안할 거예요."
교사 : "아! 지희가 명선이와 무슨 일이 있었구나. 그래서 오늘은 아무 놀이도 하고 싶지 않았던거야, 맞니?"
지희 : "명선이는 자기만 선생님 할려구 한단 말이예요."
교사 : "그랬구나. 지희도 선생님처럼 친구들에게 책도 읽어 주고 함께 게임도 하고 싶었던 거지?"
지희 : "네, 선생님 저도 선생님 하구 싶어요."
교사 : "그래? 그럼 언어방에서 가서 친구들에게 책을 읽어 줄 수 있겠니?"
지희 : "네 좋아요."

위의 예에서 볼 수 있듯이 교사는 반영적 경청과 적극적 경청을 통해 유아 스스로 긴장된 감정을 이완시키고 문제를 확인하는 과정을 보여주고 있다. 교사는 서두르지 않으며 유아의 이야기 속도와 단계마다 보여지는 감정의 변화에 초점을 맞추고 충실히 경청해 주고 있다. 경청은 결코 쉽지 않은 대화법이다. 교사는 자신이 짐작되는 부분을 빨리 확인하고 싶어하고 유아가 왜 그런 행동을 하는지에 대해 정확한 대답을 빠르게 요구한다. 만일 교사가 지희에게 "왜 그렇게 앉아 있기만 하니. 친구들과 놀아야지. 지희가 오늘은 왜 화가 났을까? 그러지 말고 빨리 가자. 그렇게 앉아만 있으면 다른 친구들한테도 방해가 될거야" 등과 같은 대화를 나눴다면 지희는 자신이 왜 화가 났는지 현재 어떤 마음인지 어떤 방법으로 문제를 해결할 수 있는지에 대한 아무런 정보도 얻지 못한 채 마음의 문을 닫게 될 것이다.

교사-유아 상호작용에서 교사가 반영적·적극적 경청을 활용할 때 다음과 같은 사항에 대해 주의해야 한다.

첫째, 유아의 숨은 의도를 정확히 파악한다. 유아의 숨은 의도를 교사가 정확히 발견하지 못하고 단순히 따라 하거나 지나치게 자신의 판단에 의존하여 이야기를 끌고

나가는 것은 대화를 방해한다.

둘째, 경청을 하면서 피해야 할 의사소통의 걸림돌을 함께 사용하지 않도록 주의해야 한다. 교사는 습관적으로 유아에게 교사가 생각하는 방법을 제시하고 회유하고 분석한다.

셋째, 문제의 소유가 유아에서 교사 자신에게로 전달되면 경청과 나-전달법을 번갈아 가면서 사용하는 것이 필요하다.

넷째, 단순한 정보나 사실을 전하는 것만으로 문제가 해결된다면 '질문하기' 방법으로 문제를 해결한다. 항상 반영적 경청과 적극적 경청으로 모든 대화를 풀어갈 필요는 없다.

다섯째, 경청은 상대방의 감정에 초점을 맞추어야 한다. 환경적 문제나 다른 친구들의 감정에 기대어 유아의 마음을 이해하려 한다면 유아의 마음의 문은 바로 닫히게 된다.

여섯째, 경청은 언어적, 비언어적 표현이 모두 중요하다. 교사는 감정을 나타내는 많은 단어를 사용할 줄 알아야 하고 풍부한 표정과 몸짓이 도움이 된다.

③ 나-전달법

유아들에게 교사 자신의 생각, 감정, 의도 등을 전달하는 방법은 크게 두 가지가 있다. 하나는 너-전달법이고(You-Message), 다른 하나는 나-전달법(I-Message)이다. 너-전달법은 유아의 행동에 초점을 맞추어 그 행동에 대한 비난, 비평, 혹은 평가의 의미를 전하는 의사소통 방법으로 유아에게 잘못이 있다고 말하는 것이며, 일종의 말로 공격하는 것이다. 반면에 나-전달법은 교사 자신이 어떤 생각이나 느낌을 갖고 있는지 유아에게 진실되게 전달하는 의사 소통방법이다. 이는 단순히 유아의 행동에 대한 교사 자신의 느낌을 솔직하게 설명하는 것으로 말하는 교사 자신이 중심이 된다. 이러한 나-전달법은 유아를 비난하지 않으면서도 유아의 문제행동에 대한 결과와 그로 인한 교사의 감정을 전달함으로써 좌절이나 분노, 수치심 없이 교사의 입장을 생각해 보게 한다.

나-전달법은 상대와의 대화에서 문제의 소재가 내게 있을 때 사용할 수 있는 적절한 방법이다. 유아가 문제행동을 보일 때 경청으로 시작하는 이유는 문제의 소재가 유아에게 있기 때문이었다. 어떤 문제로 인해 유아가 슬프고 속상하고 화나는 일이 있기 때문에 부적절한 행동을 한 것이라는 전제하에 교사의 의사소통이 경청으로 출발하였다. 그러나 기관에서의 유아 문제행동은 자신 뿐 아니라 친구들 그리고 교사에게도 문제를 발생시키게 된다. 특히 유아의 안전이나 교실의 규칙과 질서 등이 방해받게 될 때 교실을 관리해야 하는 교사에게도 문제가 생기게 됨으로써 경청만으로는 문제를 해결하기에 어려움이 생긴다.

교사가 유아에게 무엇이 문제이고 그 문제 때문에 어떤 결과가 생기는지에 대해 유아를 비난하지 않으면서도 정확하게 전달해야 할 때 가장 효과적인 방법이 나-전달법이다.

예를 들면, 기철이라는 아이가 블록을 바닥에 팽개치는 것을 보면, "기철아 화나는 일이 있니?(경청을 통한 마음의 수용)"라고 말해 준 후 "선생님은 기철이가 블록을 던지면 친구들이 맞아서 상처를 입을까봐 걱정이 된단다. 그래서 그런 모습을 보면 속이 상한단다."와 같이 전달하는 것이다. 이 경우에 유아는 "블록을 던지면 친구들이 다칠 수 있어서 선생님이 걱정을 하고 있고, 나의 이런 행동에 대해 속상해 하시는구나", "다음부터는 하지 말아야지"라고 생각할 것이다. 그러나 만약 이 경우에 교사가 너-전달법을 사용한다면 "기철이 너 그게 무슨 짓이니? 그렇게 해서 친구들이 다치면 어쩔려구 그래? 블록은 던지면 안 된다고 했지"라고 할 것이다. 이런 식으로 너-전달법을 사용하게 되면 아이는 "블록을 던진 나는 나쁜 아이구나", "선생님은 날 싫어하나봐"라고 생각하여 부정적인 감정을 갖게 될 것이다. 반면 나-전달법은 기철이를 비난하는 단어를 사용하지 않지만 기철이가 무슨 잘못을 했는지 앞으로 어떻게 해야 하는지에 대한 대안을 탐색해 볼 수 있는 기회까지 제공해 준다.

이러한 나-전달법은 다음과 같은 3가지 구성요소를 지니고 있다.

첫째, 문제행동에 대해 비판이나 비난 없는 있는 그대로의 서술	**유아의 문제행동**
둘째, 유아의 문제행동이나 이로 인한 구체적인 영향에 대한 교사의 감정이나 느낌	**교사의 감정(느낌)**
셋째, 그 행동이 교사에게 미치는 구체적인 영향	**유아의 문제행동의 결과**

여기에는 다음과 같은 표현이 내포되어 있다.

- ☞ 유아의 행동 : ~ 하면
- ☞ 교사의 느낌 : ~라고 느낀다.
- ☞ 유아의 행동의 결과 : 왜냐하면 ~하기 때문이다.

예를 들어, 속상한 일이 있을 때마다 큰 소리로 우는 정희에게 교사가 나-전달법을 사용하면 "정희야, 네가 아무 말도 안하고 큰 소리로 울기만 하면(유아의 행동), 선생님은 너무 속상해(교사의 느낌). 선생님이 무엇을 어떻게 도와 주어야 할지 모르겠어(유아 행동의 결과)." 이처럼 나-전달법은 유아의 문제행동에 대해 '~하면', 교사가 감정을 솔직하게 표현해 '~라고 느낀다.' 그 감정이 문제행동 때문이라는 것, 즉 '왜냐하면 ~하기 때문이다'라는 것을 전달하는 것을 말한다.

나-전달법 연습하기
'유치원 버스 안에서 기성이가 장난을 심하게 친다.' 어떻게 말하겠는가?
교사 : ______________________________

이럴 경우에 교사는 "네가 차 안에서 장난을 치면(유아의 행동), 선생님은 불안하단다(교사의 감정). 왜냐하면, 기사 아저씨가 운전하시는 데 방해가 되어 사고가 날 수 있기 때문이야(유아의 행동의 결과)"라고 할 수 있다. 그러나 나-전달법이 항상 이 세 요소가 있어야 하는 것은 아니다. 느낌은 꼭 넣지 않아도 된다. 앞의 예에서 교사는 "네가 차 안에서 장난을 치면(유아의 행동), 기사 아저씨가 운전하시는 데 방해가 되어 사고가 날 수 있어(유아 행동의 결과)" 라고만 할 수도 있다. 그리고 상황에 따라서 '행동', '느낌', '영향'의 순서가 달라질 수도 있다. 가장 중요한 것은 바로 교사가 중심이 되므로 아이를 힐책하지 않아도 된다는 것이다.

이러한 나-전달법의 장점을 정리해 보면 다음과 같다.

첫째, 나-전달법은 유아와의 대화를 부드럽게 하고 교사와 유아가 원만한 관계를 유지하는 데 효과적이다. 교사가 나-전달법을 사용하게 되면 유아들의 저항이나 반항하는 경향이 적어지게 된다.

둘째, 나-전달법은 유아가 취한 행동에 대해 자신이 스스로 책임을 지도록 하는 것이므로 유아의 행동을 교정하는 데 효과적이다.

셋째, 나-전달법의 표현은 정확한 것이기 때문에 유아가 어떠한 감정을 갖고 있을 때 교사가 같은 방법으로 자기의 감정을 정직하게 전달함으로써 유아에게 영향을 미칠 수 있다.

넷째, 유아가 교사를 있는 그대로 이해하게 되면 유아도 자신을 교사에게 노출할 용기를 얻게 된다는 것이다.

교사가 나-전달법을 사용할 때의 유의점으로는 다음과 같은 것들이 있다.

첫째, 굳이 너를 주어로 하는 표현이 꼭 감춰질 필요는 없다. 예를 들어, "네가 거짓말만 하기 때문에, 나는 기분이 나쁘다"라고 너를 드러내 놓고 표현해도 된다.

둘째, 부정적인 것을 강조하지 않는다. 위의 예에서 "네가 못된 거짓말만 하기 때문에, 나는 기분이 나쁘다"와 같이 '못된'이라고 강조하지 말아야 한다.

셋째, 나-전달법은 유아를 평가하지 않는 태도가 반드시 필요하다. 언어는 물론 표정도 유아에게 불쾌하다든지, 그런 행동은 나쁜 행동이라든지 평가하지 않아야 한다.

넷째, 유아들은 교사가 때에 따라서 나-전달법을 사용하면 이를 무시할 수 있으므로 일관되게 사용하는 것이 바람직하다.

다섯째, 나-전달법을 전달한 경우에는 다시 수용적 태도(반영적 경청)로 되돌아와야 한다.

3) 교사의 상호작용 행동

맥윌리암 등은 교사들이 유아들을 지도할 때 사용하는 구체적인 교수 행동은 상호작용의 사용 빈도와 정도에 따라 구분이 되어야 한다고 주장하면서 상호작용적 행동(interactive behaviors)으로 〈표 7-2〉에 제시된 7가지를 제안하였다(McWilliam, Zulli & de Kruif, 1998).

이러한 상호작용 행동은 교사의 개입 정도에 따라 칭찬하기나 인정하기와 같은 비지시적인 것에서 소개하기 · 방향 바꾸어 주기와 같은 지시적인 것으로 나누어 볼 수 있다. 교사의 상호작용 행동은 유아와의 활동을 전개하는 중 연속적이고 동시적으로 일어날 수 있는 경우가 대부분이므로 가능한 현장에서 직접 실습을 통해 익히는 것이 바람직하다.

또한, 비지시적인 상호작용은 바람직하고 지시적인 상호작용은 바람직하지 않은 것이 아니며 수업 내용과 상황에 따라 서로 다르게 적용되어야 할 것이다.

〈표 7-2〉 교사의 상호작용 행동의 종류와 예 (McWilliam & Wakely, 2000)

종 류	정 의	행동의 예
방향 바꾸어 주기	교사가 아이에게 지금 하고 있는 행동을 멈추게 하고 다른 활동을 하도록 하는 것. 정상적인 활동의 전이는 여기에 해당되지 않는다.	"민수야! 정현이를 때리면 안 돼! 어서 네 자리로 돌아가."
소개하기	교사가 활동에 참여하지 않고 있거나 활동을 처음 접하는 아이에게 다른 활동 거리를 제공하는 것	"영수야 이리와 선생님이랑 그림 그리자."
정교화하기	아이가 현재 하고 있는 활동의 참여 수준을 보다 확장하게 하기 위해 정보를 제공하는 것	유아가 한말을 새로운 단어나 다른 단어를 사용하여 명료하게 해주거나 확장해 주거나 다시 이야기해 주는 교사의 화법
따라 주기	교사가 아이들이 이미 하고 있는 활동과 관련된 언어적 또는 행동적 반응을 보여주는 것	"무엇을 만들고 있니 ?", "그래, 거기를 가위로 자르고 그 위에 반짝이를 더 많이 부치렴."
정보 주기	교사가 정교화되지 않은 정보를 아이들에게 제공해 주는 것. 예를 들면, 이야기를 들려주거나 노래를 부르는 행동	노래부르기, 책 읽어 주기, 다음 활동에 대해 이야기해 주기, 견학, 주제에 대한 이야기나누기 등
인정하기	교사가 아이들이 현재 하고 있는 활동에 대해 있는 그대로 인정해 주는 것. 여기에 교사의 정교화 노력이나 도움은 포함되지 않는다.	바쁜 교사에게 유아가 뛰어와서 달나라에 갔다 왔다고 말을 한다. 교사는 "재미있었겠구나."라고 대답
칭찬하기	교사가 열정적으로 아이들을 칭찬해 주는 것. 아이의 행동이나 작품에 대해 교사의 기쁜 감정을 표현하는 행동	"참 잘했어", "정말 좋구나", "야-!''

4) 교사의 놀이개입시 상호작용 행동

트래윅-스미스는 유아기 아이들의 놀이를 촉진할 수 있는 교사의 놀이개입 행동 유형을 다음과 같이 4가지로 제시하였다(Trawick-Smith, 1994). 유능한 교사는 한 가지 놀이 상호작용 안에서도 일대일 안내, 질문하기, 모델링, 따뜻함과 격려 등 같은 여러 가지 기술들을 혼합해서 사용할 수 있으며 이러한 기술들을 적용하기 위해서는 유아들이 몰입할 수 있는 다양한 활동들이 준비되어 있어야 함을 강조하고 있다.

(1) 일대일로 안내하기

일대일 상호작용은 아동의 눈높이에 맞춰 긍정적이고 성의있게 반응할 수 있도록 해 준다. 유아와 일대일로 상호작용했을 때 교사는 유아에게 정확한 정보를 주고 성공적으로 과업을 완수할 수 있게 해 준다. 그러나 학급의 크기에 따라 교사 1명이 20명 내외의 유아들을 책임지고 있다면 일대일 상호작용에 많은 시간을 소요하기는 쉽지 않다.

트래윅-스미스는 이 문제를 해결하기 위해 가능한 한 교실에서 두 명의 교사가 있어서 한 명은 소그룹 놀이영역에서 놀이를 촉진하는 일대일 상호작용을 진행하고 다른 교사는 교실 전체를 돌아다니며 갈등상황이나 문제를 해결할 것을 제안한다(Trawick-Smith, 1994). 또한, 학급의 크기가 너무 커서 일대일 상호작용이 불가능한 것은 아니라고 지적하는 데 35명의 대집단 몬테소리 교실에서도 교사의 개별적 지도가 이루어지고 있기 때문에 불가능한 것만은 아니라 할 수 있다. 즉, 유아가 스스로 환경과 상호작용할 수 있는 자기 몰입 활동이 충분히 제공된다면 대집단 교실에서도 일대일 안내하기는 가능하다는 것이다.

(2) 질문하기

교사의 신중한 질문은 문제해결을 촉진하고 언어습득을 돕고 호기심과 탐색행동을 촉진시킨다는 것은 이미 많은 연구에서 밝혀진 사실이다. 교사가 유아의 발달을 촉진하는 질문방법을 아무리 많이 알고 있어도 실제 교실상황에서 직접 실천하지 않으면 효율적인 상호작용은 가능하지 않다. 유아교사가 되기 위해 현재 대학교육을 받고 있다면 배운 지식을 연습하기 위해 친구들과 함께 유아 놀이터에 자주 놀러갈 것을 제안한다. 어린이 놀이터에는 갈등을 겪고 있는 유아들의 모습을 쉽게 발견할 수 있는 좋은 장소이다. 그 곳에서 알고 있는 질문방법을 직접 적용해 보고 실천해 본다면 현장에 입문해서 유능한 상호작용을 펼치는 교사가 될 수 있을 것이다.

시갈(Siegal)과 산더스(Saunders)는 유아의 발달을 촉진하는 질문 방법으로는 정보제공 대신 질문하기, 개방형 질문하기, 인지적으로 도전할 수 있는 질문하기, 대답에 반응하기 등으로 설명하고 있다(Trawick-Smith, 1994에서 재인용). 각 질문유형별 방법은 〈표 7-3〉에 제시되어 있다.

〈표 7-3〉 질문유형과 방법

질문유형	방 법
정보제공 대신 질문하기	유아가 정보나 도움을 받기 위해 교사에게 오면 단순히 정보만을 제공하기보다 질문을 통해 유아의 사고과정을 촉진할 수 있다.
개방형 질문하기	유아에게 질문할 때 한 가지 대답만을 할 수 있는 질문보다는 여러 가지 대답이 가능한 질문을 함으로써 의미있는 양방향의 대화가 지속될 수 있도록 해야 한다. 예/아니오나 동일한 대답만이 존재하는 질문은 피해야 한다.
인지적으로 도전할 수 있는 질문하기	유아에게 자신이 알고 있는 것에 대해 갈등을 일으킬 수 있는 질문은 해결과정을 통해 지적 성장을 이끌 수 있다.
대답에 반응하기	교사의 질문에 대해 유아의 대답은 맞을 수도 있고 틀릴 수도 있다. 이 때 유아의 대답에 대해 교사가 격려하고 틀린 대답일지라도 수용하고 더 질문을 하며 기다려 주는 것이 필요하다. 틀린 답에 대해 교사가 단순히 정답을 제공한다면 유아는 자신의 추론을 실험하고 잘못된 개념에 도전할 기회를 잃게 된다.

이상 4가지의 질문을 활용할 때 주의해야 할 점은 아동에게 깊이 있게 생각해 볼 수 있도록 시간을 주어야 한다는 것이다. 많은 교사들이 유아에게 질문한 후 기다리는 시간은 평균 3초를 넘지 않는다고 한다. 로위(Rowe, 1974)는 교사들이 유아에게 질문을 하고 반응하는 시간까지의 대기시간을 1초에서 3초로 연장한 결과, 유아의 반응의 길이가 증가되고 창의적 사고의 범위가 커지며, 반응이 더욱 다양해지고 의견교환을 많이 한다고 밝히고 있다. 또한, 교사는 능력이 많은 유아에 비해 능력이 부족한 유아에 대해서는 대답하는 시간을 덜 주는 것으로 나타났다. 유아에게는 자신이 생각한 것을 언어로 표상하기까지 시간이 필요한데 교사가 너무 빨리 대답을 요구하거나 정답을 제공해 버리면 유아의 사고과정을 단절시키는 것이다. 그러므로 아동의 대답이 끊이지 않도록 조심하는 것은 효과적인 질문하기의 한 부분이 된다(Trawick-Smith, 1994에서 재인용).

(3) 모델링

반두라(Bandura)의 사회학습이론에서 시작된 모델링을 통한 모방학습의 효과는 이미 많은 연구에서 그 효과가 증명되어 왔다. 모델링 효과는 유아의 놀이를 촉진하는 교사-유아 상호작용에서도 적용될 수 있다. 즉, 특별한 지시나 질문 없이도 유아의 놀이형태를 확장시킬 수 있으며 문제해결 및 친사회적 행동 등을 모델로 보여줄 수 있는 것이다. 예를 들어, 단순한 혼자놀이만을 반복하는 유아 곁에서 좀 더 정교하고 복잡한 형태의 놀이 행동을 보여주는 아주 단순한 방법으로도 유아의 놀이형태를 발전시킬 수 있다.

특히, 유아들은 자신이 좋아하고 긍정적인 관계를 맺고 있는 사람의 행동을 더 많이 모방하는 경향이 있으므로 유아와의 친밀하고 안정적인 관계를 유지하는 것이 상호작용의 기본임을 기억해야 한다.

(4) 따뜻함과 격려

교사의 바람직한 상호작용에 대한 여러 연구에서 빠지지 않는 부분이 칭찬보다는 격려를 많이 하라는 것이다. 과도하고 솔직하지 못한 칭찬은 오히려 유아로 하여금 성인에게 의존감을 불러일으킬 수 있으며 자기 유능감을 저해한다는 연구들이 나오고 있다. 칭찬은 외적인 것에만 관심을 기울이기 때문에 제한적이나 격려는 자기-동기화, 개인적 성취, 독립적 행위를 북돋아 준다. 칭찬과 격려의 차이는 간단하고 단순해 보이지만 교사의 상호작용에서 구체적으로 적용하기는 쉬운 문제가 아니다. 칭찬은 행동이나 활동의 결과에 대해 "잘했다, 못했다"의 가치 판단적인 언어를 포함하고 있으며, 격려는 있는 그대로의 결과에 대해 상황을 솔직히 읽어 준다는 것이 칭찬과 격려에 대한 입장이다.

칭찬과 격려의 차이를 좀 더 구체적으로 정리해 보면 다음 〈표 7-4〉와 같다.

〈표 7-4〉 칭찬과 격려의 차이

칭 찬	격 려
완성된 결과에 대해 주어지는 언어적 보상이다	격려는 과정에 초점을 두고 인정하는 것이다.
유아에게 다른 사람의 요구를 만족시켰다고 말하는 것이다.	유아 스스로 자신의 활동에 대해 평가하도록 돕는다.
실패에 대한 두려움을 갖게 한다.	자신의 능력을 알고 자신감을 갖도록 돕는다
가치판단을 하게 한다.	수용과 존중을 나타낸다.
칭찬하는 사람이 우월한 위치에서 선심을 쓰는 말이다.	동등한 관계에서 전달하는 메시지이다.
과다사용으로 공허하고 효과가 없어질 수 있다.	모든 사람에게 자유롭게 주어질 수 있다.

유아들에게 교사가 할 수 있는 칭찬은 '잘했다'라는 표현 외에 할 수 있는 말이 거의 없다. 유아와의 관계에서 일어나는 다양한 상황에 대해 유아를 존중하고 수용하는 진실된 격려를 실천할 수 있도록 교사의 평소 생활에서 주변 모든 사람들을 대상으로 충분히 연습하고 노력해야 한다. 예를 들어, 미술시간에 유아가 도화지 한쪽 구석에 작은 동그라미 한 개를 그렸을 때 교사가 유아에게 칭찬한다는 것은 어려운 일이다. 그러나 격려는 충분히 가능하다. "작은 동그라미 하나를 그렸구나", "동그라미로 무엇을 할 수 있을까?", "무엇을 그릴 건지 얘기해 줄래?" 등 교사가 전개하고 있는 활동의 주제, 유아의 기분, 주변 친구들과의 관계 등을 기초로 할 수 있는 격려는 매우 다양해질 수 있다.

교사들은 기관에서 자신이 사용하는 상호작용의 내용을 비디오나 녹음 등을 통해 분석해 보면 자신이 선호하는 역할이나 행동이 있다는 것을 발견하게 될 것이다. 특히, 유아들이 장난감으로 인해 서로 싸우거나 적절치 못한 행동을 보일 때 교사들은 반응적이기 보다는 더 지시적이고 엄격한 교수 행동을 보이는 경향이 있다.

모든 상황에서 언제나 수용적이고 반응적인 상호작용만을 실천한다는 것이 쉬운 일은 아니며 지나치게 수용적인 반응은 오히려 유아에게 의존적인 성향을 불러일으킬 수도 있다. 그러므로 교사가 높은 수준의 개방적 질문을 사용하고 체계적인 강화와 격려를 지속적으로 실천할 때 유아의 문제행동에 대한 효율적인 지도가 가능할 것이다.

제8장 행동수정 기법

행동수정은 유아교육 현장에서 가장 많이 사용하고 있는 기법 중 하나인데 실상 교사들은 그 내용을 정확하게 이해하고 있지 못한 경우가 많다.

현빈이 선생님도 영아반 담임 때부터 아이들이 좋아하는 여러 모양의 스티커와 사탕, 그리고 생각하는 의자 등을 두고 강화와 타임아웃을 자주 사용하고 있다.

"현빈아! 계속 친구들을 괴롭히면 생각하는 의자에 가라고 할거야.", "너 오늘은 스티커 못 받겠다.", "밥 빨리 먹고 정리하는 조부터 사탕 준다."

교사 자신도 행동수정 기법인지 모른 체 아이들을 어르고 협박하고 있는 것이다.

정적강화와 부적강화, 타임아웃 등의 방법으로 현빈이의 문제행동에 대한 구체적인 지도 전략을 수립하기로 했다.

앞장에서 유아의 문제행동과 관련해서 문제를 확인하고, 그 원인을 파악하고, 다양한 이론적 기초를 익혔다면 이제 유아의 문제행동을 실제 지도할 수 있는 전략을 익혀 이를 현장에 적용할 수 있어야 한다. 이 장에서는 유아의 문제행동을 지도하는 데 많이 사용하는 행동수정 기법을 소개한다.

행동주의 심리학에서는 인간의 행동이 주위 환경(경험)에 의해 크게 영향을 받는다는 전제하에, 좋은 행동이든, 나쁜 행동이든 모두 주위로부터 학습된 것으로 본다. 따라서 학습된 나쁜 행동도 학습을 통해 원래 상태로 또는 바람직한 행동으로 다시 학습시킬 수 있다고 믿는다. 행동수정이란 행동주의 심리학 이론에 근거해서 주위환경을 개인의 능력이나 조건에 알맞게 조성해 주는 방법으로 새로운 행동을 학습시키고, 잘못된 행동을 수정해 주는 절차를 말한다.

1. 행동수정의 기본 원리

행동수정은 행동주의 학습이론을 인간행동의 수정에 적용한 것이다. 행동수정을 이해하기 위해 반드시 알아야 할 기본 개념은 강화, 벌, 소멸, 강화계획 등이다. 이러한 내용을 충분히 이해할 수 있다면 행동수정의 다양한 기법들을 이해하는 데는 별 어려움이 없을 것이다.

1) 강화(reinforcement)

강화는 행동수정을 이해하는데 가장 기본적이며 중요한 개념이다. 강화의 개념을 정확하게 이해하고 있다면 행동수정의 이론적 기초는 이미 갖추었다고 볼 수 있다.

(1) 강화의 정의

강화는 우리 일상생활에서 무척 빈번히 사용되고 있으며 흔히들 '보상'이라는 말로 표현하곤 한다. 어린 아이들이 바른 행동을 했을 때 주는 과자나 사탕, 어른들이 한 달 동안 열심히 일하고 받는 월급, 심지어 커피가 먹고 싶을 때 자판기에 동전을 넣자 자동으로 컵에 담아 나오는 커피 등, 이 모든 것들이 강화의 실제 예들이다. 이제 강화의 개념을 보다 명확하게 이해하기 위해 반드시 알아야 할 두 가지 조건들을 설명해 보기로 한다.

첫째, 강화 절차가 되기 위해서는 반드시 특정 행동에 뒤이어 어떤 자극이 주어져야 한다. 이러한 조건을 행동수정에서는 수반성(contingency)이라 부른다. 만일 어떤 교사가 아이들을 만날 때마다 머리를 쓰다듬어 주며 칭찬을 해 준다면 이것은 강화가 아니다. 강화가 되기 위해서는 아이가 어떤 특정한 행동을 할 때마다 머리를 쓰다듬어주며 칭찬을 해 주었어야 한다. 때문에 그저 아이가 예쁘다고 사탕이나 과자를 주는 행동은 강화가 아니다.

둘째, 행동의 증가로 결과되어야 한다. 아이가 바람직한 행동을 할 때마다 사탕을 주었다고 하자. 이는 앞서 설명한 수반성이 분명히 존재하기 때문에 일단은 강화라고 볼 수 있다. 하지만 사탕을 준 결과 그 후 아이의 바람직한 행동이 더 이상 나타나지 않았다면 이 절차는 강화가 아니다. 강화가 되기 위한 또 다른 조건은 표적 행동의 빈도가 증가되어야 한다는 것이다.

이제 강화를 정의해 보면 강화란 '어떤 행동에 뒤이어 자극을 제시하거나 제거함으로써 그 행동의 발생 가능성을 증가시키는 절차'이다. 이 정의에서 혼돈되는 것이 또 하나 있다. 자극을 제시하는 것과 자극을 제거하는 것에 대한 구분이다. 강화에는 두 종류가 있어서 전자를 '정적 강화'라 하고 후자를 '부적 강화'라 부른다. 우선, 정적 강화는 어떤 행동에 뒤이어 사탕이나 칭찬, 아이가 좋아하는 활동 등 일종의 자극들을 제시하는 것으로 별 어려움 없이 이해될 수 있을 것이다. 하지만 부적 강화는 종종 혼돈을 불러일으키곤 한다. 영어로 정적 강화는 positive reinforcement라 하며 부적 강화는 negative reinforcement 라고 한다. 여기에서 positive와 negative를 '좋은' 그리고 '나쁜' 이란 의미로 해석하기 보다는 차라리 수학적 기호 +와 −로 해석하는 것이 혼돈을 피할 수 있는 하나의 방법이다. 왜냐하면 정적 강화와 부적 강화를 이해하는데 따르는 어려움은 정적이란 말을 '좋은'이란 의미로 부적이란 말을 '나쁜'이란 의미로 이해하게 되면 제시되는 자극이 좋고 나쁨에 따라 정적 강화와 부적 강화를 구분한다거나 좋은 자극(예를 들면, 칭찬이나 사탕 등)이면 강화로, 나쁜 자극(꾸중, 체벌 등)이면 벌로 생각하기 쉽다. 이보다는 +는 더 한다는 의미이고 −는 뺀다는 의미이므로 위 강화의 정의에서 '자극의 제시'는 +(정적) 강화로 '자극의 제거'는 −(부적) 강화로 해석하면 혼돈을 피할 수 있을 것이다. 이 방법을 통해 다시 한번 정적 강화와 부적 강화를 비교해 보자. 정적 강화는 어떤 자극을 제공(+)하는 것이며 부적 강화는 어떤 자극을 제거(−)하는 것이 된다. 부적 강화의 예로 주방에서 생선을 굽게 되면 연기와 함께 비린내도 풍기게 된다. 이 때 팬을 켜면 냄새와 연기가 제거된다. 때문에 생선요리를 할 때 팬을 켜는 행동이 증가된다. 즉, 어떤 행동(팬을 켜는 행동)에 뒤이어 불쾌한 자극(냄새나 연기)이 제거됨으로써 앞으로 팬을 켜는 행동이 증가하게 되므로 이를 부적 강화라고 할 수 있는 것이다.

마지막으로 강화를 이해하는 데 주의해야 할 것은 강화 절차에서 사용되는 '자극'은

■ 정적 강화와 부적 강화 이해하기

☞ 우리는 일상생활에서 유아들의 바람직하지 못한 행동을 정적으로 강화하기 쉽다. 예를 들어, 우는 아이에게 사탕을 줌으로써 그 아이는 사탕이 먹고 싶으면 울게 된다. 결국 우는 행동을 줄이고자 사용한 사탕이 오히려 우는 행동을 유발하게 되는 것이다. 이러한 상황을 행동수정에서는 아이의 우는 행동이 정적으로 강화되었다고 한다. 한편, 아이가 울 때마다 사탕을 주는 엄마의 행동은 부적으로 강화된 행동이라 볼 수 있는데 이는 아이가 울 때 사탕을 주어 시끄러운 상황이 종료됨으로써 아이 엄마는 앞으로 아이가 울 때마다 사탕을 주는 행동이 증가할 것이기 때문이다.

아이의 행동 ①:

아이가 운다 → 사탕을 준다(자극의 제시) → 우는 행동이 증가되었다(정적 강화).

엄마의 행동 ①:

우는 아이에게 사탕을 준다 → 아이가 울음을 그친다(자극의 제거) → 이후 울 때마다 사탕을 주는 행동이 증가되었다(부적 강화).

여기에서 한 가지 기억해야 할 것은 위 예에서처럼 일상적인 상황에서 정적 강화와 부적 강화는 동시에 일어나는 경우가 많다는 사실이다. 어른들은 자신이 아이의 행동을 변화시킨다고 생각할지 모르지만 어른들도 자신이 모르는 사이에 아이에 의해 변화되는 행동도 적지 않다. 위 예에서 엄마의 행동 역시 아이에 의해 수정되었다고 할 수 있다.

위와는 반대로 아이의 바람직하지 못한 행동을 부적으로 강화하는 경우도 있다. 예를 들어, 아이에게 학습지에 있는 셈하기 20문제를 풀게 하자, 아이가 너무 많다고 칭얼거리자 엄마가 결국 10문제를 제하고 나머지 10문제만 풀도록 허락하였다. 이 경우 아이는 앞으로 공부가 하기 싫을 때마다 칭얼거리는 행동이 부적으로 강화됨으로써 미래에 이러한 행동의 발생 가능성이 증가하게 될 것이다.

아이의 행동 ②:

엄마의 요구에 대해 아이가 칭얼거린다. → 과제를 감해 준다(자극의 제거) → 이후 과제가 있을 때마다 칭얼거리는 행동이 잦아졌다(부적 강화).

엄마의 행동 ②:

아이가 칭얼거릴 때마다 과제를 감해 준다 → 아이가 칭얼대는 것을 멈춘다(자극의 제거) → 이후 아이가 칭얼거릴 때마다 과제를 감해 주는 행동이 증가되었다(부적 강화).

이 예는 아이와 엄마의 행동 모두 부적으로 강화되는 경우이다. 이처럼 두 사람의 상호관계 속에서 서로의 행동이 수정되기도 한다.

가치중립적 개념이라는 것이다. 어떤 교재에서는 '특정 행동에 뒤이어 유쾌한 자극을 제시하는 것'이 정적 강화이고 '불쾌하거나 또는 혐오적인 자극을 제거하는 것'이 부적 강화라고만 설명하고 있는데 여기에는 두 가지 오류가 있다. 하나는 이미 앞서 설명한 바와 같이 자극을 제시하고 제거 하는 것만으로 강화라 부를 수 없다는 것이다. 자극의 제시 또는 제거로 인한 결과로 행동의 발생이 증가되었을 때만 비로소 강화라 할 수 있다. 다른 하나의 오류는 자극의 유쾌성과 불쾌성은 다분히 주관적이라는 점이다. 예를 들어, 사탕은 대부분 유아들이 좋아하는 것이지만 그렇다고 모든 아이들에게 다 유쾌한 자극이 될 수는 없다. 간혹은 너무 많이 먹어 더 이상 아이에게 매력이 없을 수도 있고, 이가 썩어 엄마가 절대 사탕은 먹지 말라 했거나 사탕을 먹었을 때 엄마에게 혼이 난 경험이 있는 경우 사탕은 그 아이에게 결코 유쾌한 자극이 될 수 없기 때문이다. 불쾌성도 이와 마찬가지로 대부분 사람에게는 페인트 냄새가 불쾌한 자극이 될 수 있지만 어떤 사람들에게는 유쾌하거나 별 의미가 없는 자극이 될 수도 있다.

이상을 정리해 보면, 우선, 어떤 절차가 강화 절차인지 아닌지를 판단하기 위해 다음 두 가지 조건 모두를 충족시켜야 한다.

조건 1) 어떤 행동이 발생한 후 특정한 자극이 제시되거나 제거되었는가?
조건 2) 그로 인해 표적 행동이 증가되었는가?

위 두 조건이 모두 충족되고, 조건 1에서 특정한 자극이 제시되었다면 정적 강화, 제거되었다면 부적 강화라 할 수 있다. 주의해야 할 점은 제시되거나 제거된 자극이 유쾌한 자극인지 혐오스런 자극인지 주관적으로 판단할 필요가 없다는 것이다. 오히려 자극의 가치성은 무시하는 것이 강화의 개념을 이해하는 데 도움이 된다.

다음의 예들을 통해 다시 한번 강화의 개념을 명확히 해 보자(예의 출처 : http://psych.athabascau.ca/html/prtut/reinpair.htm).

예 1) 한 주부는 세 자녀가 매일 학교 숙제를 자기 전에 끝마치도록 하기 위해 저녁 식사 후 초콜릿바를 아이들에게 하나씩 나누어 주었다. 얼마 후 아이들이 이전에 비해 자기 전에 숙제를 마치는 횟수가 증가되었다.

이 예는 강화가 아니다. 왜냐하면 표적행동(취침 전에 숙제를 마치는 행동)에 뒤이어 자극이 제시되지 않았기 때문이다. 이 예가 강화 절차가 되려면 아이들이 취침 전에 숙제를 마쳤을 때만 초콜릿바를 주었어야 한다.

예 2) 초등학교 2학년인 아영이는 아직도 한 자리 덧셈을 제대로 할줄 모른다. 아영이의 셈하기 수준을 향상시키기 위해서 교사는 아영이가 두 문제를 옳게 풀었을 때마다 칭찬을 해 주었고 이후 10문제를 옳게 풀었을 때까지 점차 정답률을 높여나갔다. 그 결과로 아영이의 한 자리 덧셈의 정답률이 매우 향상되었다.

이 예는 정적 강화가 맞다. 표적행동은 아영이의 정답을 맞추는 행동이고, 강화물은 칭찬이며, 강화물을 제시한 결과로 정답을 맞추는 비율이 증가되었기 때문에 정적 강화가 갖추어야 할 모든 조건을 다 갖추고 있다.

예 3) 3살된 한 아이는 때때로 옷을 벗고 유치원 교실이나 복도, 심지어는 건물 밖을 뛰어다니곤 한다. 교사는 그러한 아이의 행동을 이해할 수 없었다. 아이가 그런 행동을 할 때마다 심하게 꾸짖고 얼마나 위험한 행동인지 훈계하였다. 그 후 그 아이는 더 자주 옷을 벗고 뛰어다니는 행동을 나타냈다.

이 예는 정적 강화이다. 왜냐하면 아이가 옷 벗고 뛰는 행동을 할 때마다 교사의 꾸중과 훈계가 주어졌으며(수반성) 그 결과 아이의 그런 행동이 더 증가되었기 때문이다. 이 예에서처럼 고통스럽거나 불쾌해 보이는 자극도 때론 대상에 따라 정적 강화물이 되는 경우도 있다. 교사의 꾸중이나 훈계는 그 아이에게 일종의 관심이었다고 볼 수 있다. 관심이 부족한 아이에게 이러한 꾸중이 오히려 강화가 될 수 있기 때문이다.

(2) 강화물(reinforcer)

정적 강화는 특정 반응이 일어난 다음에 어떤 자극을 제시함으로써 그 반응이 일어날 확률을 증가시키는 것이고 이 때 쓰는 자극을 정적 강화물이라 한다. 예를 들어, 아이가 낮잠시간에 잠자리에서 울 때(반응)마다 교사가 아이에게 다가가 달래(자극)준 결과, 아이가 낮잠을 잘 때 우는 행동이 증가된다면, 이 때 교사의 관심이 정적 강화물이 된다. 또한, 얌전히 수업에 집중할 때(반응)마다 교사가 칭찬(자극)해 주는 경우, 아이가 자리에 앉아 있는 행동이 증가된다면, 칭찬은 정적 강화물이 된다.

부적 강화는 특정 행동에 뒤이어 어떤 자극을 제거함으로써 그 행동의 발생 가능성을 증가시키는 것을 말하며 이 때 사용되는 자극을 부적 강화물이라 한다. 예를 들어, 과자를 사달라고 떼쓰는 아이에게 울음을 그치게 하기 위해 엄마가 과자를 사 주는 경우, 아이의 입장에서 보면 과자는 정적 강화물이 된다. 그러나 엄마의 입장에서 보면 아이가 울음을 그치는 것은 부적 강화물이 된다. 부적 강화물을 보다 쉽게 이해하기 위한 예로 전기 쇼크, 고통스런 소음, 불안 등과 같은 혐오자극이 제거되는 상태를 들 수 있다. 즉, 어떤 행동에 뒤이어 이와 같은 혐오적인 자극이 제거되면 그 행동이 앞으로 다시 발생할 가능성이 높아지게 되는 것이다.

■ 강화만 제대로 사용해도……

한 행동수정 전문가는 우리가 자녀교육에서 강화만 제대로 사용해도 많은 문제행동을 예방할 수 있을 것이라고 말한 바 있다. 가정에서 부모들은 강화물이 될 수 있는 많은 것들을 아무 생각 없이 아무 때나 제공하고 있다고 한다. 예를 들어, 자녀에게 제공하는 간식, 새 옷, 그 밖에 아이들이 좋아하는 것들을 수시로 심지어는 아이들에게 벌을 준 다음에 제공하는 것은 자녀교육 측면에서 볼 때 강화자원의 낭비고 비효율적이라고 한다. 따라서 생활 속에서 자연스럽게 아이들의 바람직한 행동에 뒤이어 이러한 강화물들을 제공할 수 있도록 의식적으로 노력하는 것도 필요하다.

일반적으로 강화물은 일차적 강화물과 이차적 강화물로 나뉜다. 일차적 강화물이란 학습되지 않고서도 강화물 자체가 무조건 동기를 높일 수 있는 힘을 가진 것을 말하는데, 음식, 장난감, 과자, 주스와 같은 음료수 등의 강화물이 이에 속한다. 일차적 강화물이 효과적이기 위해서는 아동이 그 강화물에 대해서 결핍 상태에 있어야 한다. 예를 들어, 사탕 한 봉지를 다 먹은 아동에게는 사탕이 더 이상 강화제가 되지 못하기 때문에 아동에게 강화물을 사용하기 전에 얼마 동안 주지 않아야 효과가 있다. 행동지도 기간 동안 강화물을 계속받게 되면 더 이상 강화물을 필요로 하지 않는 포화상태가 되므로 이런 경우를 사전에 예방하기 위해서는 아동이 금방 먹을 수 있는 것으로 하고 소량의 강화물을 주는 것이 필요하다. 이것은 행동 지도에 필요한 시간을 최대화시킨다는 점에서도 필요하다.

이차적 강화물은 강화물 자체가 무조건적으로 행동을 유발시킬 수 있는 힘을 가진 것은 아니고 그 강화물이 과거의 즐거운 경험을 연상시켜서 좋은 결과가 올 것을 기대하기 때문에 행동의 증가를 가져오는 자극을 말하는데 칭찬, 미소와 같은 사회적 자극, 강화물과 교환이 가능한 토큰이나 이와 비슷한 표(스티커 등), 좋아하는 활동을 하게 하는 것 등이 이에 속한다. 강화물의 선정은 보상을 받는 아이의 과거 경험, 물건의 희소성, 강화물의 크기, 받는 빈도 등에 따라 동기를 일으키는 정도가 다르기 때문에 강화물이 갖는 개인차를 신중히 고려해야 한다. 그리고 일차적 강화물은 적절한 행동을 빠르게 습득하게 하는데 도움이 되는 것은 사실이나 궁극적으로는 점차 이차적 강화물로 바꾸어 주는 것이 필요하다.

■ 강화와 심리적 포만(satiation)

심리적 포만이란 한 번에 한 가지 강화물을 너무 많이 받아 강화의 효력이 상실되는 것을 말하는데 이는 유아들을 훈육하는 과정에서도 흔히 나타날 수 있다. 유아의 행동을 강화하기 위해 초콜릿을 사용하는 경우 한번에 너무 많은 양을 준다거나 항상 초콜릿만 주는 경우 유아는 초콜릿에 대해 포만을 경험하게 되어 더 이상 초콜릿에 대한 매력을 상실할지 모른다. 따라서 강화물은 한 번에 조금씩 주되 강화기간이 길게 되면 다양한 강화물을 바꾸어 가며 사용하는 것이 좋다. 불가피하게 강화물이 좀 큰 것이면(예, 신발, 게임기, 만화영화 한편 보기, 놀이공원가기 등) 유아로 하여금 강화로 받는 스티커를 하나씩 모아서 그것과 바꾸도록 하는 토큰 강화를 사용하는 것이 좋다.

한편, 포만 현상을 행동수정에서 역으로 이용하여 문제행동의 수정에 적용하기도 한다. 외국의 한 연구에서 정신병원에 입원한 40대 여성은 주변에 보이는 천은 모두 갈기갈기 찢어버리는 이상행동을 하였다. 이 때문에 병실의 커튼과 침대시트, 식당의 식탁보가 남아나질 않았다. 이 문제를 고민하던 한 간호사가 의류공장에 자투리 천 조각을 차로 하나 가득 주문해서 그녀의 병실에 넣어 주었고, 그 여성은 그 많은 천 조각을 찢다 찢다 결국 손에 피가 나고 부르터서 더 이상 천 조각 찢는 행동을 하지 않게 되었다. 이를 행동수정에서 포만(satiation) 기법이라고 한다.

여기서 한 가지 생각해 볼 수 있는 점은 애당초 천은 강화자극이었으나 그 양이 너무 지나쳐서 포만상태에 이르게 되면 그 다음부터는 벌 자극으로 바뀌어질 수 있다는 것이다. 배고픈 상황에서 맛있는 음식은 처음에는 강력한 강화자극일지라도 배가 가득 차서 포만상태에 이르게 되면 이제 더 이상의 음식은 혐오자극이 되는 것이다.

유아의 정상적인 성장과 발달에 따라 각 강화물의 효과는 달라진다. 어떤 연령에서는 강화작용을 하는 것이 다른 연령에서는 그렇지 못하다. 또한 어떤 아이에게는 강화작용을 하던 것이 다른 아이에게는 그렇지 못한 경우가 있다. 따라서 유아의 문제행동을 지도하는 교사는 이를 염두에 두어야 한다.

(3) 강화의 효과를 높이기 위한 고려사항

강화 절차가 효과적으로 이루어지기 위해서는 다음 사항들을 고려해야 한다.

첫째, 적합한 행동의 의미가 명백히 규정되어야 한다. 어떤 행동을 강화하기에 앞서 표적행동을 명확히 정의하는 것이 중요하다. 어떤 행동이 발생하였을 때 강화물을 제공할 것인가가 명확해야 행동수정이 성공할 수 있다.

둘째, 행동은 즉각적으로 강화되어야 한다. 강화는 어린아이일수록 가능한 표적행동이 발생한 즉시 주어져야 한다. 다행히 실험실 동물들과는 달리 인간들은 장기기억을 할 수 있기 때문에 어제 있었던 일을 상기시켜 그에 대한 강화를 다음날 제공해도 효과가 있다. 하지만 나이가 어릴수록 그 자리에서 강화가 제공되었을 때 학습의 효과가 높다.

셋째, 행동변화의 초기에는 적합한 행동이 나타날 때마다 강화가 주어져야 한다. 처음 아이의 행동을 강화할 때는 표적행동이 나타날 때마다 강화물을 제공해야 한다. 초기에 불규칙적으로 강화가 주어지게 되면 그만큼 학습속도가 더디어진다는 점을 잊지 말아야 한다.

마지막으로, 표적행동이 만족할 만한 수준에 도달했을 때부터는 강화의 횟수를 차츰 줄여 나가야 한다. 강화를 해온 행동이 원래 목표했던 수준에 도달하게 되면 차츰 강화를 제공하는 빈도를 줄여 나간다. 처음에는 매번 강화하던 것을 두 번에 한번, 세 번에 한번 등 점차 강화의 횟수를 줄여 나가 궁극적으로는 강화가 없어도 표적행동이 자연스럽게 발생할 수 있어야 한다. 만일 사탕 같은 물질적 강화물로 강화 절차를 시작한 경우는 차츰 칭찬, 미소와 같은 사회적 강화물과 대체되어야 한다. 따라서 가능한 물질적 강화물과 사회적 강화물을 함께 사용하는 것이 좋다. 처음에는 사탕을 주면서 머리를 쓰다듬고 칭찬을 해 주다가 어느 정도 표적행동이 목표수준에 근접해 가면 사탕을 주는 횟수를 줄여 나가면서 대신 머리를 쓰다듬고 칭찬하는 빈도를 자연스럽게 늘려 나간다.

■ 보상을 통해서 아이들의 행동을 강화하는 것은 비교육적이다?

어떤 교사들은 종종 아이들의 성적을 올리기 위해 혹은 바람직한 습관을 키우기 위해 보상을 사용하는 것을 비교육적인 방법이라고 비판하곤 한다. 그러한 교사들은 자신의 교육철학은 인본주의와 아동중심주의에 따라 아이의 개성이 존중되어야 하고 아이가 스스로 결정하도록 하는 것이 바람직하다고 주장한다. 그러나 따지고 보면 이런 주장을 하는 교사 자신들도 하나의 강화체제하에서 일을 하고 있다는 사실을 깨달아야 한다. 교사들은 학생들을 지도하고 가르친 대가로 봉급이라는 보상을 받고 있는 것이다. 따라서 계속해서 봉급이 나오지 않는다고 한다면 그들은 아마도 교사생활을 그만두게 될 것이다. 또 교사들은 근무평점을 높게 받았을 때 기뻐하고 보다 많은 보수를 받기 위해서 여러 가지 노력을 기울인다. 또한 그러한 자신들의 학생지도 노력이 강화를 받게 되기를 원한다. 한 행동수정 전문가는 어른들 스스로가 일의 대가로 받는 보상을 주장하면서도 어린이에게 주어지는 보상에 대해서는 이를 비판하는 어른들의 태도가 모순이라고 지적하였다. 이러한 주장에 대해 나의 생각은 어떠한가?

2) 도피행동과 회피행동

인간 행동 중에는 앞서 설명한 부적 강화를 통해 학습된 행동들이 무수히 많다. 즉, 어떤 행동에 이어 혐오스럽거나 불쾌한 자극이 제거됨으로써 동일한 장면에서 그 행동이 자주 발생한다면 이는 부적으로 강화된 행동이며 이렇게 학습된 행동을 도피 또는 회피행동이라 한다.

도피행동과 회피행동은 자극의 출현과 행동 사이의 시간 간격에 따라 구분된다. 도피행동은 혐오자극이 출현한 다음 그 자극으로부터 벗어나는 행동으로 두통이 생긴 후 두통약을 먹는 행동을 예로 들 수 있다. 회피행동은 자극이 출현하기 전에 미리 벗어나는 행동을 말하는데 독감 예방주사를 맞는 행동이 그 예이다. 이는 바로 앞의 예에서 두통약을 먹는 행동과는 분명히 차이가 있다. 두통약을 먹는 행동이 회피행동이 되려면 두통의 징조가 전혀 없는데도 미리 두통이 올 것 같은 기분이 들어 미리 두통약을 먹는 경우인데 이런 행동을 하는 사람은 극히 드물고 의학적으로도 바람직하지 않다.

■ 회피와 도피의 예

도피행동 : 특정 행동이 혐오자극을 제거하고, 그 결과 행동이 강화되는 것

회피행동 : 특정 행동이 혐오자극의 출현을 지연시키거나 막음으로써 행동이 강화되는 것. 여기에는 혐오자극의 출현을 예측할 수 있는 단서나 암시 또는 신호가 존재해야 한다.

┌ 도피 — 머리가 아파 두통약을 먹는다.
└ 회피 — 술을 마시기 전에 해독제를 먹는다.
┌ 도피 — 해변에서 맨발로 뜨거운 모래를 디뎠다가 얼른 신발을 신는다.
└ 회피 — 다음 번에는 모래사장을 밟기 전에 미리 신발을 신는다.
┌ 도피 — 자동차 시동과 함께 시끄러운 라디오 음악소리가 나오자 얼른 라디오를 끈다.
└ 회피 — 다음에는 자동차 시동을 걸기 전에 미리 라디오 볼륨을 줄여 놓는다.
┌ 도피 — 극장에서 옆자리 10대 아이들의 시끄러운 소리 때문에 다른 자리로 이동한다.
└ 회피 — 다음에는 아예 10대 아이들 근처에는 앉지 않는다.

출처 : Milenberger, R. G.(2001). Behavior Modification : Principles and Practice, 2nd eds. Wadsworth : Thomson Learning Inc.

3) 강화계획

강화계획이란 강화자극을 얼마나 많이, 자주, 그리고 언제 사용하는가의 문제를 계획하는 것으로 연속적 강화와 간헐적 강화로 크게 나누어진다. 연속적 강화는 가장 단순한 형태의 강화계획인데 개체가 특정한 반응을 할 때마다 계속적으로 강화를 주는 것이다. 예를 들어, 자판기에 돈을 넣으면 언제나 음료가 나오듯이 어떤 행동 후에는 언제나 강화가 주어지는 것을 말한다. 연속 강화는 학습된 반응을 오랜 기간 지속시키는 데는 가장 비효과적인 강화이다. 왜냐하면 매번 주어지던 강화물이 더 이상 제공되지 않게 되면 강화를 받아왔던 행동이 급격히 사라지기 때문이다.

간헐적 강화는 가끔 강화를 해 주는 방법을 일컫는다. 예를 들어, 5문제를 풀 때마다 스티커를 한 장씩 주는 경우나 불규칙하게 강화를 제공하는 경우이다. 간헐적 강화는 다시 간격강화와 비율강화로 그리고 고정계획과 변동계획으로 나뉘어진다.

간격강화란 행동과 행동 사이에 시간차를 두고 강화를 제공하는 강화계획이며, 비율강화란 행동의 횟수에 따라 강화를 제공하는 방법이다. 고정계획이란 강화 사이의 간격이 고정되어 있는 경우이며 변동계획이란 강화 사이의 간격이 다양하게 마련되는

것을 말한다. 이렇게 두 가지의 분류방법을 서로 조합하여 고정간격과 변동간격 그리고 고정비율과 변동비율 강화계획으로 다시 나뉘어진다(〈표 8-1〉 참조).

고정간격강화는 일정한 시간이 지나면 언제나 강화물이 주어지는 것(예, 월급, 주급 등)을 말하며, 변동간격강화는 언제 강화가 주어질지 모르게 강화가 주어지는 것(예, 아이가 공부할 때 엄마가 불시에 맛있는 간식을 주는 것)을 말한다.

고정비율강화는 표적행동을 일정 수만큼 했을 때마다 강화가 주어지는 것(예, 영어단어를 10개 외울 때마다 스티커를 한 장씩 주는 것)이며, 변동비율강화는 강화를 받기 위해 요구되는 일정한 횟수가 정해지지 않고 아무 때나 강화가 주어지는 것(예, 어떤

〈표 8-1〉 강화계획의 종류

<table>
<tr><th colspan="2">계획</th><th>방법</th><th>예</th><th>행동 패턴</th><th>강화가 종료된 후 반응(소멸의 속도)</th></tr>
<tr><td colspan="2">연속적 강화</td><td>매 반응 마다 강화 제공</td><td>TV를 켜는 행동, 자판기에 동전을 넣고 커피를 꺼내는 행동</td><td>행동의 빠른 학습</td><td>행동이 빠르게 사라짐(소멸에 대한 저항이 매우 약함)</td></tr>
<tr><td rowspan="4">간헐적 강화</td><td>고정간격</td><td>일정한 시간 간격 후에 강화 제공</td><td>아이가 공부할 때 한 시간 마다 엄마가 간식과 함께 칭찬을 해 준다.</td><td>강화시간이 다가옴에 따라 행동비율이 증가했다가 강화 직후 떨어짐</td><td>약한 지속성. 강화시간이 지나도 강화가 없으면 행동비율이 급격히 감소함. (소멸에대한 저항이 약함)</td></tr>
<tr><td>변동간격</td><td>다양한 시간 간격 후 강화 제공</td><td>아이가 공부할 때 엄마가 불규칙적으로 간식과 함께 칭찬을 준다.</td><td>느리지만 꾸준한 행동비율, 강화 후에도 행동비율이 떨어지지 않음</td><td>강한 지속성. 행동비율이 서서히 감소함(소멸에 대한 저항이 비교적 큼)</td></tr>
<tr><td>고정비율</td><td>일정한 횟수의 행동 발생 후 강화제공</td><td>10문제 풀 때 마다 아이가 좋아하는 초콜릿을 준다.</td><td>빠른 행동 비율, 강화 후 휴식</td><td>약한 지속성. 일정 수의 행동을 보여도 강화가 더 이상 나타나지 않으면 행동이 빠르게 사라짐(소멸에 대한 저항이 약함)</td></tr>
<tr><td>변동비율</td><td>다양한 횟수의 행동 발생 후 강화 제공</td><td>낚시나 도박 행동, 외판원의 판매 행동</td><td>매우 높은 행동 비율, 강화 후에도 거의 쉬지 않음</td><td>강한 지속성. 행동비율이 높게 유지되고 점차 감소함(소멸에 대한 저항이 매우 큼)</td></tr>
</table>

때는 영어단어 두 개를 외웠을 때 스티커 1장이 주어지지만, 어떤 때는 다섯 개에 1장, 어떤 때는 한 개에 1장씩 다양하게 주어지는 경우)을 말한다. 일반적으로 변동비율 강화계획을 실시할 때 행동발생 비율이 가장 높은 것으로 알려져 있다.

변동간격강화나 변동비율강화에서는 강화를 받는 개체가 언제 강화가 주어질지 모르기 때문에 강화를 받게 되는 행동을 지속적으로 유지하게 된다. 예를 들어, 도박과 같이 언제 딸지 모르는 경우가 여기에 해당한다. 대개의 경우 새로운 행동을 학습시키기 위해 처음에 연속적 강화계획을 적용하고, 일단 새로운 행동이 학습된 후에는 간헐적 강화계획을 적용하면 새로이 학습된 행동은 오랫동안 소거되지 않고 유지될 수 있다.

교사가 지속적이고 고른 반응 행동이 나타나게 하기 위해서는 처음에는 연속적 강화를 사용하다가 점진적으로 간헐적 강화로 바꿔야 한다. 왜냐하면, 연속적 강화의 경우는 강화받은 행동이 강화가 주어지지 않았을 때는 급격하게 소멸되고, 간헐적 강화는 장기간 유지 후에 소멸되기 때문이다. 또한 처음에는 강화의 간격을 좁게 하거나 반응 비율이 낮을 때 강화를 하다가, 점진적으로 강화의 간격이나 비율을 늘려나가는 것도 좋은 방법이다.

4) 소멸(또는 소거, extinction)

소멸은 앞서 강화를 받아왔던 행동이 더 이상 강화를 받지 못하게 됨으로써 그 행동이 더 이상 나타나지 않는 사태를 말한다. 예를 들어, 아이가 잠자리에서 칭얼거리는 행동을 수정하기 위해 아이가 잠투정을 하더라도 부모가 더 이상 관심을 주지 않으면 더 이상 투정을 부리지 않을 것이다. 원리는 앞서 강화되어 왔던 행동 → 더 이상 강화를 받지 못한다 → 그 행동이 앞으로 나타나지 않는다는 것이다(예를 들어, 화가 나면 자신의 머리를 때리는 행동 → 더 이상 관심을 보이지 않는다 → 머리를 때리는 행동이 더 이상 나타나지 않는다).

소멸을 사용할 때는 다음과 같은 점들을 알고 있어야 한다.

첫째, 소멸을 사용할 경우 유아들은 초기에는 강화가 더 이상 주어지지 않는 것에 대해 저항을 하는 수가 있다. 이러한 경향을 소멸에 대한 저항(resistance to extinction)이라고 부른다. 즉, 이미 학습된 행동이 사라지지 않고 유지되려는 행동의 경향성으로 마치 물리학에서 관성의 법칙과 유사하다고 볼 수 있다. 앞의 예에서 화가 나면 자신의 머리를 때리는 유아에게 더 이상 관심을 갖지 않으면 초기에는 저항으로 더 심하게 자신의 머리를 때리는 경우가 있다는 것이다. 때문에 바람지하지 못한 행동을 감소시키기 위해 소멸을 사용하기 시작한 초기에는 아이의 문제행동이 이전보다 더 심하게 나타난다고 소멸기법이 적절치 않다고 생각하여 그만두어서는 안 된다.

둘째, 소멸을 사용할 때 초기에는 간혹 예기치 못한 새로운 행동이나 공격적 행동 같은 정서적 반응이 나타날 수도 있다는 것이다. 이를 소멸 발작(extinction burst)이라고 부르기도 한다. 앞의 예에서, 잠자리에서 우는 아이 행동의 소멸 초기에는 전에 없던 독특한 행동(예, 소리를 지르거나, 베개를 집어 던지는 등)이 나타난다는 것이다.

셋째, 문제행동이 소멸되고 난 후 일정 기간이 지나면 다시 동일한 행동이 나타날 수도 있다는 것이다. 이를 자발적 회복(spontaneous recovery)이라 한다. 자발적 회복이란 소멸 전에 일어났던 행동이 유사한 상황에서 다시 일어나는 자연적 경향이다(Milenberger, 2001). 만일 자발적 회복이 일어났을 때 소멸이 진행 중이라면 그 행동은 일시적으로 나타났다가 사라진다.

넷째, 소멸에 대한 저항의 강도는 그 행동에 대한 강화 및 강화계획의 유형에 따라 다르다는 것이다. 예를 들어, 정적 강화로 행동이 유지됐던 경우는 강화의 제거에 의해 소멸이 이루어지며, 부적 강화로 행동이 유지됐던 경우는 혐오자극의 제시에 소멸이 이루어진다는 것이다. 결국, 소멸 절차를 성공적으로 이끌기 위해서는 명확하게 강화의 출처를 확인해야 한다.

다섯째, 단순히 무시하는 것으로 소멸을 시행하는 경우에는 오직 관심이 강화물의 역할을 하는 경우만 효과가 있다는 것이다. 예를 들어, 물건을 훔치는 아이나 식당이나 공공장소에서 뛰어다니는 아이들에게 단순히 무시하는 경우가 여기에 해당한다. 단순히 무관심하다고 해서 이러한 행동이 소멸되지는 않는다. 아이들은 물건을 훔치므로써 훔친 물건이 강화제가 될 수 있다.

여섯째, 만일 자발적 회복기간에 다시 강화가 주어지면 소멸이 실패한다는 것이다. 예를 들어, 잠자리에서 우는 아이의 경우 우는 행동이 무관심으로 소멸되었다가 어느 정도의 시간이 흘러 다시 나타났을 때(자발적 회복) 부모가 관심을 준다면 그 우는 행동은 앞으로는 계속 나타날 것이다.

5) 벌(punishment)

벌은 앞서 소개한 강화와 함께 인간 행동의 학습을 이해하는데 가장 기본이 되는 개념이다. 하지만 강화와는 달리 벌이 지닌 부정적인 의미 때문에 특히 교육장면에서는 바람직하지 못한 훈육방법으로 분류된다. 그럼에도 불구하고 실제 교육장면에서 벌은 강화에 못지않게 자주 사용되고 있으며 대부분 교육자나 부모들이 벌의 부정적 효과를 인정하고 있으면서도 필요악이라는 점 또한 인정하고 있다. 한 조사에 따르면 벌이 교육적으로 바람직하지 않다고 응답한 비율이 80%나 되지만 자녀교육시 벌을 사용하느냐는 질문에 대해서는 70%가 그렇다고 응답하였다고 한다. 어차피 벌이 교육현장에서 사라질 수 없다면 꼭 필요한 장면에서 사용하되 벌의 부정적 효과를 최소화할 수 있는 방법을 알아야 할 것이다. 한편, 일반적으로 벌이라 하면 체벌을 생각하는 사람들이 대부분인데 벌은 그 종류가 다양하다. 언어적인 꾸중도 일종의 벌이며, 아이가 좋아하는 놀이를 금지시키는 것도, 휴지를 함부로 버리는 아이에게 주변 청소를 시키는 것도 모두 벌에 속한다. 벌을 교육적으로 바람직하게 사용하기 위해서는 벌에 대한 충분한 이해와 함께 현실 속에서 다양하게 적용될 수 있어야 한다.

〈표 8-2〉 강화와 벌과의 관계

절 차 / 결 과	자극의 제시(+)	자극의 제거(-)
행동의 증가	정적(+) 강화	부적(-) 강화
행동의 약화	정적(+) 벌	부적(-) 벌

행동주의 학습이론에서 벌이란 '특정한 행동에 대하여 어떤 자극을 제시하거나 제거함으로써 그 행동의 발생을 감소시키는 절차'를 말한다. 이 정의는 그 구조가 강화와 매우 유사하다. 강화를 정적 강화와 부적 강화로 나누듯이 벌도 정적 벌과 부적 벌로 나뉘며 그 의미를 이해하는 방식도 동일하다.

우선, 정적 벌(positive punishment)이란 '어떤 행동에 뒤이어 자극을 제시함으로써 그 행동의 발생 가능성을 감소시키는 절차'이다. 아이가 잘못했을 때 꾸중을 한다거나 체벌을 가하는 것이 정적 벌의 쉬운 예이다. 부적 벌(negative punishment)이란 '어떤 행동에 뒤이어 자극을 제거함으로써 그 행동의 발생 가능성을 감소시키는 절차'이다. 예를 들어, 아이가 약속을 지키지 않았을 때 용돈을 감한다거나, TV 시청시간을 줄이는 것 등이 해당된다. 두 종류의 벌은 '미래의 행동 발생 가능성을 감소시킨다'는 점에서 동일하다. 차이는 자극의 제시 또는 제거에 있다. 특정 행동에 뒤이어 다른 자극을 제공하는 것은 정적 벌이며, 기존에 이미 대상이 확보하고 있는 자극의 전부 또는 일부를 제거하는 경우는 부적 벌이다. 앞서 강화에서 이야기했듯이 정적과 부적이란 개념을 더한다거나(+), 뺀다거나(−) 하는 의미로 이해하면 혼돈을 피할 수 있다(〈표 8-2〉 참조).

벌은 확실하고 신속하게 행동의 빈도를 감소시키는 방법이다. 그러나 다음과 같은 이유 때문에 벌의 사용을 반대하는 입장도 있다.

첫째, 벌이 어떤 행동의 변화를 초래한다고 하더라도 그 결과는 강화만큼 예측이 가능하거나 성공적이 되지 못한다. 벌은 제지하는 행동 대신에 해야 하는 행동을 제시하지 못하고 있기에 벌로 인해서 중지하게 된 바로 그 행동을 다른 좋지 않은 행동 또는 더욱 나쁜 행동으로 대치하게 되기도 한다는 것이다.

둘째, 어떤 상황에서는 바람직하지 않은 행동을 감소시키는 것이 아니라 오히려 그 행동을 고착시키게 되기도 한다. 이런 고착은 벌로 인한 불안이나 공포로 인해서 이루어지는 경향이 있다는 것이다.

셋째, 벌의 부산물이 불행한 결과를 초래할 수 있다. 벌로 행동수정을 하면 벌을 준 사람을 싫어하게 되거나 벌을 주게 된 상황을 싫어하게 된다는 것이다.

이렇더라도 벌을 줄 수밖에 없는 상황이라면 다음의 몇 가지 원칙과 기준을 따라야 한다.

첫째, 벌을 주기에 앞서 무엇이 문제인지를 언어적으로 설명을 하고 나서, 유아가 그것을 인정했을 때만 벌을 주어야 한다. 아이가 하는 행동을 보자마자 다짜고짜 벌을 주게 되면 아이는 무엇 때문에 벌을 받는지 알지 못한 채 당황스러워 할 수밖에 없다. 아이가 자초지종을 이야기할 기회도 준 다음 잘잘못에 대한 벌을 주어야 한다.

둘째, 벌은 문제행동이 발생한 즉시 즉각적으로 주어야 한다. 가급적 그 자리에서 벌을 주는 것이 보다 효과적이다. 특히 유아일 경우 바깥에서 잘못한 일을 나중에 집에 돌아와 잘 놀고 있는 아이를 불러 다짜고짜 혼을 내게 되면 아이는 잘 놀고 있는 행동에 대해 벌을 받는 것으로 혼돈할 수도 있기 때문이다.

셋째, 약한 벌을 주다가 강한 벌을 주는 쪽으로 가는 것은 피해야 한다. 왜냐하면 점차적으로 벌의 세기를 늘려가게 되면 아이들은 조금씩 조금씩 벌에 면역이 되어 아무리 센 벌일지라도 그 효과를 상실하게 될 수 있다.

넷째, 문제행동에는 벌을 주며, 동시에 바람직한 행동으로 전환되면 강화를 주어야 한다. 문제행동이 나타났을 때 벌을 사용하면서 동시에 바람직한 행동이 나타났을 때 강화를 제공하면 학습의 효과가 빠를 뿐만 아니라 벌을 주는 사람에 대해 긍정적 정서를 습득하게 된다.

다섯째, 강화를 받을 수 있는 바람직한(적응적) 행동이 대안으로 있어야 한다. 바람직하지 못한 행동에 대해 금지시키기만 하고 어떻게 해야 바람직한 행동인지를 아이가 알지 못한다면 아이는 당황스러워 할 수밖에 없다. 종종 부모들은 아이가 잘못한 사실에 대해서만 큰 소리로 꾸중하고 혼내는 경우가 있는데 아이에게 벌받는 행동을 하지 말아야 함과 동시에 어떻게 해야 하는가를 알려 주어야 한다.

여섯째, 벌을 주기 전에 몇 번의 경고를 주어, 유아가 그 벌을 피할 수 있는 암시나 신호로 받아들일 때 효과적이다.

마지막으로, 벌을 감정적으로 주어서는 안 되고, 잘못한 행동의 크기에 상응하는 만큼만 주어야 한다.

■ 행동수정이 아이들의 자유를 박탈하는 것은 아닌가?

사울 엑슬로드(Saul Axelrod)라는 행동수정 전문가는 이러한 물음에 대해 다음과 같이 답하고 있다.

표면적으로만 보면 행동수정 프로그램이 아이들의 자유를 박탈하는 것같이 보일 수도 있다. 사실 그런 점이 없는 것도 아니다. 성공적인 행동수정 프로그램은 다른 아이를 때리거나, 물건을 부수거나, 수업에 참여하지 않고 배회하거나, 멍청하게 앉아 있을 자유를 빼앗고 있다. 그러나 더 큰 의미에서 보면 행동수정 절차는 아이들에게 오히려 자유의 양을 늘려 주는 결과를 가져온다. 즉, 아이들이 다른 친구들의 물건과 권리를 존중하는 것을 배우게 됨에 따라 전에는 불가능했던 친구들과의 우정을 즐길 수 있게 된다.(중략)

아이들에게 자유를 준다는 것이 결과를 생각하지 않고, 무턱대고 그들이 하고 싶어하는 일을 할 수 있게 방임하는 것으로 생각해서는 안 된다. 규칙을 따르지 않는 아이들은 장차 그들의 자유를 박탈하는 교도소 같은 곳에 갈 기회가 많아진다. 부모와 교사들은 이러한 아이에 대한 책임을 깨달아야 한다(최영하, 1999에서 재인용).

* 최영하 역(1999). 행동수정이론과 응용. 서울 : 형설출판사.

6) 행동의 이해를 위한 ABC 모델

행동수정을 위해서는 행동에 대한 면밀한 분석이 필요하다. 여기에서 제시되는 ABC

모델은 행동과 환경과의 관계를 체계적으로 이해하는데 도움이 될 것이다.

행동이 어떤 상황에서 나타났으며, 행동이 나타난 후 어떤 결과가 초래되었는지를 이해하는 것이 이 모델의 핵심이다. 여기에서 행동(B : behavior)이 일어나기 직전의 상황을 선행사태(A : antecedent)라고 하며 행동이 일어난 후의 상황을 후속결과(C : consequence)라고 한다. 따라서 이러한 상황을 순서대로 나열하면 선행사태(A) → 행동(B) → 후속결과(C)이다. 예를 통해 다시 살펴보기로 하자.

아래 예에서 바닥에 휴지가 떨어져 있는 상태는 아이가 휴지를 줍는 행동을 보이기 앞선 상황이고 휴지를 줍고 난 다음 어른이 아이를 칭찬하는 행동은 휴지를 주움으로써 나타난 결과이다.

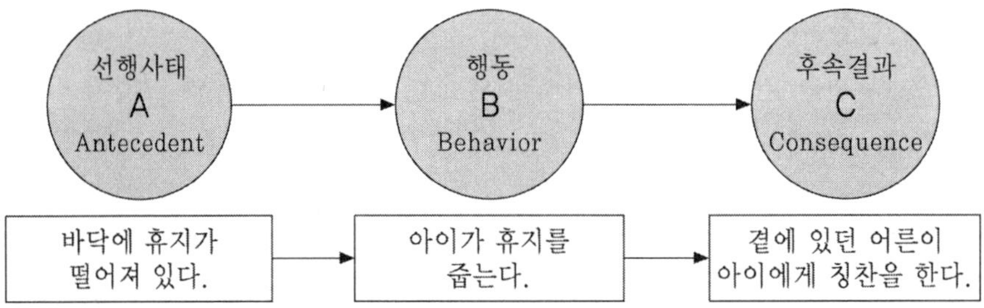

☞ 그 후 아이는 바닥에 떨어져 있는 휴지를 줍는 행동을 자주한다.

이 모델은 전형적인 정적 강화의 예인데, 이와 같이 행동의 전후를 분석해 보면 행동의 원인을 찾는데 유용한 정보를 제공해 준다. 위 예에서 휴지를 잘 줍는 아이는 아마도 이전에 위와 같은 경험이 있었기 때문일 수도 있다. 즉, 아이가 한번 휴지를 줍는 행동을 보였을 때 주변에서 칭찬을 받았기 때문에 그 아이는 휴지줍기를 잘 한다고 이해할 수 있다. 이 같은 방식으로 유아의 문제행동을 분석해 보자.

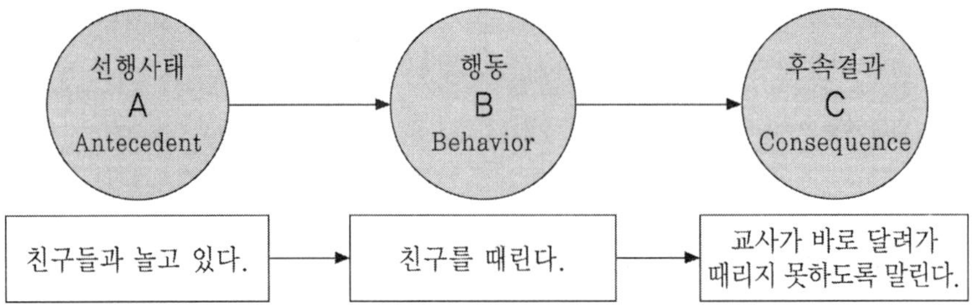

☞ 그 후 아이는 여전히 친구들을 때리는 행동을 자주한다.

이 예에서도 마찬가지로 아이가 친구를 때리는 행동을 분석해 보면 때리는 행동에 대해 즉각적으로 교사가 달려가는 행동은 결국 아이의 행동을 정적으로 강화해 왔다고 추측해 볼 수 있을 것이다.

한편 이 모델에서 선행사태에 초점을 맞춰 보자.

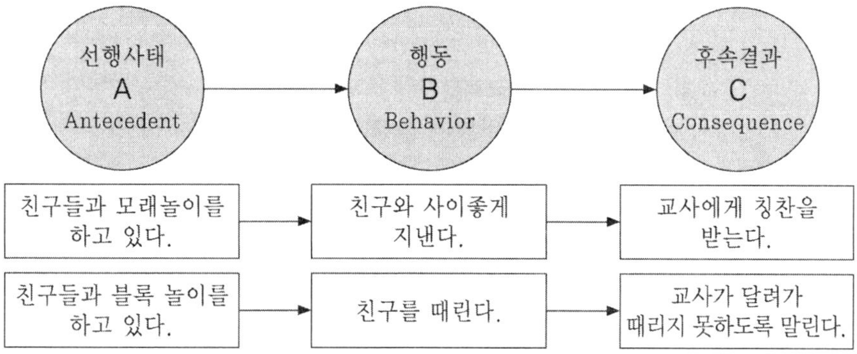

위 예에서 보면 유아는 모래놀이를 할 때는 아이들과 사이좋게 놀지만 블록놀이를 할 때마다 친구와 싸우거나 때리는 행동을 나타낸다. 그렇다면 아이의 때리는 행동은 블록놀이 활동과 관련이 있을지도 모른다. 이 때 교사는 그 원인을 찾아볼 수 있다. 아마도 블록의 수가 부족해서 원하는 것을 차지하려고 공격적 행동을 보이는지도 모른다.

이상과 같이 행동수정에서는 문제행동 발생의 이전의 상황과 이후의 결과를 분석하는데 초점을 둔다. 현장에서 교사들이 ABC모델에 따라 유아들의 행동을 분석해 보는 훈련을 하게 되면 문제행동의 원인을 찾는데 적지 않은 도움이 될 수 있다.

※ 다음 각 장면들의 내용으로 미루어 강화인지 아닌지? 강화라면 정적 강화인지 부적 강화인지? 구분해 봅시다.

장면 1. 한 공장의 근로자들의 지각을 막기 위해 출근 시간 내에 도착하는 근로자들에게 보너스로 매번 3000원씩이 주어졌다. 그 이후 근로자들의 지각률은 20%에서 3%로 낮아졌다.

장면 2. 한 청년이 새 차를 샀다. 그 차는 운전석에 앉아 시동을 걸면 자동으로 '안전벨트를 매시오'라는 메시지가 흘러나오도록 하는 장치가 설치되어 있다. 이 장치로 인해 그 청년의 안전벨트 매는 행동이 증가되었다.

(계속)

장면 3. 걸어다니지 않고 기거나, 구르는 행동을 보이는 아이가 있다. 이 아이에게 그러한 행동에 대해 무시하고 걸어다닐 때마다 관심을 주었다. 그 후 걷는 행동이 증가하였다.

장면 4. 수업시간 중에 떠드는 아이들에 대해 교사가 야단도 치고 꾸중도 하였다. 그 후 떠드는 행동이 감소하였다.

장면 5. 한 병원의사는 교통사고로 말을 전혀 할 수 없고 거의 움직이지 못하는 6살된 아이에게 치료의 한 수단으로 대화를 시작하였다. 처음 말을 걸 당시에는 하루에 두 차례 정도 그 의사에게 미소를 짓더니 얼마 후에는 최소한 분당 한 차례씩 미소를 짓게 되었다.

장면 6. 한 중학교 가정 실습시간에 학생들이 너무 소란스러운 문제를 해결하기 위해 담당교사는 자동 장치를 설치했다. 그 장치는 학생들의 소음이 일정 수준까지 내려가게 되면 자동으로 스피커를 통해 라디오의 음악이 흘러나오게 한다. 이 결과로 학생들의 소음 수준이 낮게 유지되었다.

장면 7. 한 남학생이 뚱뚱한 여학생에게 체중에 대해 계속 놀려 댔다. 그럴 때마다 그 여학생이 남학생의 뺨을 때려 주었다. 그런데 그 남학생의 놀려대는 행동은 때리기 전보다 더 빈번해졌다.

답 :

장면 1 : 정적 강화 [① 표적행동 — 지각하지 않는 행동, ② 결과 — 표적행동의 증가, ③ 자극제시 방법 — 표적행동 발생시 마다(수반적), ④ 자극의 제시 또는 제거 ? 보너스의 제시]

장면 2 : 아무것도 아님　　장면 3 : 정적 강화　　장면 4 : 벌
장면 5 : 아무것도 아님　　장면 6 : 정적 강화　　장면 7 : 정적 강화

출처 : http : //psych.athabascau.ca/html/prtut/reinpair.htm

2. 행동수정의 일반적 절차

행동수정은 일반적으로 다음과 같은 절차에 따라 진행된다.

1) 표적행동의 선정과 정의

표적행동이란 교사가 수정하고자 하는 유아의 문제행동을 말한다. 수정되어야 할

문제행동이 결정되면 문제행동에 대해 명확하게 규정하는 것이 중요하다. 표적행동을 정의하기 위해서는 해당 유아의 말이나 행동을 조작적으로 설명하기 위해 행동동사로 진술하여야 한다. 예를 들어, 공격적인 아이의 행동을 수정하기로 결정하였다면, 그 아이의 공격적 행동이 구체적으로 어떤 행동인지를 진술하여야 한다. 다른 아이에 물건을 던진다거나, 발길질한다거나, 욕을 한다거나, 등 관찰 가능한 행동 형태로 진술해야 한다. 이렇게 표적행동에 대해 명료하게 정의함으로써 교사는 어떤 행동을 수정해야 하는지, 그리고 어떤 행동을 관찰해야 하는지를 명확히 할 수 있다. 이러한 표적행동은 유아를 얼마간 관찰해 보면 구체적으로 확인할 수 있을 것이다. 또한 문제행동의 원인이 무엇인지 등 기초 자료를 수집할 수도 있을 것이다. 기초 자료는 학부모면담을 하는데 유용한 자료로써 활용될 뿐 아니라, 부모면담을 통해 좀더 정교화될 수 있다.

2) 기초선 관찰

표적행동이 정해지면 3일 정도 기초선 관찰을 통해 자료를 수집한다. 기초선 관찰 자료는 프로그램 실시 이후의 진전 상황을 비교하는 데 유용하다. 기초선이란 프로그램 투입 전 현재 문제행동 수준을 말하며 이는 프로그램의 중간 그리고 종료 후 프로그램의 효과를 확인하기 위한 기준이 된다. 따라서 기초선 관찰은 프로그램이 주어지기 전에 표적행동의 빈도, 기간, 강도 등을 관찰하는 것을 말한다. 즉, 현재의 문제행동 수준을 명확히 하기 위해 2-3일 동안 문제행동의 수준을 관찰을 통해 알아보는 것이다. 아래 그래프에서처럼 3일간 문제행동을 관찰한 결과를 그래프상에 기록하면 된다.

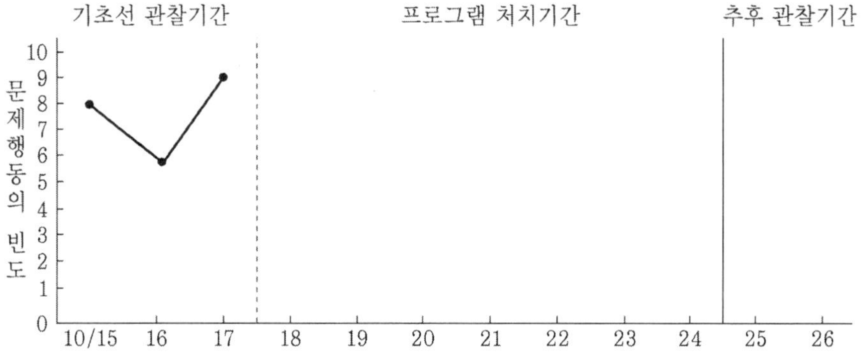

[그림 8-1] 관찰 그래프의 예

3) 강화물의 선정

기초선 관찰이 끝남과 동시에 유아의 문제행동을 지도하는데 적합한 강화물을 선택해야 한다. 강화물은 유아가 가급적 좋아하는 것으로 선택하고, 너무 부담이 가지 않는 것으로 정하는 것이 좋다. 또한, 강화물에 대한 유아들의 선호도는 늘 변화하므로 교사는 새로운 강화물을 끊임없이 개발할 필요가 있다. 미리미리 유아들의 강화물 선호도 검사나 상담 등을 통해 파악해 두는 것이 좋다. 부모와의 상담을 통해 유아가 어떤 것을 좋아하는지를 알아두는 것도 좋은 방법이다.

■ 강화물 선정을 위한 부모용 질문지 내용

유아의 부모들로부터 다음의 설문내용을 학기 초에 수집해 두면 강화물을 선정할 때 도움이 된다.

ㅁ귀하의 자녀가 좋아하는 것들을 가능한 구체적으로 적어 주세요.

ㅁ자녀가 가장 좋아하는 간식은?
1) 과자류 :
2) 사탕류 :
3) 음료류 :

ㅁ자녀가 가장 좋아하는 놀이는? (모래놀이, 소꿉놀이, 인형놀이, 블록놀이, 자동차 놀이 등)

ㅁ자녀가 듣기 가장 좋아하는 말은?(착하구나, 참 잘했구나, 예쁘구나, 어른스럽구나 등)

ㅁ자녀가 가장 좋아하는 신체 접촉은?(안아주기, 볼에 입맞추기, 머리 쓰다듬어 주기 등 토닥여 주기 등)

4) 행동수정 기법의 선정

행동수정 기법으로는 새로운 행동을 형성하기 위한 것, 바람직한 행동의 증가 및 바람직하지 못한 행동을 감소시키기 위한 기법이 있다. 행동수정 프로그램을 투입하기에 앞서 어떤 기법을 사용해야 할지를 정하도록 한다. 다음 쪽에 다양한 행동수정 기법들이 소개되어 있다.

5) 프로그램 투입

문제행동 수정을 위한 프로그램이 시작되면 교사는 수시로 문제행동에 대해 관찰하고 그 기록을 기초선 관찰 자료와 비교하여야 한다. 이렇게 함으로써 진행 중인 프로그램이 원하는 효과를 얻고 있는지를 확인할 수 있으며, 효과가 없다면 다른 전략을 적용할 수 있을 것이다.

6) 평가 및 추후지도

끝으로 어느 문제행동이 수정되었다고 판단되면 3일 정도 관찰을 하여 그 결과를 앞서의 기초선 관찰 결과와 비교하여 평가하고 프로그램을 더 진행할지, 이제 중단해도 될지를 결정한다. 수치상으로 확연히 문제행동이 감소된 것으로 나타나면 보통 바람직한 행동은 상대적으로 증가된다. 일단 문제행동이 감소되었다 하더라도 지속적으로 관심을 갖고 유아의 행동을 관찰하는 것이 중요하다. 그러면서 간헐적으로 바람직한 행동을 강화해 주어야 한다. 유아의 문제행동이 수정되어 바람직한 행동으로 바뀌었어도 시간이 지나면 이전의 문제행동이 다시 나타날 수도 있다. 따라서 간헐적으로 바람직한 행동에 대해 강화를 제공하여 바람직한 행동의 소멸을 최소화할 수 있을 것이다. 수주에 걸쳐서도 유아의 문제행동이 더 이상 나타나지 않는다면 교사의 지도 노력이 성공한 것이라 할 수 있다.

3. 행동의 증가 및 감소를 위한 기법

1) 타임아웃(time-out)

타임아웃은 일종의 부적 벌로써 현재 강화를 받고 있는 환경으로부터 격리시키는 절차이다. 이 기법은 아동이 타인이나 자신에게 해를 줄 때 일차적으로 사용되어야 한다. 공격적인 행동은 가능한 한 빨리 멈추게 하는 것이 필요하다. 그래서 항상은 아니지만 종종 이렇게 하기 위한 가장 좋은 방법이 타임아웃 전략이다. 타임아웃은 아동이 공격적인 행동을 두 번 이상 반복할 때, 그리고 교사가 그러한 행동이 좋지 못한 행동이라는 것을 아동에게 이미 설명했을 때만 사용해야 한다. 타임아웃 사용을 결심하기에 앞서 교사는 일관되게 그리고 동일한 방법으로 이러한 절차를 사용하는 것에 대해 유아들로부터 사전 동의를 얻는 것이 필요하다. 타임아웃이 적용될 표적행동의 정의, 타임아웃이 실행될 장소, 타임아웃의 방법에 대해 대상 아동과 모든 교사가 미리 동의하는 것이 중요하다.

타임아웃 방법에는 다음과 같이 세 종류가 있다.

첫째로 수반적 관찰(contingent observation) 타임아웃이 있다. 이 방법은 대상아동을 별도의 장소로 보내는 것이 아니라 그 자리에 일어나거나 교실 뒤쪽에 서서 다른 아이들의 활동 모습을 지켜보도록 하는 방법이다.

둘째로 배제적 타임아웃(exclusion time-out)이 있는데 이는 수반적 관찰 타임아웃과 유사하게 다른 곳으로 보내지지는 않으나 차이점은 다른 아이들의 활동을 보지 못하도록 교실 뒤에서 벽을 바라보게 하는 방법이다.

마지막으로 격리 타임아웃(seclusion time-out)은 현재의 장소에서 완전히 격리하여 복도나 별도로 마련된 방으로 보내지는 방법이다. 현장에서 종종 사용되는 '생각하는 의자'도 타임아웃 기법에 해당되는데 이 경우 의자에 앉아 다른 아이들의 활동을 지켜보게 한다면 수반적 관찰 타임아웃이고 다른 아이들의 활동을 볼 수 없도록 한다면 배제적 타임아웃, 그리고 별도의 방이나 복도에 의자를 두고 앉아 있도록 한다면 격리 타임아웃이라 할 수 있다.

타임아웃의 사용을 위해서 다음과 같은 절차를 제안한다(Essa, 2003).

첫째, 만일 다른 아이에게 해를 입히는 행동이 표적행동이라면 피해 아동이 더 이상 상처받지 않도록 빨리 실시해야 한다.

둘째, 조용히 타임아웃 지역에 대상 아동을 손을 잡고 데려가라. 단호하게 그러나 조용히 말하라, "나는 네가 다른 아이를 해치는 것을 허락할 수 없다. 선생님이 일어나라고 말할 때까지 여기 앉아 있어야 한다."

셋째, 시간을 기록하고, 아이에게서 벗어난다. 타임아웃 동안 그 아이와 이야기하거나 쳐다보지 말아야 한다.

넷째, 만일 다른 아이가 타임아웃 지역에 접근하면, 조용히 아이를 불러라. 그리고 "○○○는 몇 분 동안 혼자 있는 것이 필요해. 너는 ○○○가 교실로 다시 오면 그때 이야기할 수 있어"라고 설명하라.

다섯째, 정한 시간이 끝나면 즉시 아이에게 가라. 그리고 . "지금 일어나도 좋아." 라고 말하라. 잔소리(설교)는 하지 마라. 아이는 격리의 이유를 알고 있다. 아이가 바람직한 행동을 할 수 있도록 계속해서 활동에 참여하도록 해야 한다. 활동에 잘 참여하면 가능한 빨리 아이를 강화해라.

타임아웃은 벌이 아니란 것을 명심해야 한다. 오히려 타임아웃은 분노 등을 가라앉히고 생각하게 하는 시간이 될 수 있다. 때때로, 공격적인 행동은 일반적으로 분노 또는 불안 또는 불편함에 대한 반응이다. 따라서 타임아웃은 이러한 교실의 자극으로부터 아동을 분리해서 진정되도록 돕는 시간이다.

타임아웃 사용시 고려사항은 다음과 같다(Axelrod, 1977; 김미경 · 최기창, 2006).

첫째, 아이의 문제행동의 특성을 고려해야 한다. 타임아웃은 과잉행동이나 공격행동을 보이면서도 집단활동을 즐기는 아이들에게 효과적이다. 반면 사회적 참여를 즐기지 않고 소극적인 아동에게는 어쩌면 타임아웃이 강화가 될 수도 있다.

둘째, 아이가 타임아웃을 당하는 것에 대한 이유를 이해할 수 있어야 한다. 이는 아이가 잘못한 행동을 하면 타임아웃을 당할 것이라는 것을 예측할 수 있어야 한다는 말이기도 하다.

셋째, 다른 기법도 마찬가지지만, 일단 타임아웃을 실시하기로 결정하였다면 지속적으로 일관되게 실시되어야 한다. 교사의 기분이나 그날 그날의 상황에 따라 한번 봐준다거나 약속에 없었던 다른 행동에 대해서 적용하게 되면 효과를 기대하기 어렵다.

넷째, 타임아웃 시간은 너무 길거나 짧아서는 안 된다. 유아의 경우는 3분을 넘지 않는 것이 좋다. 또한 시간은 항상 일정해야 한다. 아이를 타임아웃 시켜 놓고 잊어버리는 일이 결코 있어서는 안 된다.

다섯째, 타임아웃 장소가 별도의 방이라면 그 방에는 아이의 흥미를 유발하거나 접근할 수 있는 어떤 자극도 있어서는 안 된다. 방안에 장난감이나 책, 기타 도구 등이 있어서는 안 되며, 지나가는 사람들을 바라보거나 말을 주고받을 수 있는 장소여서는 안 된다. 하지만 방안은 안전하고 적당한 조명과 환기가 잘 되는 곳이어야 한다.

2) 반응대가(response cost)

반응대가란 문제행동에 대해 강화물을 제거하는 절차로 타임아웃과 마찬가지로 일종의 부적 벌이다. 이미 지니고 있는 강화물이나 주어진 권리를 박탈하는 것 등이 이에 속한다. 아이가 문제행동을 할 때마다 지니고 있는 스티커 한 장을 반납하게 한다거나 아이의 TV 시청시간을 줄인다거나 컴퓨터 게임시간을 줄이는 방법 등을 예로 들 수 있다. 우리 주변에서도 반응대가는 흔히 볼 수 있는데 운전자들에게 부과되는 불법주차나 과속으로 인한 벌금이 그 예이다.

반응대가는 특별한 준비 없이 사용할 수 있어 간편하다는 장점과 함께 여러 가지 문제행동에 대해 동시적이고 즉각적으로 적용할 수 있는 장점이 있다. 또한, 시간이 적게 들고 수업 진행을 방해하지 않는다. 그러나 빼앗기는 것을 인정하지 못하는 너무 어린 아이에게는 오히려 울음과 같은 부정적 정서를 유발할 수 있기 때문에 반응대가 절차를 충분히 이해할 수 있는 연령의 아이에게 사용해야 한다. 즉, 행동과 반응에 대한 대가를 치루는 것 간의 인과관계를 이해할 수 있어야 한다.

그 밖에도 만일 한 아이가 지니고 있는 모든 것을 반응대가를 통해 빼앗고 난 다음에는 더 이상 어떤 조치를 취할 수 없게 될 수 있다는 문제가 있다. 또 한 가지 주의해야 할 점은 반응대가가 유아의 권리를 침해하지 않도록 주의해야 한다는 점인데, 예를 들어, 반응대가로 후식이나 간식을 못 먹게 할 수는 있지만 식사를 못하게 할 수는 없다는 점이다.

■ 반응대가와 경품 추첨

문제행동의 수정을 위해 반응대가 기법에 추첨을 통한 강화 방식을 응용한 새로운 기법도 있다. 이 방법을 고안한 프락터와 모르간은 추첨식 반응대가 (response cost raffle)라고 이름을 붙였다. 이는 행동수정의 반응대가 기법을 보다 재미나고 효과적으로 적용하기 위해 경품 추첨 방식을 추가한 것이다. 예를 들면, 수업을 시작하기에 앞서 아이들에게 각각 서로 다른 일련번호가 적혀 있는 5장의 종이 티켓을 나누어 주고 수업 중 아이의 부적절한 행동이 나타날 때마다 아이에게서 한 장씩 회수한다. 티켓을 모두 빼앗겨 더 이상 빼앗길 티켓이 없는 아이에게는 그 이후 다시 부적절한 행동을 하게 되면 벌로 time-out을 주게 된다. 수업 종료 전 교사는 각 아이들에게 남아있는 티켓들을 모두 모아 추첨을 하여 당첨된 아이에게는 상품을 준다.

출처 : Proctor, M. A. & Morgan, D. (1991). Effectiveness of a response cost raffle procedure on the disruptive classroom behavior of adolescents with behavior problems. School Psychology Review, 20, 97-109.

3) 토큰 강화(token economics)

토큰이란 그 자체로는 아무 가치가 없지만 가치가 있는 물품이나 활동으로 대체할 수 있는 포인트, 쿠폰, 별표, 스티커, 스탬프, 칩 등을 말한다. 토큰 강화란 음식이나 물건 대신 토큰을 사용하여 바람직한 행동을 증가시키고자 할 때 사용되는 기법이다. 일반적으로 강화에서는 한차례의 강화에 비싼 물건이나 오랜 시간의 활동(예를 들면, 1시간 짜리 만화영화 한편 보기 등)이라는 강화물을 줄 수가 없다. 따라서 토큰을 이용하여 바람직한 행동을 보일 때마다 토큰을 하나씩 주고 일정 수가 모이게 되면 보다 큰 강화물(교환강화물)로 바꿀 수 있도록 한다. 교육현장에서는 요즘도 이러한 토큰 강화기법을 많이 사용하고 있다.

토큰 강화는 우선 다른 강화물들과 교환이 가능하기 때문에 강화물에 포만되는 것을 막을 수 있으며, 만족지연의 습성을 길러 줄 수도 있다. 또한 다른 음식이나 활동들과 같은 강화물에 비해 행동 발생 직후 강화하는 것이 가능하다. 그리고 수업진행에 큰 방해가 되지 않는다. 반면, 토큰을 관리하는게 번거롭다는 단점도 있다. 친구의 토큰이나 심지어 교사의 서랍에 들어 있는 토큰을 훔치는 경우도 생길 수 있다.

밀텐버거(Miltenberger, 2001)가 제안한 토큰 강화의 절차는 다음과 같다.

첫째, 표적행동을 명확하게 정의한다. 토큰 강화를 통해 유아들의 어떤 행동을 강화할 것인지를 명료하게 해야 한다.

둘째, 토큰의 종류를 선택한다. 현장에서 가장 많이 사용하는 토큰은 종이별이나 스티커 등이다. 아이들이 쉽게 잊어버리지 않도록 종이에 붙이도록 하는 방법이 가장 바람직하다. 또는 기록 카드를 개인별로 만들어 주고 도장을 찍어 준다거나 사인을 해 주는 방법도 있다.

셋째, 토큰으로 바꿀 수 있는 교환강화물을 선정한다. 토큰 강화의 효과는 교환강화물의 매력 정도에 따라 영향을 받는다. 예를 들어, 과자나, 음료수, 장난감, 그리고 비디오나 TV시청, 놀이활동 등이 있다.

넷째, 강화계획을 결정한다. 바람직한 행동이 일어날 때마다 토큰을 그 아이에게 주어야 하는데 몇 개의 토큰 마다 교환강화물로 바꿀 수 있는지를 정해 놓아야 한다. 물론 토큰은 연속적 강화계획에 따라 유아가 매번 바람직한 행동을 할 때마다 지급된다. 하지만 교환강화물은 고정비율이나 변동비율계획에 따라 정해진 수의 토큰이 모이게 되면 교환할 수 있도록 해야 할 것이다.

다섯째, 토큰 교환 비율을 결정한다. 유아들은 바람직한 행동을 할 때마다 받은 토큰을 모아 교환강화물과 바꾸게 되는데 이 때 토큰과 교환강화물과의 비율을 미리 정해 놓아야 한다. 특히, 교환강화물의 종류와 가치가 다양할 때는 그 종류에 따라 가치를 다양하게 정해야 한다. 예를 들어, 요쿠르트 한 병과 바꾸려면 토큰 3개가 필요하다면, 장난감을 가지고 놀기 위해서는 토큰 10개가 필요하다. 유아들에게 교환강화물의 종류를 2-3개 이상 정하는 것은 혼돈을 줄 수 있으므로 매주 교환강화물의 종류를 달리 하는 것이 바람직하다.

여섯째, 토큰을 교환하는 시기와 장소를 결정한다. 토큰 상점을 운영하는 것도 유아들에게 흥미를 유발할 수 있는 좋은 아이디어이다. 하지만 교실 환경이 여의치 않다면 교사가 개별적으로 교환강화물을 바꾸어 줄 수 있다. 토큰을 바꾸는 시간도 편리에 따라 간식시간이나 점심시간에 이루어지는 것도 별 무리가 없을 것이다.

일곱째, 반응대가 사용여부를 결정한다. 반드시 반응대가를 토큰 강화와 함께 사용할 필요는 없으나 유아들의 특정한 문제행동을 동시에 수정할 계획도 가지고 있다면 병행해서 실시하는 것도 좋을 것이다. 즉, 유아들은 바람직한 행동을 할 때마다 토큰을 받게 되고, 반면 바람직하지 못한 행동을 하게 되면 받았던 토큰을 다시 반납하게 되는 것이다. 만일 반응대가를 병행해서 사용하고자 한다면 토큰 강화가 한 주기 정도

시행되고 난 후 도입해야 한다. 그 이유는 아이들이 토큰 강화 절차에 적응하는 기간도 필요하고 토큰에 대해 어느 정도 조건화된 상태일 때 반응대가의 효과도 커지기 때문이다. 반납하게 되는 토큰의 수도 문제행동의 경중에 따라 달리 정할 수도 있다.

4) 행동계약(behavioral contracting)

행동계약이란 교사가 아이와 함께 어떤 행동목표와 그런 행동을 할 때 어떻게 강화를 주겠다는 것을 서면으로 동의하는 것을 말한다. 예를 들어, 교사는 아이가 기대된 행동을 하게 되면 이에 대한 보상으로 아이가 좋아하는 물건을 제공하거나 활동을 허락하는 식으로 양자간에 합의된 계약을 말한다. 행동계약은 교사와 아동 양자에 의해서 목표행동과 보상 방법이 사전에 약속된다는 점에서 다른 강화방법과 다르며, 특별한 것은 양자간의 합의 내용을 문서화한다는 점이다(Axelrod, 1977).

행동계약을 진행하는데 지켜야 할 사항은 다음과 같다.

첫째, 약속된 보상은 목표행동을 했을 때 즉각적으로 주어져야 한다. 이러한 점은 새로운 행동을 학습하는 초기 단계에서 매우 중요하다.

둘째, 보상은 장시간의 큰 단위로 된 행동변화에 대한 하나의 보답으로 주어지기 보다는 가볍고 작은 행동의 개선에 대해 조금씩이나마 자주 주는 형태로 주어져야 한다. 예를 들어, 10문제를 푼 다음에 한 통의 초콜릿을 주는 것보다 두 문제를 푼 다음 한 개의 초콜릿을 주는 것이 더 효과적이다.

셋째, 행동계약은 형평성의 원칙에 맞게 이루어져야 한다. 1분간의 주의집중으로 좋아하는 놀이 30분을 할 수 있게 해 주는데 반해서, 20개의 낱말을 정확하게 쓰면 5분간 공놀이를 하도록 하는 등의 약속은 형평성에 어긋난다.

넷째, 계약의 내용은 분명해야 한다. 예를 들면, 아이가 보상을 받기 위해 '과제를 해야 한다'고 표시하는 것 보다는 '5개의 산수 문제를 풀면 사탕 1개를 준다'는 식의 진술이 더 좋다.

다섯째, 필요할 경우 상호 합의하에 적절하게 강화계획을 수정할 수 있는 융통성이 있어야 한다.

〈 약 속 〉

▸내가 고쳐야 할 행동은
1. 울지 않는다.
2. 떼쓰지 않는다.
3. 다른 친구를 때리지 않는다.

▸기간
2007년 6월 7일 ~ 6월 25일

☞ 매일 위 세 가지 과제를 모두 지키지 못할 경우에는 매일 받는 별스티커를 받지 않을 것이고 종합평가하여 과제 1의 평균 횟수가 3회 이하, 과제 2의 평균 횟수가 2회 이하, 과제 3의 평균 횟수가 2회 이하이면 선생님과 함께 종이접기 및 만들기 활동을 할 것이다.

유아 이름 : ____________ 교사 이름 : ____________

5) 모델링(modeling)

모델링(또는 모방학습)을 하나의 테크닉으로서 활용하여 아동이 어떤 모델을 관찰하여 그 모델의 행동을 모방하도록 함으로써 시행착오 없이 그대로 해낼 수 있도록 하는 것이다.

모델이 학습자에게 주는 영향은 첫째, 바람직한 행동을 습득하도록 도와 주고 둘째, 바람직하지 않은 행동을 억제하고 셋째, 습득하고 있었지만 표현하지 않았던 행동을 자유로이 드러내게 하고 넷째, 아주 드물게 드러내던 행동을 더 많이 나타내게 하는데 도움이 된다.

즉, 어떤 사회적 기술은 적합한 모델의 행동을 관찰하고 모방함으로써 체득할 수 있고, 정서적으로 불안한 반응은 그 행동의 무서운 결과를 경험하지 않고 다른 사람이 무서워하는 대상이나 상황에 접근하는 것을 관찰함으로써 소거될 수 있다. 또한 자기통제는 다른 사람이 벌받는 것을 관찰함으로써 학습될 수 있다.

모방학습은 학습자가 싫어하는 어떤 특정 상황에서도 자신을 드러낼 수 있도록 도와주기도 하고 치료에서 유용하게 사용될 수 있다. 또한 모델은 집단상담에서 부끄러움을 많이 타는 아동이 용감한 행동을 모방하도록 하는 데도 성공적으로 이용될 수 있다.

모방에 의한 행동수정이 성공적으로 이루어지려면 모델이 어떤 형태건 감정적 유인가를 지녀야 하고, 모방학습 그 자체에 대해서 강화자극을 제공할 때 효과적일 수 있으며, 학습자가 동일시 할 수 있는 대상일 때 더욱 성공적으로 이룩될 수 있다. 모델의 예로서는 영화, 녹화 테이프, 책, 인물 등을 들 수 있다.

6) 행동연습(behavior rehearsal)

행동연습은 상담 중 아동에게 새로운 행동을 가르치고 또 상담자의 감독 아래 그 행동을 연습하는 것을 말한다. 아동은 연습하면서 그가 한 노력에 대해 상담자로부터 강화를 받으며 그의 행동에 대해 비판적인 피드백과 적절한 지원도 받게 된다. 그리하여 아동은 상담실 밖의 '실제' 세상에서도 새로이 습득한 행동을 점차 시도해 보도록 격려받게 된다. 상담실은 아동이 행동연습을 하는데 최적의 학습 환경이 된다. 왜냐하면 아동은 실수해도 성인의 비난이나 비판을 듣지 않으며 실패에 대한 두려움을 느끼지 않아도 되기 때문이다.

행동연습은 자신의 의견을 표현하거나, 아동이 반 아이들 앞에서 말을 한다든지, 어른에게 도움을 청할 경우, 놀이 활동에 어울리고자 하거나, 불량배를 만났을 때 등과 같은 불안이 감도는 상황에서 건설적으로 행동하는데 필요한 행동을 배울 때 가장 효과적이다.

7) 과잉교정(over-correction)

과잉교정이란 문제행동을 할 때마다 연장된 기간 동안 힘든 행동을 부과하는 절차이다. 과잉교정법은 다시 적극적 연습(positive exercise)과 원상복귀(restitution)로 나뉜다. 적극적 연습이란 문제행동에 대해 일정 시간 동안 바람직한 행동을 여러 차례 반복하게 하는 방법이다. 그 예로 인사를 잘 하지 않는 아이에게 인사하는 동작을 수십 차례 반복하도록 하는 절차를 들 수 있다. 원상복귀란 문제행동의 발생으로 야기된 환경적 훼손이나 혼란에 대해 원래대로 복귀하거나 보다 나은 상태로 회복시키는 절차를 일컫는다. 예를 들어, 어질러 놓은 장난감을 모두 정리하도록 하는 방법, 휴지를 버리는 아이에게 자신이 버린 휴지뿐 아니라 주변 전체를 청소하도록 시키는 방법, 벽에 낙서를 한 아이에게 자신이 한 낙서 뿐 아니라 이전에 다른 아이가 해놓은 낙서까지 모두 지우도록 하는 방법이 여기에 속한다.

유의해야 할 점은 문제행동이 발생한 직후 과잉교정기법을 실시하도록 해야 한다는 것이다. 만일 기간이 한참 지난 후 실시하게 되면, 지연된 시간 동안 강화를 받을 기회를 갖게 되므로 효과가 떨어지게 된다. 또한 아이가 올바른 수행방법에 대해 아이의 입장에서 쉽게 배울 수 있도록 가르쳐 주는 교육적 노력도 잊지 말아야 한다. 예를 들면, 아이가 장난감을 치우지 않았을 때 효율적으로 정리하는 방법을 이 기회에 알려준다면 아이는 보다 빠른 속도로 학습할 수 있을 것이다.

8) 포만(satiation)

포만이란 아이에게 문제가 되는 어떤 바람직하지 못한 행동을 물릴 때까지 계속하도록 하는 기법이다. 앞서 언급한 바대로 처음 그 문제행동은 아이에게 강화를 가져다 주었지만 행동의 반복을 통해 만족감이 피로감, 고통으로 바뀌도록 하는 기법이다. 이 방법은 경우에 따라서는 아이에게 육체적으로나 정서적으로 해로울 수 있기 때문에 주의해서 사용해야 한다. 포만기법은 지속적으로 뭔가를 원하는 것과 같은 바람직하지 못한 행동에 효과적이다.

9) 혐오요법(aversion therapy)

이는 다른 기법들과는 달리 고전적 조건화 이론을 응용한 기법으로 구토제, 전기충격, 또는 불쾌한 심상 등과 같은 벌 또는 혐오자극을 사용하여 바람직하지 않은 행동을 감소시키는 방법이다. 혐오요법은 윤리적인 문제도 개입될 수 있으므로 사용할 때 주의를 요한다. 큰 무리 없이 자주 사용할 수 있는 방법은 불쾌한 심상을 사용하는 내재적 민감화이다. 한 예로 어머니가 어린 아이 젖을 뗄 때 젖꼭지에 레몬즙을 발라 놓는 것을 들 수 있다.

이상에서 소개한 방법들은 어느 하나만으로 유아들의 문제행동을 수정하기는 힘들다. 다양한 방법을 혼합해서 사용할 때 가장 효과적인 결과를 얻을 수 있을 것이다.

4. 새로운 행동을 형성하기 위한 기법

1) 행동형성(shaping)

행동형성이란 바람직한 행동을 여러 단계로 나누어 강화함으로써 점진적으로 바람직한 행동에 접근하도록 유도하는 기술이다. 처음에는 낮은 수준의 목표행동에 대해서만 강화를 제공하다가 차츰 목표 수준을 높여 나가는 방법으로 이를 점진적 접근법(systematic approximation)이라고도 한다. 예를 들어, 선택적 함묵증(자신의 가족이나 친숙한 몇몇 사람에게는 말을 하지만, 그 밖에 다른 사람들 앞에서는 말을 안 하는 행동)을 가진 유아에게 행동형성 방법을 적용해 볼 수 있다. 처음에는 상담실에서 상담자와 함께 몸짓과 소리를 모방하는 정도에 대해서 강화를 제공하다가 모방행동이 빈번히 나타나게 되면 수준을 조금 높여서 속삭이는 행동에 대해서만 강화하고, 다음은 단순한 문장을 소리내어 말할 때만 강화하다가 나중에는 교실에서는 교사가 혼자 있을 때 간단한 문장을 표현하는 것에서 전체 반 친구들 앞에서 말하는 단계까지 점차적으로 이동해 간다.

행동형성은 최종적인 복잡한 행동을 여러 단계의 비교적 단순한 행동들로 나누어 이들을 순차적으로 하나하나 학습시켜 나가는 과정이므로 이에 교사는 유아가 바람직한 행동을 증가시키는 데 필요한 행동요소를 분석해야 한다. 분석 결과에 따라 현 수준에서 목표행동에 이르는 단계를 잘게 나누어 각 단계의 행동이 나타나는 즉시 강화를 주어야 한다. 즉 강화를 통해 상담자는 최종 행동 목표에 인접한 행동의 빈도를 증가시켜 나가는 것이다.

■ 행동형성에 의해 야기될 수 있는 문제행동

우리의 행동이 자신도 모르게 행동주의 법칙에 따라 변해 버리는 경우를 주위에서 어렵지 않게 발견할 수 있다. 다음의 예는 행동형성 기법에 따라 설명될 수 있는 가상적인 예이다.

한 주부는 5살난 아들의 지나친 행동에 너무 힘이 든다. 한시도 엄마 곁을 떠나려 하지 않고 자기와 함께 놀아 달라고 떼를 쓴다. 엄마가 집안일을 하고 있는 중에 졸라대면 더 난처하다. 일하는 중에 아이가 함께 놀아 달라고 보채면 처음에는 모른 척하다가 보채는 정도가 심해지면 결국 하던 일을 그만 두고 놀아 준다. 자꾸 놀아줘 버릇 하다 보니 집안일을 도저히 할 수가 없어 아이를 모른 척하기로 굳게 다짐을 했다. 그러자 아이는 단순히 보채고 칭얼대는 수준을 넘어 엄마의 치마를 붙들고 늘어지며 큰 소리로 울음을 터트린다. 이번에는 아이의 행동을 고쳐 보려고 몇 번을 참다 참다 결국 엄마는 다시 아이와 함께 놀아 준다. 얼마 지나지 않아 엄마는 아이의 그런 행동이 너무 심하다 싶어 또 다시 다짐을 하고는 아이의 그런 행동을 무시했다. 이제 아이는 그 동안 보여주었던 행동보다 더욱 심해져서 물건을 집어던지고 몸을 마루 바닥에 굴러댄다. 결국 엄마가 지고 말았다(Milenberger, 2001).

이 예를 보면 아이의 문제행동은 철저히 엄마의 행동에 의해 조금씩 조금씩 나빠지게 되었다. 처음에는 그저 칭얼대는 정도였다가 나중에는 매우 심한 공격적 행동과 자해행동까지 나타나게 되었다. 위 예를 보다 자세히 분석해 보기로 하자. 아이의 초기 행동은 엄마의 관심에 의해 강화를 받았다, 그 후 엄마는 아이가 이전처럼 칭얼대는 정도에 대해서는 무관심해졌고, 관심이 더 이상 주어지지 않자 아이는 더 심한 행동을 보인다. 그제서 엄마는 아이에게 관심을 보인다. 이제 아이의 문제행동 수준이 예전보다 높아졌다. 엄마 역시 이전보다 심해진 아이의 문제행동에 적응이 되었고 그 정도 수준에서는 참을 수 있게 되었다. 아이는 다시 수위를 높여 집어던지고 몸을 바닥에 구르는 행동을 보여야만 엄마로부터 강화를 받을 수 있다는 것을 안다. 결국 이러한 과정을 통해 아이의 문제행동은 조금씩 조금씩 심각해져 가게 된 것이다.

행동형성에 의한 행동의 점진적 변화는 자신도 모르는 사이에 진행된다는 점이 중요하다. 약물이나 마약중독자들도 이러한 행동형성에 의해 만들어진다. 처음에는 아주 소량만 복용하여도 환각상태를 경험했지만 수차례 반복하다 보면 이제 그 정도로는 별 흥미를 느끼지 못하게 된다. 양을 이전 보다 조금 늘려야만 처음의 환각상태를 경험하게 된다. 이러한 과정을 밟다가 보면 나중에는 상당량을 복용해야만 처음의 환각상태를 느끼게 되는 것이다. 그 밖에도 우리 주변에는 이러한 행동형성 과정을 통해서 학습된 문제행동들이 적지 않다.

2) 용암법(fading)

표적행동을 학습시키기 위해 도움을 제공하는 정도를 차츰 줄여 나가는 방법이 용암법이다. 앞서 설명한 행동형성과의 차이점은 행동형성이 매 단계마다 목표행동에 점차 근접한 행동을 보이는 반면, 용암법은 매 단계 표적행동이 그대로 수행된다는 것이다. 다시 말해 행동형성은 다른 사람의 도움 없이 스스로 목표행동 수준에 점차 근접해 가지만, 용암법은 매번 목표행동을 경험하지만 어떤 도움을 받아 목표행동을 수행하되 차츰 도움을 주는 정도를 줄여 나가 마지막에는 스스로 목표행동을 수행할 수 있도록 하는 절차이다. 용암법에서 주어지는 이러한 도움을 보조 또는 촉진(prompting)이라고 한다.

예를 들어, 6살이 된 유아는 왼손과 오른손을 제대로 구분하지 못한다. 그래서 교사는 오른 손등에 매직펜으로 ×표시를 해 주었다. 아이에게 ×표시가 된 손이 오른손이라고 알려 주었다. 그 후부터 아이는 오른 손등에 표시된 × 그림을 보고 오른손을 정확히 구분할 수 있게 되었고 그 때마다 교사는 아이에게 칭찬을 해 주었다. 손등의 매직표시는 하루하루 지나며 흐리게 지워지게 되었다. 며칠이 지나 이제 손등에 ×표가 완전히 지워진 후에도 아이는 오른손을 제대로 구분할 수 있게 되었다.

3) 행동연쇄(behavioral chaining)

행동연쇄란 여러 구성 요소를 지닌 보다 복잡한 행동을 형성하기 위해 사용되는 절차로, 일련의 행동을 가르치기 위하여 이미 소유하고 있는 단순한 하위 동작들을 순서에 따라 배열한 다음 하나씩 누적적으로 연결하여 강화하는 절차이다. 예를 들어, 우리가 껌을 씹을 때를 생각해 보자. 껌을 씹기 위한 동작은 하나의 동작 같지만 단계로 나누어 보면 여러 동작들이 연결된 것임을 알 수 있다. 우선, 주머니 속에 있는 껌을 꺼내기 위해 손을 주머니에 넣고, 껌을 꺼내고, 껌을 하나만 집어서, 포장을 벗긴 다음, 마지막으로 껌을 입에 넣는다. 이와 같이 하나의 행동을 마치 자전거 체인을 구성하는 하나하나의 고리들로 나누어 볼 수 있다.

행동연쇄는 두 종류로 나뉘는데 하나는 전진형 행동연쇄이고, 다른 하나는 후진형 행동연쇄이다. 전진형 행동연쇄는 일련의 동작들을 맨 처음 동작부터 차례로 학습해 나가는 것으로 1에서 10까지 연속해서 말하는 것을 1부터 차례로 10까지 배워나가는 것을 말한다. 후진형 행동연쇄는 처음에 1부터 10까지 반복적으로 따라 하도록 한 다음 교사와 함께 열까지 세어 나가되 마지막 10에서는 교사가 입 모양만 벌리고 말은 하지 않는다. 아이가 혼자서도 열이라고 말할 수 있게 되면, 이제 8까지만 교사가 함께 세어 나가고 마지막 9와 10은 아이 스스로 말해 보도록 한다. 이렇게 해서 최종적으로 아이는 혼자서 1부터 10까지 혼자 말할 수 있도록 하는 방법이다. 실제 현장에서는 후진형 행동연쇄가 전진형보다 많이 사용된다. 그 이유는 후진형 행동연쇄를 사용하게 되면 아이는 매번 최종 표적행동에 도달하게 되므로 일종의 성취감을 느낄 수 있기 때문이다.

5. 변화된 행동의 유지

행동수정에서 변화된 행동을 유지시키는 것은 중요한 문제이다. 바람직한 행동을 증가시키거나 문제행동을 감소시키고자 할 때 궁극적 목적은 변화된 행동이 앞으로도 계속 유사한 다른 장면에서도 나타나는 것이다. 즉, 교실에서 교사에 의해 수정된 행동은 가정과 사회에서 지속적으로 연계되어야 한다. 예를 들어, 교실에서 다른 아이를 괴롭히는 한 아이의 행동이 교사의 체계적인 지도 노력에 따라 바람직하게 변화되었다고 할 때, 변화된 행동이 다른 교사와 함께 있을 때도, 야외학습 시간에도, 더 나아가 가정에서도 계속 유지되었을 때 비로소 성공적이라고 할 수 있을 것이다. 이렇게 한 상황에서 학습된 행동이 유사한 다른 상황에서도 발생하는 것을 일반화(generalization)라고 한다.

변화된 행동을 유지 및 일반화를 촉진하는 전략을 정리해 보면 다음과 같다(Miltenberger, 2001; 이상복 외, 2001).

첫째, 문제행동의 선행사태와 후속결과 그리고 대체된 행동을 철저히 이해해야 한다. 이를 통해 교사는 다른 장면에서도 유사한 선행사태나 후속결과가 일어나지 않도록 배려해야 한다. 따라서 목표행동과 관련하여 충분한 예들을 가르침으로써 어떤 상황에서든지 낯선 상황이 되지 않도록 지원하는 계획을 포함해야 할 것이다.

둘째, 여러 상황 그리고 다양한 시간에 걸쳐 행동 수정 전략을 확장시켜 나아가야 한다. 한 상황에서만 문제행동이 나타나지 않을지라도 다른 장소, 다른 시간, 다른 대상에 대해서는 변별(discrimination)이 일어날 수 있기 때문이다.

셋째, 문제행동이 제거된 후에도 문제행동에 대해 이전에 받아왔던 강화가 제공되게 되면 행동이 다시 회복될 수 있기 때문에 다른 교사나 보호자에게도 협조를 구해야 한다.

넷째, 일일이 아이의 주변 환경을 모두 통제할 수는 없다. 아이가 자신의 행동을 스스로 관리할 수 있도록 가르치는 것이 가장 바람직하다.

다섯째, 간헐적 강화에서 점차적으로 강화를 지연 및 소멸로 이끌어 최종적으로 어떠한 형태의 강화가 존재하지 않더라도 자연스럽게 행동이 유지되도록 한다.

제 2 부

유아 문제행동 지도의 실제

■ 들어가기

제2부에서는 제1부에서 익힌 이론적 배경 및 기법들을 가지고 실제 유아교육 현장에서 자주 일어나는 문제행동을 지도하는 방법을 소개한다. 이 책에서 제안한 문제행동 지도의 절차는 다음과 같이 요약할 수 있다.

1. 행동진술

이 부분은 지도하고자 하는 유아의 문제행동을 규정하는 단계이다.

2. 원인분석

이 부분은 문제행동 지도를 위한 전략을 세우기에 앞서 유아의 문제행동의 원인이 되는 것들이 무엇인지를 찾아보는 단계이다. 이 단계에서는 유아의 문제행동이 어떤 환경과 상황적 맥락에서 일어나는지 관찰하게 되는데, 이는 유아를 둘러싸고 있는 환경과의 상호작용 관점에서 문제행동을 이해해야 하기 때문이다.

유아의 행동관찰과 함께 교사 자신을 포함한 기관의 환경 점검, 부모 및 주 양육자와의 면담은 심층적인 원인 분석을 할 수 있도록 도와 주며 지원계획을 수립하는 데 있어 필수적인 단계이다. 문제의 원인이 유아에게 있다는 관점에서 벗어나 잘못된 환경이나 일관적이지 못한 양육과 교육 행위 및 태도가 유아의 문제행동의 원인이 될 수 있다는 판단 아래 유아 주변의 물적, 인적 환경을 변화시켜 주면 자연스럽게 유아의 행동을 변화시킬 수 있다.

1) 유아행동 관찰

교사는 관찰을 통해 유아의 행동을 면밀히 관찰해 나가면서 유아의 문제행동이 언제,

어떤 상황에서, 누구와 함께 있을 때 일어나며 문제행동의 결과로 어떤 일이 생기는지를 관찰한다. 사전에 관찰해야 할 목록을 마련해 놓는 것이 편리하다.

2) 환경분석

문제행동이 발생하는 원인 분석을 위해 유아 주변의 물리적, 인적 환경을 분석하는 것으로 인적 환경에는 교사 자신의 관찰과 부모와의 면담이 포함된다.

(1) 물리적 환경 분석

유아교육기관의 교실 공간의 크기, 가구의 배치, 교재 · 교구의 수, 조명, 소음, 환기 등 유아의 문제행동과 관련될 가능성이 있는 모든 것들을 면밀히 관찰한다.

(2) 인적 환경 분석—교사 자신의 관찰

여기서는 교사가 해당 유아와 상호작용하는 패턴을 스스로 점검해 보는 단계이다. 교사 저널쓰기나 수업장면 비디오 촬영, 녹음 등을 이용해 자기장학과 동료장학 등을 실시해 볼 수 있다.

3) 부모면담

유아의 문제행동이 가정에서도 발생하는지 또는 가정에서의 문제가 유아교육기관으로 연결되는 것은 아닌지를 알아보기 위해 부모와의 면담을 진행하는 단계이다.

3. 기초선 관찰

여기서는 문제행동 수정을 위한 프로그램의 투입에 앞서 유아 문제행동의 현재 수준을 관찰하여 기록한다. 일반적으로 2-3일간에 걸쳐 매일 특정시간을 정해 놓고 문제행동의 발생 빈도나 지속시간을 수집하여 그래프상에 기록해 나간다. 기초선 관찰이 필요한 이유는 유아의 행동변화 과정을 직접 확인할 수 있기 때문이다. 하루에 친구를 10번 때리는 아이가 교사의 지원으로 3번으로 줄었다면 유아에게 행동변화가 일어난 것이며 이는 프로그램의 성공을 의미하는 것이다.

4. 예방 및 지도 프로그램

이 단계는 프로그램을 투입하는 단계로써 크게 예방전략과 지도전략으로 나뉜다.

1) 예방전략

예방전략은 유아의 문제행동에 직접적으로 개입하기 보다는 앞선 원인 분석 결과에 따라 문제행동을 유발할 수 있는 환경적 요소에 변화를 주는 것을 말한다. 문제행동을 유발하거나 유지시킬 가능성이 있는 것들을 제거하거나 재배치하는 활동이 포함된다.

2) 지도전략

지도전략은 예방전략보다는 적극적인 활동을 포함한다. 직접적으로 유아의 문제행동을 수정하기 위한 다양한 활동과 행동수정 기법들이 적용된다.

5. 평가 및 추후지도

프로그램 실시 후 유아의 문제행동이 얼마나 감소되었는지를 확인하고 변화된 행동이 프로그램 종료 후에도 계속 유지되는지를 확인하는 단계이다. 교사는 문제행동에 대해 지속적으로 관찰을 하면서 앞서 기초선 관찰에서 사용된 기록표에 문제행동의 발생 빈도나 지속기간을 기록해 나간다. 한편, 문제행동의 감소가 다른 시간, 다른 대상, 다른 장소로 일반화되었는지도 관찰해야 한다.

이상의 절차를 그림으로 요약하면 다음과 같다.

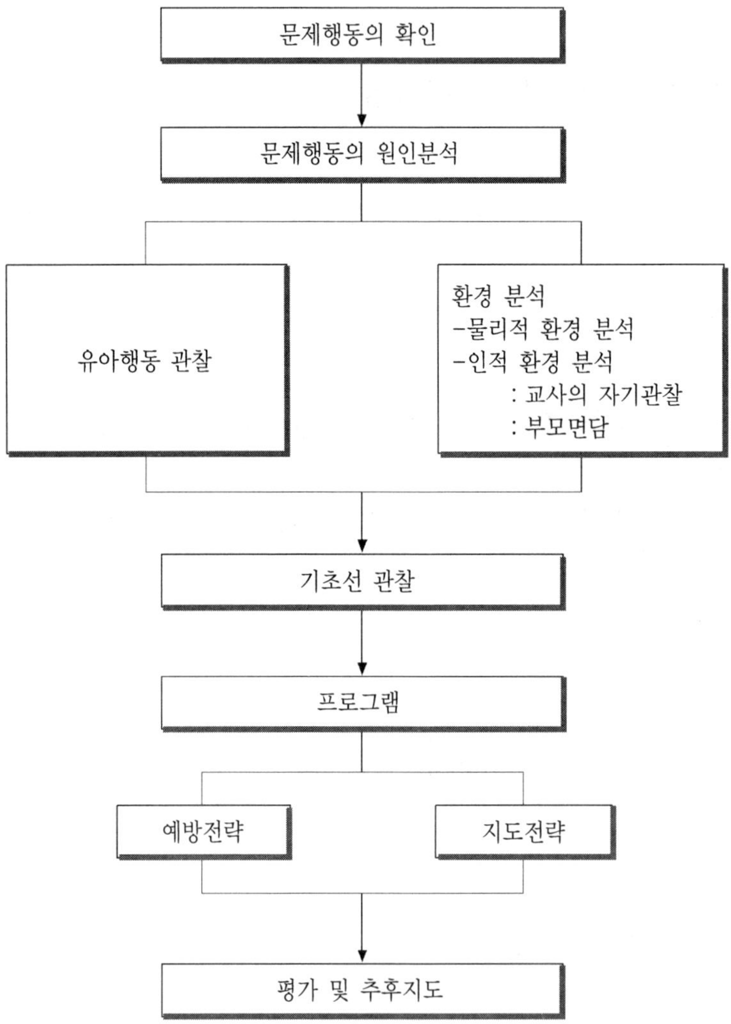

[그림 1] 문제행동 지도 절차

제9장

공격적인 행동의 지도

■ 사례 1. 때리는 아이

용석이는 만 3세된 남자 아이로 1남 1녀 중 막내다. 엄마는 병원 간호사 일로 바빠 한 달에 한 번 정도 만나고 평소에는 할아버지, 할머니와 생활하고 있다. 교실에서 친구들과 잘 지내지만 욕심이 많은 성격으로 본인이 하고 싶은 것은 다 해야만 한다. 놀이를 진행하다가 마음에 들지 않거나 화가 나면 주변에 있는 친구를 때린다. 때리는 행동이 나올 때마다 교사는 바로 용석이에게 친구를 때리면 안 된다고 말하지만 그 때만 "네. 알았어요"라고 대답하고는 돌아서면 곧 때리는 행동이 반복된다.

■ 사례 2. 친구를 괴롭히는 아이

동현이는 매우 활동적인 만 4세 남자 아이이다. 공무원인 아버지와 육아문제로 휴직 상태인 어머니는 산만한 동현이에 대해 걱정이 많다. 친구들에게 관심은 많은 편이나 관심의 표현방법이 때리고, 잡아당기고, 주먹질하고, 밀어 넘어뜨리고, 놀리는 등 공격적 행동을 많이 보이고 있다. 이야기나누기 시간에 계속해서 몸을 옆으로 흔들고 발로 앞 친구를 민다. 앞에 있던 친구가 "하지마~ 발로 밀지마~" 하며 짜증을 내자 동현이는 웃으면서 더 재미있어 하며 친구를 민다.

친구가 선생님께 이야기하면 바로 바른 자세로 앉은 다음 교사를 보고 멋쩍어한다. 교사가 시선을 다른 곳으로 돌리면 얼른 친구를 주먹으로 때린다. 교사는 주변 친구들이 괴롭힘을 당하므로 주의를 주고 괴롭힘을 당하는 친구의 마음에 대해 이야기 나눠 보지만 이야기할 때 뿐 지나면 곧 친구들을 괴롭히기 시작한다.

■ 사례 3. 무는 행동

2살된 미애는 어린이집에 온지 2달 정도 되었다. 엄마가 갑자기 직장에 나가게 된 관계로 여러 친구들이 있는 교육기관에서 생활한 것은 이번이 처음이다. 미애는 어린이집에 오는 것을 좋아하고 모든 활동에 의욕적으로 참여한다. 선생님이나 친구들과 껴안는 것을 좋아하고 잘 웃으며 매우 사랑스러운 아이이다.

하지만 미애는 자기가 원하는 자동차, 퍼즐, 인형 등을 친구가 가지고 있으면 친구를 깨문다. 또한, 간식시간에 과자가 빨리 나오지 않을 때, 화장실에서 차례를 기다릴 때 주변 친구를 문다. 미애가 물 때 교사는 그녀가 친구들을 얼마나 상처 냈는지 이야기하고 깨문 것에 대해 꾸짖는다. 미애는 자기가 잘못한 것을 알지만 야단맞는 것을 싫어하고 울면서 보챈다. 결국 교사는 다친 아이 뿐 아니라 미애의 울음까지 달래느라 힘이 빠지고 만다.

■ 사례 4. 물건을 던지는 행동

실내 놀이터에서 놀이를 시작한 지현이는 달려가서 장난감 자동차를 탄다. 같이 달려갔던 수빈이가 자동차를 빼앗으려 하자 지현이는 자동차에 매달려 내리지 않는다.

“내가 먼저 탄거야. 넌 다음에 타.” 수빈이는 잠시 기다리는 듯 하지만 지현이가 계속 자동차를 타고 놀자 지현이를 밀치고 자동차도 밀어버린다. 4살된 수빈이는 자기 마음대로 할 수 없으면 화를 내고 물건을 던지는 행동을 한다. 어린이집 친구들은 수빈이를 미워하고 그래서 수빈이는 더 자주 화를 내고 물건을 던진다. 선생님이 수빈이를 혼내면 수빈이는 눈으로는 계속 교사를 쳐다보면서 친구들에게 “미안해 미안해”를 반복한다.

유아교사들은 기관에서 빈번히 나타나는 문제행동 중 하나로 공격적 행동을 꼽는데 이는 단체생활이 이루어지는 교육기관의 특성상 다른 아이들의 안전과 활동에 영향을 줄 수 있으며 특히 교사 대 유아의 비율이 높은 환경에서는 한 유아의 공격적 행동으로 인해 교사의 수업진행에 어려움을 겪게 되므로 시급히 해결되어야 할 문제행동이기도 하다.

유아들의 때리고, 밀고, 던지고, 무는 등의 공격적 행동은 기관에서 끊이지 않고 일어나는 심각한 문제들로서 그 원인은 매우 다양하다.

가장 먼저 교실환경의 혼잡함과 교구의 부족 등을 생각할 수 있으나 그렇다고 해서 기관의 모든 유아들이 공격적 행동을 보이는 것은 아니므로 교사들은 공격적 행동의 원인을 환경이나 상황에서보다 유아의 성향이나 기질, 혹은 가정에서의 양육행동에서 찾고 싶어한다. 유아의 공격적인 행동이 유아의 성향이나 기질이라고 판단한다면 유아 자체를 변화시켜야 하기 때문에 교사로서 할 수 있는 일이 많지 않다. 가정의 양육행동에서 원인을 찾는다고 해도 부모상담을 통해 가족환경을 변화시키는 것은 현실적으로 유아교사들에게 부담스러운 일이다.

공격적인 행동이 자신이나 친구들에게 상해를 입히기 때문에 시급히 해결해야 할 문제이기는 하나 경우에 따라서는 발달 단계상 나타나는 자연스러운 모습일 수도 있다. 예를 들어, 2세 정도의 어린 유아들은 욕구가 제대로 충족되지 못할 때 무는 행동을 보이는 데 이가 날 때의 간지럽고 불편함을 해소하기 위해 자신의 옷이나 물건 등을 씹던 습관이 남게 될 수 있다. 즉, 친구를 무는 것도 이러한 불편함을 감소시키기 위해 잘못 학습된 결과일 수 있다.

그러나 공격적 행동은 자신에게나 주변 친구들에게 위험한 결과를 초래하므로 허락될 수 없는 행동이다. 심하게 꾸짖고 훈계하고 야단치는 것은 유아에게 좌절과 분노를 해결하는 적절한 방법을 제시하지 못한 채 부정적인 방법으로 교사의 관심을 끌 수 있다는 것을 알려줄 수 있으며 긍정적인 자아개념 형성에도 방해가 된다.

공격적 행동의 원인을 유아가 처한 상황과 환경에서 찾게 된다면 교사와 부모는 구체적으로 할 수 있는 일이 많아진다.

교사들은 유아들의 문제행동이 발생하였을 때 그에 대한 부정적인 생각보다는 문제 상황을 학습의 기회로 제공할 수 있다는 신념을 가져야 한다. 특히나 유아의 공격적 행동에 대해서는 교사의 적극적 개입이 필요하다. 교사는 문제해결을 위해 문제를 정확히 진단하고 다양한 관점에서 문제를 이해하며 대안을 찾아야 한다.

구체적인 지원계획을 수립하기 위해 유아의 문제행동에 대해 정확히 진술해 보자.

1. 행동진술

사례 1 : 다른 친구들을 반복적으로 때린다.

사례 2 : 발로 차고, 때리고, 친구를 놀리는 등 다른 아이들에게 해를 끼치는 행동을 보인다.

사례 3 : 한 친구가 자주 다른 친구들을 문다.

사례 4 : 화가날 때 장난감이나 주변에 있는 물건을 다른 친구들을 향해서 던진다.

2. 원인분석

문제행동에 대해 교사의 감정을 배제하고 행동진술을 한 후 원인을 분석하는 것이 필요하다. 원인분석은 유아를 둘러싼 환경을 기초로 상황적 맥락 속에서 문제행동의 전후 과정을 파악하기 위해 교사의 초기관찰과 물리적·인적 환경분석, 부모면담 등을 통해 이루어진다.

유아의 행동관찰과 교사 자신을 포함한 기관의 환경 점검, 부모 및 주 양육자와의 면담은 문제행동에 대한 지원계획 수립에 중요한 단계이다. 초기 관찰에서 중요한 것은 유아의 공격적 행동이 어떤 상황과 조건에서 일어나는지 발견하는 것이다.

1) 유아행동 관찰

유아에게 공격적 행동이 발견되었을 때 공격적 행동이 얼마나 오랫동안 지속되어 온 심각한 문제인지 파악하기 위해 필요한 몇 가지 항목에 대해 관찰을 실시해야 한다.

- 공격적 행동 이외에 다른 문제행동(울기, 물건 던지기 등)이 함께 일어나는가?
- 공격하기 전에 행동을 예측할 수 있는가?
- 공격적 행동이 얼마나 지속되었나?
- 공격적 행동의 강도는 어느 정도인가?(친구에게 상처를 입히는가?)
- 공격적 행동이 주로 나타나는 시간은 언제인가?
- 누구에게 주로 공격적 행동을 하는가?
- 공격적 행동 후에 유아의 반응은 어떠한가?

- 공격적 행동 후 교사의 반응은 어떠한가?
- 공격적 행동 외에 바람직한 행동을 할 때 교사의 반응은 어떠한가?

이상의 관찰 항목은 정해져 있는 것이 아니므로 교사가 유아의 특성과 상황에 맞게 문항을 수정하거나 다른 내용을 덧붙여 사용할 수 있다.

관찰항목을 통해 교사는 유아가 언제, 왜 공격적 행동을 하는지에 대한 간단한 정보를 얻을 수 있다. 자신을 방어하기 위해 때리는 경우와 좌절감 때문에 무는 아이들, 원하는 것을 얻기 위해 친구를 미는 아이들에 대해 교사는 서로 다른 방법으로 접근해야 한다. 교사의 세심한 관찰만으로도 유아의 공격적 행동의 원인을 찾아 문제를 줄여 나갈 수 있다.

2) 환경분석

(1) 물리적 환경분석

교실에서 친구들끼리의 가벼운 다툼과 때리는 행동은 평범한 모습일 수 있다. 그러나 친구들에게서 "선생님, 용석이가 때렸어요", "미애가 또 물었어요", "수빈이는 욕심쟁이예요, 수빈이가 무서워요" 등과 같은 이야기들이 반복적으로 들리거나 교사에게 자주 목격된다면 잘못된 행동이 습관화되기 전에 그 원인을 찾아 해결해야 한다. 공격적인 행동이 지속적인 것이 아니라 갑자기 발생된 것이라면 그 원인으로 가장 먼저 교실 환경 중 유아들에게 필요한 교재·교구가 부족하지 않은지 확인한다. 유치원이나 어린이집에 다니고 있는 유아들은 발달 단계상 좋아하는 장난감이나 교구를 나누어 갖거나 기다리는 것을 적절하게 조절하지 못한다. 그러므로 연령에 따라 유아에게 필요한 교재·교구가 충분히 제공되지 않으면 다툼이 생길 수 있다. 특히, 새롭고 재미있는 장난감이 제공되는 첫날이라면 유아들의 다툼은 더 심해질 수 있다. 교육부 자료집이나 기타 물리적 환경 점검표를 이용하여 교사가 필요한 사항을 아래와 같이 점검해 볼 수 있다.

- 유아의 발달단계에 적합한 영역별 교재·교구가 부족하지 않은가?
- 특정 놀잇감 때문에 문제행동이 발생하는가?

- 수업 주제에 따라 교재 · 교구가 적절한 방법으로 제공되고 있는가?
- 새로운 교재 · 교구가 제공될 때는 교사의 충분한 지원이 이루어지고 있는가?
- 교실 환경이 너무 지루하거나 자주 바뀌지는 않는가?
- 교사가 교실의 모든 영역과 모든 유아들을 쉽게 볼 수 있도록 환경이 구성되어 있는가?

(2) 인적 환경분석—교사 자신의 관찰

유아가 다른 친구를 때리거나 상처를 입힐 때 교사가 가장 많이 사용하는 반응은 때리는 유아를 꾸짖고 훈계하는 것이다. 공격적인 행동은 다른 친구에게 상처를 입힐 수 있으므로 교사는 다소 거칠고 다급하게 반응한 후 곧 후회하는 경우가 많다. 유아가 때릴 때마다 교사가 쫓아다니며 무엇이 잘못된 것인지, 왜 친구를 때려서는 안 되는지를 설명하는 것으로 시간을 보낸다면 유아들에게 부정적인 방법으로 관심을 끄는 유아들을 강화하고 있는 셈이다. 곧 다른 친구를 때리는 것이 교사의 관심과 주의를 얻을 수 있는 효율적인 방법이라는 것을 배우게 되는 것이다.

한편, 교사의 관심을 끌기 위해 공격적 행동을 하는 것에 대해 무시를 함으로써 그 행동을 소거시킬 수는 없다. 유아들의 안전과 관련된 문제이므로 교사는 유아가 바람직한 방법으로 주의를 끌 수 있는 효율적인 기술을 학습시켜야 한다.

활동이 어려워 도움이 필요할 때, 가지고 싶은 장난감이 있을 때, 친구가 가지고 있는 블록을 빼앗을 때, 집에서 슬프거나 힘든 일을 당했을 때 등 유아가 교사의 관심을 필요로 할 때는 무수히 많다.

유아에게 때리는 행동이 반복적으로 나타났다면 물리적 환경에 대한 점검과 함께 교사 자신이 유아의 요구에 얼마나 예민하게 반응하고 있는지 살펴야 한다. 특히, '아이가 왜 저리 공격적일까?, 부모가 도대체 어떻게 가르쳤을까?' 등과 같은 생각을 하고 있다면 자신에 대한 반성적 사고가 부족해지고 환경 점검 또한 늦어지게 되며 유아의 요구에 대해 적극적인 경청을 하기가 어렵게 된다. 또한, 아이의 통제할 수 없는 행동에 대해 성인이 화를 내게 되면 유아의 자아개념은 상처받게 되므로 교사들은 수시로 자신이 유아에게 얼마나 수용적이고 반응적인지에 대해 자기 장학을 실천해야 한다.

3) 부모면담

유아의 때리는 행동을 포함한 공격적 행동에 대해 기관에서의 생활을 관찰하고 환경에 대한 분석을 끝낸 뒤 필요하다면 부모와의 면담을 실시해야 한다. 부모와의 만남을 통해 교실 밖에서 발생하는 유아의 문제행동에 대한 정보를 얻을 수 있다. 때리는 행동이나 무는 행동 등이 기관에서만 일어나는지, 집이나 놀이터 등 다른 장면에서도 자주 일어나는지를 확인해야 한다. 교사는 기관 외에 다른 장소에서 유아가 친구나 형제·자매에게 공격적 행동을 했을 때 부모가 어떻게 대처하는지 알아야 한다. 왜냐하면 아동의 공격적 행동을 감소시키기 위해서는 교사와 부모가 함께 전략을 세우고 일관성있게 유지해 나가는 것이 중요하기 때문이다.

유아의 공격적 행동이 가정에서도 나타날 경우 교실에서 행동 관찰시 사용했던 체크리스트를 이용하여 행동의 빈도, 기간, 강도 등을 알아보는 것이 필요하다. 또한, 유아들은 배가고프거나 피곤할 때 친구들에게 공격적 행동이 자주 일어날 수 있으므로 가정에서의 섭식 및 수면습관도 잊지 않고 확인한다.

때리는 행동에 대한 부모면담시 사용할 수 있는 질문의 내용은 다음과 같다. 다른 행동에 대해서도 동일한 질문을 사용할 수 있다.

- 공격적 행동은 특정 행동 한 가지만, 예를 들어 때리는 행동만 일어나는가? 아니면 다른 문제행동(울기, 물건 던지기 등)이 함께 일어나는가?
- 때리기 전에 행동을 예측할 수 있는가?
- 때리는 행동이 얼마나 지속되었나?
- 때리는 행동의 강도는 어느 정도인가?(친구에게 상처를 입히는가?)
- 때리는 행동이 주로 나타나는 시간은 언제인가?
- 누구를 주로 때리는가?
- 때린 후에 유아의 반응은 어떠한가?
- 때리는 행동 후 부모(주변의 보호자)의 반응은 어떠한가?
- 때리는 행동 외에 바람직한 행동을 할 때 부모의 반응은 어떠한가?
- 유아가 신체적으로 허약하거나 특정한 약을 복용하고 있지는 않은가?

- 아침을 먹고 유치원(어린이집)에 오는가?
- 잠자리에 드는 시간은 일정한가? 몇 시에 잠자리에 드는가?
- 가족들과 의사소통하는 주요 방법은 무엇인가?

: 문장 사용이 가능한가? 언어보다 행동(가리키기, 끌고가기, 머리흔들기 등)을 더 많이 사용하고 있지는 않는가?

3. 기초선 관찰

기초선이란 프로그램 투입에 앞서 현재 문제행동 수준을 말하며 이는 프로그램의 중간 그리고 종료 후 프로그램의 효과를 확인하기 위한 기준이 된다. 따라서 기초선 관찰은 프로그램이 주어지기 전에 표적행동의 빈도, 기간, 강도 등을 관찰하는 것을 말한다. 이 예에서 때리는 행동이 얼마나 빈번히 일어나는지를 교사가 2-3일간에 걸쳐 시간을 정해 관찰하고 그 빈도를 기록한다. 관찰기록지는 교사의 편리에 따라 만들어 사용할 수 있는데 예를 제시하면 다음과 같다.

아래 표에서 유아의 때리는 행동이 발생할 때마다 칸에 ✔표시를 한다. 기록하는 시간은 사전에 관찰된 결과를 바탕으로 자주 발생하는 시간대를 정하도록 하는 것이 편리하다. 예를 들어, 선택활동 시간이나 실외놀이 시간 등을 택하되 필요에 따라서는 하루에 여러 차례 관찰을 할 수도 있다.

■ 관찰 기록표의 예

이 름 : 박○○

관찰자 : 이 × ×

표적 행동의 정의 :

1. 때리는 행동 : 손, 발이나 다른 도구를 사용하여 다른 유아의 신체를 공격하는 행동
2. 물건을 집어 던지는 행동 : 물건을 다른 유아를 향해 던지는 행동

날짜	시간	표적행동	행동 빈도										합계
			1	2	3	4	5	6	7	8	9	10	
10/15	실외놀이시간 (10 : 00~30)	때리는 행동	✔	✔	✔	✔	✔	✔					6
		물건을 던지는 행동	✔	✔	✔								3
	선택활동 시간 (11 : 20~12 : 00)	때리는 행동	✔	✔	✔	✔	✔						5
		물건을 던지는 행동	✔	✔	✔	✔	✔						5
10/16	실외놀이시간 (10 : 00~30)	때리는 행동	✔	✔	✔	✔	✔	✔	✔				7
		물건을 던지는행동	✔	✔	✔	✔							4
	선택활동 시간 (11 : 20~12 : 00)	때리는 행동	✔	✔	✔								3
		물건을 던지는 행동	✔	✔	✔	✔	✔						5
10/17	실외놀이시간 (10 : 00~30)	때리는 행동											
		물건을 던지는 행동											
	선택활동 시간 (11 : 20~12 : 00)	때리는 행동											
		물건을 던지는 행동											

위 빈도기록표에서 10월 15일 때리는 행동 빈도의 합이 11회 이므로 아래 그래프상의 해당 날짜 위 Y축 11에 해당하는 위치에 점을 찍는다. 물건 던지는 행동이 나타난 빈도는 8회 이었으므로 Y축 8 위치에 다른 모양의 점을 찍는다. 그 다음날인 16일에 기록된 결과에 따라 동일하게 점을 찍은 다음 두 점 사이를 선으로 연결하면 된다.

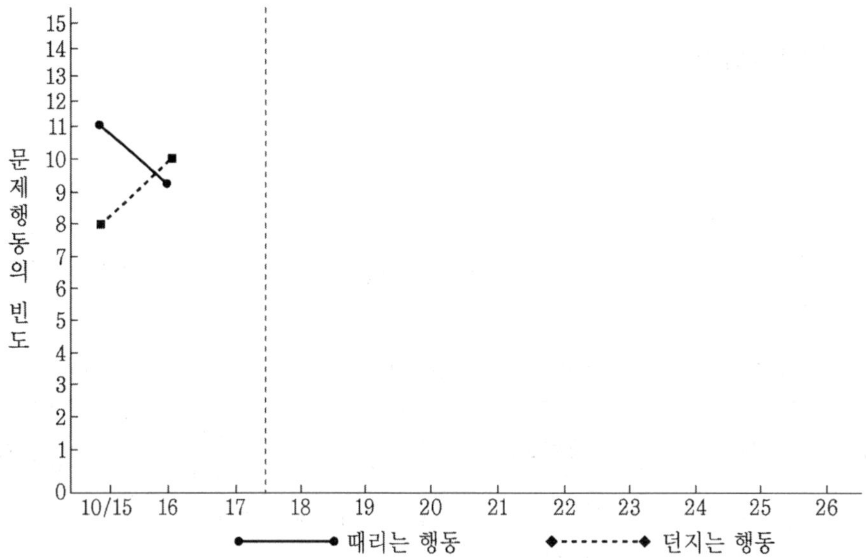

[그림 9-1] 관찰 그래프의 예

관찰기록은 기초선 관찰 이후 프로그램이 진행되는 과정에서도 매일 기록해야 한다. 이렇게 매일매일의 기록을 프로그램이 종료될 때까지 계속 그려나가게 되면 문제행동의 빈도가 변화되는 모습을 쉽게 파악할 수 있다.

4. 예방 및 지도 프로그램

1) 예방전략

(1) 발달단계에 맞는 적절한 교재 · 교구

교실에는 학급의 크기에 비례해서 유아의 연령과 발달수준에 적합한 교재 · 교구가 충분하게 준비되어 있어야 한다. 교실 곳곳에 놀잇감이 여기저기 놓여 있으나 교구의 일부가 훼손 또는 분실되어 사용할 수 없다거나 그림책의 일부가 찢어져 있다면 양적으로 충분해 보이는 교구들은 오히려 유아들을 산만하게 만들고 교구가 본래의 목적대로 활용되지 못하는 경우가 발생한다. 또한, 활동이 너무 단순해서 지루해지거나 유아 스스로 해결하기 어려운 내용이 많아 쉽게 좌절하게 된다면 이로 인해 때리는 것과 같은 부적절한 행동이 유발된다.

특히, 3살 미만의 영아들에게는 감각적인 활동이 필요하다. 그들은 감각을 이용한 다양한 활동을 통해 세상의 정보를 받아들이고 환경에 즐겁게 반응함으로써 신체의 균형적 발달과 사회·정서적 발달을 도모하게 된다. 영아반 교실에는 만지고, 느끼고, 냄새 맡고, 맛보고, 듣고, 보고, 조작할 수 있는 많은 놀잇감들이 준비되어 있어야 한다. 물건들은 아이들의 입에 들어갈 수 있으므로 항상 안전하고 깨끗해야 한다. 물건을 맛보고 무는 것을 허용함으로써 다른 아이나 어른을 물려고 하는 충동을 피하도록 도울 수 있다.

(2) 교사의 세심한 관찰과 지원

① 잠재적인 문제 상황에 대해 긴장함으로써 공격적 행동을 예방할 수 있다. 초기관찰을 통해 문제의 유아가 어떤 특정한 상황에서 공격적 행동이 많이 나타난다는 것이 파악되었다면 교사는 그 상황에 대해 예방적 행동을 취할 수 있다. 그 아이 근처에 머물면서 주의 깊게 지켜보고 만일 그 아이의 표정이나 태도, 목소리의 크기 등에 변화가 오면 바로 자리를 옮겨 주거나 교사가 유아 앞에 서야 한다. 만일 유아가 교사에게 화를 내면 짜증을 멈출 때까지 부드럽게 제지해야 한다. 반복적인 훈계는 하지 않는 것이 좋다. 예를 들어, "너 또 친구 때리려고 그랬지? 선생님이 다 보고 있었어. 선생님이 막지 않았으면 넌 또 친구를 물었을 거야. 다신 그러지마. 알았지?" 교사의 이러한 훈계는 유아에게 분노나 좌절을 긍정적으로 다루는 방법을 익히는데 방해가 된다. 교사의 부드러운 제재로 유아의 공격적 행동이 발생되지 않았다면 그 순간 교사와 유아는 행동조절에 성공한 것이다.

② 만일 유아의 분노가 공격적 행동으로 나타난다면 물리적으로 막아야 한다. 그 아이를 팔로 감싸 안음으로써 유아의 공격적 행동을 막을 뿐 아니라 유아에게 교사의 관심을 보여줄 수 있다. 유아를 붙들고 있을 때 교사가 화를 내서는 안 된다. 만일 그런 상황에서 아이에게 화를 내려고 하는 자신을 발견하게 된다면 다른 교사에게 그 상황을 맡기는 것이 좋다(팔에 힘이 들어가거나 유아를 밀치고 체벌을 내리고 싶을 만큼 화가 나는 경우도 많다). 아이의 긴장이 풀릴 때까지 아이를 붙들고 있어야 한다.

그 다음, 유아를 안아 주고 '네가 친구를 때리지 않아 선생님이 참 기쁘구나.' 라고 말해 준다. 물론 쉽지 않은 행동이지만 몇 번의 경험을 통해 성공하고 나면 매우 쉬운 일이고 유아보다 교사 자신이 행복해지는 방법이라는 것을 알게 된다. 유아가 다른 활동을 시작할 수 있도록 도와 주는 것으로 상황은 종료된다.

③ 유아는 좌절할 때 분노와 함께 공격적 행동이 나타나므로 교사는 유아가 어떤 활동을 어려워하고 힘들어하는지 알아야 한다. 예를 들어, 퍼즐은 어떤 아이에게 좀 더 어려울 수 있다. 그러한 경우, 그 아이 옆에 앉아서 퍼즐 맞추기를 도와 주거나 좀 더 쉬운 활동을 하도록 해야 한다. 이러한 도움은 아동이 어려운 활동을 잘할 수 있도록 해 줌으로써 좌절로 인해 나타나는 공격적 행동을 감소시켜 준다. 교사가 유아에게 필요한 지원을 제공할 때 주의해야 할 점은 유아의 수준과 숨은 의도를 파악할 수 있어야 한다. 예를 들어, 유아들은 교사의 관심을 끌기 위해 스스로 할 수 있는 퍼즐놀이를 혼자서 할 수 없다고 교사의 도움을 청하는 경우도 있다. 공격적 행동이 일어날 수 있는 상황을 미리 예방하기 위해 수용적으로 반응한 것이 오히려 과도한 관심을 주게 됨으로써 유아의 의존적인 행동을 부추길 수도 있는 것이다. 그러므로 교사는 유아의 현 발달 단계에서의 기능 수준을 정확히 파악하고 있는 것이 중요하다. 유아의 근접발달 영역을 확인하고 그에 따른 지지계획을 수립하는 것이 필요하다. 예를 들어, 퍼즐 맞추기가 유아의 잠재적 능력 밖에 있다고 판단되면 퍼즐을 맞출 때는 모서리와 바깥테두리부터 맞추면 쉽다는 것을 알려주고 교사가 모델이 되어 준다. 유아의 잠재적 범위 안에 있을 때는 "코끼리의 귀는 어떤 모양일까?"와 같이 단서를 제시하거나 힌트를 준다. 스스로 할 수 있는 활동이라면 "네가 더 잘 알고 있는 것 같은데, 한 번 해 보겠니?" 라고 반응해 준다.

④ 유아의 공격적 행동은 불안정한 애착 때문일 수 있다. 종종 부모와 불안정한 애착 상태에 있는 유아는 다른 사람들에게 공격적인 행동을 한다. 불안정한 애착으로 인한 유아의 공격적 행동은 교사가 통제하기 가장 어려운 부분일 수 있다. 부모와 면담과정에서 주의 깊게 상담이 이루어지지 않으면 바쁘게 지낸 부모와 대신 양육을 책임져 온 조부모에게 그 책임을 전가하게 되어 오히려 더 부정적인 결과를 초래할 수 있다. 교사는 교실에서라도 지속적이고 수용적인 애정을 제공해 줌으로써 유아의 안정적인 애착형성을 도와야 한다. 누가 보아도 예쁜 아이들과 긍정적인 관계를 유지하는 것은 쉬운 일이며 교사가 아니어도 누구나 할 수 있는 일이다. 그러나 친구들을 반복적으로 때리고 상처를 입히는 유아에게 애정을 갖고 보살피는 일은 용기가 필요한

일이다. 교사의 끊임없는 배려와 애정을 통해 유아가 자신의 감정을 조절할 수 있는 기술을 배우게 된다면 유아의 바람직한 행동의 학습 뿐 아니라 교사 자신의 성장이 동시에 이루어지게 되는 것이다.

(3) 집단관리 방법

혼잡스러운 상황은 몇몇 아이들에게 공격적 행동의 원인이 되므로 혼잡한 시간을 줄이는 것이 도움이 된다. 한 활동에서 다른 활동으로 유아들을 이동시킬 때 서로 다른 집단-관리기법을 사용함으로써 줄서기 시간을 없앨 수 있다. 예를 들어, 한 번에 아이들을 몇 명씩 다른 영역으로 이동시킬 수 있다. 대집단 활동 시간에는 모든 아이들을 볼 수 있도록 크고 작은 원의 형태로 앉게 함으로써 혼잡을 줄일 수 있다.

교사는 앞으로 일어날 잠재적인 문제를 피하기 위해 특정한 유아들 사이에 또는 그 옆에 가서 앉을 수 있다. "오늘 너와 함께 앉을 수 있어 정말 좋은걸!", "오늘 내 옆에 앉아서 선생님을 도와 주겠니?" 등과 같이 말할 수 있다.

(4) 하루일정의 변화

공격적 행동을 보이는 유아들 가운데 하루 중 늦은 시간에 또는 낮잠 시간이 가까워질 때 문제행동을 보인다면 피곤하기 때문에 짜증을 내고 친구들을 괴롭히는 것이다. 만일 낮잠시간을 조정하는 것이 가능하다면 문제행동을 줄이는 대안이 될 수 있다. 또한, 유아가 피곤해 하는 것이 보일 때 좀 더 가까이에서 지켜봄으로써 문제 상황을 예방할 수 있다.

2) 지도전략

유아의 좌절과 분노를 다룰 수 있는 적절한 대안을 학습할 수 있도록 교사의 구체적인 지도가 필요한 단계이다. 화를 내는 것 자체가 나쁜 것이 아니라 어떻게 화를 조절하고 적절한 방법으로 표현할 것인가에 대한 구체적 내용이 다루어져야 한다. 유아가 화가 풀린 후, 무슨 일이 있었는지에 대해 대화를 나누는 것으로 시작할 수 있다. Ⅰ부에서 제7장과 제8장에서 설명하고 있는 교사-유아 상호작용과 행동수정 기법에 대한 내용을 충분히 숙지하길 바란다.

(1) 정서의 인식 및 조절

상황에 대한 언어적 명료화와 반영적 경청을 통해 유아의 감정을 존중하고 자신의 정서를 인식할 수 있도록 지도한다. 반영적 경청은 교사들이 잘 알고 있는 대화법 중 하나이지만 실천하는데 많은 노력이 필요하다. 유아들의 마음을 읽어 주기 위해 시간을 내서 눈을 맞추고 그들의 이야기를 제대로 들어야 한다. 손으로는 바쁘게 다른 일을 하면서 "말해 봐. 왜 그랬어?" 라고 한다면 유아는 교사에게 존중받고 있지 못한 것이며 그런 상황에서 유아는 자신의 숨은 감정이나 의도를 보여주지 않는다. 유아는 자기를 바라봐 주는 성인의 얼굴표정을 통해 자존감이 형성된다.

① "무슨 일이 있었어?"라고 낮고 부드럽게 물어 본다. 왜 화가 났었는지 알았다면, 그 유아가 그 상황을 직접 말로 이야기할 수 있도록 도와 준다. 아이가 정확히 말하지 않을 경우, 교사가 먼저 주변의 상황을 보고 이야기를 시작할 수 있다.

"지현이가 네가 원하는 트럭을 가지고 있어서 화가 났니?" 비록 교사가 먼저 이야기를 시작했다 하더라도 화가 난 아이도 문제를 말로 표현할 수 있도록 한다. 이런 경우, 주변의 정황에 의한 추측이므로 교사의 판단에 의해 단정적으로 말을 해서는 안 된다. 예를 들어, "지현이가 네가 원하는 트럭을 가지고 있다고 그렇게 화를 내면 못써!" 와 같은 표현은 피해야 한다.

② 그 문제가 무엇인지를 말하고 나면, "화가 많이 났었구나. 선생님도 가끔 화가 날 때가 있단다. 용석아! 화가 날 때 우리는 무엇을 할 수 있을까?"라고 말함으로써 문제가 있을 때 지금까지 해 왔던 부적절할 행동 외에 다른 대안을 낼 수 있는 기회를 아이에게 주어야 한다. 유아의 제안이 사회적으로 받아들일 수 있으면 아이를 칭찬해 주고 그 방법대로 실천하면 적절한 보상을 이용하여 강화해 줌으로써 행동형성을 도울 수 있다. 만일 제안을 받아들일 수 없다면 또 다른 방법에 대해 브레인스토밍한다.

③ 유아가 어떤 제안도 하지 않으면, 교사가 대안을 줄 수 있다. 예를 들어, "만일 네가 지현이와 트럭을 가지고 놀고 싶다면, 우리는 지현이에게 가서 물어 볼 수 있어. 너랑 지현이랑 함께 블록으로 찻길을 만들고 트럭을 가지고 놀 수 있어. 또 어떤 놀이를 할 수 있을까?"라고 말한다. 즉, 주유소 놀이, 세차장 놀이, 소방관 놀이 등 다양한

놀이를 함께 찾아봄으로써 유아의 놀이수준을 확장시켜 줄 수 있다. 교실의 문제상황은 곧 교육적 상황이 된다는 것을 잊지 말자.

④ 다음과 같이 역할놀이를 해 본다. "선생님이 지현이라고 하고 너는 내가 가지고 노는 트럭을 원한다고 하자." 교사는 트럭을 가지고 노는 척한다. "너는 선생님한테 뭐라고 말하겠니?"라고 이야기한다. 아이가 받아들일 수 있는 제안을 말로 나타내도록 도와 준다. 마치 교사가 지현이인 것처럼 반응하고 트럭을 공유하는 것에 동의한다.

⑤ 역할놀이가 완료되었을 때, 아이를 칭찬하고 그가 참여할 활동을 찾는 것을 도와 준다. 이 정도가 되기 위해서는 몇 주가 걸릴지 모르지만, 교사는 아이에게 공격적인 감정을 표현하는 새로운 방법을 가르치고 있다는 점을 기억해야 한다.

유아가 좌절과 분노를 사회적으로 수용될 수 있는 방법으로 표현할 수 있게 되면 점진적으로 교사의 역할을 줄여 나간다. 새로운 행동을 가르치는 동안 어떤 시간이라도, 아이가 바람직한 방법으로 잠재적인 갈등 상황을 다루면 아낌없이 칭찬을 해 주어야 한다.

문제행동을 하는 아이도 가끔씩은 바람직한 행동을 보인다. 이 때 교사가 그 행동을 무시하거나 우연히 일어난 것으로 여겨 인정하지 않는 것은 문제가 된다. 예를 들어, '어쩌다 한번 이겠지? 오늘은 왠일이지?'와 같은 생각을 피해야 한다. 작은 것이라도 바람직한 행동에 대해 칭찬해 주면 아이는 인정받고 있다는 것을 알게 된다.

(2) 대체행동 강화(정화)

유아의 공격적 행동이 심해질 때 분노를 해소시킬 수 있는 사회적으로 대체 가능한 놀이를 유아에게 제공한다. 대체행동을 할 때마다 스티커를 주어 지정된 위치에 유아 스스로 스티커를 붙이게 함으로써 자신의 행동변화를 지켜볼 수 있다. 대체 가능한 놀이로는 콩주머니 던지기, 과녁 맞추기, 투호놀이, 펀치볼 치기, 악기 두드리기 등이 있다. 이러한 놀이를 통해 분노의 정화 뿐 아니라 자기 스스로 행동을 조절하고 문제행동을 변화시킬 수 있다.

(3) 타임아웃 : 공격적 행동이 나타났을 때

만일 문제행동에 대한 지원을 진행하고 있는 중에 공격적 행동이 나타나면 다음과 같이 타임아웃을 사용한다.

① 그 아이가 때린 것이 사실인지 즉시 확인한다. 필요하다면 다른 교사가 피해 아이를 보살피도록 한다.

② 때린 아이에게 타임아웃 자리로 갈 것을 단호하고 낮은 소리로 말한다. "나는 네가 다른 친구들을 괴롭히는 것을 허락할 수 없단다. 너는 내가 일어나라고 할 때까지 여기에 앉아 있어야 한다."

③ 시간을 기록하고 그 아이로부터 떠난다. 타임아웃 시간 동안 문제 유아와 말하거나 관심을 주어서는 안 된다.

④ 만일 다른 아이들이 타임아웃 영역에 접근하면 조용히 떠나게 하고 설명해 준다. "용석이는 몇 분 동안 혼자 있는 것이 필요하단다. 용석이가 다시 활동에 참여할 수 있을 때 이야기할 수 있단다."

⑤ 정해진 시간이 끝났을 때, 그 아이에게 가서 말한다. "이제 일어나도 좋아." 그러나 훈계는 하지 말아야 한다. 그 아이도 왜 타임아웃을 당했는지 그 이유를 알고 있다. 그 아이가 진행 중인 활동에 적극적으로 참여하도록 한다.

(4) 강화 : 바람직한 행동이 나타났을 때

유아가 바람직한 방법으로 자신의 의사를 표현하거나 공격적 행동을 멈추었을 때 교사는 단계에 따라 보상을 제공해 줌으로써 행동수정에 대한 동기를 향상시킬 수 있다.

교사의 지적을 받거나 야단을 맞으면서도 유아의 공격적 행동이 유지된다는 것은 문제행동 후에 받게 되는 보상이 있기 때문이다. 친구들과 교사의 관심, 또는 원하는 장난감이나 활동을 차지하게 되는 것 등이 가장 큰 보상이 될 수 있다. 바람직한 행동에 대한 보상은 문제행동 후에 받게 되는 보상보다 크고 강해야 한다. 친구를 때렸을 때 교사가 주는 주의가 관심이 된다면 바람직한 행동이 나타났을 때 교사가 제공하는 인정과 격려, 그리고 지지가 유아를 더 행복하게 해 주어야 한다.

대부분의 교사들이 교실에서 크고 작은 말썽을 부리는 유아들이 바람직한 행동을 하게 될 때 '저 아이가 왜 저러지? 얼마 못갈 거야' 라는 생각을 하게 되고 그런 생각은 그대로 유아에게 전달된다. 유아는 교사의 불신을 알아채고 바로 때리는 행동을 반복하게 되고 교사는 '그럼 그렇지. 역시 내 생각이 맞았어. 금방 또 때릴 줄 알았어'

라는 생각을 한다. 우리의 믿음은 유아에게 그대로 전달된다는 것을 잊지 말아야 한다.

5. 평가 및 추후지도

앞서 기초선 관찰을 통해 수집된 유아 문제행동의 수준이 예방 및 지도 전략을 실시한 후 얼마나 감소되었는지 확인함으로써 프로그램의 효과를 판단한다. 이를 위해 기초선에서 기록한 빈도기록표를 사용하여 프로그램이 종료된 후 동일한 시간대에 문제행동이 발생한 빈도를 기록하여 감소된 정도를 확인한다. 수치상으로 문제행동의 빈도가 확연하게 감소되면 바람직한 행동의 빈도는 상대적으로 증가하게 된다. 일단 문제행동이 감소되었다 하더라도 지속적으로 관심을 갖고 대상 유아의 행동을 관찰하는 것이 중요하다. 몇 주에 걸쳐 유아의 문제행동이 드물게 나타난다면 교사의 지도 노력이 성공한 것이라 할 수 있다. 만일 문제행동이 가정에서도 나타났었다면 보호자와의 면담을 통해 가정에서도 문제행동이 감소하였는지를 확인할 필요가 있다. 가정에서도 문제행동의 감소가 나타났다면 프로그램의 효과가 다른 상황으로 일반화 되었다는 것을 의미한다.

공격적 행동이 제거되었을 때 적절한 사회적 행동에 계속 관심을 가져 주는 것이 중요하다. 그 아이가 자신의 의지로 예전의 때리는 행동이 새로운 사회적 기술로 대치된 것에 대해 교사가 얼마나 기쁜지 알게 한다.

만일 환경점검에서 특별한 문제가 없고 상황에 따라 적절한 예방과 지도가 지속적으로 이루어져도 유아의 공격적 행동이 줄어들지 않는다면 전문가의 진단을 받는 것이 필요하다.

제 10 장 활동참여상에서의 문제행동 지도

■ 사례 1. 사회적 놀이에 참여하지 않는 아이

유정이는 만 3세된 여자 아이로 5살인 언니가 한 명 있다. 아빠는 회사원이시고 엄마는 대학에서 강의를 하신다. 성격은 온순하나 내성적이어서 처음 보는 사람이나 상황에 많이 낯설어한다. 오전 자유선택활동 시간에 역할놀이 영역으로 유아들이 모여들기 시작한다. 접시에 음식을 차리고 컵에 물도 따라서 서로 컵을 부딪치며 물 마시는 흉내를 내고 교사를 부르러 온다. 교사가 유아들과 함께 놀이에 참여하여 놀이를 진행하자 탐색영역에 있던 유정이가 말없이 쳐다본다. "유정아, 이리와! 같이 놀자"라고 얘기하자 못 들은 척하며 고개를 돌리다가 다시 역할놀이 쪽을 바라본다.

■ 사례 2. 목적없이 배회하고 놀이에 참여하지 않는 아이

태영이는 어린이집에 들어오면서부터 자기 이름표를 들고 여기저기 기웃거리며 돌아다닌다. 쌓기영역에 앉아서 잠시 친구의 놀이를 바라보다가는 책보기 영역과 작업이나 탐색영역 등을 돌아다니고 있다. 만 4세 남자 아이로 부모님과 누나, 외조부모님이 함께 살고 있다. 장난끼가 심하고 명랑한 아이지만 친구들과 함께 놀이에 참여하지는 않는다. 교사가 게임이나 퍼즐 등을 들고 함께 하자고 하면 놀이에 참여한다. "이 게임을 모르는 친구들이 많은데 네가 친구들을 가르쳐 줄 수 있겠니?"라고 청하면 "네,"하고 대답하지만 직접 실행하지는 않는다.

■ 사례 3. 놀이에 참여하지 않고 혼자놀이만 하는 행동

> 소희는 만 3세 여아로 5살인 오빠와 10살인 언니, 그리고 직장에 다니시는 부모님과 함께 생활한다. 늘 바쁜 부모님을 대신하여 이모 할머니께서 아이를 돌봐 주신다. 이모 할머니는 소희를 아기처럼 다루시고 소희가 원하는 건 무엇이든 다해 주신다. 자유선택활동 시간에 친구들이 활동을 시작해도 소희는 언어영역으로 걸어가 쿠션에 앉아 있는다. 친구들과 선생님이 함께 놀기를 권해도 소희는 늘 소꿉영역의 놀잇감 몇 개만을 가지고 혼자놀이를 한다. 소희는 다른 친구들에 비해 언어표현력이 부족하고 혼자놀이를 주로 하는 관계로 친구들에게 따돌림을 당하는 편이다. 교사는 소희의 언어표현력을 증진시키기 위해 책도 읽어 주고 놀이를 함께 진행하기 위해 노력하고 있으나 큰 변화는 보이지 않는다.

■ 사례 4. 주의집중을 못하고 산만한 행동

> 엄마, 아빠가 직장에 다니는 관계로 어렸을 때부터 양육자가 자주 바뀌었던 수미는 만 4세 여자 아이이다. 자유선택활동 시간이 끝나고 정리 시간이 되자 유아들이 놀잇감을 정리하고 이야기나누기 자리에 모여 앉는다. 수미는 정리 시간에도 이것저것 놀잇감을 만지고 다니면서 정리는 하지 않고 계속 몸을 움직이고 입으로 소리를 내며 다닌다. "수미야! 다른 친구들은 정리를 하고 있네. 수미는 무엇을 하면 좋을까?"라고 말하며 수미가 해야 할 일을 상기시켜주지만 그 때 뿐이고 스스로 해야 할 일을 찾지 못한다. 교사의 지적을 받고 자기 자리에 앉아서도 교사의 이야기에 잠시 귀를 기울이는 것 같다가는 금새 몸을 흔들고 소리를 낸다.

유아기는 가정의 울타리를 벗어나 기관에서 다른 친구나 선생님들과 함께 생활하며 사회적 기술을 배워나가는 시기이다. 연령에 따라 혼자놀이가 자연스러운 모습일 수 있으나 또래 친구들과의 놀이를 통해 크고 작은 문제들에 부딪히며 타협하고 양보하고 배려하며 문제를 해결하고 친구들과 자신이 서로 다르다는 것을 인정하고 배워나간다.

교실에서의 활동 시간에 참여하지 못하고 목적 없이 배회하거나 혼자서만 놀이를 진행하는 문제는 발달 단계상 자연스러운 모습일 수도 있으나 4-5세 유아들이 그런 행동을 보인다면 교사의 적극적인 지원이 필요한 부분이다. 유아의 사회적 상호작용이나 언어 표현력은 초등학교 이후 학교 적응력이나 사회성 발달에 중요한 영향을 미치게 된다. 유아의 사회화 과정이 성장과 함께 자연스럽게 진행되는 것이나 다른 친구들과 어울리는데 어려움을 느낀다면 교사는 원인에 따라 지원계획을 수립해야 한다. 유아가

어울리지 못할 때마다 달래 주거나 놀이를 함께 진행하는 것은 성인의 지속적인 관심을 받게 되는 것이므로 바람직하지 못한 결과를 초래할 수도 있다. 교실활동에 적극적으로 참여하지 못하는 행동은 결과적으로 동일한 모습일 수 있으나 상황에 따라 그 원인이 달라지므로 교사의 세심한 관찰이 필요하다.

교실에서의 활동 참여와 관련된 문제는 기관에서 일어나는 문제이므로 부모상담을 통해 해결하는 것은 어려움이 따른다. 원인이 가족의 양육태도에서 비롯된 문제라 할지라도 가정에서는 유사한 모습을 발견하기 힘들고 한두 명의 친구와는 아무 문제없이 잘 놀고 있다면 부모들은 교실 활동에서 나타나는 소극적이고 산만한 문제가 교사의 탓이라고 생각할 수 있기 때문이다.

또한, 사회적 놀이에 참여하기 위해서는 언어적 표현 능력이 중요하므로 또래에 비해 언어발달이 늦어서 활동에 참여하지 못하는 것으로 판단된다면 연령에 따른 언어 이해력을 점검하여 의학적 도움을 요청해야 하는 경우도 발생한다.

1. 행동진술

사례 1 : 다른 친구들과 함께 하는 역할놀이나 협동놀이 같은 사회적 놀이에 참여하지 않거나 아주 가끔 참여한다.

사례 2 : 계획된 활동에 참여하기보다는 목적 없이 교실 주위를 돌아다닌다.

사례 3 : 친구들과의 사회적 상호작용 없이 혼자서만 놀이를 한다.

사례 4 : 주의집중 시간이 짧고 산만하여 한 가지 활동에 오랫동안 집중하지 못한다.

2. 원인분석

교실에서 또래 친구들과의 사회적 참여와 관련된 문제행동은 부모보다 교사에게 더 심각한 문제로 다가온다. 유아의 보편적인 발달특성 뿐 아니라 개인차에 의한 발달수준까지 파악해야 상황에 따른 적절한 지원 프로그램을 계획할 수 있으므로 초기관찰을 통해 기초정보를 모으고, 교실의 물리적 · 인적 환경분석을 실시해야 한다.

또한, 부모면담을 통해 가정이나 다른 장소에서의 활동 모습에 대해 이야기 나누고 문제해결을 위한 대책을 함께 강구해야 한다. 부모와 교사는 서로 갈등하고 대립하는 관계가 아닌 유아의 발달을 바람직한 방향으로 이끌기 위해 함께 노력하는 공동 협력자인 것이다.

1) 유아행동 관찰

교실에서의 또래 친구들과 사회적 상호작용을 통해 연합 및 협동놀이를 지속하지 못하는 것이 얼마나 심각한 문제인지를 파악하기 위해 다음과 같은 내용을 관찰한다. '목적 없이 배회하는 행동'을 중심으로 관찰목록을 만들면 다음과 같다.

- 하루 중 주로 언제 배회하는 행동이 나타나는가?
- 배회하기 전에 주로 무엇을 하나?
- 배회하면서 하는 행동은 무엇인가?
- 짧은 시간이라도 배회하지 않고 즐겁게 참여하는 활동은 무엇인가?

이상의 관찰목록은 정해져 있는 것이 아니므로 교사가 유아의 특성과 상황에 맞게 문항을 수정하거나 다른 내용을 추가하여 사용할 수 있다. 또한, 부모면담시에 가정에서의 생활에 기초해서 각 항목에 대해 기록하게 하는 것도 도움이 된다.

관찰목록을 통해 교사는 유아가 언제, 왜 활동참여에 어려움을 보이는지 간단한 정보를 얻을 수 있다. 활동이 너무 쉽거나 어려워서 생기는 문제인지, 유아의 사회적 능력이 부족해서 생기는 문제인지, 준비된 교재 · 교구가 충분하지 않아서 생기는 문제인지를 파악함으로써 교사는 원인에 따라 서로 다른 방법으로 지도 전략을 적용할 수 있다.

2) 환경분석

(1) 물리적 환경분석

활동참여상에서 나타나는 문제행동 지도를 위해 가장 먼저 해야 할 일은 교실에 제공되어 있는 교재·교구가 유아들에게 적합한지 점검하는 것이다. 활동에 참여하지 않고 돌아다니고 목적 없이 배회하는 것은 교실에 준비된 매체가 지루하거나 아니면 너무 어렵기 때문일 수 있다. 수준별 통합교육과정에서 추구하는 기본원리 중 '수준별'이란 말은 개인차를 인정한다는 의미이다. 즉, 동일한 연령이지만 유아에 따라 흥미나 이해의 발달수준이 다르므로 동일 연령 내에서도 적어도 2-3개 정도의 수준을 유지해서 수업을 전개해야 한다는 것이다. 이는 비고츠키의 근접발달영역에서 말하는 유아의 잠재적 발달단계에 대한 가정이기도 하다. 적절한 지원이 필요한 유아의 잠재적 가능성이 개발되기 위해서는 바람직한 상호작용을 전개할 수 있는 도구—다양한 수준의 교재·교구—가 준비되어야 한다. 또한, 유아간의 차이를 고려한 개인별 교육 뿐 아니라 유아 내부에 있는 개인내 차이 또한 파악해야 한다. 이는 가드너(Gardner)의 다중지능이론에 입각하여 고려되어질 수 있다. 신체, 언어, 수, 과학, 음악, 미술, 정서, 사회성 등 한 인간을 둘러싸고 있는 다양한 영역을 어떻게 통합시켜 나갈 것인가에 대한 해답은 유아기 때 발견될 수 있다. 유아가 가장 즐거운 마음으로 할 수 있는 영역에서부터 출발하여 성공감과 자존감을 경험하고 부족한 부분에 결핍이 생기지 않도록 적절한 교량역할을 해 나갈 수 있는 때가 바로 유아기이다. 유아들이 성공감과 긍정적 자존감을 경험할 수 있는 방법은 놀이를 통해 세상과 만나는 것이다. 유아들마다 시작하는 출발점이 서로 다르고 한 유아 내부에서도 좀 더 잘하고 못하는 것에 차이가 있다는 사실을 인정한다면 다양한 수준과 내용의 교구들 그리고, 경험들이 유아를 위해 제공되어야 한다.

교사들은 유아의 문제행동의 원인이 기관의 물리적 환경에 있는 것은 아닌지 알아보기 위해 다음의 질문들에 대해 답을 찾아보아야 한다.

- 놀잇감이 부족하지 않은가?
- 진행되고 있는 주제에 대해 다양한 영역에서 2가지 이상의 수준을 담고 있는 교구들이 충분히 제공되어 있는가?
- 하루 동안 진행되는 활동의 양과 시간은 유아에 따라 탄력적으로 운영되는 것이 가능한가?
- 구조적이고 개방적인 활동, 개인대 집단 활동, 실내와 실외 활동 등이 적절하게 안배되어 있는가?
- 영어나 과학 등 특별활동으로 수업이 전개되는 경우 모든 유아가 의무적으로 참여하

고 있지는 않은가?

- 활동 중에 유아가 쉬면서 친구들의 놀이를 관찰하고 배우고 탐색할 수 있는 공간이 나 시간이 허락되는가?

(2) 인적 환경분석–교사 자신의 관찰

유아교사가 현장에서 수행해야 하는 다양한 역할 중 가장 중요한 것은 유아와의 상호작용이다. 유아의 인간발달에 대한 유전론과 환경론, 그리고 상호작용론의 입장에 대한 논쟁은 끊임없는 것이며 유아교육기관에 따라 어떤 발달이론에 근거해서 교육과정을 운영하던지 교사의 역할에 대한 중요성은 모두 동일할 것이다. 유아기가 발달의 특성상 성인에 대한 의존도가 매우 높은 시기임을 감안할 때 교사의 언어적 상호작용의 질이 교육의 질을 결정한다고 해도 과언이 아니다. 특히, 활동참여상에서 나타나는 문제는 혼자놀이만 하거나 배회하는 등 활동에 잘 참여하지 않는 경우이다.

이런 유아들의 특성은 특별히 주변 친구들을 괴롭히거나 집단활동을 방해할 만큼 공격적이지 않기 때문에 교사의 관심을 상대적으로 덜 받게 될 수 있다. 흔히, 교실에서 있는지 없는지 모를 만큼 얌전한 아이들은 교사들이 특별히 신경을 쓰지 않는 경우가 많기 때문이다. 물론 친구들을 방해하고 이상한 소리를 내거나 주위가 산만하여 활동참여상의 문제를 가지고 있는 유아들도 있다. 수업시간에 지적을 받기는 하지만 공격적이거나 울음이 많은 아이들에 비해 교사는 적극적인 개입의 필요성을 덜 느끼게 된다.

유아의 연령에 따라 혼자놀이나 방관자적 놀이가 필요한 단계일 수도 있다. 하지만 그들도 교사와의 상호작용은 즐거워한다. 병행놀이가 놀이의 중심이 되는 만 3세 정도의 유아들은 교사와의 병행놀이를 좋아하고 교사의 놀이하는 모습이 모델이 되어 줄 수 있다. 활동참여에 어려움을 겪고 있는 친구들에게 교사는 어떤 상호작용을 하고 있는지 살펴보자. “친구들과 놀아야지. 교실에 재미있는 놀잇감이 얼마나 많은데 이렇게 혼자 돌아다니니. 어떤 놀이가 하고 싶어? 함께 놀고 싶은 친구가 있니?.” 교사는 유아와 상호작용하고 있지만 유아의 놀이모습을 관찰하고 지시하려고만 할 뿐 유아와 함께 놀이를 진행하고 있지는 못하다. 또한, 교실활동에 참여하지 않는 것에 교사의 개인적인 관심이 집중되고 있으므로 유아에게는 꽤나 매력적인 강화물의 역할을 하고 있다.

놀이의 문제는 놀이를 통해 해결할 수 있다. 그러기 위해서 교사는 유아와 놀 줄 알아야 한다. 무조건 즐겁게 놀면된다는 식의 놀이가 아니라 놀이를 통해 환경에 성공적으로 적응하고 환경을 통제하고 환경에서 학습이 이루어질 수 있도록 교사로서 놀이에 개입해야 하는 것이다. 교사 자신은 하루 수업시간 중 유아의 활동에 어느 정도 참여하는지 기록해 보자. 하루 수업 시간 중 몇 시간 아니면 몇 분이나 유아와 함께 놀이하는가?

3) 부모면담

활동참여상의 문제는 학기 초 부모참관 수업이나 참여수업 시간이 끝난 후 기관에 대한 부모의 만족도와 밀접한 관련이 있다. 특히, 가정이나 기타 다른 장소에서의 활동 형태가 소극적이지 않다면 기관에서 활동에 적극적으로 참여하지 못하는 자녀의 모습에 대해 선생님께 그 책임을 묻게 되기 때문이다. 물론, 유아의 성향이 내성적이고 신중하며 새로운 놀이와 활동에 적응하는데 시간이 필요한 유아라면 유아의 개인적 특성에 대한 정보를 면담시간을 통해 얻을 수 있다.

부모들은 자녀가 활동에 참여하지 않을 때 교사가 얼마나 관심을 가져 주는지를 확인하고 싶어한다. 교사의 단순한 관심과 설득은 유아의 문제행동을 강화하게 된다는 것을 부모에게 전달하고 유아가 적극적으로 활동에 참여하길 원한다면 가정에서도 가족들과 유아가 재미있는 놀이 활동에 참여해야 할 것을 강조해야 한다. 가정에서 유아와 어떻게 시간을 보내는지, 어떤 활동과 놀이를 주로 하는지에 대해 면담시간 동안 이야기를 나누는 것이 좋다. 다음과 같은 내용에 대해 부모님과 함께 정보를 공유하고 교사가 앞으로 진행하게 될 지원계획에 대해서도 함께 참여할 수 있도록 면담을 지속하는 것이 필요하다.

- 유아와 함께 놀이하는 시간은 얼마나 되나?
- 함께 참여하는 놀이는 주로 어떤 것들인가?
- 유아와 대화하거나 놀이할 때 주로 어떤 유형의 상호작용을 하는가?
  : 적극적으로 개입하기, 지켜보다가 도움이 필요할 때 개입하기, 놀이순서나 방법을 지시하기, 곁에 있지만 놀이는 함께 진행하지 않음 등
- 유아는 부모님과 놀이하는 것을 즐기는가?
- 집 근처 놀이터에서 함께 노는 친구들이 있는가?

- 집에 놀러오는 친구들이 있는가?
- 친구들과 놀이할 때의 모습은 어떠한가?

3. 기초선 관찰

프로그램을 투입하기에 앞서 유아의 활동참여와 관련된 문제행동 수준을 자연상태에서 관찰기록해야 한다. 위 예에서 문제행동이 얼마나 자주 발생하며 얼마나 오랜 시간 지속되는지 교사가 적어도 2-3일간에 걸쳐 관찰하고 그 정도를 기록한다. 일화기록법과 같은 서술적 형태의 기록도 가능하지만 현재 문제행동 수준을 수량화함으로써 보다 객관적으로 문제의 심각성을 판단할 수 있으며, 행동 지도 프로그램의 효과를 확인하는 데 기준 점수로 사용될 수 있을 것이다. 관찰기록 방법은 교사의 편리대로 간단히 제작하여 사용할 수 있다.

이 예에서는 관찰해야 할 행동을 사회적 활동에 참여하는 행동 또는 참여하지 않는 행동으로 나누어 볼 수 있다. 문제행동은 사회적 활동에 참여하지 않는 행동이므로 활동에 참여하지 않고 주변을 배회한다거나 혼자놀이를 한다거나 주위 집중하지 못하는 행동이다. 따라서 이러한 문제행동이 얼마나 자주 오랜 시간 지속되는가를 기록하는 것이 자연스러운 것처럼 여겨진다. 하지만 만일 사회적 활동에 거의 참여하지 않는 아이라면 차라리 반대로 사회적 활동에 참여하는 빈도나 기간을 기록하는 것이 편리할 것이다. 어떤 행동을 관찰할 것인가의 결정은 사전 관찰을 통해 교사가 판단하여 결정하는 것이 바람직하다.

여기서는 주의가 산만하고 한 가지 활동에 오랜 시간 집중하지 못하는 아이를 관찰하기 위한 관찰기록표를 예로 들어 본다. [그림 9-2]의 기록방법은 여러 방법 중 교사에게 가장 편리한 방법이며 순간시간 표집법이라 불리운다. 이 방법은 관찰할 시간들을 미리 정해 두고 시간이 되면 해당 유아를 관찰하여 그 순간 문제행동을 하고 있는지의 여부에 따라 기록표 해당 칸에 간단히 +와 −로 표시하는 방법이다. [그림 9-2]의 예에서 보면 수업활동 시작 후 2분, 4분, 6분……째 될 때마다 기록한 것인데 2분째는 유아가 수업에 집중하고 있었기 때문에 +를 4분과 6분에는 집중을 하고 있지 않았기 때문에 −를 표시한 것이다. 관찰이 종료된 후에는 해당 기간 동안 유아가 수업활동에 집중한 비율을 계산하여 +표의 개수(6) /전체표집수(10)×100를 맨 우측 빈 칸에 적어 놓으면 된다.

이 관찰방법은 교사가 2분이 경과할 때마다 잊지 말고 관찰을 해야 하는 불편함이 있으나 간단한 방법으로 이런 불편함을 해결할 수 있다. 교사는 미리 조용한 방에서 빈 녹음테이프에 매 2분마다 벨소리를 녹음해 둔 다음, 행동관찰 시간이 시작되면 녹음기를 켜고 녹음기에서 소리가 날 때마다 해당 유아를 관찰하면 편리하다.

■ 기초선 관찰기록표의 예

유아 이름 : 이○○

관 찰 자 : 조 × ×

표적 행동 : 수업에 집중하는 행동

날짜	표집 시간										행동 비율
	2	4	6	8	10	12	14	16	18	20	
4/8(수)	+	−	−	+	+	−	−	+	+	+	6/10 (60%)
4/9(목)	−	−	+	−	−	−	+	+	−	−	3/10 (30%)
4/10(금)	−	+	+	+	−	−	−	−	+	−	4/10 (40%)

+ 수업에 집중하는 행동

− 수업에 집중하지 않는 행동

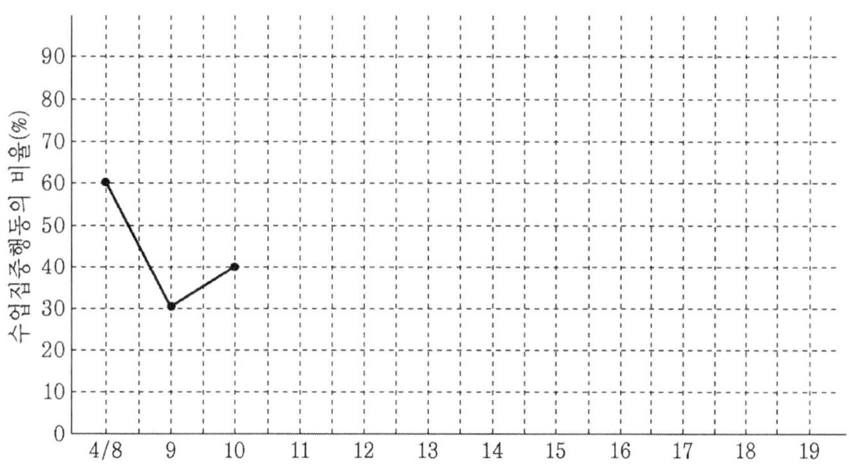

[그림 9-2] 관찰 그래프의 예

4. 예방 및 지도 프로그램

1) 예방전략

(1) 개인차를 고려한 발달의 적합성

발달의 보편적 원리에 의해 구성되어진 교육과정을 운영하는 데 있어 고려해야 할 사항은 개인차이다. 우리나라의 경우, 동일 연령집단으로 반을 구성하기 때문에 개인차에 대한 고려가 자칫 부족해질 수 있다. 유아 각 개인이 가지고 있는 발달의 특징에 의거해서 활동이 주어지기 보다는 동일 연령별로 발달의 일반적 특징에 의거해 수업안이 만들어지고 교재 · 교구가 배열되며 활동이 전개되므로 보통의 범주에서 조금만 느리거나 빨라도 활동이 지루하거나 어려울 수 있다.

활동참여에 있어서 나타나는 문제들은 유아의 개인적 성향을 다루기 전에 교실 환경을 점검함으로써 예방할 수 있다. 완벽히 준비된 환경에서는 유아 스스로 능동적으로 구성하고 경험하면서 발생적 학습이 일어난다. 교실에는 만지고, 느끼고, 냄새 맡고, 맛보고, 듣고, 보고, 조작할 수 있는 많은 놀잇감들이 준비되어 있어야 한다. 다양한 교구가 충분히 제공된 교실에서는 유아 스스로 활동에 몰입할 수 있는 기회가 많아짐으로 교사 대 유아의 비율이 다소 높은 교실에서도 개별화 수업이 가능할 수 있다.

(2) 교사의 세심한 관찰과 지원

교실환경에 대한 점검이 끝났다면 교사는 관찰과 함께 적극적으로 유아의 놀이에 개입해야 한다. 적극적 개입이라는 것이 유아 곁에 가서 함께 놀기를 청하고 무엇을 하고 싶은지 묻고 다른 친구들을 불러서 함께 놀도록 권하는 것을 의미하는 것으로 생각한다면 놀이를 이끄는 교사-유아 상호작용에 관한 내용을 더 공부하기 바란다. 유아마다 그리고 활동마다 교사의 개입시기와 정도를 결정할 수 있어야 한다. 아직은 혼자놀이가 필요한 친구가 있고 친구들과의 역할놀이를 원하지만 다양한 역할이나 사물 또는 상황에 대한 가작화 능력이 부족하여 서성거리는 친구들도 있다. 또한, 단지 교사의 관심을 끌기 위해 혹은, 교사에게 의지하기 위해 교사의 곁을 맴도는 유아도 있다.

① 혼자놀이가 필요한 유아 : 유아 곁에서 아무 말 없이 유아가 교사의 놀이를 보고 따라할 수 있도록 다양한 놀이의 형태를 보여준다. 예를 들어, 만 4세인 유아가 인형이나 로봇 하나만을 가지고 서성일 뿐 놀이를 확장하지 못하고 있다면 교사는 유아가 보이는 위치에서 인형을 가지고 재미있게 소꿉놀이를 진행한다. 로봇과 연결시켜 우리의 생활을 편리하게 해 주는 역할을 로봇에게 시켜 볼 수도 있다. 바쁜데 언제 교사가 놀이를 하고 있느냐고 반문할지 모르겠으나 단 5분이면 모방학습을 일으킬 수 있다.

② 친구들의 놀이에 참여하고 싶으나 방법을 모르는 유아 : 역할놀이 영역에서 친구들이 핏자집 놀이를 하는 모습을 쳐다보고 있거나 놀이를 방해하고 있다면 놀이에서 필요한 역할을 확장시켜서 참여하고 있지 못한 유아에게 역할을 주어야 한다. 예를 들어, 피자집에 전화를 걸어 주문을 하고 배달해 줄 것을 요구한다. 교사는 자연스럽게 곁에서 보고 있던 친구를 참여시켜 "배달해 주는 사람이 필요하겠구나. 주원이가 배달해 주겠니?" 라고 말해 주면 놀이의 역할과 상황이 더 확장되어 질 수 있다.

③ 단지 교사의 관심이 필요해서 주변을 서성이거나 산만한 모습을 보인다면 교사는 유아의 행동을 무시해야 한다.

2) 지도전략

(1) 활동참여상에서 문제를 보이는 유아가 사회적 상호작용 기술을 배울 수 있도록 체계적인 지도를 실시한다.

① 선생님이나 친구들의 놀이를 관찰할 수 있는 기회를 충분히 제공한다. 필요하다면 교사가 유아와 함께 다른 친구들이 어떤 활동을 하고 있는지 관찰할 수 있다. 역할놀이에는 어떤 놀잇감들이 있는지, 친구들은 언어영역에서 어떤 게임을 하고 있는지, 쌓기놀이 영역에 있는 친구들이 찻길을 만들고 있는데 너라면 어떤 모양의 블록으로 만들고 싶은지, 과학영역에 있는 관찰도구들을 가지고 할 수 있는 것들은 무엇이 있는지 등에 대해 유아와 며칠 동안 시간을 보낼 수 있다.

② 유아에게 필요한 것이 사회적 기술인지, 언어적 표현인지, 대·소근육의 훈련이나

감각기관의 활용인지 파악해야 한다. 흥미영역으로 교실을 구성하고 유아의 흥미와 요구에 따라 자발적인 선택에 의해 수업이 진행된다고는 하나 현실적으로 교실을 운영하다보면 전체 유아에게 동일한 활동을 의무적으로 강요하게 될 때가 발생한다. 손가락 근육이 충분히 발달하지 않은 상태에서는 가위나 붓, 펜 등을 잡는 것이 힘이 든다. 만 4세 이상의 교실이라면 대부분의 유아가 충분히 성공할 수 있는 활동이지만 경우에 따라서는 그런 활동들이 유아의 능력 밖에 있을 수 있다는 것을 고려해야 한다.

③ 활동에 참여하지 않는 유아가 친구들의 놀이 활동을 충분히 관찰했고 놀이활동에 호기심을 보이게 되면 유아가 흥미를 보이는 영역에서 친구들과 놀이에 참여하겠는지 묻는다. 만일 원한다면 놀이의 일원이 되어 참여할 수 있도록 역할을 만들어 주고 필요하다면 주변 사물을 이용하여 필요한 도구를 만들어 줄 수도 있다. 예를 들어, 한 대 뿐인 자전거를 두고 친구들이 서로 타고 싶어하는 모습을 지켜보다가 자전거 타기를 원한다면 교사는 자전거 한 대를 이용해서 할 수 있는 다양한 역할을 제공함으로써 문제 유아 뿐 아니라 모든 친구들에게 상황, 역할, 사물의 가작화를 확대시켜 줄 수 있다. 자전거 한 대를 가지고 할 수 있는 놀이는 너무도 많다. 자전거 수리 센터, 자동차라는 가정 하에 세차장이나 주유소 놀이 등을 한다면 많은 유아들이 자전거를 타기 보다는 바퀴를 고치고, 공기를 주입하고, 기름을 주유하고 세차하는 역할을 더 좋아할 것이다. 어쩌면 자전거 한 대로 한 반 유아들이 모두 한 가지 이상의 역할을 맡아야 하는 상황이 올 수도 있다.

④ 유아 스스로 놀이에 참여하고 진행할 수 있을 때 교사는 유아와 함께 있는 시간을 줄여 나간다. 경우에 따라 교사가 곁을 떠나면 놀이를 그대로 중단하고 매달리는 경우도 생긴다. 시간을 두고 짧은 간격으로 유아 곁에서 떠나는 것이 필요하다. "퍼즐을 맞추고 있으면 미술영역의 친구를 도와 주고 금방 올께" 라고 말하고 반드시 짧은 시간 후에 다시 와서 유아의 퍼즐 맞추는 것을 격려해 주어야 한다. "와! 자동차가 됐구나. 훌륭한데 넌 어떠니?" 유아에게 활동을 끝냈을 때의 기쁨과 성취감을 갖도록 도와 주고 또 다른 영역의 친구들을 도와 주고 올 것을 약속한 뒤 자리를 뜬다. 이 정도가 되기까지 몇 주가 걸릴지 모르지만, 교사는 유아가 활동에 적극적으로 참여하고 친구들과 사회적 상호작용하는 방법을 가르치고 있다는 점을 기억해야 한다.

(2) 친구들과 짝을 지어 준다.

유아의 상호작용은 반드시 교사와만 이루어지는 것은 아니다. 또래 친구들과의 상호작용을 통해 자연스럽게 모방학습을 이끌고 서로 배려하고 경쟁하면서 공동체적 협력학습을 이룰 수 있다. 몇몇 친구들끼리의 소그룹활동을 전개할 때 주의해야 할 점은 활동내용에 따라 그룹 구성원이 달라져야 한다는 것이다. 친구들과 그룹을 만들어 줄 때는 누구나 돌아가면서 리더의 역할을 할 수 있도록 배려해야 한다. 활동참여상에서 문제를 보이는 유아들은 대체로 자신감이 부족한 경우가 많으므로 작은 것이라도 무엇을 잘할 수 있는지 파악하는 것이 중요하다. 이런 경우 대부분의 교사들은 '하나를 못하는 아이들은 대부분 모든 영역에서 부족하고 특별히 잘하는 것이 없다'고 생각한다. 그러나 우리는 작은 장점 하나를 발견하는 것이 단점 열 개를 지적하는 것보다 교육적 효과가 더 크다는 것을 알고 있다. 유아의 어쩌다가 한 번 우연히 발생한 바람직한 행동을 놓치지 않을 수 있다면 문제의 반은 해결된 것이다. 나보다 더 잘하는 친구들의 모습이 모델이 되기도 하고, 내가 더 잘하는 부분에 있어서는 리더가 되어 놀이나 활동을 이끌어가는 경험 모두가 필요하다.

이를 위해 가장 좋은 교실 운영은 혼합연령으로 반을 구성하는 것이다. 예를 들어, 동일 연령의 친구들에 비해 발달 속도가 다소 늦은 유아도 더 어린 영아들 보다는 잘하는 것이 많다. 또한, 자신보다 더 작고 어린 동생들을 보면 유아들은 친구에게 하는 것보다 더 친절하고 쉬운 언어로 상호작용하는 것을 볼 수 있다. 그러나 활동에 따라 주 1회 정도 혼합연령으로 교실을 운영해 보는 것도 좋은 방법이다. 우리나라는 여전히 혼합연령제의 장점보다 단점에 더 많은 관심을 보이는 것 같다.

(3) 교사의 관심을 끌기 위해 활동에 참여하지 않고 서성거리는 행동은 모두 무시한다.

유아가 혼자 있거나 교실을 배회할 때는 관심을 주지 않는다. 눈길이나 미소, 제안 등을 주지 말고 유아가 알지 못하도록 계속 관찰해야 한다. 유아가 조금이라도 활동에 참여하는 모습을 보일 때 격려하고 관심을 아끼지 말아야 한다. 유아도 자기가 좋아하는 사람들이 무엇을 기대하고 있는지 관찰하고 있으며 그 사람들(부모, 교사, 친구 등)이

믿고 원하는 대로 행동하려고 노력한다는 것을 기억하자.

5. 평가 및 추후지도

문제행동의 예방 및 수정 전략을 실시한 후 문제행동의 빈도가 지속적으로 드물게 나타나게 되면 서서히 프로그램을 종료할 수 있다. 종료할지 여부를 결정하기 위해서는 기초선 관찰 때 사용한 기록방법을 사용하여 문제행동의 수준을 기록하고 그 결과를 기초선 관찰 결과와 비교해야 한다. 문제행동의 수준이 현저하게 감소하여 다른 아이들의 수준이 되었거나 완전히 제거된 상태가 수일간 지속되게 되면 프로그램을 멈출 수 있다. 하지만 경우에 따라서는 얼마 후 문제행동이 다시 발생하는 경우도 생기게 되기 때문에 교사는 종료 후에도 지속적으로 유아의 행동을 주의 깊게 관찰해야 한다. 필요하다면 몇 주가 지난 다음 다시 한 번 문제행동 수준을 관찰기록하는 것도 바람직하다.

프로그램 기간 동안 주어지던 강화물이 있다면 이제 강화물은 서서히 줄여 나가는 것이 바람직하다. 행동 지도의 궁극적 목적은 유아가 다른 특별한 지도나 관심 없이도 스스로 바람직한 행동을 해낼 수 있는 것이기 때문에 지도 기간 중에 주어지던 것들은 더 이상 제공되지 않아야 한다.

제 11 장 까다로운 식습관의 지도

■ 사례 1. 먹기 싫어하는 아이

공무원이신 엄마, 아빠와 할머니, 언니(중학생), 오빠(초5)와 함께 대가족 속에서 생활하고 있는 지호(만 3세 여아)는 밥 먹기를 싫어하는 아이이다. 아빠는 지방에 근무하시는 관계로 주말에 오시고 큰 언니나 오빠와 나이 차이가 많아서 샘이 많고 떼를 쓰는 경우가 종종 있다. 점심시간마다 소희는 숟가락을 들지 않고 앉아 있는다. "지호야, 어서 맛있게 먹자." 교사가 곁에 와서 밥먹기를 권해도 먹으려 하지 않는다. 친구들이 "먹어야지 크지"라고 하자 숟가락을 든다. 밥을 몇 알 정도 떠서 입에 넣고는 씹지 않고 물고 있는다. 친구들이 밥을 다 먹고 유희실로 이동하자 눈물을 보인다. 지호의 작은 시도에도 칭찬을 해 주면 "언니처럼 클거예요"라고 하면서 먹는 경우도 있지만 스스로 먹으려는 의지는 없다.

■ 사례 2. 편식하는 아이(콩과 토마토가 싫어요)

부모님이 직장에 다니시는 관계로 할아버지, 할머니, 7살된 형과 함께 살고 있는 규광이는 주말에만 부모님과 시간을 보낸다. 점심시간에 완두콩 밥을 보자 "선생님, 토할 것 같아요"라고 이야기한다. 밥의 완두콩을 2개만 남기고 골라준 후 다른 친구들 식사지도를 도와 주자 혼자서 밥을 먹기 시작했다. "규광이는 콩 싫어해"라고 중얼거리며 식사를 마쳤고, 후식으로 토마토를 주자 "토마토는 정말 싫어요"라고 울먹인다. 전에도 토마토를 먹기 위해 시도하다가 매번 구토하였으므로 토마토는 규광이 의사대로 먹지 않았다. 평소에도 새로운 음식에 대해 거부감을 가지고 있는 규광이는 소심한 성격으로 눈물이 많은 편이다. 가정에서 조부모님이 규광이가 좋아하는 음식만 주는 편이고 새로운 음식에 대한 시도는 전혀 하지 않는다. 교사는 새로운 반찬의 경우 아주 작은 양을 주어 먹어 보도록 했고 조금이라도 먹고 나면 칭찬을 해 주며 새로운 음식에 대한 경험의 기회를 주고 있다.

■ 사례 3. 너무 천천히 먹는 아이

> 만 4세된 윤경이는 점심식사 배식을 받은 후 밥을 한 숟가락 넣은 후 친구들과 이야기만 하고 있다. 1시간이 지나도 음식의 양은 줄지 않고 친구들에게 만화 영화 이야기를 하느라 정신이 없다. 집에서 식사시간이 일정하지 않고 식사시간에는 대부분 TV시청을 한다고 한다. 교사는 식사량을 조절해 주고 식사에 대한 관심을 가질 수 있도록 옆에서 함께 밥을 먹으며 반찬을 먹고 맛에 대해 이야기 나누거나 냄새나 모양 등에 관심을 갖게 하기 위해 노력한다. 교사가 옆에 앉아서 함께 먹을 때만 식사시간이 줄어들고 곁을 떠나면 또다시 밥보다 다른 이야기 거리에 관심이 많다.

올바른 식습관은 유아들의 건강과 성장에 반드시 필요한 부분이므로 그 어떤 문제행동보다 부모들의 마음을 안타깝게 한다. 유아교육기관의 입장에서도 기관의 환경적 특성이나 교사에게 원인이 있기 보다는 어린시절 수유방법과 이유식의 경험 정도, 가정의 식사습관, 그리고 유아의 기질과 부모로부터 받은 유전적인 체질 등 그 원인이 복합적이므로 짧은 시간 내에 문제를 해결하기에는 어려움을 겪는다.

특히, 가정에서 오랜 기간 잘못 형성된 생활습관들이 유아교육기관에 입학하면 모든 것이 해결될 것이라는 부모들의 기대는 교사들에게 성급한 마음을 갖게 하고 다소 지시적인 방법으로라도 잘못된 부분을 바로 잡기 위해 서두르게 된다.

학기 초 식사시간에 밥 안에 콩을 숨겨 둔다거나 야채를 억지로 먹이면서 유아들이 습관적으로 구토하는 모습을 쉽게 발견할 수 있다. 구토나 입 안에 음식 물고 있기, 돌아다니며 먹기, 음식 거부하기 등의 문제에 대해 교사가 1 : 1로 식사지도를 하기는 어렵기 때문에 여러 명의 유아들을 동시에 지도하는 교사 입장에서는 가장 빨리 포기하게 되는 부분이 식습관의 문제이다. "선생님! 물 주세요. 도시락이 떨어졌어요. 김이 없어요, 더 주세요. 잡채는 지렁이같이 생겼어요. 김치가 매워요. 친구가 반찬 가져갔어요." 등등 특별한 문제가 없더라도 점심시간은 교사에게 자리에 앉아서 마음 편히 밥 한 끼 먹기도 힘든 시간이 된다. 결국 교사들은 '부모가 못한 일을 내가 어떻게 하나, 어릴 때부터 버릇을 잡았어야지, 이제 와서 나한테 이런 문제를 고쳐 달라고 하면 나도 어쩔 수 없다. 한 아이만 데리고 점심을 먹을 수도 없는데 도대체 어떻게 해결할 수 있나, 내가 아이들 밥 먹이려고 교사가 됐나' 등의 복잡하고 회의적인 생각에 사로잡힐 수 있다. 즉, 유아의 식습관의 문제가 교사의 자질이나 능력의 문제로 변환되어 교사의 힘을 소진시키게 되므로 정확한 원인을 찾아서 계획적으로 지원 프로그램을 실시하는 것이 필요하다.

1. 행동진술

사례 1 : 스스로 밥을 먹으려 하지 않고 씹는 것도 싫어한다.
사례 2 : 싫어하는 음식을 주면 토한다.
사례 3 : 식사시간 동안 만화영화나 TV를 보거나 떠드느라 밥을 먹지 못한다.

2. 원인분석

식습관의 문제는 교실에서의 행동관찰 보다 부모와의 면담을 통해 수유방법부터 어린시절의 식습관 및 가정에서의 생활에 대한 정보를 받아서 계획을 수립하는 것이 필요하다. 입학 초기 가정에서의 생활습관에 대한 개인 상담시간을 마련해서 식사와 수면, 건강에 관련된 내용을 꼼꼼하게 체크하고 정리해 두면 행동지도에 도움이 된다.

그러나 다른 문제행동과 마찬가지로 편식이나 까다로운 식사습관이 가정에서는 별 문제가 없다면 기관에서의 행동관찰을 세심하게 할 필요가 있다.

1) 유아행동 관찰

- 유아가 먹기를 거부하는 음식은 어떤 종류인가?
- 어떤 음식을 좋아하는가?
- 어떤 방법으로 음식에 까다로움을 보이는가?
- 음식을 거부하면 어떻게 대처하는가?
- 편식이나 음식을 싫어하는 것은 언제부터 시작되었나?
- 싫어하는 음식을 다른 형태로 만들어 주면 먹는가(버섯볶음의 버섯은 싫어하지만

볶음밥에 다져서 넣어 주면 모르고 잘 먹는가)?

이상의 관찰목록은 정해져 있는 것이 아니므로 교사가 유아의 특성과 상황에 맞게 문항을 수정하거나 다른 내용을 덧붙여 사용할 수 있다.

2) 환경분석

섭식행동은 환경에 의해 많은 영향을 받는다. 공간이 청결하고 매력적이며 함께 하는 친구들과 즐겁게 생활하면 먹는 것도 즐겁게 된다. 대부분의 유아교육기관이 질적으로 매우 우수하기는 하나 별도의 급식실을 갖추고 있는 곳은 거의 없는 실정이다. 그러므로 각 교실에서 식사를 하게 되는 경우가 대부분이다. 교실 공간이 놀이중심으로 구성되고 각 영역마다 칸막이와 교구장들이 유아들의 동선을 막고 있기 때문에 배식판을 들고 자유롭게 움직이기에 편한 공간일 수는 없다. 교실에서의 점심시간이 즐겁고 행복한 식사시간이 되기 위해 교실 공간 운영을 융통성 있게 변화시켜 보는 것도 좋은 방법이 될 것이다.

3) 부모면담

편식이나 까다로운 식습관의 문제는 부모들이 가장 시급하게 고치고 싶어하는 부분이므로 입학상담이나 학기 초 개인상담시에 부모가 먼저 기관의 도움을 요청하는 경우가 많다. 부모상담이 어려운 이유 중 하나는 가정에서의 생활이나 영아기의 경험 등에 대한 정확한 정보는 말하지 않고 현재의 문제 상황만을 변화시켜 주기를 바란다는 것이다. 지난 시간의 생활경험을 말하다 보면 유아의 현재 모습에 대한 모든 원인과 책임이 부모에게 있다는 것을 인정하는 것 같아서 이야기하는 것에 거부감을 가지고 있는 부모들도 있다는 것을 알아야 한다. 부모가 가지고 있는 고민과 현실적인 문제에 대해 진지하게 경청하고 현재까지 어떤 방법으로 대처해 왔었는지 이야기를 끌어가야 한다. 교사 입장에서 정확한 정보가 있어야 지도계획을 할 수 있다는 이유로 성급하게 직접적인 질문을 던지는 것은 부모님께 상처를 남길 수 있으므로 삼가야 한다.

또한, 까다로운 식습관의 문제가 부모의 지나친 육아 노이로제로 인해서 단순한 음식에 대한 기호까지 걱정하고 있는 것은 아닌지 확인하는 것도 필요하다. 야채볶음

안에 있는 당근은 먹지 않지만 다져서 볶음밥에 넣어 주거나 전을 부쳐 주면 잘 먹는다면 영양적으로 걱정할 필요가 없다. 그러므로 유아의 편식이나 까다로움이 성장 발육에까지 영향을 미치고 있는 것인지, 단지 음식 형태나 냄새 등의 기호에 따른 것인지 확인할 필요가 있다.

직장관계로 상담시간을 맞추기가 어렵거나 직접 면담을 하기 힘들어하는 부모님을 위해 구체적인 설문지를 이용하여 응답해 줄 것을 청할 수도 있다. 상담과정에서 교사는 각 가정의 부족했던 부분을 들춰 낸다는 기분이 들지 않도록 경청과 존중, 공감하는 태도를 유지하는 것이 중요하다.

식습관은 유아의 하루 활동 양과 수면시간, 기초체력 정도와 상관이 있으므로 전반적인 생활내용을 알아보는 것도 도움이 된다.

부모면담시에 사용할 수 있는 질문지는 다음과 같다.

- 유아가 먹기를 거부하는 음식은 어떤 종류인가?
- 어떤 음식을 좋아하는가?
- 어떤 방법으로 음식에 까다로움을 보이는가?
- 음식을 거부하면 어떻게 대처하는가?
- 편식이나 음식을 싫어하는 것은 언제부터 시작되었나?
- 싫어하는 음식을 다른 형태로 만들어 주면 먹고 있는가(버섯볶음의 버섯은 싫어하지만 볶음밥에 다져서 넣어 주면 모르고 잘 먹는가)?
- 유아가 신체적으로 허약하거나 특정한 약을 복용하고 있지는 않은가?
- 식사시간은 일정한가?
- 간식을 너무 많이 먹고 있지는 않은가?
- 식사시간에 TV를 보면서 먹거나 돌아다니지는 않는가?

3. 기초선 관찰

유아의 섭식과 관련된 문제행동을 수정하기 위한 프로그램의 효과를 평가하기 위한 기준설정은 기초선 관찰 결과를 통해서 가능하다. 위 세 가지 사례 중에서 식사시간 동안 떠드느라 밥을 늦게 먹는 아이의 문제행동에 대한 기초선 관찰 기록에 대한 예를 들어 보기로 한다. 이 경우에는 점심시간에 유아가 섭식행동을 하지 않는 시간을 기록해야 하는데 이를 위해 적합한 방법 중 하나로 순간 시간표집 방법을 제안한다. 이 방법은 앞서 제시된 '사회적 활동에 참여하지 않는 문제행동'에서 사용된 방법과 동일하다.

이 방법은 문제행동의 발생여부를 관찰할 시간들을 미리 정해 두고 해당 시간이 되면 유아를 관찰하여 그 순간 섭식행동을 하고 있는지 않는지에 따라 +와 −로 표시하는 방법이다. 점심식사 시작 후 매 3분마다 총 10회에 걸쳐 유아의 행동을 관찰하고 기록한 것인데, 아래 표에서 보면 3분째는 밥을 먹고 있었기 때문에 +를 6, 9, 12 분에는 밥을 먹지 않고 딴짓을 하고 있기 때문에 −를 표시한 것이다. 관찰이 종료된 후에는 해당 기간 동안 유아가 식사행동을 보인 비율을 계산하여 [+표의 개수(3)/전체표집수(10)×100=30%] 맨 우측 빈 칸에 적어 놓으면 된다.

■ 기초선 관찰 기록표의 예

유아 이름 : 홍○○

관 찰 자 : 김 ××

표적 행동 : 우는 행동

날짜	표집 시간 (12 : 05 - 12 : 25)										행동 비율
	3	6	9	12	15	18	21	24	27	30	
9/1(화)	+	−	−	−	+	+	−	−	−	−	3/10 (30%)
9/2(수)											
9/3(목)											

+ 섭식행동
− 비섭식 행동

4. 예방 및 지도 프로그램

1) 예방전략

(1) 즐거운 식사시간을 위해 환경 구성하기

- 책상을 깨끗하게 닦고 예쁜 식탁보를 깔기

- 계절에 어울리는 예쁜 꽃이나 화분 등으로 식탁 꾸미기
- 유아들이 움직이기 편안하도록 칸막이나 교구장을 이동하기
- 창문을 열고 환기시키기
- 편안한 분위기의 음악을 배경으로 틀기
- 이젤이나 롤 스크린 등을 이용해서 하루하루의 메뉴를 알려주고 각 영양소와 우리 몸을 어떻게 건강하고 튼튼하게 해 주는지 그림과 사진 등을 이용하여 전시하기

이상의 내용들을 유아들과 의논하여 각 항목에 대해 당번을 정하고 식사를 시작하기 전에 모두 즐거운 마음으로 상차림하는 시간을 갖는 것도 식사를 즐겁게 하기 위한 환경적 전략이 될 수 있다.

(2) 교사의 세심한 관찰과 지원

① 식단을 짜는 전문 영양사가 있거나 단체 급식소에서 식사를 받는 경우에도 식단내용을 미리 확인할 필요가 있다. 또한, 조리법에 따른 완성된 음식의 냄새와 형태, 색에 대해서도 유아에게 적당한 것인지 확인하는 것이 좋다. 새로운 음식이 제공될 때는 한 번에 한 가지씩 적은 양으로 준비해야 한다.

② 까다로운 식습관을 가진 문제를 지도할 때 주의해야 할 것은 우리의 관심과 배려가 지나쳐서는 안 된다는 것이다. 까다로운 식습관이 유아의 바른 성장과 발육을 방해하는 것이 아니라 단순히 음식에 대한 기호를 나타내는 것이라면 차라리 시간을 갖고 스스로 새로운 음식을 섭취할 수 있는 기회를 제공하는 것이 좋다.

③ 음식의 양을 조절한다. 1인분의 양은 우리가 생각하는 것보다 더 적을 수 있다. 그리고 사람마다 자기에게 맞는 한 끼 식사의 양이 있다. 너무 조금 먹어도 활동하는데 피곤해 하지 않는다면 충분하다. 소풍갈 때 유아들이 편안하게 먹을 수 있는 김밥은 5-6개에 불과하다. 모든 유아가 김밥 한 줄을 먹어야 하는 것은 아니다.

④ 유아들은 뷔페식당을 좋아한다. 많이 먹지는 않지만 골라먹는 재미가 있기 때문이다. 시간이 오래 걸린다는 단점이 있지만 일주일에 1-2회 정도씩은 뷔페상차림으로 유아들이 스스로 새로운 음식에 도전해 볼 수 있는 기회를 주자. 차려진 반찬을 아주 조금씩이라도 맛을 보고 맛에 대한 평가를 하는 시간을 갖는 것도 유아들의 흥미를 유발할 수 있는 방법이다.

⑤ 사상의학에서는 유아들이 거부하는 음식은 체질에 맞지 않기 때문이라고 한다. 우유를 싫어하는 아이는 체질적으로 우유가 받지 않기 때문에 몸에서 스스로 보호하기 위해 우유를 싫어한다는 것이다. 또한, 단체 급식에서는 잡곡밥보다는 흰쌀밥이 더 바람직하다고 한다. 체질에 따라 보리나 콩, 수수 등의 잡곡이 맞지 않는 경우도 있다는 것이다.

2) 지도전략

(1) 교육과정에 포함하기

'음식'이라는 주제는 유아들이 매우 좋아하는 학습 주제로 까다로운 식습관을 가지고 있는 유아들에게는 수업시간의 활동을 통해 행동지도를 하기에 적절한 내용이다. 음식의 종류, 맛, 색과 모양, 냄새, 조리법, 지역별 특산물, 유통과정, 직접 재배하기, 요리하기, 박물관 견학 등 교사들은 '음식' 주제만 가지고서도 연간교육 프로그램을 만들 수 있을 정도이다.

유아의 성장과 발육을 방해하거나, 식사지도시 교사의 에너지를 지나치게 소진시킬 정도의 까다로운 식습관을 가지고 있는 유아가 교실에 있다면 어떤 학습 주제에서건 '음식'을 다룰 수 있는 아이디어를 내는 것이 필요하다. 예를 들어, 우리가족이 좋아하는 음식은? 우리 집에서 가장 가까운 시장에는 어떤 가게들이 있나? 운동선수들은 어떤 음식을 먹고 튼튼해졌을까? 다른 나라 사람들이 좋아하는 음식은 무엇이 있나? 계절에 어울리는 음식은? 기차에도 식당이 있어요. 우주인들은 무얼 먹나요? 동물들의 식사시간 등(가족, 이웃, 여행, 운동, 계절, 우리나라 다른 나라, 우주).

어떤 주제에서건 음식을 다룰 수 있는 내용을 준비해서 유아들과 직접 요리를 해 보거나 식재료를 이용하여 작업과 체험학습 등을 진행할 수 있다. 그러면 음식은 귀찮고 불편한 것이 아니라 사람이 살아나가는 데 꼭 필요한 것이며, 새로운 음식을 먹어 본다는 것은 매우 즐거운 일이라는 것을 교육과정 내에 포함시킬 수 있다.

(2) 바람직한 식사행동에 강화하기

유아가 까다롭고 부적절한 섭식행동을 보이지 않을 때 강화를 제공해야 한다. 어떤 방법으로 강화를 할 것인지 지원 계획에 포함시켜 놓아야 한다. 교사의 칭찬과 격려는 초기에 사용할 가장 좋은 강화가 될 것이다. "지호야, 아주 잘 먹는구나. 선생님도 기분이 아주 좋은걸." 이렇게 직접 이야기할 수도 있고 지나친 관심이 의존적 행동을 불러일으킬 것 같다면 어깨를 두들겨 주거나 미소를 보내는 방법으로 강화를 줄 수 있다. 유아가 식사를 계속 잘 진행한다면 초기에는 최소 1분에 한번씩 강화를 계속한다. 까다로운 섭식행동이 점차 줄어드는 것이 보이면 직접적인 강화의 수를 줄인다. 음식을 즐겁게 먹을 때 유아 옆에서 친구들과 함께 식사행동과 관련이 없는 즐거운 대화를 나눈다. 식사시간이 얼마나 즐거운지 유아 스스로 알게 될 것이다.

교사의 언어적 강화 외에 스티커를 사용하여 유아 스스로 자신의 행동변화를 눈으로 확인할 수 있게 해 주는 것도 효과적이다. 그날 그날 제공된 반찬을 빠짐없이 맛본 날에는 기록표에 스티커를 붙여 준다. 스티커를 붙이는 방법은 음식을 다 맛볼 수 있다는 것과 유아 스스로 자신의 행동을 점검하면서 자기 강화의 역할을 하기 때문에 그 효과가 크다. 만일, 유아의 연령이 만 4세 이상이라면 스티커 붙이기를 시작하기 전에 유아와 충분히 논의하고 우리가 무엇을 하고 있는지에 대해 구체적으로 설명한 후 유아 스스로 스티커를 붙이게 할 수 있다.

주의해야 할 사항은 제공된 음식 중 유아가 구토를 일으킬 만큼 거부하는 음식이 있다면 다른 것으로 대체해야 한다. 세상의 모든 음식을 유아들이 다 먹어야 하는 것은 아니다. 유아들은 친구 중 누군가 스티커를 붙이는 것 자체를 부러워한다. 스티커가 붙이고 싶어서 일부러 반찬을 남긴 후 다 먹으면 스티커를 달라고 하거나, 친구의 스티커를 떼어가는 경우도 종종 생긴다. 그러므로 교사는 각 유아마다 강화가 필요한 행동 영역을 관찰한 후 서로 다른 부분에 대해 스티커를 제공하는 것도 방법이 될 수 있다. 예를 들어, 지호는 반찬을 골고루 먹을 때 스티커를 붙이고, 소희는 식판 정리를 잘할 때 스티커를 붙이고, 용석이는 식사 전에 줄을 잘 서고 친구를 때리지 않을 때 스티커를 붙인다면 스티커 때문에 불평이 생기는 것을 막을 수 있다.

교사는 유아의 식사활동을 예민하게 지켜볼 필요는 없다. 유아가 감시받고 있다는 생각이 들지 않도록 자연스럽게 지도를 하고, 무엇을 먹었는지 먹지 않았는지 확인해 줄 필요도 없다. 유아가 잘 먹은 것에 대해 칭찬해 주고 "오늘은 스티커를 받을 수 있겠구나!" 정도의 격려면 충분하다. 교사 자신도 유아의 문제행동지도에 대해 강박적인 태도를 갖지 않도록 유의해야 한다.

(3) 편식과 까다로운 식사행동은 무시하기

유아는 그 동안 가정에서나 기관에서나 자신의 먹는 문제에 대해 긍정적이든 부정적이든 지나친 관심을 받아왔다. 먹지 않으면 어른들은 야단치는 경우도 있지만 결국 먹는 것과 상관없는 다른 물질적 보상(과자, 인형, 로봇 등)을 걸고 한 숟가락이라도 더 먹이려고 노력해 왔다. 유아의 편식행동에 대해 지도프로그램을 시작하기로 결정 내렸다면 교사는 유아의 편식행동에 대해 더 이상의 관심을 주어서는 안 된다. 바람직한 행동에 대해서만 강화하고 먹으라고 달래거나 협박을 하는 것은 금해야 한다.

유아가 밥을 먹지 않고 투정하기 시작하면 다른 친구들과 이야기를 나누던지 식사에 열중한다. 유아가 교사의 관심을 얻기 위해 말을 걸거나 도움을 청한다면 "네가 다시 밥을 먹으면 얘기하자"라고 말해 주고, 다시 먹기 시작하면 유아에게 관심을 갖는다. 하지만 먹지 않았던 행동에 대해 다음과 같이 훈계하는 것은 피해야 한다. "아까처럼 먹지 않으면 절대 너와 말하지 않을거야. 이렇게 잘 먹으면서, 잘 먹어야 한다. 알았지?" 등은 피해야 한다.

유아가 밥 먹는 속도가 너무 느리다면 그 행동에 대해서는 말하지 말고 친구들의 식사시간이 끝날 때쯤 "다 먹었니?"라고 물어 본 후 아니라고 하면 다 먹은 다음 치우라고 말해 주고, 다 먹었다고 하면 식판을 치우게 한다. "다 먹을 때까지 일어나지 마! 다 먹어야 간식도 먹고 비디오도 볼 수 있어"와 같은 협박은 하지 않는다. 교사는 절대 그렇게 할 수 없다. 교사 스스로 지킬 수 없는 행동으로 유아를 협박하면 교사의 권위나 교실의 규범은 점점 약해진다. 교사는 유아의 부정적 행동에 대해 관심 갖고 그에 따른 처벌행동을 언급하기보다 긍정적 행동에 대해 격려해야 한다. 교사의 언어는 연습이다.

유아가 조금만 먹고 치운 후 곧 다가와서 배가 고프다고 한다면 식사시간에 먹지 않았기 때문에 그렇다고 잔소리하지 말아야 한다. 어떤 음식도 주지 말고 오후 간식시간이 언제인지 그 때 먹을 수 있다고 알려 준다.

5. 평가 및 추후지도

유아의 까다로운 섭식행동이 좋아지는 것을 눈으로 확인할 수 있는 그래프를 지속적으로 그려나가는 것이 필요하다. 조금씩 좋아지는 것을 눈으로 확인하고 강화의 빈도나 양도 점차 줄여 나가야 한다. 스티커나 직접적인 언어적 강화를 계속 사용하면 유아는 지나친 관심으로 더 의존적인 성향이 발달할 수 있으며, 시간이 흐르면서 스티커에 대한 관심도 감소하므로 까다로운 섭식행동이 더 증가될 수 있다. 다양한 강화물과 강화계획을 적절히 사용할 수 있어야 한다.

제12장 정서적 · 의존적 문제행동 지도

■ 사례 : 자주 우는 행동

미라는 만 3세된 여자 아이로 4개월 전에 동생이 태어났다. 평소에도 다소 예민한 성격이던 미라는 기분에 따라 친구에 대한 태도가 다르다. 사무관인 아버지와 교사인 어머니 밑에서 외동딸로 크다가 최근에 동생을 본 후로 울음이 많아졌다. 어느 날 블록을 가지고 돌아다니다가 동현이가 블록을 빼앗자 갑자기 바닥에 엎드려 큰 소리로 울음을 터뜨린다. 미라는 동현이가 자기 것을 빼앗은 것에 대해 슬픔을 표현했고, 교사는 "동현이가 블록을 뺏어가서 미라가 슬펐구나."라고 미라의 감정을 읽어 주며, 울지 않고 말로 동현이에게 뺏어서 화가 난다고 말하도록 지도했다. 그러나 미라는 일어나서 동현이에게 "줘, 내꺼야" 하며 계속 울음섞인 소리를 냈다. 동현이는 미라가 우는 모습을 재밌어 하며 놀리려 했지만 교사의 제지하는 눈길을 보고 멈칫하며 돌려 준다. 미라의 울음은 블록을 받아도 그칠 줄 모른다. 결국, 교사는 미라를 데리고 조용한 곳으로 가서 한동안 달래 주어야 했다.

울음은 신생아와 영아들의 의사소통 수단이다. 양육자가 영아의 울음에 얼마나 민감하고 반응적으로 대처하느냐에 따라 사회 · 정서발달에 기초가 되며 주변 사람과 세상에 대한 신뢰감 형성에 기초가 된다. 새로운 학기가 시작되는 유치원과 어린이집의 3, 4월 모습은 유아들의 울음소리로 조용할 날이 없다. 현관 앞에서 부모와 떨어지지 않으려는 아이, 장난감을 사이에 두고 실랑이하는 아이, 자기 신발이 없어졌다고 신발장 앞에 앉아 있는 아이, 다른 교실에 들어가 크고 작은 말썽을 일으키는 아이 등이다.

현장에서는 3월 한 달을 어떻게 보내느냐가 그 해의 생활 모습을 결정한다고 한다. 교사들은 환경정리부터 영유아의 생활습관까지 완벽하게 해결하고 싶은 조급한 마음에 때때로 지나치게 친절하거나 혹은 지나치게 지시적인 모습을 반복하며 오류를 범한다.

특히, 부모나 주 양육자와의 격리불안 때문에 매일 반복적으로 우는 아이들을 사탕이나 초콜릿 등을 가지고 설득하려고 하거나 부모에게서 억지로 떼어 놓고 하루 종일 울게 하는 방법을 선택하는 경우도 종종 있다.

울음을 받아 주기 시작하면 버릇이 나빠지고 적응하는 데 더 오랜 시간이 걸린다는 생각에 냉정하고 차가운 표정과 언어로 아이들을 다루는 경우, 운 좋게 성공하는 경우도 있지만 대체로 더 큰 울음과 소동으로 진땀을 흘리게 된다.

영유아들이 운다는 것은 해결되지 않은 문제가 있다는 것이고 원인을 해결하면 대부분 울음을 그친다. 그러나 교사들은 문제를 해결해 주어도 습관적으로 하루 종일 우는 소리를 내거나, 교사의 관심을 끌기 위해 우는 울음에 지치고 있다.

처음에는 유아들의 울음에 민감하게 반응하며 그들을 위로하고 달래 주지만 시간이 흐르면서 교사들은 곧 의존적인 유아의 진의를 파악하고 갑자기 냉정하게 무시하기 시작한다. 교사의 일관성 없는 이러한 태도는 오히려 유아의 의존적인 울음 행동을 강화하게 된다.

1. 행동진술

특별한 원인이 없거나 작은 문제에도 습관적으로 자주 운다.

2. 원인분석

유아의 행동관찰과 교사 자신을 포함한 기관의 환경 점검, 부모 및 주 양육자와의 면담은 지원계획을 수립하는 데 있어 첫 번째 단계이다. 문제의 원인이 유아에게 있다는 관점에서 벗어나 잘못된 환경이나 일관적이지 못한 양육, 교육 행위 및 태도가 유아의 문제행동의 원인이 될 수 있다는 판단 아래 유아 주변의 물적·인적 환경을 변화시킴으로써 자연스럽게 유아의 행동을 변화시키고자 하는 단계이다.

1) 유아행동 관찰

유아의 우는 행동이 특별한 원인 없이 습관적으로 일어나는 것이 발견되었을 때, 교사는 바로 2-3일간 교실에서의 행동관찰을 실시하여 우는 행동에 대해 기초자료를 수집한다. 수집한 자료는 부모면담 및 지도 계획에 반영하여야 한다.

- 유아는 하루 중 주로 언제 우는가?
- 우는 이유가 늘 비슷한가? 아니면 항상 다른 이유가 있는가?
- 문제를 해결해 주면 울음을 멈추는가?
- 누군가 우는 친구를 반복적으로 괴롭히고 있지는 않은가?
- 우는 행동의 지속시간은 얼마나 되는가?
- 우는 행동이 다른 친구들의 활동을 방해할 만큼 시끄러운가?
- 학기 초부터 지속적인 행동인가? 아니면 최근 갑자기 보여진 문제행동인가?
- 우는 행동을 멈춘 뒤 유아의 반응은 어떠한가?
- 우는 행동에 대한 교사의 반응에는 일관성이 있는가?
- 같은 문제에 대해 울지 않고, 바람직한 방법으로 의사소통을 할 때 교사의 반응은 어떠한가?

이상의 관찰목록은 정해져 있는 것이 아니므로 교사가 유아의 특성과 상황에 맞게 문항을 수정하거나 다른 내용을 추가하여 사용할 수 있다.

관찰목록을 통해 교사는 유아가 언제, 왜 우는지에 대한 기초자료를 수집할 수 있다. 만일 누군가 우는 친구를 지속적으로 괴롭히고 있는 것이라면 우는 행동보다 공격적 행동을 하는 유아의 문제행동에 대한 지원계획을 수립해야 한다. 기관 환경이나 친구들과의 문제에 아무런 원인이 없다면 부모나 주 양육자와 면담을 실시해야 한다.

2) 환경분석

(1) 물리적 환경분석

유아들 중에는 새로운 것 보다 익숙한 것을 좋아하는 친구들이 있다. 이불도 아기 때 덥던 것을 좋아하고, 신발도 신던 것을 좋아한다. 작아진 점퍼를 버리고 새 옷을 입는 것을 싫어하는 아이들이 있다. 사람이나 장소에 대해서도 새로운 곳과 사람을 싫어하는 친구들이 있다. 처음 어린이집에 입학할 때, 다니던 유치원을 옮길 때, 이사를 갈 때, 돌봐 주시던 분이 바뀔 때와 같이 장소가 바뀌고 만나는 사람들이 달라질 때 불안해지고 울음이 많아지는 경우가 있다. 그러므로 유아교육기관은 가능한 유아에게 친근한 소재와 형태로 꾸미고 가정과 같이 안정적인 분위기를 유지하려고 노력하고 있다. 그러나 최근 유아교육기관이 대형화·기업화되어 가면서 건물의 크기나 내부 교실의 수, 교직원 및 원아의 수가 점점 많아지고 있다. 커다란 건물과 큰 교실, 많은 친구들이 부담스러운 유아들을 위해 학기 초에는 공간 배치에 대해 세심하게 신경을 써야 한다. 교실의 공간 배치와 준비된 놀잇감이 유아들의 호기심을 충족시키고 다툼이 생기지 않을 만큼 충분한지 확인해 본다.

- 유아들이 가지고 놀 수 있는 놀잇감이 충분한가?
- 특정 놀잇감 때문에 문제행동이 발생하는가?
- 교실 공간이 너무 크거나 시끄럽지는 않은가?
- 혼자 조용히 머무를 수 있는 별도의 공간이 준비되어 있는가?

(2) 인적 환경 분석-교사자신의 관찰

모든 문제행동이 그러하듯이 울음은 특히 교사의 일관성 있는 태도와 세심한 관심과 배려가 요구된다. 울음은 유아의 의사소통의 한 표현이기 때문에 관심을 갖고 관찰하면 울음의 원인을 쉽게 파악할 수 있다.

교사들은 우는 유아에 대한 극진한 보살핌이 의존적 행동을 유발하기 때문에 초기에 냉정하게 대해야 한다고 생각하는 경우가 있다. 그러나 학기 초의 불안으로 인한 울음은 최대한의 관심과 배려가 제공되어야 한다. 버릇이 없어질까봐 걱정할 필요는 없다. 충분히 보호받고 있다는 것을 알고 환경으로부터 불안감이 없어지면 유아들은 새로운 환경 속의 자극들에 대해 호기심이 생기게 되고 점차 적극적으로 활동에 참여하게 된다.

또한, 교사들은 우는 유아들과 자신이 어떻게 상호작용하고 있는지 정확히 알고 있을 것이다. "선생님이 울지 말라고 했지. 왜 자꾸 우니. 울면 미운거야. 너 그렇게 자꾸 울면 친구들이 울보라고 놀릴텐데 그래도 좋아? 또 울 거야? 앞으로는 울지 마. 알았지? 선생님과 약속하자." 이런 상호작용은 우는 행동 자체에만 초점을 맞추고 있다.

3) 부모면담

교실에서 울음이 많은 아이들은 대부분 가정이나 다른 장소에서도 울음이 많고 의존적인 성향을 가지고 있다. 며칠 동안 교실에서 관찰한 내용과 교사 자신의 분석을 통해 얻어진 정보를 가지고 부모와 면담을 실시한다. 유아의 문제행동에 대해 교사가 면담을 청하면 부모들은 자녀에게 심각한 문제가 있는 것은 아닌지 긴장하고 방어적인 태도를 갖게 되는 경우가 있으므로 교사는 먼저 부모와 신뢰롭고 편안한 관계를 형성해야 한다. 상담자로서 교사에게 필요한 태도는 제5장에서 참고할 수 있다. 유아의 울음이 학기 초 부모와의 분리불안으로 인한 것이라면 부모와의 면담은 자연스럽게 이루어질 수 있다. 유아의 분리불안은 연령에 따라 정상적인 모습이고, 5-6세 유아라고 해도 유아의 기질과 성향에 따라 새로운 환경에 적응하는데 시간이 걸릴 수 있다는 것을 전달함으로써 부모가 불안해지지 않도록 배려해야 한다.

유아의 울음행동이 갑자기 나타난 것이라면 유아가 불안하고 공포감을 느낄 만한 사건이나 상황이 가정에 있었는지 확인한다. 동생의 출생, 가족의 죽음, 이사, 가족 간 갈등 등의 문제로 유아가 일시적인 불안을 보이는 것이라면 가정과 기관에서 좀 더 주의 깊은 애정으로 유아를 돌봐야 할 것이다.

교실에서의 초기관찰 때 사용했던 항목들을 질문지 형식으로 구성하여 부모면담 시에 사용할 수 있다.

- 유아는 하루 중 주로 언제 우는가?
- 우는 이유가 늘 비슷한가? 아니면 항상 다른 이유가 있는가?
- 문제를 해결해 주면 울음을 멈추는가?
- 우는 행동의 지속시간은 얼마나 되는가?
- 어릴 때부터 잘 울었나? 아니면 최근 갑자기 나타난 문제행동인가?
- 우는 행동을 멈춘 뒤 유아의 반응은 어떠한가?
- 우는 행동에 대한 부모의 반응에는 일관성이 있는가?
- 같은 문제에 대해 울지 않고 바람직한 방법으로 의사소통을 할 때 부모의 반응은 어떠한가?
- 가족들과 의사소통하는 주요 방법은 무엇인가?
 : 문장사용이 가능한가? 언어보다 행동(가리키기, 끌고가기, 머리흔들기 등)을 더 많이 사용하는가?

3. 기초선 관찰

유아의 우는 행동이 프로그램 투입에 따라 얼마나 감소되었는지를 평가하기 위해 프로그램에 앞서 우는 행동의 수준을 관찰을 통해 결정해야 한다. 이 예에서 우는 행동이 얼마나 자주 발생하며 얼마나 오랜 시간 지속되는지 교사가 2-3일간에 걸쳐 시간을 정해 관찰하고 그 빈도를 기록한다. 관찰기록지는 교사가 편리에 따라 만들어 사용할 수 있다. 이 예의 경우 우는 행동이 하루에 몇 차례 일어나는지, 그리고 울 때마다 얼마나 오랜시간 지속하는지를 관찰해야 하기 때문에 빈도와 기간을 기록해야 할 것이다. 만일 유아의 우는 행동이 짧게 자주 일어난다면 우는 횟수만을 빈도기록법에 따라 기록하면 되고, 우는 행동이 가끔 일어나지만 오랜시간 지속된다면 시간기록법에 따라야 할 것이다. 하지만 우는 행동도 자주 발생하고 지속시간도 꽤 길다면 두 가지를 동시에 기록하는 것이 좋을 것이다. 다음 기록표에서 유아의 우는 행동이 발생할 때마다 시작 시간과 종료 시간을 기재하고 지속시간을 계산하여 우측 칸에 기록한다. 하루 일과 후 그날 유아의 우는 행동 횟수와 총 지속시간을 계산하여 맨 우측 빈 칸에 적어 넣으면 된다.

■ 기초선 관찰 기록표의 예

유아 이름 : 홍 ○○

관 찰 자 : 김 × ×

표적 행동 : 우는 행동

날짜	관찰시간	행동발생시각	종료시각	지속기간	일일 발생횟수
3/21(월)	등원 후 귀가 전 까지 (09 : 30~14 : 00)	10 : 08	10 : 12	4분	3회 (총 16분)
		10 : 38	10 : 39	1분	
		13 : 01	13 : 12	11분	
3/22(화)	등원 후 귀가 전 까지 (09 : 30~14 : 00)				
3/23(수)	등원 후 귀가 전 까지 (09 : 30~14 : 00)				

4. 예방 및 지도 프로그램

1) 예방전략

(1) 조용한 공간과 발달단계에 적합한 충분한 교재 · 교구

교실에서의 울음행동의 원인은 매우 다양하지만 서로 좋아하는 장난감을 사이에 두고 먼저 차지하려고 하는 경우가 대부분이다. 유아들이 좋아하는 놀잇감을 유아의 수만큼 준비해 줄 수는 없지만 연령에 따라서는 동일한 놀잇감을 2 - 3개씩 준비해 주는 것이 좋다.

또한, 새로운 환경에 대한 불안으로 울음이 많아지는 경우도 있으므로 몇 명의 친구들이 편안하게 쉴 수 있는 조용한 공간에 소파와 쿠션 등을 이용해 작은 방처럼 꾸며 주고 재미있는 동화책과 퍼즐, 색종이 등으로 구성놀이를 할 수 있도록 해 준다. 이 공간은 격리불안을 겪고 있는 친구들의 경우, 부모와 함께 머물 수 있는 공간으로 사용할 수도 있다.

(2) 교사의 세심한 관찰과 지원

• **교사의 따뜻하고 반응적인 상호작용은 일석삼조 이상의 효과가 있다.** 점심시간이 끝나갈 무렵 만 3세반인 영아반 교실에서 재희가 갑자기 울음을 터뜨렸다. 담임교사가 아이 앞으로 다가가 무릎을 구부리고 양손으로 아이의 볼을 가만히 감싸며 엄지손가락을 세워 눈가의 눈물을 닦아 주며 작은 소리로 말한다. “재희가 무슨 일로 이렇게 슬펐을까? 울고 있으면 선생님이 재희를 도와 줄 수가 없구나. 선생님 귀에 대고 무슨 일인지 말해 줄래.” 재희가 계속 울음 섞인 목소리로 선생님께 무언가 말하자, 선생님은 또다시 재희에게 “어떻게 하지. 재희 울음소리가 너무 커서 다른 소리는 들리지 않는걸. 자! 숨을 크게 쉬어 보자. 그럼 울음을 그치기가 쉽단다. 선생님처럼 해볼까?” 선생님은 크게 심호흡을 하며 재희가 울음을 멈출 수 있도록 도와 준다.

재희는 곧 울음을 멈추었고 "선생님. 울음이 멈췄어요" 하며 싱긋 웃는다. "그러네. 재희가 숨을 크게 쉬니까 울음이 멈추네. 앞으로도 울음이 잘 멈춰지지 않을 때는 이렇게 해볼래?" "네!" 재희는 자기는 점심을 아직 다 먹지 않았는데 친구들이 하나 둘씩 떠나자 울음이 났다고 했다. 아직 자신의 감정을 언어로 표현하는 것이 익숙하지 않은 재희는 혼자 남겨질 것 같은 두려움이 생겼고 눈물로 선생님과 친구들의 관심을 받으려 했던 것이다. 자신이 왜 울고 있는지 그 이유를 언어로 표현하는 것조차도 어려운 것이 만 3세 미만의 영아들이다. 겁이 나고, 속상하고, 마음이 슬퍼져서 울기 시작했지만 누군가 옆에 와서 왜 우느냐고 다그치면 울면서 정확히 이유를 설명하는 것이 너무 힘든 일이다. 결국, 선생님은 왜 자꾸 우느냐, 이유를 말해야 도와 주지 않느냐는 말을 반복하게 되고 유아는 선생님의 다그침이 무서워 더 크게 울게 되는 경우도 생긴다. 현장에서 영유아들과 생활하다 보면 아이들이 자신의 울음소리에 슬퍼져서 더 크게 울고, 결국 울음을 그치기가 힘들어서 숨쉬기도 힘들어하는 모습을 종종 보게 된다.

재희의 선생님은 재희가 왜 우는지에 대한 관심을 보이면서 재희가 편안한 마음으로 얘기할 수 있도록 기다리고 도와 주었다. 재희가 울음을 그치자 선생님은 재희에게 다시 묻는다.

"자! 이제 말해 볼까? 갑자기 왜 눈물이 났을까?" 재희는 "친구들이 다 갔어요" 라고 답한다. 선생님 근처에 있던 몇몇의 친구들이 재희 곁에서 "우리 안 갔어. 우리 여기 있잖아. 그치? 우리 안갔지?" 아이들은 마치 자기들 때문에 재희가 울어서 미안하다는 듯이 선생님을 바라본다. 선생님은 "그랬구나. 재희는 점심을 아직 다 안먹었는데 친구들이 먼저 먹고 놀러 가니까 그래서 속상했구나." "네".

선생님은 재희에게 친구들이 떠나는 것이 싫을 때 울지 않고 어떻게 하면 친구들이 재희의 마음을 알 수 있을지 이야기 나누고, 그래도 친구들이 떠난다면 선생님께 도움을 청할 수 있는 방법을 알려 준다. 며칠 간 재희의 우는 행동이 감소하는 것이 발견된다면 교사는 칭찬과 격려로 바람직한 행동을 강화한다. 또한, 친구들과 빨리 놀기 위해서 재희는 무엇을 할 수 있는지 이야기를 나누면 재희의 음식을 물고 있는 습관까지도 함께 고칠 수 있다.

재희 선생님은 작은 관심과 배려로 교실에서 일어날 수 있는 여러 가지 문제들을 동시에 다루고 있다. 작은 일에도 울음으로 호소하는 재희의 행동, 울음을 쉽게 멈출 수 있는 방법, 음식을 씹지 않고 입 속에 넣고 있는 시간이 많아서 먹는 속도가 느린

행동, 문제가 있을 때는 손을 들거나 친구들에게 말로 도움을 청해야 한다는 것, 친구가 울고 있을 때는 서로 관심을 가져 주어야 한다는 공감적 태도와 이타적 행동 등이 교사의 따뜻한 상호작용으로 동시에 해결되어 지고 있다.

• **유아기의 보편적 발달단계에 따른 특성과 함께 개인차를 인정해야 한다.** "다른 친구들은 다 울지 않는데 왜 너만 우는 거니? 아무도 무섭다고 안하잖아. 친구들 봐. 다 잘 놀지? 아기나 우는 거야. 아파도 참을 수 있지?" 등과 같이 교사들은 유아의 문제를 해결할 때 다른 유아들과 비교하며 문제행동을 보이는 유아를 지도하고 있다. 발달심리학에서 다루고 있는 다양한 발달이론과 인생의 각 단계별 신체, 언어, 사회, 정서적 특성들을 알고 있는 것은 교육현장에서 매우 도움이 된다. 그러나 '만 3세가 되면 울음으로 하는 의사소통이 줄어들고 사용할 수 있는 언어의 수가 폭발적으로 증가하며, 부모와의 분리불안이 안정되어 관심의 대상이 또래 친구들로 확장된다'는 것과 같은 일반적 특성이 모든 만 3세 유아에게 해당되는 것은 아니다. 어린시절 누구와 함께 지냈는지, 타고난 기질과 성향은 어떤지, 가정 내에 아프거나 몸이 불편한 사람은 없는지, 교육기관을 너무 많이 옮겨 다니지는 않았는지에 따라 일반적 발달 수준보다 더 앞설 수도 있고 더 뒤쳐질 수도 있다는 것을 늘 염두에 두어야 한다. 개인차를 인정할 수 있다는 것은 같은 내용을 다르게 전달할 수 있다는 교사의 능력을 나타내는 것이므로, 교사의 자기 발전을 위해서라도 우는 행동이 습관화된 유아의 일반적 발달 특성과 개인적 특성을 이해하는 것부터 지원프로그램을 시작해야 한다.

• **기타 다른 문제행동과 마찬가지로 우는 행동 또한 부모와의 불안정한 애착 때문일 수 있다.** 대부분의 부모들이 양육에 대한 아무런 지식 없이 부모가 되고 있다. 맞벌이 부부라면 최소한 생후 2년까지 지속적으로 육아를 책임져 줄 사람을 만나는 것도 쉬운 일이 아니다. 만일, 아이가 태어나면서부터 짧은 기간 동안 너무 많은 사람들 밑에서 지내야 했다면 불안정한 애착이 유아의 습관적 울음의 원인이 된다. 부모와의 면담을 통해 지금부터라도 충분한 애정과 관심을 기울여 줄 수 있다면 최선의 방법이겠지만 경제적 문제로 혹은, 다른 기타 가정적인 문제로 그것이 불가능하다면 유아교사의 역할은 더더욱 중요해진다. '부모도 관심이 없는데 내가 왜.' '부모가 저러니 아이가 매일 울기만 하지.' 이런 생각들은 유아교사로서 자신에게도 매우 바람직하지 못하다. 대부분 양육의 경험이 없는 20대 초, 중반에 유아교사의 역할을 담당하고 있지만 유아와의 질 높은 상호작용은 대학에서부터 훈련받은 내용이므로 반드시 반복적으로 연습하고 실천할 수 있어야 한다.

2) 지도전략

(1) 특별한 원인 없이 습관적인 울음에 대해서는 무시해야 한다.

환경점검과 교사 자신의 성찰, 부모와의 면담 등을 통해 얻어진 정보를 바탕으로 교사는 예방전략에서 제안한 방법들을 적용해 봤지만, 유아의 울음이 단순히 관심을 끌기 위한 습관적인 울음이라면 무시함으로써 행동지도를 시작할 수 있다.

① 유아가 단순히 관심을 끌기 위한 울음이라는 것이 확인되면 유아가 관심을 얻고 있다는 느낌을 받지 않도록 해야 한다. 울음이 계속되는 동안은 유아를 무시한다.

한 번도 자신의 울음에 대해 무시당한 적이 없었다면 유아는 더 오래 더 큰 소리로 울 것이다. 교사는 그러한 행동을 예측하고 있어야 하며 인내심을 갖고 우는 동안은 관심을 받을 수 없다는 것을 알게 해야 한다. 만일 아이가 이전 보다 더 크게 운다고 다시 관심을 제공하게 되면 아이의 우는 소리는 점점 커지고 강렬해지게 된다. 잊지 말아야 할 것은 행동수정 전략이 성공하기 위한 첫 번째 수칙은 교사의 일관성 있는 태도이다.

② 울음이 다른 친구들의 활동을 방해할 정도로 심각하다면 다른 공간으로 격리시킨다. 타임아웃 절차와 마찬가지로 다른 훈계는 하지 말고 계속 운다면 함께 활동할 수 없다는 것과 울음을 그치면 바로 활동에 참여할 수 있다는 말을 해 주고 조용한 공간으로 이동시킨다.

③ 유아의 울음을 무시하고 격리시킨다고 유아에 대한 관찰을 멈추어서는 안 된다. 유아는 자신의 울음이 계속 관심받지 못한다는 것을 알고 의외로 빨리 울음을 그칠 수 있다. 이 때를 잘 알아야 한다. 우는 유아가 알지 못하도록 교사의 예민한 관찰이 계속되어야만 언제 유아에게 다가가 관심을 주어야 할지를 알 수 있다. 울음을 그쳤을 때 다가가 "어떤 활동을 할지 함께 찾아보자" 라고 말해 주고 다른 잔소리는 하지 않는다.

(2) 울지 않고 활동에 잘 참여할 때 강화가 필요하다.

울지 않는 행동을 당연한 것으로 지나치게 되면 결국 유아는 울 때 교사의 관심을 더 많이 받는다는 것을 배운다. 울지 않을 때 유아 곁에서 많이 기뻐하고 친구들과 즐겁게 놀이에 참여하는 것에 대해 칭찬과 격려를 해 주어야 한다. 울음을 그쳤을 때 제공되는 강화물로 사탕이나 쵸콜릿과 같은 물질적 보상이 필요하지는 않다. 울지 않으면 친구들과 재미있게 활동할 수 있는 시간이 늘어나고 그 경험 자체가 충분한 강화물의 역할을 하고 있으므로 교사의 언어적 격려만으로도 충분하다.

① 상반행동에 대한 강화법은 문제행동으로 진술된 우는 행동과 상반된 행동에 대해 강화해 주는 방법이다. 같은 상황에 대해 울지 않았을 때 혹은, 정해 놓은 시간동안 우는 행동이 나타나지 않았을 때 예쁜 스마일 스티커를 알림장에 붙여 줄 수 있다. 알림장에 스마일 스티커를 붙여 주는 이유는 부모와 함께 지도 프로그램을 실천하고 있기 때문이다. 기관에서의 행동수정 결과에 대해 가정에서도 부모로부터 언어적 강화를 동시에 받을 수 있다는 장점이 있다.

② 이타적 행동을 보이는 또래 친구들을 강화함으로써 사회·정서적 지도를 함께 이룰 수 있다. 습관적으로 우는 행동이 부적절한 행동이긴 하지만 교실에서는 상황에 따라 유아의 울음이 끊이지 않는다. 친구들이 문제상황에 부딪혀 울고 있을 때 누구든 옆에 가서 문제를 해결할 수 있도록 도움을 줄 때, 칭찬스티커를 주어서 우리반의 「칭찬합시다」 코너를 운영할 수 있다. 이 때 단순히 우는 친구를 달래 주는 것 뿐 아니라 구체적인 도움행동을 제안하고 실천할 수 있도록 지도하는 것이 필요하다.

5. 평가 및 추후지도

앞서 기초선 관찰을 통해 수집된 유아의 우는 행동의 수준이 예방 및 수정 전략을 실시한 후 얼마나 감소되었는지를 확인함으로써 프로그램의 효과를 판단한다. 이를 위해 기초선 기록에 사용했던 것과 동일한 빈도기록표를 사용하여 프로그램이 종료된 후 우는 행동이 발생한 빈도를 기록하여 감소된 정도를 확인한다. 문제행동의 빈도가 이전에 비해 뚜렷하게 감소되면 투입한 프로그램이 효과적 이었다고 볼 수 있다. 프로그램을 종료하는 시기는 문제행동의 발생빈도가 며칠 이상 드물게 나타났을 때까지 기다려야 한다. 간혹, 어떤 다른 이유로 인해 일시적으로 문제행동이 감소할 수도 있기 때문이다. 또한 프로그램의 종료 후에도 지속적으로 관심을 갖고 대상 유아의 행동을 관찰해야 한다. 수주에 걸쳐 관찰해도 유아의 문제행동이 거의 나타나지 않는다면, 유아의 문제행동은 이제 유아의 행동 레퍼토리에서 사라진 것이라 볼 수 있다. 만일 우는 행동이 가정에서도 동일한 수준에서 나타났었다면 보호자와의 면담을 통해 가정에서도 문제행동이 감소하였는지를 확인할 필요가 있다. 만일 가정에서도 문제행동의 감소가 나타났다면 프로그램의 효과가 다른 상황으로 일반화되었다는 것을 의미한다.

참고 문헌

강경미(2006). 아동상담. 대왕사.

강경미 · 강혜란 · 송주미(2006). 아동상담. 대왕사.

강문희 · 강연집 · 박혜련(1997). 아동문제 및 행동수정. 양서원

강문희 · 정정옥, 김승경(2006). 영유아 발달의 이해. 신정

강혜경(2004). 장애 학생 및 부모 상담. 국립특수교육원 직무연수자료. pp. 105-121.

교육부(1997). 유아의 문제행동 지도를 위한 부모교육자료. 교육부.

권미영(1993). 청소년의 자아분화와 부적응 증상 및 문제행동과의 관계연구. 숙명여자대학교 교육대학원 석사학위 논문.

권준모(2001). 심리학과 교육. 학지사.

김광웅(1999). 유아행동지도 : 행동수정 사례와 기법. 교육과학사.

김나영 · 이경열 · 정욱호 · 홍계옥(2004). 영유아 발달. 양서원.

김나영 · 이승희(2004). 아동임상 및 상담심리. 동문사.

김명식(1988). 학습경영상에서 본 아동의 문제행동 실태 분석. 부산대학교 교육대학원 석사학위논문.

김명희(1996). 부모교육프로그램의 탐색. 창지사.

김미경, 최기창(2006). 행동수정의 이론과 실제. 서울 청목 출판사.

김선영, 김희진(2001). 유아의 부적절한 행동에 대한 교사의 반응. 한국교사연구. 18(1).

김선영 · 김희진(2001). 유아의 부적절한 행동에 대한 교사의 반응. 한국교사연구. 18(1).

김순혜(2004). 현대아동상담. 학지사.

김재은(1993). 유아문제행동의 특징과 지도방법. 국민서관.

김정준 · 김정화 · 신유림(1999). 유아에게 적합한 125가지 놀잇감. 창지사.

김지영(2002). 교사가 인식한 유아의 문제행동과 문제 유형별 지도에 관한 조사 연구. 성균관대학교 교육대학원 석사학위논문

김창대 · 이정윤 · 이영선 · 남상인(1994). 청소년 문제 유형 분류체계 : 기초연구. 청소년 대화의 광장.

김향자(1993). 학급크기와 교사의 수 변화에 따른 유아와 교사의 행동연구. 이화여자대학교 대학원 박사학위논문.

김현수 · 김태호(2006). 상담의 이론과 실제. 태영출판사.

노안영(2005). 상담심리학의 이론과 실제. 학지사.

노정화(1997). 유치원 학급운영과 관련하여 초임교사와 경력교사의 유아 행동에 대한 반응. 이화여자 대학교 대학원 석사학위논문.

대한소아과협회(1998). 98년 한국 소아 및 청소년 신체발육 표준치. 대한소아과학회.
미래유아교육학회 편(1994). 잘못된 세 살 버릇 여든까지 간다 : 문제행동 100선과 그 해답. 동문사.
민혜영(1998), 유아의 사회성 발달에 영향을 미치는 환경변인과 개인 내적변인들에 관한 연구. 이화여자대학교 대학원 박사학위논문.
박성연 · 도현심(2001). 아동발달. 동문사.
성영혜(1999). 영유아발달의 이론과 실제. 동문사.
송운석(2005). 유아기 아동의 부적응 실태와 지도방안에 관한 연구 : 유아교육기관을 중심으로. 단국대학교 행정법무대학원 석사학위논문.
송의열(1999). 유아 문제행동의 유형과 평가. 공주대학 논문집, 제4집, 137-156.
송의열 · 이미자(2001). 문제행동과 양육태도. 공주영상정보대학 논문집, 8, 153-177.
송진숙, · 권희경(2003). 유아교육기관에서의 유아의 적응과 유아의 사회적 능력 및 문제행동에 대한 연구. 열린유아교육연구. 8(3). 207-225.
심은혜(1984). 가정의 심리적 환경과 아동의 행동장애에 관한 상관연구. 이화여자대학교 대학원 석사학위논문.
안영진 · 장선철(2005). 아동상담. 동문사.
윤여홍(2000). 웩슬러 유아지는검사 해석의 이론적 배경 및 실제. 한국 웩슬러 유아지능검사 워크샵 자료집(중급). 29-62, 한국아동검사연구회.
이강이 · 성미영 · 이순형(2002). 시설보호 아동의 인지능력에 따른 문제행동. 대한가정학회지, 40(2), 57-66.
이경희(1995). 유아교육기관 환경이 유아의 사회성 발달에 미치는 영향. 서울여자대학교 대학원 논문집, 1(3), 138-152.
이상복, 이효신, 김정일(2001). 유, 아동기행동관리. 대구 : 대구대학교 출판부.
이숙 · 정미자 · 최진아 · 유우영 · 김미란(2004). 아동상담. 양서원.
이순례 · 박희숙 · 조인숙 · 정수미(2001). 영유아 행동지도. 강남대학교출판부.
이윤경(2002). 교사의 상호작용 유형과 영 · 유아 발달과의 관계. 교육발전, 제21권 1호, 199-215.
이은해(1999). 아동발달의 평가와 측정. 교문사.
이은해.(1985). 아동연구방법. 교문사.
이장호 · 정남윤 · 조성호(2005). 상담심리학의 기초. 학지사.
임명희(1997). 유아의 문제 행동 지도 프로그램 개발을 위한 기초 연구. 미래교육학회지, 5(1), 151-234.
장선철(1988). 유아 부적응행동의 이해와 지도. 창지사.
장휘숙 · 한건한(2006). 아동연구방법. 서울 : 창지사.
전남련(1999). 유아교육기관 교사를 위한 유아관찰 및 평가의 실제. 창지사.
정옥분(2005). 영유아발달의 이해. 학지사.

정옥분(2006). 사회정서 발달. 학지사.

지성애(1999). 유아 문제 행동의 이해와 행동지도 : 유아문제행동 이해와 행동지도의 실제, 공주영상정보대학, 제3회 유치원 교사 세미나, 3-37.

천성문 · 송재홍 · 윤치연 · 윤호열 · 이영순 · 박천식 · 김경일 · 하영자 · 김상희 · 원요한 역(2003). 아동상담의 이론과 실제. 시그마프레스(주).

최영하 역(1983). 행동수정이론과 응용. 서울 : 형설출판사.

황해익 · 송연숙 · 정혜영(2003). 유치원 교육과정에 따른 유아행동 관찰법. 정민사.

황혜신 · 황정혜(2001). 유아의 인지능력이 문제행동에 미치는 영향. 대한가정학회지, 39(3), 25-34.

황혜정(2005). 유아의 문제행동 진단을 위한 부모용 교사용 검사 개발 연구. 유아교육연구. 25(2). 235-257.

Achenbach, T. M. (1987). The Child Behavior Profile : I Boys aged 6-11. *Journal of Counseling and Clinical Psychology, 46(3).*

American Psychiatric Association.(1994). *Diagnostic and Manual for Metal Disorders. 4th Eds. : International version : DSM-VI.* Washington D.C.

Anglin, J. M. (1993). Vocabulary Development : A morphological analysis. *Monographs of the Society for Research in Child Development, 58*(10, serial No. 238).

Atwater, J. B., & Morris, E. K. (1988). Teacher's instruction and children's compliance in preschool classrooms : A descriptive analysis. *Journal of Applied Behavior Analysis, 21(2)*, 157-167.

Axelrod, S.(1977). Behavior Modification for the Classroom Teacher. N.Y : McGraw-Hill.

Bredekamp, S., & Rosegrant. T. (1992). Reaching potentials through appropriate curriculum : Conceptual frameworks for applying guidelines. In S. Bredkamp & T. Rosgrant, (Eds.), *Reaching potentials : Appropriate curriculum and assesment for young childen(pp. 28-42).* Washington, DC : National Association for the Education of young Children.

Brophy, J., & McCaslin, M. (1992). Teacher's reports of how they perceive and cope with problem students. *Elementary School Journal, 93(1)*, 3-68.

Burks, H. (1977). *Burks' Behavior Rating Scales : Preschool and Kindergarten edition.* Cal f. : Western Psychological Service.

Clark-Stewart, K. A.(1987). Predicting child development form child care forms and features : The Chicago Study. In D. A. Pillips(Ed.), *Quality in child care : What does research tell us?(pp. 21-41).* NAEYC.

Cook, E. T., Greenberg, M. t., & Kusche, C. A. (1994). The relations between emotional understanding, intellectual functioning, and disruptive behavior problems in elementary school-aged children. *Journal of Abnormal Child Psychology, 22(2)*, 205-219.

Dinkmeyer, G., & Mckay (1988). *S.T.E.P. : Parents handbook.* Mn : American Guidance Service.

Dreikurs, R. (1967). *Psychodynamics, psychotherapy, and counselling. Collected papers.* Chicago : Alfred Adler Institute.

Elicker, J. & Fortner-Wood, C. (1995). Adult-child relationships in early childhood program. *Young Children, 51(1)*, 69-78.

Essa, E.(2003). *A Practical Guide to Solving Preschool Behavior Problems. 5th eds.* NY : Thomson & Delmar Learning.

Evertson, C., & Emmer, E. (1982). Preventive classroom management. In D. Duke (Ed.),.*Helping teachers manage classrooms.* Va : Association for Supervision and Curriculum Development.

Field, T., Masi, W., Goldstein, S., Perry, S., & Parl, S. (1988). Infant day care facilitates preschool social behavior. *Early Childhood Research Quarterly, 3*, 341-359.

Galluzzo, D. C., Matheson, C. C., Moore, J. A., & Howers, C. (1988). Social orientation to adults and peers in iffant child care. *Early Childhood Research Quarterly, 3*, 417-426.

Ginott, H. G. (1965). *Between parent and child.* New York : Wyden Inc.

Hartup, W. W. (1991). Having friends, making friends and keeping friends : Relationships as educational context. Early Report. Minneapolis, MN : Center for Early Education and Development. University of Minnesota.

Holloway, S. D., & Reichhart-Erickson. (1988). The problem solving skills. *Early Child Research Quarterly*, 3, 39-53.

Howard, W. L.(1996). Exceptional Child : An introduction to special education. OH : Merril-Prentice Hall.

Howes, & Stewart, P. (1987). Child's play with adults, toys, and peers : An examination of family and child-care influences. *Developmental Psychology, 23*, 423-430.

Howes, C. & Rubenstein.(1981). Toddler Peer Behavior in Two Types of Day Care, *Infant Behavior and Development. 4.* 387-393.

Howes, C., & Hamiltion, C. E. (1993). Child care for young children. In B. Spodek(Ed.), *Handbook of research on the education of young children(pp.322-336),* New York; Macmillan publishing Co.

Howes, C., Smith, E., & Galinsky, E. (1995). *The Florida Child Care Quality Improvement Study : Interim Report.* New York, NY : Families and Work Institute.

Johnson, J. E., Ershler, J., & Bell, C. (1980). Play behavior in a discovery-based and a formal education preschool program, *Child Development, 51*, 271-274.

Kagan J.(1997). Temperament and reactions to unfamiliarity. *Child Development, 68,* 139-143.

Kamphaus, R. W., & Reynolds, C. R. (1992). *BASC : Behavior Assessment System for Children Manual.* MN : American Guidance Service.

Kaplan H. J., & Sadock B. J.(1998). *Synopsis of Psychiatry. Behavioral Science : Clinical Psychiatry. 8th eds.* Williams & Wilkins.

Katz, L. G. (1994). How Can I Assess the Development of my preschooler?. *ERIC Digest.*

Katz. I. G., & McClellan, D. (1992). The teacher's assessing the Social Development of Young Children. *ERIC* ED 346 988.

Kounin, J. (1970). *Discipline and group management in classrooms.* N.Y : Holt, Rinehart & Winston.

Lasley, T. J., Lasley, J. O., & Ward, S. H. (1989) : Activities and desists used by more and less effective classroom mangers. ERIC Document Reproduction Service No. ED 315 162.

Lay-Dopyera, M., Dopyera, J. (1986). Strategies for teaching. In C. Seefeldt(Ed.), *Early childhood curriculum : A review of current research.* NY : Teacher's College Press, Columbia University.

McWilliam, R. A. & Wakely, M. B. (2000). Classification of Teachers' Interaction Behaviors in Early Childhood Classrooms. *Early childhood Research Quarterly, 1(2).* 247-268.

Mcwilliam, R. A., Zulli, L., & de Kruif, R. E.(1998). *Teaching Styles Rating manual.* NC : Frank Porter Graham Child Development Center, University of North Carolina.

Milenberger, R. G.(2001). Behavior Modification : Principles and Practice, 2nd eds. Wadsworth : Thomson Learning Inc.

Offer. D., & Sabshin, M.(1984). *Normality and the life cycle : a critical integration.* New York : Basic Books.

Phelps, P. C. (1986). An investigation of the functional relationship between play space allotments, play materials and the social behavior of toddlers. *Unpublished doctoral dissertation*, the Florida State University.

Phillips, D. A., Mccartney, K., & Scarr, S. (1987). Child Care quality and children's social development. *Development Psychology, 23*, 537-543.

Rowe, M. B. (1974). Wait-time and rewards as instructional variables, their influence on language, logic, and fate control. Part Ⅰ : Wait-time. *Journal of Research in Science Teaching, 11,* 81-94.

Schafer C. E, Millman H. L (1994). *How to help children with common problems.* Jason Aronson.

Shapiro, S. (1971). Preschool ecology : Selected environmental variables and classroom behavior. *Unpublished doctoral dissertation*, Teachers College, Columbia University.

Shelton, T.L., Jeppson, E. S., & Johnson, B. H. (1987). Family-centered care for children with special health care needs. Washington, D.C : The Association for the Care of Children's Health(ACCH).

Tizzard,B., Cooperman, Q., Joseph, A., & Tizzard, T. (1972). Environmental effects on language development : A study of young children in long stay residential nurseries. *Child Development, 43*, 337-358.

Trawick-Smith, J. W. (1994). *Interaction in the classroom*. N.Y : Prentice Hall.

Waters, V. (1982). Helping children build tease tolerance. *RETwork, 1(3)*, 1.

Waters, V. (1998). Irrational belief of children, adolescents, and parents. Personal communication.

White, R. W. & Watt, N. F. (1973). *The Abnormal Personality(4th ed.)*. New York : Ronald Press.

Whitebook, M., Howes, C., & Phillips, D. (1990). Who cares? Child care teachers and the Quality of care in America. *Final Report of the National Child Care Staffing Study*. Oakland, CA : Child Care Employee project.

http : //psych.athabascau.ca/html/prtut/reinpair.htm(검색일자 2006. 12. 25)

부 록

1. 발달조건표
2. DSM-IV에 나타난 유아기, 소아기, 청소년기에 처음으로 진단되는 장애의 진단기준
3. 행동점검표
4. 부모 양육태도 유형 검사
5. 유아 생활적응 검사
6. 유아 내외향성 기질 검사

부록 1

발달조건표

다음은 만 2-3세(26-36개월), 만 3-4세(37-48개월), 만 4-5세(49-60개월), 만 5-6세(61-72개월) 유아들의 신체 및 운동발달, 인지발달, 언어발달, 사회·정서 발달의 특징을 정리한 것이다 (김정준 등, 1999; 성영혜 등, 1999; 박성연 등, 2001; 김나영 등, 2004 등 참고). 유아들의 현재 발달 수준을 체크해 보도록 하자. 이 발달 조견표를 통해 해당 연령의 아동이 보이는 행동을 판단하여 그 행동이 문제행동인지 아닌지를 판단할 수 있다. 이 때 중요한 것은 '대기만성(大器晩成)'이라는 말이 있듯이 어떤 아동은 다른 아동보다 빠르게 발달하며, 어떤 아동은 더디게 발달한다는 점을 명심해야 한다.

1	만 2-3세(25-36개월) 유아의 발달적 특성
(1-1) 신체 및 운동 발달 특성	□ 2세경이 되면 신장은 평균 87-88cm로 성장한다. □ 옆걸음질, 뒷걸음질, 발뒤꿈치로 걷기를 할 수 있다. □ 뛰는 것이 능숙해지고, 미끄럼 등을 탈 수 있다. □ 숟가락을 사용하여 혼자 밥을 먹을 수 있게 된다. □ 2년 6개월 정도되면 유치 20개가 전부 나오게 된다. □ 개인차가 조금씩 있으나 배변훈련이 거의 이루어져 대소변을 가릴 수 있다. □ 손가락 근육의 발달로 선 따라 그리기나 가위질하기가 가능해진다. □ 양말이나 벙어리장갑은 끝을 잡아 당겨서 혼자 벗을 수 있다. □ 책을 한 장씩 쉽게 넘길 수 있다. □ 바퀴 달린 물건을 조종한다.

(1-2) 인지발달특성	□같은 것을 반복해서 놀이하기를 즐긴다. □위, 아래나 공간 수, 양의 개념이 생기기 시작한다. □신체 각 부위의 이름과 위치를 인식한다. □매우 호기심이 많아져 끊임없이 주위세계를 관찰하고 질문한다. □놀이나 학습에서 상상력을 발휘하기 시작한다. □위험을 인식하고 위험 상황을 피하려 한다. □문제가 생겼을 때 시행착오를 거치지 않고 머리 속에서 해결 방법을 생각할 수 있다. □사물의 질감, 모양, 크기, 색 등의 속성에 관심을 갖는다. □상징 놀이에서 사건의 연속적인 순서가 나타난다. 예를 들면, 아기의 옷을 벗기고 목욕시킨 다음 옷을 입힌다.

(1-3) 언어발달특성	□사물의 이름에 대한 흥미가 아주 강하다. □자기 자신이나 인형을 상대로 말을 하고 자신의 감정과 욕구를 말로 표현할 수 있게 된다. □자기 중심적인 언어가 지배적이다 □어휘수가 급격히 증가하여 2-3개의 낱말로 된 문장을 활용할 수 있으며, 존대말, 부정문의 사용이 가능해진다. □끊임없이 사물의 이름을 물어 보고, 다른 사람의 이름을 알고 사용할 수 있게 된다. □생각을 표현하기 위한 그리기나 쓰기가 가능해진다. □잠깐 동안 타인의 이야기에 집중할 수 있게 된다. □대화의 기술을 터득한다. 즉, 상대방의 눈을 바라보고 말을 교대로 주고받으며 듣는 사람의 주의를 집중시키는 방법을 터득한다. □놀이에서 언어를 많이 사용하며 다른 사람에게 원하는 것을 표현한다. □그림책에서 읽은 단순한 내용을 반복해서 듣기를 좋아한다. □지시에 적절히 반응한다. 간단한 심부름을 할 수 있다.

(1-4) 사회·정서발달특성	ㅁ부모와의 격리에 대한 불안감이 크므로 부모의 인정, 사랑, 칭찬을 받고자 노력한다. ㅁ마음의 자아가 형성되기 시작하여 자신의 주장이 강해지고 고집을 부리거나 남의 간섭을 싫어한다. ㅁ자신의 느낌과 감정을 솔직하고 강하게 표현한다. ㅁ화를 잘 내고 변덕이 심하다. ㅁ음악이나 그림에 대한 흥미가 높아져 노래 부르기나 그림 그리기를 즐긴다. ㅁ아직 다른 사람의 입장에서 생각하거나 이해하기가 어렵기 때문에 자기중심적으로 생각한다. ㅁ좋아하는 것과 싫어하는 것에 대한 구분이 뚜렷해진다. ㅁ같은 또래와 함께 놀고, 탐색하는 것을 좋아한다. ㅁ다른 사람에 대한 관심이 생기며, 타인과의 관계에서 점차 자기 조절력이 발달하기 시작한다. ㅁ때로 현실과 상상을 구별하지 못하는 경우가 있다. ㅁ전화기에 관심이 높아져 실제 전화하는 것을 좋아한다. ㅁ소유의 개념이 생기고 자기 것에 대한 집착이 강해 또래와의 싸움이 많아진다. ㅁ기쁨, 슬픔, 공포, 분노 등의 감정이 다양해진다. ㅁ점차 자신감이나 확신이 강해져 의시대거나 뽐내는 경우가 많아지지만 참거나 기다리는 것을 어려워한다.

2	만 3-4세(37-48개월) 유아의 발달적 특성
(2-1) 신체 및 운동발달특성	ㅁ잠시도 가만히 있지 못하고 끊임 없이 움직인다. ㅁ성장률이 완만해지면서 식욕도 감소하여 밥을 잘 먹지 않으려 한다. ㅁ자신의 신체 기술을 연습하며 숙달하려고 주변을 탐색한다. ㅁ뛰면서 속도를 조절할 수 있고, 세발자전거를 타거나 발을 바꾸어 계단을 오르내릴 수 있다. ㅁ기본 생활을 위한 신체적 기술이 증진되지만 신발의 왼쪽 오른쪽을 구별하지는 못하고, 옷의 앞, 뒤나 위, 아래를 구별하기는 어렵다. ㅁ눈과 손의 협응력도 증진되어 단추 잠그기, 그리기, 가위질이 능숙해진다. ㅁ네모 종이를 대각선으로 접어 세모 모양을 만들 수 있다.

(2-2) 인지발달특성	ㅁ모든 사물을 자신의 입장에서 보고 다른 사람의 입장이나 관점을 이해하지 못한다. ㅁ사물의 여러 가지 측면을 동시에 고려하지 못하고 색깔이나 모양 등 겉으로 드러나는 한 가지 특성에 주로 의존하여 판단한다. ㅁ논리적 사고 능력이 부족한 반면 상상력이 풍부하여 상징놀이나 역할 놀이를 즐긴다. ㅁ사람, 장소, 사건에 대한 상징적인 표현과 사고가 가능해진다. ㅁ보고 들은 것을 어느 정도 단편적으로나마 기억해서 재생할 수 있다. ㅁ경험했던 것 중에 인상적인 것이나 새로운 것을 한두 가지 기억해 낸다. ㅁ'왜'라는 질문을 많이 하게 된다. ㅁ양과 공간관계, 시간의 관계를 부분적으로 이해하게 된다. ㅁ단순한 구분과 서열이 가능해진다. ㅁ놀이에 집중하면 20분 정도 지속된다.

(2-3) 언어발달특성	ㅁ새로운 것에 호기심과 질문이 많아지고 사물의 이름이나 새로운 낱말을 알고 싶어 한다. ㅁ질문하는 것을 즐겨 계속 같은 질문을 반복한다. ㅁ언어 능력이 현저히 증진되어 말하는 것을 즐기고 우스운 소리나 말놀이를 즐긴다. ㅁ말로 자신의 생각을 표현하기가 가능해진다. ㅁ단순 문장에서 접속사, 조사 등을 사용한 긴 문장을 말할 수 있다. ㅁ900-1300개의 낱말을 구사하게 된다. ㅁ아직은 부정확한 형태이지만 의문문과 부정문을 구사할 수 있다. ㅁ자기 이름, 친숙한 사물의 이름 등을 그리듯이 쓰기 시작한다. ㅁ글자의 의미에 관심을 갖고 글자를 써서 어떤 내용을 표현하려고 한다.

(2-4) 사회·정서발달특성	ㅁ자유분방한 자신의 활동을 조절해야 하는 경험을 하게 된다. ㅁ성인의 칭찬이나 인정에 민감하다. ㅁ차례 기다리기가 가능하며 어느 정도의 사회적인 관계를 맺을 수 있다. ㅁ2세 때와 같은 격렬한 정서 표현이 줄고 타인을 의식하게 된다. ㅁ또래에게 많은 관심을 보이지만 상호작용 기술이 부족하여 혼자 노는 경우가 많다. ㅁ서로를 모방하고, 다른 성인이나 나이든 아이, 또는 상상의 친구나 동물의 행동을 모방한다. ㅁ모방놀이는 이 시기 유아의 사회적 행동 발달에 매우 중요한 역할을 한다. ㅁ또래 간의 놀이시에 자신의 감정이나 생각을 행동으로 표현하는 경우가 많다. ㅁ동성 또래에 대한 접근이 빈번해진다. ㅁ동물과 같은 구체적인 대상물에 대한 공포를 느낀다. ㅁ자신이 지는 것을 잘 받아들이지 못하므로 조직적인 경쟁놀이는 아직 부적절하다.

3	만 4-5세(49-60개월) 유아의 발달적 특징

(3-1) 신체 및 운동발달특성	ㅁ신체 부위 간의 크기 비율이 성인에 가까워진다. ㅁ소근육 기술이 발달하여 작은 물체도 잘 다루고 가위질도 정교해진다. ㅁ자전거 타기와 같은 정교한 대근육 기술이 더욱 능숙해져 이전과 다르게 행동한다. ㅁ빠르게 뛰기, 한 발로 뛰기, 균형잡고 서기, 주전자의 물을 컵에 따르기 등이 가능해진다. ㅁ혼자서 옷을 입고 벗을 수 있다. ㅁ사람의 신체와 성기에 관심을 갖게 된다. ㅁ쉽게 점프가 가능하고 친구 쫓아 가기나 바닥의 선을 따라 똑바로 걸어가기 등을 할 수 있다. ㅁ한쪽 손의 사용이 우세해진다.

(3-2) 인지발달특성	ㅁ체계적이지 못하지만 물건을 속성에 따라 분류할 수 있다. ㅁ가장 작은 것에서부터 큰 것으로의 배열이 가능하다. ㅁ흥미 있는 활동에 45분 이상의 주의집중을 지속할 수 있다 ㅁ일상생활에서 적은 단위의 숫자를 활용할 수 있다. ㅁ가전제품이나 장난감의 조작에 관심이 높아져 조립 가능한 장난감을 좋아한다. ㅁ점차 논리적으로 사고하고, 기억력이 증가된다. ㅁ초보적인 수준의 인과 관계나 시간의 흐름, 사건의 순서를 이해한다. ㅁ계획을 세워서 목표 지향적인 활동에 적극적으로 참여한다.

(3 - 3) 언 어 발 달 특 성	ㅁ주위의 가까운 사람과 능숙하게 대화를 할 수 있게 된다. ㅁ문법에 맞고 길이가 긴 문장을 사용할 수 있게 된다. ㅁ자신의 생각과 느낌을 언어적으로 표현하는 능력이 발달하여 다른 사람이 잘 알아들을 수 있다. ㅁ그림과 글자, 글자와 숫자를 구분할 수 있고, 그림과 글씨가 의사를 전달한다는 인식이 증가한다. ㅁ글씨 쓰기의 어려움을 스스로 깨닫게 된다. ㅁ4 - 5단어로 된 문장을 사용할 줄 알게 되며 어휘의 수도 1,500개에서 2,000개 정도에 이르게 된다. ㅁ유머와 거짓말 등의 간접적인 대화를 이해할 수 있게 되고 비웃음과 농담에 관심을 보인다.

(3 - 4) 사 회 · 정 서 발 달 특 성	ㅁ울음으로 감정을 표현하던 행동들이 점차 줄어든다. ㅁ귀신, 나쁜 사람과 같이 실제로 보이지 않는 가상적 대상물에 대한 공포심이 생긴다. ㅁ놀이에 대한 능력과 흥미가 크게 발달하기 때문에 많은 놀잇감이 필요하다. ㅁ음악에 창의적으로 반응하여 자신이 가사를 지어 부르거나 혼자 흥얼거린다. ㅁ의도적으로 자신의 감정 표출을 감추거나 피하기도 하며 조금씩 타인의 감정을 이해할 수 있게 된다. ㅁ자신에게 의미 있었던 경험을 표현하기 시작하며, 거의 성인과 같은 완전한 감정 표현이 가능하다. ㅁ동생이 생겼을 경우 질투를 하거나 퇴행(대소변 실수나, 손가락 빨기……)을 통해 관심을 끌려고 한다. ㅁ경쟁에서 지기 싫어한다. ㅁ자신의 남성성이나 여성성을 민감하게 인식하며 동성의 부모와 비슷해지려고 노력한다. ㅁ성별의 차이는 머리 길이 혹은 옷의 유형과 같은 외모에 기인하는 것으로 본다. ㅁ자신감이 발달하면서 때때로 위험한 행동을 하기도 한다.

4	만 5-6세(61-72개월) 유아의 발달적 특징
(4-1) 신체 및 운동 발달 특성	ㅁ두발자전거 타기, 줄넘기 등을 서툴게 할 수 있다. ㅁ쉽게 옷을 입고, 서툴지만 신발 끈을 혼자서 묶을 수 있다. ㅁ한쪽 손의 사용이 우세하다. ㅁ간단한 리듬과 움직임을 배우기, 한 발 또는 두 발로 뛰어 오르기가 가능하다. ㅁ여아는 동작을 정확하게 할 수 있으며, 남아는 힘이 세진다. ㅁ여아들은 남아보다 먼저 음악에 맞춰 발을 가볍게 구르거나 한 발을 들고 균형을 잡을 수 있고 껑충 뛰거나 공을 받는 것이 능숙해진다.
(4-2) 인지 발달 특성	ㅁ여러 가지 도구의 사용을 즐긴다. ㅁ물리적 외양이 변해도 항상 동일한 사물이라는 것을 이해한다. ㅁ베개를 업고 아기 업는 시늉을 하거나, 젖병을 들고 젖을 먹이는 시늉을 하는 등 상징능력을 획득하게 된다. ㅁ아이스크림이라는 단어만 듣고도 아이스크림을 머리 속에 생각해 낸다. ㅁ상황의 한 측면에만 집중하여 어떤 일에 몰두하면 다른 상황을 인식하지 못한다.
(4-3) 언어 발달 특성	ㅁ6-8단어로 된 문장을 사용할 줄 알게 되며 어휘의 수도 2,000개에서 2,500개 정도에 이르게 된다. ㅁ반대말도 할 수 있고 접속사 등의 구체적인 문법적 요소도 사용할 줄 알게 된다. ㅁ단어가 이중의 의미를 가질 수 있다는 것을 인식하기 시작한다. ㅁ능숙하지 못한 거짓말을 하게 된다. ㅁ읽는 척하거나, 친숙한 책을 보면서 이야기를 재구성하고, 글자의 이름을 읽거나, 표시나 상징을 인식한다.
(4-4) 사회·정서 발달 특성	ㅁ사회극적 놀이와 상상놀이 활동에 적극적으로 참여한다. ㅁ자신의 성 역할에 관한 개념을 인식한다. ㅁ동성이나 이성 친구의 행동을 관찰한다. ㅁ규칙과 규범은 절대적인 것으로 절대로 변경할 수 없으며 지켜야 한다고 생각한다. ㅁ의도 보다는 결과에 더 중요성을 느낀다. ㅁ상대방에 대해 관대하고 우호적이며 또래와 놀이에 참여할 때 기꺼이 공유하고 차례를 기다리며 협동한다.

부록 2

DSM-IV에 나타난 유아기, 소아기, 청소년기에 처음으로 진단되는 장애의 진단기준

출처 : 미국정신의학회 지음, 이근후 외역 옮김(1995). 정신장애의 진단 및 통계 편람(DSM-IV)

여기에서는 DSM-IV의 일부만을 뽑아서 제시하였다. 나머지 부분은 정신장애의 진단 및 통계편람(DSM-IV)을 참고하기 바란다.

▣ 주의력 결핍 및 파괴적 행동장애

1. 주의력 결핍 및 과잉행동장애

A. (1) 또는 (2) 가운데 1가지 :

(1) 부주의에 관한 다음 증상 가운데 6가지(또는 그 이상) 증상이 6개월 동안 부적응하고 발달 수준에 맞지 않는 정도로 지속된다.

◉ 부주의

(a) 흔히 세부적인 면에 대해 면밀한 주의를 기울이지 못하거나, 학업, 작업, 또는 다른 활동에서 부주의한 실수를 저지른다.
(b) 흔히 일을 하거나 놀이를 할 때 지속적으로 주의를 집중할 수 없다.
(c) 흔히 다른 사람이 직접 말을 할 때 경청하지 않는 것으로 보인다.
(d) 흔히 지시를 완수하지 못하고, 학업, 잡일, 작업장에서의 임무를 수행하지 못한다(반항적 행동이나 지시를 이해하지 못해서가 아님).
(f) 흔히 지속적인 정신적 노력을 요구하는 과업(학업 또는 숙제 같은)에 참여하기를 피하고, 싫어하고, 저항한다.
(g) 흔히 활동하거나 숙제하는 데 필요한 물건들(예 : 장난감, 학습 과제, 연필, 책, 또는 도구)을 잃어버린다.
(h) 흔히 외부의 자극에 의해 쉽게 산만해진다.
(i) 흔히 일상적인 활동을 잊어버린다.

(2) 과잉행동-충동에 관한 다음 증상 가운데 6가지(또는 그 이상) 증상이 6개월 동안 부적응적이고 발달 수준에 맞지 않는 정도로 지속된다.

주의력 결핍 및 과잉행동장애 (계속)

◉ 과잉행동

(a) 흔히 손발을 가만히 두지 못하거나 의자에 앉아서도 몸을 움지락거린다.

(b) 흔히 앉아 있도록 요구되는 교실이나 다른 상황에서 자리를 떠난다.

(c) 흔히 부적절한 상황에서 지나치게 뛰어다니거나 기어오른다(청소년 또는 성인에서는 주관적으로 좌불안석으로 제한될 수 있다).

(d) 흔히 조용히 여가 활동에 참여하거나 놀지 못한다.

(e) 흔히 "끊임없이 활동하거나" 마치 "자동차(무엇인가)에 쫓기는 것"처럼 행동한다.

(f) 흔히 지나치게 수다스럽게 말을 한다.

◉ 충동성

(g) 흔히 질문이 채 끝나기 전에 성급하게 대답한다.

(h) 흔히 차례를 기다리지 못한다.

(i) 흔히 다른 사람의 활동을 방해하고 간섭한다(예 : 대화나 게임에 참견한다).

B. 장해를 일으키는 과잉행동-충동 또는 부주의 증상이 7세 이전에 있었다.

C. 증상으로 인한 장해가 2가지 또는 그 이상의 장면에 존재한다(예 : 학교[또는 작업장], 가정에서).

D. 사회적, 학업적, 직업적 기능에 임상적으로 심각한 장해가 초래된다.

E. 증상이 광범위성 발달장애, 정신분열증 또는 기타 정신증적 장애의 경과 중에만 발 생하지 않으며, 다른 정신장애(예 : 기분장애, 불안장애, 해리성 장애 또는 인격장애) 에 의해 잘 설명되지 않는다.

유형에 기초한 진단 부호

314.01 주의력 결핍 및 과잉행동장애, 복합형 : 지난 6개월 동안 진단 기준 A1과 A2 모두를 충족시킨다.

314.00 주의력 결핍 및 과잉행동장애, 주의력 결핍 우세형 : 지난 6개월 동안 진단 기준 A1은 충족시키지만 A2는 충족시키지 않는다.

314.01 주의력 결핍 및 과잉행동장애, 과잉행동-충동 우세형 : 지난 6개월 동안 진단 기준A2는 충족시키지만 A1은 충족시키지 않는다.

2. 반항성 장애

A. 거부적, 적대적, 도전적 행동 양상이 적어도 6개월 이상 지속되고, 다음 중 적어도 4가지 (또는 그 이상)가 존재한다 :
  (1) 흔히 버럭 화를 낸다.
  (2) 흔히 어른과 논쟁한다.
  (3) 흔히 적극적으로 어른의 요구나 규칙을 무시하거나 거절한다.
  (4) 흔히 고의적으로 타인을 귀찮게 한다.
  (5) 흔히 자신의 실수나 잘못된 행동을 남의 탓으로 돌린다.
  (6) 흔히 타인에 의해 기분이 상하거나 쉽게 신경질을 낸다.
  (7) 흔히 화내고 원망한다.
  (8) 흔히 악의에 차 있거나 앙심을 품고 있다.

주의 : 나이가 비슷하고 동일한 발달 수준에 있는 다른 사람들에게서 전형적으로 관찰되는 것보다 반항적 행동이 더 빈번하게 발생될 경우에만 진단 기준을 고려한다.

B. 행동장해가 사회적, 학업적, 직업적 기능에 임상적으로 심각한 장해를 일으킨다.

C. 이 행동은 정신증적 장애 또는 기분장애의 기간 중에만 나타나지 않는다.

D. 품행장애의 진단 기준에 맞지 않아야 하며, 18세 이상이라면, 반사회성 인격장애의 진단 기준에 맞지 않아야 한다.

▣ 배설장애

1. 유분증

A. 적절치 않은 곳(예 : 옷 또는 마루)에 불수의적이든 의도적이든 반복적으로 대변을 본다.

B. 이러한 사건이 적어도 3개월 동안 최소한 매달 1회 발생한다.

C. 소아의 생활 연령이 최소한 4세이다(또는 그와 동일한 발달 수준).

D. 행동이 전적으로 물질(예 : 하제)이나 일반적인 의학적 상태(변비를 일으키는 기전을 제외한)의 직접적인 생리적 효과로 인한 것이 아니어야 한다.

다음과 같이 기록한다.

787.6 변비 및 대변 실금이 있는 것

307.7 변비 및 대변 실금이 없는 것

2. 유뇨증

A. 침구나 반복적으로 소변을 본다(불수의적이든 고의적이든).
B. 이 행동이 적어도 연속 3개월 동안 주 2회의 빈도로 일어나고, 사회적, 학업적(직업적) 또는 다른 중요한 기능 영역에서 임상적으로 심각한 고통이나 장해를 일으킨다는 점에서 임상적으로 중요하다.
C. 생활연령이 적어도 5세(또는 이에 해당하는 발달 수준)이다.
D. 이런 행동이 전적으로 물질(예 : 하제)이나 일반적인 의학적 상태(예 : 당뇨병, 척수이분증, 경련 질환)의 직접적인 생리적 효과로 인한 것이 아니어야 한다.

유형을 세분할 것 : 야간형, 주간형, 주야간형

■ 유아기, 소아기, 청소년기의 기타 장애

1. 분리불안장애

A. 집 또는 애착 대상과의 분리에 대한 불안이 발달 수준에 부적절하게 지나친 정도로 나타나며, 다음 3가지(또는 그 이상) 상황에서 드러난다.
 (1) 집 또는 주된 애착 대상과 분리되거나 분리가 예상될 때 반복적으로 심한 불안을 느낀다.
 (2) 주된 애착 대상을 잃거나 그에게 해로운 일이 일어날 거라고 계속적으로 심하게 걱정한다.
 (3) 운 나쁜 사고가 생겨 주된 애착 대상과 분리될 거라는 비현실적이고 지속적인 걱정을 한다(예 : 길을 잃거나 납치되는 것).
 (4) 분리에 대한 불안 때문에 학교나 그 외의 장소에 지속적으로 가기 싫어하거나 거부한다.
 (5) 혼자 있거나 주된 애착 대상 없이 지내는 데 대해 지속적이고 과도하게 두려움을 느끼거나 거부한다.
 (6) 주된 애착 대상이 가까이 있지 않은 상황이나 집을 떠나는 상황에서는 잠자기를 지속적으로 싫어하거나 거부한다.
 (7) 분리의 주제와 연관되는 반복적인 악몽을 꾼다.
 (8) 주된 애착 대상과의 분리가 예상될 때 반복적인 신체 증상을 호소한다(예 : 두통, 복통, 오심, 구토).
B. 장해 기간이 적어도 4주 이상이어야 한다.
C. 18세 이전에 발병한다.
D. 사회적, 학업적(직업적), 또는 다른 중요한 기능 영역에서 임상적으로 심각한 고통이나 장해를 일으킨다.
E. 광범위성 발달장애, 정신분열증, 다른 정신증적 장애 기간 중에만 증상이 나타나는 것이 아니어야 하고, 청소년과 성인에서는 광장공포증이 있는 공황장애로 잘 설명되지 않아야 한다.

세분할 것 :
조발성 - 6세 이전에 시작된 경우

2. 선택적 함구증

A. 다른 상황에서는 말을 할 수 있음에도 불구하고 특정한 사회적 상황에서는 지속적으로 말을 하지 못한다(예 : 말하기가 요구되는 상황, 학교).
B. 장해가 학업적, 직업적 성취나 사회적 의사소통을 저해한다.
C. 장해의 기간은 적어도 1개월은 지속되어야 한다(입학 후 처음 1개월은 포함하지 않는다).
D. 말하지 못하는 이유가 사회 생활에서 요구되는 언어에 대한 지식이 없거나 그 언어에 대한 불편과 관계가 없는 것이어야 한다.
E. 장해가 의사소통장애(예 : 말더듬기)에 의해 잘 설명되지 않아야 하고, 광범위성 발달장애, 정신분열증, 다른 정신증적 장애의 기간 중에만 발생되는 것은 아니어야 한다.

3. 유아기 또는 초기 소아기의 반응성 애착장애

A. 대부분의 상황에서, 심하게 손상되고, 발달적으로 부적절한 사회적 관계 형성이 5세 이전에 시작되고, 다음 (1)이나 (2)와 같이 표현된다.
  (1) 지속적으로 대부분의 사회적 관계를 시작하지 못하고, 발달적으로 적절하지 못한 방식으로 반응한다. 지나치게 억제적이고, 경계적이며, 심하게 양가적이고 상반된 반응을 나타낸다(예 : 소아는 양육자에 대해 접근, 회피가 혼합된 태도로 반응하고, 안락감에 저항하고, 냉정하게 경계한다).
  (2) 확산적인 애착이 무분별한 사교성, 적절한 선택적인 애착 능력의 결여로 드러난다(예 : 낯선 사람에 대한 지나친 친근감, 애착 대상을 선택하지 못함).
B. 진단 기준 A항에 속하는 장해가 단지 발달 지연(정신지체에서와 같이)으로만 설명되지는 않으며, 광범위성 발달장애의 기준에 부합되지 않는다.
C. 병적인 보살핌이 다음 항목 가운데 적어도 1개 항목에서 드러난다.
  (1) 안락함, 자극, 애정 등 소아의 기본적인 감정적 욕구를 지속적으로 방치
  (2) 소아의 기본적인 신체적 욕구를 지속적으로 방치
  (3) 돌보는 사람이 반복적으로 바뀜으로써 안정된 애착 형성을 저해(예 : 양육자의 빈번한 교체)
D. 진단 기준 C항의 병적 보살핌이 진단 기준 A항의 손상된 행동에 영향을 미쳤을 것이라고 추정된다(예 : 진단 기준 A항의 장해는 진단 기준 C항의 병적 보살핌 이후에 시작되었다).

유형을 세분할 것 :
- 억제형 : 임상 양상에서 A1의 기준이 우세할 때
- 탈 억제형 : 임상 양상에서 A2의 기준이 우세할 때

부록 3

행동점검표

1. 교사-유아의 상호작용 행동점검표

상호작용 유형	정 의	점검 결과
인정해 주기	유아에게 관심을 기울여 주고 유아가 활동에 지속적으로 참여하도록 긍정적인 격려를 해 주는가?	① 잘함 ② 보통 ③ 못함
모델링	교사는 행동만으로 혹은 암시나 자극과 함께, 다른 형태의 지도를 통해 유아에게 기술이나 바람직한 행동방식 및 활동 방법을 제시해 주는가?(예를 들어, 교실을 깨끗이 해야 한다는 것을 알려주기 위해 교사 자신이 항상 교실에 떨어진 쓰레기를 줍는 모습을 보여주거나 동시에 쓰레기 분리수거에 대해 이야기해 준다).	① 잘함 ② 보통 ③ 못함
촉진하기	유아가 다음 수준의 기능이나 다음 단계로 발달할 수 있도록 교사가 도와 주는가?(예, 유아가 그네를 탈 때 잘 구르도록 잠깐 그네를 밀어 주거나 시소를 탈 때 균형감을 갖도록 도와 주는 것 등)	① 잘함 ② 보통 ③ 못함
지원하기	유아의 학습활동을 돕기 위해 보다 세부적이고 적극적인 도움을 제공하는가?	① 잘함 ② 보통 ③ 못함
함께 구성하기	유아가 함께 활동이나 과제를 계획하고 수행하는가?	① 잘함 ② 보통 ③ 못함
시범보이기	교사가 직접적으로 활동을 해 보이고 유아가 이 활동의 결과를 관찰하도록 허락하는가?	① 잘함 ② 보통 ③ 못함
지시하기	교사가 의도하는 특정한 학습내용이나 활동을 유아가 되도록 실수하지 않고 수행하도록 하기 위해 직접적이며 구체적으로 지시하는가?	① 잘함 ② 보통 ③ 못함
방향 바꾸어 주기	교사는 유아에게 다른 활동을 하도록 하기 위해 현재 유아가 참여하고 있는 활동을 중지시키는 행동을 잘 수행하는가?	① 잘함 ② 보통 ③ 못함
소개하기	유아가 활동에 참여하도록 초청한다거나, 유아에게 활동을 제공하는 것, 다른 가능한 활동을 제안하는 것을 잘하는가?	① 잘함 ② 보통 ③ 못함

(계속)

정교화해 주기	유아에게 지금 하고 있는 활동과 관련된 정보나 자료를 제공하여 유아의 활동이 좀더 구체적이고 정교한 활동이 되도록 하는 것에 능숙한가?	① 잘함 ② 보통 ③ 못함
따라주기	유아들이 활동에 참여하고 있을 때 그 활동과 관련이 있는 반응을 보이는 행동을 잘 하는가?(예, 조형활동에 있는 유아에게 "선생님한테 풀 좀 주렴", "무엇을 만들고 있니?", "그래, 거기를 가위로 자르고 그 위에 반짝이를 더 많이 부치렴."이라고 말하거나 유아가 좀더 색칠을 할 필요가 있는 부분을 손으로 가리키는 행동 등)	① 잘함 ② 보통 ③ 못함
정보주기	유아들에게 현재의 활동이나 다음 활동에 대해 필요한 사항을 알려주는 행동을 잘 하는가?	① 잘함 ② 보통 ③ 못함
칭찬하기	교사가 유아들에게나 유아들의 행동, 노력, 유아가 한 일에 대해 칭찬이나 즐거움을 표시하는가?	① 잘함 ② 보통 ③ 못함

출처 : 이윤경(2002)의 논문내용을 토대로 재구성.

2. 교사-유아의 상호작용 행동(정의적 특성) 점검표

정의적 특성	정 의	점검 결과
아동의 활동에 참여하는 교사의 참여도	교사가 유아의 욕구를 충족시키기 위해 얼마나 에너지를 쓰고 있나? 에 관한 것이다. 예를 들어, 교사가 자료나 비품을 얼마나 많이 소비하는가? 교사가 움직이지 않고 제자리에서 유아들을 교사에게 오라고 하면서 한 장소에 얼마나 오래 머무나? 교사가 유아의 활동 가까이 머무르고 있는가?	대체로 ① 예 ② 아니오
긍정적 표현의 사용 정도	교사가 유아와 상호작용을 하는 동안 교사가 사용하거나 나타내는 열정적 표현, 흥분, 행복한 표현이나 애정의 정도를 말한다. 예를 들어, 교사가 가끔 유아에게 미소를 보내는가? 혹은 무언의 표현을 하는가?	① 예 ② 아니오
부정적 표현의 사용 정도	교사가 실망감이나 유쾌하지 않은 표현을 사용하는 정도이다. 예를 들어, 교사가 얼굴을 찌푸리거나 빈정거리는 말투, 투덜대는 반응을 말하지는 않는가?	① 예 ② 아니오
시각적 참여도	교사가 유아의 활동을 시각적으로 따라 가는가?	① 예 ② 아니오
신체적 반응 정도	교사와 유아와의 신체적 접촉 정도. 예를 들어, 코를 닦아 주거나 겉 옷을 입고 벗는 걸 도와 주기, 가위 잡는 법을 보여주기, 안아주기, 유아를 무릎에 앉히기, 머리 쓰다듬어 주기 등을 하고 있는가?	① 예 ② 아니오

정서적 반응 정도	교사가 유아와 상호작용할 때 나타내는 따뜻하고 수용적인 매너의 정도. 즉, 유아가 좌절하고 의심하고 불안하고 실망하거나 상처를 받았을 때 교사가 나타내는 지원, 감정이입, 이해를 하는가?	① 예 ② 아니오
상호작용의 일관성	교사가 유아에게 일관된 반응을 지속적으로 하며 또한 예측이 가능한 상호작용의 정도. 예를 들어, 교사의 태도가 자유선택활동 시간에는 부드럽고 수용적으로 유아들에게 반응하는 반면 대집단활동 시간에서는 통제적이지 않은가?	① 예 ② 아니오
유아의 흥미에 대한 반응 정도	유아가 무엇을 흥미 있어 하는지, 어떤 방법으로 활동을 전개하려고 하는지에 기초하여 교사가 상호작용하는 정도. 예를 들어 교사가 유아에게 활동을 강요하는가 아니면 유아의 흥미에 맞추는가?	① 예 ② 아니오
유아의 주도를 허용하는 정도	교사가 유아로 하여금 활동의 내용과 방향, 속도를 주도하도록 허용하는 정도. 예를 들어, 활동 안에서 탐색을 허용하는지?	① 예 ② 아니오
교사의 어조	교사가 유아와 상호작용할 때의 어조. 즉, 교사가 권위적인 어조나 지배적인 언어를 사용하고 있지는 않은지? 음성의 높이나 색깔, 그리고 표현방법에 따라 같은 내용의 이야기도 다르게 전달될 수 있다.	① 예 ② 아니오
특수아를 유아의 활동에 참여시키는 정도	특수아를 그 수준과 능력에 맞게 정상 유아의 활동에 얼마나 참여시키는가? 즉, 특수아동을 단순히 공간적으로 참여시킬뿐 아니라 학습활동에 직접 참여할 기회를 주기 위해 일반 아동의 협조를 얻어 다양하게 계획하고 준비하는가?	① 예 ② 아니오 ③ 특수아 없음
특수아에게 특별한 기술을 가르치는 정도	여러 종류의 특수아에게 필요한 특정한 기술을 교사가 얼마나 열성적으로 준비하고 계획하여 가르치는가?	① 예 ② 아니오 ③ 특수아 없음
학습내용의 적절성	교사가 계획한 학습내용이 유아의 발달적 수준을 충족시키는지?, 혹은 적절한지?	① 예 ② 아니오

출처 : 이윤경(2002)의 논문내용을 토대로 재구성.

부록 4

부모 양육태도 유형 검사(부모용)

개발자 : 김성수 · 이영훈

이 검사는 당신이 자녀와의 관계에서 어떤 유형의 부모인지를 알아보기 위한 것 입니다. 당신이 당신의 자녀와 어떻게 상호작용하는 지가 자녀들의 현재 및 미래의 삶에 영향을 줄 수 있습니다. 자녀의 현재와 미래에 관심이 있다면, 당신이 부모로서 어떤 유형인지 한번 확인해 보시기 바랍니다. 이 검사는 솔직하게 응답해야만 정확한 유형을 알 수 있습니다.

주어진 각각의 상황에서 당신이 어떤 반응을 보이는지 보기 중에서 해당하는 항목을 오른쪽 빈 칸에 ∨표해 주시면 됩니다.

참고로 이 검사는 Goyetche(2000)가 Baumrind의 부모의 양육태도 유형에 관한 이론(1991)에 입각해서 제작한 검사를 우리 실정에 맞게 수정, 보완한 것입니다.

※ 자녀의 성명 : ______________
※ 당신은 아이의 ?　　① 어머니　　② 아버지

1. 식사시간이 얼마 남지 않았는데도 당신의 아이가 군것질 거리를 먹겠다고 조르자 시어머님(장모님)께서 먹으라고 허락한다면 ?
   A. 그대로 먹게 내버려 둔다.
   B. 안 된다고 하며 못 먹게 한다.
   C. 밥을 먹고 난 다음에 후식으로만 먹게 한다.

2. 당신의 6살 난 아이가 청소년들이 볼 수 있는 만화영화를 보겠다고 떼를 쓴다면 ?
   A. 보도록 내버려 둔다.
   B. 보지 못하게 TV를 끄거나 채널을 다른 프로그램으로 돌린다.
   C. 아이에게 적합한지를 직접 시청한 다음 보게 할 것인지를 결정한다.

3. 당신의 아이가 반짇고리(바느질고리)를 뒤집어 엎어 온 방안에 헤쳐 놓았다면?
   A. 아이이니까 그러려니 하고 손수 치운다.
   B. 화를 내며 지금 당장 치우라고 소리친다(당장 치워!!!).
   C. 화를 내지는 않지만 아이에게 치우게 하고, 다 치울 때까지 다른 일을 못하게 한다.

4. 아이가 당신이 아끼던 꽃병을 깨놓고선 옆집 친구가 그랬다고 거짓말을 했다면?
   A. 아깝지만 괜찮다고 이야기한다.
   B. 깨뜨린 것과 거짓말한 것 모두에 대해 야단을 치거나 벌을 준다.
   C. 거짓말 한 것에 대해 야단을 치고, 만일 솔직히 얘기했더라면 꽃병을 깬 것에 대해 혼내지 않았을 것이라고 말해 준다.

5. 7살 짜리 당신의 아이가 서너 살 짜리 아이들과 노는 것을 보았다면?
   A. 속은 상하지만 그냥 놀게 내버려 둔다.
   B. 당장 놀지 못하게 한다.
   C. 같이 놀 또래 친구들을 찾아보도록 도와 준다.

6. 당신의 아이가 다른 친구를 때려서 상처를 냈다면?
   A. 아이들 싸움이려니 하고 그냥 내버려 둔다.
   B. 화가 나서 야단치거나 때론 체벌을 한다.
   C. 왜 싸웠는지에 대해 이야기를 나누되, 그래도 싸움은 나쁘다고 따끔히 꾸중한다.

7. 당신의 아이가 유치원(학교)에서 내준 숙제를 이번에도 또 잊고 안 해 간다면?
   A. 선생님께 전화를 해 준다.
   B. 그 자리에서 혼을 내고 다시는 그러지 못하도록 다짐해 둔다.
   C. 더 이상 잊어버리지 않도록 타이르고 다음부터는 알림장을 꼭 확인하도록 도와 준다.

8. 당신의 아이가 크레용으로 온 방바닥에 낙서를 했다면?
   A. 낙서할 수 있는 종이를 한 묶음 갖다 주며 웃어 넘긴다.

B. 아이에게 화를 내며 당신이 직접 낙서를 지운 다음, 크레용을 모두 없애 버린다.
C. 아이 스스로 지우게 하고, 다음부터는 크레용을 가지고 놀 때 세심히 지도한다.

9. 당신의 아이가 유치원(학교)에서 친구를 사귀는 데 문제가 있다면?
A. 친구들을 불러서 파티를 열어 주고 선물을 나누어 주며 당신의 아이와 사이좋게 지내달라고 부탁한다.
B. 바보처럼 친구 하나도 못 사귄다고 야단을 친다.
C. 당신의 자녀와 친구관계에 관한 이야기를 나누고, 친구를 사귈 수 있도록 단체활동 프로그램 등에 가입시킨다.

10. 당신의 기분이 언짢은데 자녀가 당신의 관심을 받고자 보챈다면?
A. 언짢은 기분은 뒤로 하고 자녀에게 관심을 기울인다.
B. 아이에게 짜증내며 남편(아내)을 불러 떠 넘긴다. '네 아빠(엄마)한테나 가봐!'
C. 아이에게 당신의 기분이 언짢다는 것을 이야기해 주고, 좀 나아지면 함께 놀아주겠다고 한다.

11. 당신의 아이가 블록쌓기 놀이를 하는데 원하는 대로 잘 되지 않아서 짜증을 부린다면?
A. 아이의 짜증을 멈추게 하기 위해 옆에서 도와 준다.
B. 짜증부리지 말라고 야단을 친다.
C. 아이에게 짜증을 부리는 대신 말로 표현하도록 얘기해 주고 짜증난 이유에 대해 이야기를 나눈다.

12. 당신의 집에는 자녀가 지켜야 할 규칙이 얼마나 많습니까?
A. 없다.
B. 많은 규칙이 있고, 규칙마다 이를 어겼을시 받게 될 꾸중이나 벌이 정해져 있다.
C. 아이의 건강과 안전을 위한 몇 가지의 규칙이 있긴 하나, 그 밖에는 상황에 따라 그때 그때 대화를 통해 결정한다.

13. 당신이 좋아하는 수제비를 특별히 준비하였는데 아이가 먹기 싫다고 한다면?
   A. 귀찮더라도 아이를 위해 밥을 따로 준비한다.
   B. 억지로라도 먹게 한다.
   C. 수제비를 조금이라도 먹어 보게 한 다음 그래도 싫다면 아이를 위해 밥을 따로 준비한다.

14. 자야 할 시간이 훨씬 지났는데도 아이가 하고 있던 놀이를 더 하고 자겠다고 고집을 피운다면?
   A. 놀만큼 더 놀다 자게 한다.
   B. 당장 가서 자라며 야단치거나 불을 꺼버린다.
   C. 그 시각부터 20-30분만 더 놀다 자게 한다.

15. 당신의 아이가 다른 어른의 말을 잘 따르지 않는다면?
   A. 아직 어리니까 그러려니 하고 내버려 둔다.
   B. 화를 내며 어쨌든 어른의 말을 따르지 않는다는 건 나쁜 일이기에 야단친다.
   C. 어른에 대한 공경심과 그 어른의 말을 왜 따라야 하는지에 대해 이야기를 나눈다.

16. 아이와 함께 쇼핑시, 쓸모없어 보이는 것들을 이것저것 사달라고 조른다면?
   A. 가능한 다 들어 준다.
   B. 화를 내면서 아이의 손목을 잡고 그 상점을 뜬다.
   C. 안 된다고 딱 잘라 말하고, 쇼핑을 계속하면서 아이에게 적합한 것을 골라 사준다.

17. 당신은 얼마나 자주 자녀에게 화를 냅니까?
   A. 거의 드물다.
   B. 매일 같이
   C. 일주일에 한번 정도

18. 당신의 아이가 자다가 무서운 꿈을 꾸어 당신의 방에서 자겠다고 오는 경우는?
   A. 함께 자도록 한다.

B. 당장 네 방에 가서 자라고 소리지른다.

C. 일어나서 아이를 달래준 다음 아이를 방으로 데려가 재운다.

19. 당신의 아이를 생각할 때, 당신이 원하는 가정의 분위기는?

A. 자유롭고 개방적인 가정

B. 규율과 질서가 잡힌 가정

C. 대화와 화합이 있는 가정

※ 채점요령
각 문항의 A, B, C 선택항목 중 답지 A에 응답한 것을 모두 합친 값이 A Type의 점수가 되며, B에 응답한 것을 모두 합친 값이 B Type의 점수가 되며, C에 응답한 것을 모두 합친 값이 C Type의 점수가 된다.

유 형	점 수
A	
B	
C	

결과의 해석

위 채점 결과에서 가장 높은 점수에 해당하는 알파벳이 곧 당신의 양육태도 유형입니다. 만일 가장 높은 점수가 두 개 라면 그 두 가지에 해당되는 유형을 모두 읽어보고 참고하십시오.

A형 : 허용적/익애적 양육태도(permissive parenting style)

당신은 자녀에 대해 허용적 태도를 지니고 있습니다. 마치 아이를 성인으로 대하듯 아이에게 스스로 결정하도록 허락하는 사람입니다. 아이에게 어떤 규칙들을(예를 들면, 잠자는 시간이나, 먹어야 할 음식의 종류 등) 강요하지 않습니다. 하지만 이러한 것이 지나치면 장래에 당신의 자녀는 규칙을 따르는데 문제가 있을 수 있습니다. 아이들도 수용할 준비가 되어 있지 않은 결과들에 대해서도 결정을 해야 할 수 있습니다.

구체적으로 이런 부모 밑에서 자란 아이는 다음과 같은 특성을 지닐 수 있습니다.

- 어른에게 저항, 불복종
- 공격적
- 자기에 대한 낮은 신뢰성
- 쉽게 화내지만 회복도 빠름
- 낮은 성취지향성
- 충동적
- 약한 자기 통제력
- 목적이 없거나 목표지향적 활동이 적음
- 지배적

B형 : 권위주의적 양육태도(authoritarian parenting style)

당신은 아마도 자녀에게 많은 것을 요구하면서도 당신은 자녀에게 해 주는 것이 별로 없어 보입니다. 가정분위기는 매우 엄격하게 통제되어 있는 듯 싶습니다. 아이는 아마도 성장하면서 어떤 보호도 없는 채 상실감을 맛보게 될 수도 있으며, 의사결정시에 자기확신감이 부족할 수도 있습니다.

이런 부모 밑에서 자란 아이는 다음과 같은 특성을 지닐 수 있습니다.

- 공포와 두려움이 많음
- 스트레스를 쉽게 받음
- 우울하고 불쾌한 정서
- 목적이 없음
- 쉽게 초조해짐
- 공격적인 행동과 무뚝뚝하고 무관심한 행동이 번갈아 나타남
- 겉으로 들어나진 않으나 배타적임

C형 : 민주적/균형잡힌 양육태도(democratic/balanced parenting style)

당신은 아이에게 요구하는 만큼 당신도 자녀에게 돌려 주는 타입입니다. 아이와 함께 대화를 통해 타협하며 아이에게 확신감과 스스로 자신을 통제하는 방법을 길러 주는 부모입니다. 부모와 자녀와의 관계는 존경에 바탕을 두고 있습니다. 자녀는 이러한 가정분위기 속에서 사회에 적응할 수 있는 능력을 자연스레 배워 나가며 긍정적인 자아상을 지니게 될 것입니다.

이런 부모 밑에서 자란 아이는 다음과 같은 특성을 지닐 수 있습니다.

- 자기 신뢰적
- 높은 스트레스 대처 능력
- 자기 통제적
- 새로운 상황에 대한 흥미와 호기심
- 활동수준이 높음
- 성인에 대해 협조적
- 쾌활
- 목적지향적
- 또래 친구와 잘 사귐
- 성취지향적

위 결과 해석 내용은 Baumrind(1967)와 Hetherington & Park(1993)의 연구결과에 따른 것임.

부록 5

유아 생활적응 검사(부모용)

개발자 : 김성수 · 이영훈

1. 검사 목적

이 검사는 유아의 사회생활 적응수준을 측정하는 것을 목적으로 개발되었다. 구체적으로, 유아의 일상생활을 위해 필요로 하는 기술을 갖추고 있는지, 사회성은 정상적으로 발달하고 있는지, 자신의 생각과 감정을 적절하게 표현하고 다른 사람들의 말을 이해하는데 문제가 없는지 등 일반적인 생활적응 정도를 측정한다. 더불어 유아기에 두드러지게 나타날 수 있는 적응상의 문제로서 주의집중장애, 분리불안장애, 그리고 섭식장애 수준을 판단하기 위해 제작되었다. 따라서 유아의 적응수준이 동일 연령집단 내에서 상대적으로 어느 정도 위치에 있는지를 대략적으로 파악할 수 있는 1차적 검사로서 사용될 수있다.

2. 검사 구성과 내용

이 검사는 다음 6개 하위검사로 구성되어 있으며 그 내용은 다음과 같다.

① 생활기술 : 스스로 남의 도움 없이 일상생활을 해나가는데 필요한 기본적 기능을 일컫는다. 예를 들어, 옷 입기, 신발 신기, 단추 꿰기 등을 정상적으로 학습하였는가 등을 나타낸다.

② 의사소통기술 : 자신의 생각이나 느낌을 상대방에게 정확하게 표현하고, 또한 상대방의 말을 명확히 이해하는지를 뜻한다.

③ 사회성 : 때와 장소, 상황에 맞게 자신의 행동을 적절히 조절하고 타인의 입장과 처지를 잘 헤아릴 수 있는지를 나타낸다.

④ 주의집중장애 : 자신의 자리를 떠나 돌아다니거나, 지시한 일을 따르지 않고 다른 것을 하기 좋아하거나, 가만히 앉아 주의를 기울이는 일에 어려움을 겪는 등 사회적 관계를 원활하게 형성해 가는데 요구되는 행동상 문제를 일컫는다.

⑤ 섭식장애 : 유아의 식사행동과 관련된 문제로서 음식 거부와 편식, 스스로 안

먹기, 부적합한 속도(빨리 먹기, 느리게 먹기), 식사시 행동 문제(울면서 먹기, 다니면서 먹기), 반추와 구토 등 섭식과 관련된 문제를 나타낸다.

⑥ 분리불안 : 주된 애착 대상이었던 사람(어머니 등)이나 친숙한 상황으로부터 떨어지게 될 때 나타나는 불안상태를 나타낸다.

3. 검사의 대상

이 검사는 만 3세 이상 6세 이하의 유아를 가진 부모나 보호자 등 최근 3개월 이상 해당 유아를 가장 가까운 곳에서 관찰해 온 사람이 평정하는 것을 원칙으로 한다.

4. 검사 개발절차

본 검사는 조사일(2001년 5월) 현재 유치원이나 어린이집을 다니고 있는 만 3세부터 6세까지의 자녀를 둔 서울 및 수도권 지역(인천, 부천, 김포) 시(市)의 1267명의 학부모 또는 보호자를 대상으로 표준화가 이루어졌다. 구체적으로 89.4%가 어머니였으며 나머지 10.6%는 아버지 또는 기타 보호자였다. 이 밖에 표집대상자의 직업은 63%가 주부였으며, 88%가 월소득 100만원부터 400만원 사이였다.

5. 검사의 신뢰도

신뢰도란 검사 결과가 얼마나 일관성이 있는지를 의미하는 것으로, 그 값이 1.0에 가까울수록 일관성이 높은 것으로 해석한다. 크론바(Cronbach)의 알파계수로 측정한 본 검사의 신뢰도 계수 값을 하위검사별로 보면 다음과 같다.

하위검사	신뢰도 계수
생활기술	.87
의사소통	.81
사회성	.84
주의집중	.85
섭식장애	.78
분리불안	.73

유아 생활적응 검사

- 자녀의 이름은? ______________
- 자녀의 성별은? ① 남 ____ ② 여____
- 자녀의 생년월일? 양력 ____년 ____ 월 ______일생 만 _______ 세
- 자녀와의 관계 : □아버지 □어머니 □기타 보호자

응답 방식 : 아래 제시된 기준에 따라 귀하의 자녀에게 해당되는 곳을 마우스로 클릭해 주시기 바랍니다.

자녀의 행동이 매번 진술문의 내용과 같다면--------	'아주 그렇다'
항상 그렇지는 않지만 그런 경우가 자주 있다면------	'그렇다'
그럴 때도 그렇지 않을 때도 있으면 --------------	'그런 편이다'
어쩌다 한번 그럴 때도 있으면 ------------------	'그렇지 않다'
한번도 그런 행동을 보이지 않는다면--------------	'전혀 그렇지 않다'

응답방법의 예

우리 아이는	전혀 그렇지 않다	그렇지 않다	그런 편이다	그렇다	아주 그렇다
예 1. 어린 동생에게 말할 때와 어른에게 말할 때 서로 다른 표현을 쓴다.					
예 2. 자신이 한 말을 잘 들었는지 상대방에게 되묻곤 한다.					

우리 아이는	전혀 그렇지 않다	그렇지 않다	그런 편이다	그렇다	아주 그렇다
1. 자기 또래의 아이들과 잘 어울려 논다.					
2. 남들 노는 곳에 가서 훼방을 놓는다.					
3. 한번 들은 이야기는 중요한 내용을 빠트리지 않고 다시 이야기할 수 있다.					
4. 낯선 사람들과는 잘 지내지 못한다.					
5. 친척이나 이웃이 돌봐 주는 것도 좋아한다.					
6. 옷의 지퍼를 혼자 올리고 내릴 수 있다.					
7. 거의 모든 단어를 정확하게 발음한다.					
8. 음식을 먹을 때 수저를 제대로 사용한다.					
9. 혼자서도 세수를 잘 한다.					
10. 새로운 친구를 사귀지 못한다.					
11. 자기 차례를 조용히 기다릴 줄 안다.					
12. 물을 컵에 흘리지 않고 따를 수 있다.					
13. 식성이 까다롭다.					
14. 낯선 상황에도 쉽게 적응한다.					
15. 용변을 혼자서도 바르게 볼 수 있다.					
16. '왼쪽'이나 '오른쪽'과 같은 말을 올바르게 사용할 수 있다.					
17. 엄마나 주로 돌보아 주는 사람하고만 있으려고 한다.					
18. 참을성 있게 조용히 앉아 있을 수 있다.					
19. 다른 아이들과 잘 논다.					
20. 대화나 질문을 잘 이해한다.					
21. 혼자서도 옷의 단추를 잠그고 풀 수 있다.					
22. 혼자서도 신발을 바르게 신을 수 있다.					
23. 다른 사람에게 맡겨지는 것을 싫어한다.					

24. 새 친구를 쉽게 사귄다.					
25. 자신의 느낌이나 생각을 말로 정확히 표현한다.					
26. 부모와 떨어져 혼자 잘 수 있다.					
27. 놀이나 활동시 엉뚱한 행동으로 분위기를 깨뜨리곤 한다.					
28. 멀쩡한 물건을 깨뜨리거나 찢곤 한다.					
29. 혼자서도 옷을 입을 수 있다.					
30. 사물의 정확한 이름을 쉽게 대지 못하고 '그거 있잖아 그거' 와 같은 말을 사용한다.					
31. 자신의 장난감을 다른 친구들과 함께 가지고 논다.					
32. '안 돼!'라고 하면 막무가내로 떼를 쓴다.					
33. 안절부절 못하고 가만히 있는 적이 없다.					
34. 원하는 것을 얻기 위해 주먹이나 발길질을 한다.					
35. 엄마나 돌보아 주는 사람이 안보이게 되면 불안해 한다.					
36. 주어진 음식은 남기지 않고 다 먹는다.					
37. 한 시간에 3-4 가지의 놀이나 활동을 하지만 한 가지도 제대로 끝내는 적이 없다.					
38. 주의가 쉽게 산만해진다.					
39. 다양한 음식을 가리지 않고 먹는다.					
40. 어른들과도 잘 어울려 논다.					
41. 남을 잘 도와 준다.					
42. 말하는 사람을 응시하며 주의 깊게 듣는다.					
43. 집에 혼자 남겨지는 것을 싫어한다.					
44. 위험한 놀이를 아무런 생각없이 하곤 한다.					
45. 새로운 음식은 먹지 않으려 든다.					
46. 제 뜻대로 되지 않으면 분을 참지 못하고 격한 행동을 보인다.					

채점 방법

하위검사별 문항 수 및 번호

	문항번호	문항수
생활기술	6, 8, 9, 12, 15, 21, 22, 29	8
의사소통	3, 7, 16, 20, 25, <u>30</u>, 42	7
사회성	1, <u>4</u>, <u>10</u>, 14, 19, 24, 31, 40, 41	9
주의집중	2, <u>11</u>, <u>18</u>, 27, 28, 32, 33, 34, 37, 38, 44, 46	12
분리불안	<u>5</u>, 17, 23, <u>26</u>, 35, 43	6
섭식장애	13, <u>36</u>, <u>39</u>, 45	4
계		46

참고 : 문항번호 아래 ___줄이 되어 있는 문항들에 대해서는 응답한 값을 역으로 환산해서 총점을 구해야 한다.

1) 역산문항(밑줄 표시된 문항)이 없는 하위영역(생활기술)은 각 문항의 총점을 구하면 됩니다.
   - 전혀 그렇지 않다 1점
   - 그렇지 않다 2점
   - 그런 편이다 3점
   - 그렇다 4점
   - 아주 그렇다 5점
2) 역산문항이 있는 하위영역 (의사소통, 사회성, 주의집중, 분리불안, 섭식장애)들은 각 문항의 총점을 구하기 앞서 밑줄 표시된 문항의 점수를 역으로 셈하여 주십시오.
   - 전혀 그렇지 않다는 5점, 그렇지 않다는 4점, 그런 편이다 3점, 그렇다 2점, 아주 그렇다는 1점으로 계산해 주십시오.

☞ 이상의 방법으로 구해진 원점수는 다음 쪽에 제시되는 하위 영역별 규준표상에서 해당 유아의 연령과 성별에 해당되는 규준표상의 표준점수를 구하면 된다.

규 준 표

3-4세 (남녀 전체)

표준점수	생활기술	의사소통	사회성	주의집중	섭식장애	분리불안
9		33-	42-	38-	19-	25-
8	38-	30-32	39-41	35-37	17-18	23-24
7	36-37	28-29	36-38	32-34	15-16	21-22
6	33-35	26-27	34-35	29-31	14	19-20
5	30-32	23-25	31-33	25-28	12-13	17-18
4	27-29	21-22	28-30	22-24	10-11	15-16
3	24-26	19-20	25-27	19-21	9	13-14
2	21-23	16-18	23-24	15-18	7-8	11-12
1	-20	-15	-22	-14	-6	-10
보통 이상	37-	29-	38-	34-	16-	22-
보 통	26-36	20-28	27-37	20-33	10-15	14-21
보통 이하	-25	-19	-26	-19	-9	-13
집단 평균	30.85	24.10	31.72	26.43	12.49	17.33

3-4세 (남아)

표준점수	생활기술	의사소통	사회성	주의집중	섭식장애	분리불안
9		33-	42-	38-	19-	24-
8	38-	30-32	39-41	35-37	17-18	22-23
7	36-37	28-29	36-38	32-34	15-16	19-21
6	33-35	26-27	34-35	29-31	14	17-18
5	30-32	23-25	31-33	25-28	12-13	15-16
4	27-29	21-22	28-30	22-24	10-11	13-14
3	24-26	19-20	25-27	19-21	9	11-12
2	21-23	16-18	23-24	15-18	7-8	9-
1	-20	-15	-22	-14	-6	-8
보통 이상	36-	29-	37-	35-	16-	22-
보 통	24-35	19-28	26-36	21-34	9-15	14-21
보통 이하	-23	-18	-25	-20	-8	-13
집단 평균	29.80	23.72	31.44	27.70	11.99	17.46

3-4세 (여아)

표준점수	생활기술	의사소통	사회성	주의집중	섭식장애	분리불안
9		33-	42-	38-	19-	25-
8	38-	30-32	39-41	35-37	17-18	23-24
7	36-37	28-29	36-38	32-34	15-16	21-22
6	33-35	26-27	34-35	29-31	14	19-20
5	30-32	23-25	31-33	25-28	12-13	17-18
4	27-29	21-22	28-30	22-24	10-11	15-16
3	24-26	19-20	25-27	19-21	9	13-14
2	21-23	16-18	23-24	15-18	7-8	11-12
1	-20	-15	-22	-14	-6	-10
보통 이상	38-	30-	38-	31-	17-	22-
보 통	27-37	20-29	27-37	19-30	10-16	13-21
보통 이하	-26	-19	-26	-18	-9	-12
집단 평균	32.21	24.59	32.08	24.80	13.14	17.16

5-6세 (남녀 전체)

표준점수	생활기술	의사소통	사회성	주의집중	섭식장애	분리불안
9		34-	43-	37-	19-	24-
8	40-	32-33	40-42	34-36	17-18	22-23
7	38-39	30-31	38-39	30-33	16	19-21
6	36-37	28-29	35-37	27-29	14-15	17-18
5	33-35	25-27	32-34	24-26	12-13	15-16
4	31-32	23-24	29-31	21-23	10-11	13-14
3	29-30	21-22	27-28	18-20	9	11-12
2	27-28	19-20	24-26	14-17	7-8	9-
1	-26	-18	-23	-13	-6	-8
보통 이상	39-	31-	39-	32-	16-	21-
보 통	30-38	22-30	28-38	19-31	10-15	12-20
보통 이하	-29	-21	-27	-18	-9	-11
집단 평균	34.12	25.93	33.04	25.08	12.51	15.79

5-6세 (남아)

표준점수	생활기술	의사소통	사회성	주의집중	섭식장애	분리불안
9		34-	43-	39-	19-	24-
8	40-	32-33	40-42	34-36	17-18	22-23
7	38-39	30-31	38-39	30-33	16	19-21
6	36-37	28-29	35-37	27-29	14-15	17-18
5	33-35	25-27	32-34	24-26	12-13	15-16
4	31-32	23-24	29-31	21-23	10-11	13-14
3	29-30	21-22	27-28	18-20	9	11-12
2	27-28	19-20	24-26	14-17	7-8	9-
1	-26	-18	-23	-13	-6	-8
보통 이상	39-	30-	39-	34-	16-	21-
보 통	29-38	21-29	28-38	20-33	9-15	12-20
보통 이하	-28	-20	-27	-19	-8	-11
집단 평균	33.23	25.30	32.98	26.53	12.39	15.87

5-6세 (여아)

표준점수	생활기술	의사소통	사회성	주의집중	섭식장애	분리불안
9		34-	43-	38-	19-	24-
8	40-	32-33	40-42	34-36	17-18	22-23
7	38-39	30-31	38-39	30-33	16	19-21
6	36-37	28-29	35-37	27-29	14-15	17-18
5	33-35	25-27	32-34	24-26	12-13	15-16
4	31-32	23-24	29-31	21-23	10-11	13-14
3	29-30	21-22	27-28	18-20	9	11-12
2	27-28	19-20	24-26	14-17	7-8	9-
1	-26	-18	-23	-13	-6	-8
보통 이상	40-	31-	39-	29-	17-	20-
보 통	32-39	23-30	28-38	18-28	10-16	12-19
보통 이하	-31	-22	-27	-17	-9	-11
집단 평균	35.21	26.71	33.11	23.29	12.65	15.69

검사결과의 해석

검사 결과를 해석하기에 앞서 다음과 같은 점에 유의하십시오.

첫째, 이 검사는 개발과정에서 표집된 대상들이 서울 및 수도권 지역에 한정되었습니다. 따라서 기타 지역의 유아를 대상을 검사를 실시한 경우는 결과를 규준표에 따라 그대로 해석해서는 안 됩니다.

둘째, 본 검사는 정밀진단검사가 아니라 간편검사의 성격을 띄고 있습니다. 그러므로 본 검사결과에서 아주 낮은 점수를 얻었다 하더라도 문제가 있다고 단정지어서는 안 됩니다. 그럴 경우는 보다 전문적인 정밀검사를 받아보거나 상담가 및 소아과 전문의를 찾아 상의하는 것이 좋습니다.

검사결과의 세부 해석 방법

본 검사의 결과에서 원점수는 응답자가 실제 응답한 점수의 합을 말합니다. 각각의 해당 문항에 대해 '전혀 그렇지 않다(1점)', '아주 그렇다(5점)'의 5점 척도에서 평정한 값을 모두 합친 값입니다. 그리고 집단 평균 점수는 해당 연령대에 속해 있는 유아들의 평균치입니다. 9등급 점수란 원점수를 표준점수로 환산하여 9개의 등급으로 나눈 점수입니다(표 참조).

9등급 표준점수는 아래 비율을 참고하여 해석될 수 있습니다.

9등급 점수	비율	누가백분율	백분위 범위
9점	4%	4%	96점 이상
8점	7%	11%	89점 - 95점
7점	12%	23%	77점 - 88점
6점	17%	40%	60점 - 76점
5점	20%	60%	40점 - 59점
4점	17%	77%	33점 - 39점
3점	12%	89%	11점 - 32점
2점	7%	96%	4점 - 10점
1점	4%	100%	3점 이하

☞ 한편, 백분위점수는 해당 점수가 전체 집단내에서 몇 %에 해당하는지를 의미합니다. 예를 들어, 9등급 점수 7점은 백분위로 77점에서 88점 사이에 해당하는 수준이라는 의미로서 전체에서 상위 12%보다는 낮고 23%보다는 높은 수준에 해당하는 점수라고 해석할 수 있습니다. 바꾸어 말하면, 그 점수 밑으로 최소 77% 최대 88%가 존재한다는 의미입니다.

■ 생활기술, 의사소통기술, 사회성 하위검사 결과의 해석

☞ 9등급 점수가 높을 수록 해당 연령에 비해 앞서는 것으로 해석된다. 만일 9단계 점수로 2점 이하인 경우는 전문가와 상담을 고려해 보아야 한다.

■ 주의집중, 섭식장애, 분리불안 하위검사 결과의 해석

☞ 9등급 점수가 높을수록 문제성향을 가지고 있는 것으로 해석된다. 만일 9단계 점수로 8점 이상인 경우는 전문가와 상담을 고려해 보아야 한다.

검사 결과 프로파일의 예

유아성명 : 홍길동　　　　　　검사일자 : 2006/1/24
성　　별 : 남　　　　　　　　생년월일 : 20006/5/15
검사 시 연령 : 만 5 세　　　　응 답 자 : 유아의 어머니

5-6세 남녀 집단 전체를 놓고 볼 때 귀댁의 자녀는 다음과 같은 검사 결과가 나왔습니다.

	원점수	집단평균점수	9등급 점수	분 류
생활기술	36	34.12	6	보통이상
의사소통	28	25.93	6	보통이상
사회성	41	33.04	8	보통이상
주의집중	19	25.08	3	보통
섭식장애	5	12.51	1	보통이하
분리불안	9	15.79	2	보통이하

5-6세 남자 유아 만을 놓고 볼 때 귀댁의 자녀는 다음과 같은 검사 결과가 나왔습니다.

	원점수	집단평균점수	9등급 점수	분 류
생활기술	36	33.23	6	보통이상
의사소통	28	25.30	6	보통이상
사회성	41	32.98	8	보통이상
주의집중	19	26.53	3	보통이하
섭식장애	5	12.39	1	보통이하
분리불안	9	15.97	2	보통이하

☞ 생활기술, 의사소통기술, 사회성 점수는 높을수록 해당 연령에 비해 앞서는 것으로 해석됩니다. 만일 9단계 점수로 2점 이하인 경우는 전문가와의 상담을 받아보시는 것이 좋습니다.

☞ 주의집중, 분리불안, 섭식장애 점수는 높을수록 문제성향을 가지고 있는 것으로 해석됩니다. 만일 9단계 점수로 8점 이상인 경우는 전문가와의 상담을 받아보시는 것이 좋습니다.

부록 6

유아 내외향성 기질 검사

개발자 : 김성수 · 이영훈

성격은 크게 내적인 것과 외적인 것으로 나눌 수 있답니다. 내적인 것은 선천적으로 가지고 태어난 비교적 안정된 심리적 요소로서 '기질'과 같은 것이고, 외적인 것은 후천적으로 주변환경에 의해 만들어지는 것으로 알려져 있습니다. 기질은 생물학적으로 결정되는 체질과 같이 선천적으로 결정되는 심리 특성입니다. 현재까지 성격에 관한 많은 연구에서 내/외향성은 가장 뚜렷하게 구분되는 기질로 알려져 왔습니다. 당신의 자녀는 어떤 유형일까요?

검사 실시 방법 : 유아의 보호자가 각 문항을 읽고 자녀의 평소 행동에 따라 간단히 '예' 또는 '아니오'에 체크하여 주시면 됩니다.

자녀 이름 : ____________ 자녀 성별 : ○ 남자 ○ 여자

자녀 연령(만연령) : ○ 3세 ○ 4세 ○ 5세 ○ 6세

내 아이는	예	아니오
1. 활발하고 밖에서 노는 것을 좋아한다.		
2. 놀이나 활동을 하기 전에 한동안 지켜 본다.		
3. 여러 사람들과 함께 있는 것을 좋아한다.		
4. 여럿이 노는 것보다 혼자 놀거나 한두 명의 친구와 함께 노는 것을 좋아한다.		
5. 자기가 한 일을 즉시 이야기한다		
6. 여러 사람들과 함께 장시간 같이 있으면 짜증을 낸다.		
7. 자신이 생각한 것을 얘기하기 좋아한다.		
8. 낯선 사람과 함께 있는 것을 싫어한다.		
9. 다른 사람에게 먼저 말을 건다.		
10. 자신만의 공간을 좋아한다.		
11. 방에 혼자 있는 것을 싫어한다.		
12. 밖에서 친구들과 뛰어노는 것 보다 혼자 방에 있는 것을 좋아한다.		
13. 생각하고 느낀 점을 이야기하는 것을 좋아한다.		
14. 자기의 생각이나 느낌을 이야기하기 어려워 한다.		
15. 칭찬과 인정받는 것을 좋아한다.		
16. 가족들과는 이야기를 잘 하지만 낯선 사람과는 이야기하는 것을 꺼린다.		

검사결과 해석에 앞서

아이의 기질이 내향성인가 외향성인가는 좋고 나쁨을 의미하지 않습니다. 중요한 것은 유아의 특성을 이해하고 교육적으로 그에 맞는 교육적 도움을 주는데 있습니다. 또한 이 검사는 단지 간편한 방법으로 유아의 특성을 알아보려는 수준에서 제작된 것이므로 절대적이라 판단할 수 없으며, 교육적 차원에서 참고자료로 활용하시길 바랍니다.

채점 방법

홀수문항에서 '예'라고 응답한 개수에서 짝수문항에서 '예'라고 응답한 개수를 뺀 점수가

0보다 크면 외향적 기질을 지닌 아이
0보다 작으면 내성적 기질을 지닌 아이
0이면 내외향적 기질이 뚜렷치 않은 성격의 아이

또한 그 값이

+인 경우
1-2점이면 뚜렷하지 않지만 내향성 기질의 성향을 지닌 아이입니다.
3-5점이면 비교적 뚜렷한 내향적 기질을 지니고 있는 아이입니다.
6-8점이면 뚜렷한 내향적 기질을 지니고 있는 아이입니다.
−인 경우
−1-−2점 뚜렷하지 않지만 외향성 기질의 성향을 지닌 아이입니다.
−3-−5점 비교적 뚜렷한 외향적 기질을 지니고 있는 아이입니다.
−6-−8점 뚜렷한 외향적 기질을 지니고 있는 아이입니다.

내향적 기질의 유아에 대해서

내향적 아이에게는 혼자있는 시간을 배려해 주거나, 시간적으로 쫓기지 않도록 편안한 말로 격려해 주는 것이 좋습니다. 예를 들어, 아이에게 질문을 할 경우 빨리 답할 것을 요구하지 말고 아이가 충분히 생각해서 답할 수 있게 하는 것이 좋습니다. 그리고 내향적 아이들은 자신의 놀이나 일에 방해받는 것을 싫어하는 경향이 있기 때문에 곁에서 아이가 놀이를 모두 마칠 때까지 기다려 주는 것이 좋습니다.

외향적 기질의 유아에 대해서

외향적인 아이에게는 가족이나 친구 등 다른 사람들과 함께 지낼 수 있는 시간을 많이 배려하는 것이 좋으며 아이의 이러한 성향을 만족시켜 줄 수 있는 협동학습 프로그램이나 활동에 참여시키는 것이 좋습니다. 그리고 아이의 사소한 성취에 대해서도 칭찬이나 격려를 수시로 제공해 줌으로써 행동을 강화시켜 줄 필요가 있습니다. 아이들이 자신의 느낌이나 생각을 함께 나눌 수 있는 시간과 기회를 가능한 많이 제공하는 것도 좋습니다.

찾아 보기

사 항

인 명

〈국내〉

〈국외〉

저자 소개

이 영 훈

- 한양대학교 대학원 졸업(교육학 박사)
- 현재, 오산대학 유아교육과 교수

주 연 희

- 인하대학교 대학원 졸업(교육학 박사)
- 현재, 부천대학 유아교육과 겸임교수
  부천중동유치원 원장

김 성 수

- Univ. of the Philippines 대학원 졸업(교육학 박사)
- 현재, 부천대학 유아교육과 교수

유아문제행동의 이해 및 지도

초판발행 2007년 3월 15일
8판발행 2020년 3월 5일

2020. 3.

저 자 이영훈 · 주연희 · 김성수
발행인 김현태
발행처 태영출판사

주 소 (08371) 서울 구로구 디지털로31길 90, 115-1601
전 화 02 · 839 - 3757, 839 - 3752
팩 스 02 · 837 - 3754
등 록 2005년 5월 30일 제12 - 421호
홈페이지 http : //www.taeyeongbook.co.kr
E-mail tys2005@hanmail.net
ISBN 978 - 89 - 91777 - 68 - 2 93370
정가 16,000원

NAVER 태영출판사

* 잘못 만들어진 책은 교환해 드립니다.